中国围棋年鉴

(1998年版)

中国围棋协会　主编

蜀蓉棋艺出版社

《中国围棋年鉴》编辑委员会

1997年冠军头衔获得者

常 昊 乐百氏杯
天元·NEC杯
第10届中日天元战优胜

马晓春 名人

俞 斌 亚洲杯

聂卫平 CCTV杯

邵炜刚 友情杯

丁 伟
全国个人赛男子冠军

徐　莹
全国个人赛女子冠军

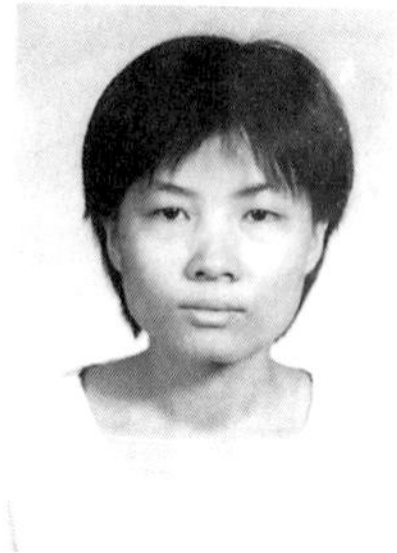

叶　桂　俊英杯

刘　钧　新人王
世界业余锦标赛冠军
晚报杯全国业余赛冠

孙宜国
黄河杯全国业余赛冠军

刘　熙
世界青少年赛青年组冠军

陈志行
应氏杯世界电脑赛冠军
FOST杯世界电脑赛冠

1997年新升五段棋手

丁 伟　五段

张 欣　五段

林朝华　五段

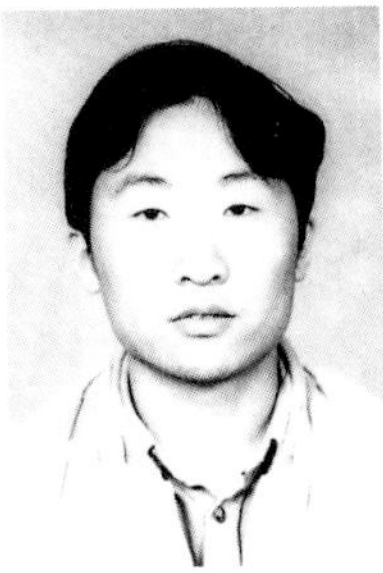

陈 瑞　五段

中国职业棋手等级分排名表（前100位）

(1998年3月31日)

顺位	棋手名	等级分	顺位	棋手名	等级分
1	常 昊	2705	2	马晓春	2676
3	俞 斌	2664	4	邵炜刚	2648
5	周鹤洋	2639	5	王 磊	2639
7	罗洗河	2612	8	张文东	2608
9	刘小光	2604	10	聂卫平	2563
11	曹大元	2559	12	张 璇	2557
13	方 捷	2543	14	丁 伟	2538
15	郑 弘	2534	16	刘 菁	2532
16	余 平	2532	18	陈祖德	2526
19	王煜辉	2523	20	汪见虹	2517
21	宋雪林	2512	22	梁伟棠	2498

顺位	棋手名	等级分
23	华以刚	2483
23	廖桂永	2483
27	王汝南	2482
29	杨士海	2480
31	吴肇毅	2477
33	王　群	2475
35	董　彦	2461
37	邵震中	2455
39	邱　峻	2451
41	王　辉	2446
43	陈志刚	2443
45	阮云生	2441
47	孔　杰	2437
49	许书祥	2429
51	刘世振	2425
51	华伟荣	2425
54	王东亮	2420
57	王冠军	2417
59	程晓流	2409
60	阎　安	2408
63	罗建文	2402
65	王剑坤	2400
67	王洪军	2398
68	徐　莹	2397
71	邱继红	2396
72	罗建元	2395
75	吴玉林	2390

顺位	棋手名	等级分
23	陈临新	2483
23	钱宇平	2483
27	王亦民	2482
30	丰　云	2479
32	倪林强	2476
34	黄德勋	2466
36	方天丰	2460
38	林　锋	2454
40	华学明	2449
42	段　嵘	2445
44	车泽武	2442
46	黄奕中	2438
48	陈安齐	2436
50	金渭斌	2427
51	徐荣新	2425
54	林朝华	2420
54	李豫川	2420
57	胡耀宇	2417
60	黄良玉	2408
62	陈　瑞	2406
64	赵　栋	2401
65	王海钧	2400
68	刘乾利	2397
68	梁鹤年	2397
72	李　海	2395
74	刘　力	2392
75	王　谊	2390

顺位	棋手名	等级分
75	黄希文	2390
79	容坚行	2384
81	朱松力	2382
83	姚　征	2375
83	吴新宇	2375
87	杨　晖	2373
88	曾炳权	2368
90	中辰光	2367
93	叶　桂	2365
95	金倩茜	2359
97	朱燕铭	2358
99	朱菊菲	2355

顺位	棋手名	等级分
78	李　钢	2387
79	季荣强	2384
81	黎春华	2382
83	姚军远	2375
86	王　元	2374
88	赵余宏	2368
90	杭天鹏	2367
92	张　欣	2366
94	韩　晔	2360
95	沈曼蓉	2359
97	唐　毅	2358
100	朱宝训	2354

历年出版的《中国围棋年鉴》

中国棋院建院五周年庆典·国家体委副主任刘吉（左）与中国棋院副院长王桢（右）代表中国棋院向希望工程捐款。

闫增生 摄

中国棋手同棋坛泰斗吴清源九段及其弟子林海峰九段相聚在第十届富士通杯世界围棋锦标赛上。

王谊 摄

中国棋院院长陈祖德九段和杏泽围棋学校全体小学员合影。

李哲勇 摄

目　　录

1997年中国围棋大事记

1月1日　中国围棋等级分制经过两年试行，今年起正式施行。

1月6日——7日　1997年亚洲大学生围棋赛在韩国利川举行。中国复旦大学队夺得冠军。

1月7日——4月18日　第8届“东洋证券杯”国际围棋赛在汉城举行。中国队有6人参赛，马晓春九段和王磊六段进入前八名。最后决赛，韩国曹薰铉九段以3比0战胜日本小林觉九段捧杯。

1月7日——13日　第10届全国“晚报杯”业余围棋锦标赛在沈阳举行。钱江、杨子、新民、沈阳、重庆、武汉列团体前六名；刘钧、孙国梁、孙远、韩启宇、赵文东、冯湧、孙宜国、唐伟明、王存、李建兵分获个人一至十名。

1月13日　中国围棋专业业余六强对抗赛（让两子）在沈阳举行。结果，双方三比三握手言和。

1月16日——3月9日　第11届中国围棋天元战在北京、上海举行。挑战者常昊七段以3比1击败马晓春天元，首次获得“天元”称号。

2月16日——5月4日　第9届“CCTV”杯中国围棋电视快棋赛在杭州、成都、沈阳等地举行。聂卫平九段在决赛中战胜俞斌九段获得冠军。陈祖德九段进入前四名。

2月19日——26日　第4届中国围棋“新人王”赛在上海举行。本届比赛爆出最大冷门：业余棋手刘钧7段夺冠。

1996年12月9日——2月27日　第5届“真露杯”世界围棋最强赛在汉城、北京举行。本届比赛韩国徐奉洙九段九连胜，爆出有史以来最大冷门。

3月1日——10日　“物供杯”全国围棋共训赛在河南平顶山举行。

3月2日　首届“贺龙杯”中日围棋电脑网络赛在北京、东京同时进行。日本小林觉九段战胜中国俞斌九段获得优胜。

3月9日　“汪见虹围棋俱乐部”在北京成立。

3月13日——1998年1月17日　首届“俊英杯”围棋在成都、北京等地举行。在决赛中，巾帼棋手叶桂五段战胜罗洗河六段，夺得冠军。

3月14日——11月6日　第3届“友情杯”围棋赛在北京举行。常昊七段、罗洗河六段、邵炜刚七段、余平五段、吴肇毅九段五人进入循环圈。邵炜刚七段获得冠军。

3月15日　中国棋院举行“庆祝中国棋院建院五周年暨捐建山西繁峙县岩头乡希望小学义赛活动。”

3月18日——19日　为庆祝重庆直辖，“惠达杯”中国围棋新老精英对抗赛在重庆棋院举行。

3月22日——4月5日　1997年全国围棋段位赛在杭州举行。参加比赛的棋手共262人，其中参加升段赛的棋手120人，参加定段的少年棋手142人。结果，有34名棋手升段，有12名棋手定为职业初段。丰云八段在这次比赛中晋升为九段。

4月12日——8月2日　第10届“富士通杯”世界围棋锦标赛在东京、北京等地举行。本届比赛，中国年轻棋手周鹤洋七段先后战胜韩国崔明勋五段、李昌镐九段和日本武宫正树九段，进入八强，爆出最大冷门。

4月19日——1998年1月17日　第3届NEC杯围棋赛，先后在成都、武汉、天津、西安、上海、北京举行。常昊八段战胜曹大元九段获得冠军。

4月20日——5月3日　1997年全国围棋团体赛在成都市新都县举行。全国29支省、市、行业体协队，男女棋手182人参加了比赛。上海二队、北京队分别获得男、女团体冠军。

4月23日　“四川成都五牛围棋俱乐部有限责任公司”在成都成立。

5月3日　“海天杯”围棋国手元老赛在青岛结束。陈祖德九段战胜聂卫平九段获得冠军。

5月4日——6日　首届全国律师围棋赛在南京举行。上海一队、上海市第五律师事务所宋濂溥律师分别获得团体、个人冠军。

5月9日　“天鑫杯”第3届全国业余棋王赛暨企业团体赛在北京落幕。王存7段夺得个人冠军。

5月10日——13日　第19届世界业余围棋锦标赛在日本札幌举行。中国业余棋手刘钧7段再次夺冠。

5月12日——15日　第9届“亚洲杯”电视围棋快棋赛在韩国庆州举行。中国俞斌九段先后战胜小林光一九段、李昌镐九段、王立诚九段获得冠军。

5月15日——22日　“汇通杯”京川渝蓉老干部围棋邀请赛在四川省棋类活动中心举行。四川省老年队获团体冠军。

5月19日——22日　第10届中日围棋天元战在上海举行。中国天元常昊以2比0战胜日本天元柳时熏。

5月22日——27日　第2届中日韩业余围棋最强战在韩国棋院举行。中国队夺得冠军。日本队、韩国队分获二、三名。

5月28日　由《围棋报》社倡议开展的“围棋育苗工程”正式启动。

5月31日——6月1日　第2届中国围棋男女双人赛在上海举行。马晓春九段、徐莹三段在决赛中战胜上届冠军刘小光九段、华学明七段，夺得冠军。

5月31日　“1997人全宇杯围棋联谊大赛”在北京举行，这是规模空前的棋坛盛会。

6月16日——11月28日　第2届“三星火灾杯”世界围棋公开赛在汉城、北京举行。中国棋手只有马晓春进入半决赛，但却负于韩国李昌镐，与决赛无缘。最后，韩国李昌镐3比0战胜日本小林觉获得冠军。

6月16日 武汉情智（围棋）学校在武汉成立。该学校座落在杨汉湖常青路5号武汉市委党校内。

6月19日——25日 第5届“华夏弈友杯”全国华夏弈友围棋联谊赛在江西庐山举行。浙江舒晖捧杯。

6月28日——1998年3月23日 第2届“LG杯”世界围棋棋王赛在汉城、上海等地举行。日本王立诚九段以3比2战胜韩国刘昌赫九段，夺得冠军。

6月28日 第12届“劲松杯”全国老同志围棋赛在湖南张家界落幕。

6月28日 西南地区最大的棋院——重庆棋院落成。

7月1日 北京杏泽围棋学校在京挂牌并面向全国招生。

7月5日——11月17日 第10届“玉溪杯”中国围棋名人战分别在北京、广西北海和云南玉溪举行。马晓春名人以3比1战胜挑战者罗洗河六段，第九次蝉联“名人”称号。

7月14日——17日 第1届中韩围棋天元战在上海举行。中国天元常昊不敌韩国天元李昌镐，以1比2败北。

7月15日——1998年3月25日 第1届“乐百氏杯”围棋赛经过四个阶段的比赛，挑战者常昊以3比0战胜王磊六段，喜捧“乐百氏杯”。

7月18日——28日 第12届“黄河杯”全国城市业余围棋锦标赛在甘肃嘉峪关举行。沈阳新秀金永焕6段获挑战权，但在挑战决赛中不敌上届杯主孙宜国7段。孙宜国再次捧杯。

7月20日——22日 第12届NEC杯中日新秀对抗赛、中日年轻女子对抗赛在上海举行。中国周鹤洋七段2比1击败日本杨嘉源八段，中国黎春华三段2比0战胜日本中泽彩子四段。

8月3日 第7届全国大学生“应氏杯”围棋赛在上海结束。上海棋手包揽男女四项冠军。

8月8日——14日 第14届世界青少年围棋赛在台湾举行。中国刘熙二段、韩国李映九分别获得青年组、少年组冠军。

8月16日——19日　首届全国女子围棋元老赛在成都省棋类活动中心举行。张成华三段获得冠军。金茜倩五段、陈慧芳五段分列二、三名。

8月17日——22日　1997年全国少儿围棋集训赛在天津举行。胡耀宇四段、牛雨田二段、李康分别获得A组、B组、C组冠军。

8月24日——29日　第4届中韩围棋对抗赛在上海举行。中国队9比5获胜。

8月26日——28日　第5届亚洲四城市少年围棋对抗赛在韩国釜山举行。北京队夺得冠军。

8月27日——28日　第3届FOST杯世界电脑围棋锦标赛在日本名古屋举行。中国陈志行教授研制的程序“手谈”蝉联冠军。

8月27日　“应氏计点制围棋规则”创始人、围棋活动家、台湾著名实业家应昌期先生在台北逝世，享年81岁。

8月28日——9月5日　第1届世界女子业余围棋锦标赛在汉城举行。韩国的都恩教5段获得冠军，中国海雅楠6段获亚军。

9月9日　“交通杯”国手邀请赛在四川泸州市第8届名酒节开幕之际举行。刘小光九段捧杯。

9月14日——16日　“德隆农业杯”围棋名人邀请赛在乌鲁木齐举行。马晓春九段夺得冠军。

9月16日　西北地区最大的围棋活动中心——陕西长安棋院举行落成庆典。

9月29日——10月12日　1997年全国围棋个人赛在安徽安庆举行。丁伟五段夺得男子个人冠军。邵炜刚、董彦、王磊、罗洗河、常昊分获二至六名。徐莹三段获得女子个人冠军。张璇、华学明、杨晖、沈静、黎春华分获二至六名。

10月8日——11月29日　京津沪渝网络围棋赛同时在四城市举行。上海队获得冠军。

10月13日——16日　“大富豪酒业杯”中国围棋精英赛在河南商丘、郑州举行。常昊八段勇夺冠军。

10月17日　国务院原副总理、全国政协副主席、中国围棋协会名誉主席方毅同志在北京逝世，享年81岁。

10月29日——30日　第7届“宝胜电缆杯”围棋名人邀请赛在杭州举行。吴肇毅九段捧杯。

10月29日——31日　第12届“NEC杯”中日围棋对抗赛在东京举行。日本加藤正夫九段以2比1战胜中国邵炜刚八段，获得优胜。

11月5日　围棋新老国手对抗赛在银川举行。新锐王磊六段击败老将聂卫平九段，捧得冠军杯。

11月9日——1998年4月8日　第4届“宝海杯”世界女子职业围棋赛在韩国举行。中国有四名女棋手参加了比赛。最后，代表美国参赛的芮乃伟九段以2比0战胜中国丰云九段夺得冠军。

11月21日——23日　1997年“应氏杯”世界电脑围棋赛在美国三藩市举行。中国陈志行教授的“手谈”再度夺冠。

12月3日　聂卫平九段新收四名徒弟。他们是：王煜辉六段、刘世振四段、古力三段、刘熙二段。

12月13日　首届“中国电信杯”国际网络围棋赛在北京、上海、东京、名古屋同时开始。中日棋手利用电脑网络，跨国对弈。结果中国以总分获胜。

12月22日　河北队围棋主教练赵余宏五段在石家庄1对118人（赵107胜11负），创下多面打世界纪录。

1998年1月26日　《围棋报》社社长王振华先生接到上海大世界吉尼斯总部证书，他设计的围棋被确认为吉尼斯之最——世界最大的棋。

由《围棋报》社举办的1997年第10届“中国围棋界十大新闻”评选活动近日揭晓。一、年青棋手表现出色；二、俞斌梦圆亚洲杯赛；三、中国整体实力领先韩国、日本；四、全国团体、个人赛新桃换旧符；五、业余棋手刘钧夺得三大冠；六、三国年青棋手会战“天元”；七、中国棋院别开生面的五周年院庆；八、企业与围棋联姻；九、围棋育苗工程启动；十、“手谈”三连霸。（以得票多少为序）

1997年中国围棋综述

1997年，华厦黑白天地龙滕虎跃，风风火火闯九州。职业围棋内战改朝换代风雷激荡，新老交替基本完成，外战失望与希望并存，盈亏相间；业余围棋枝繁叶茂，硕果累累，中国围棋在改革中积蓄力量稳步前进。

推翻“马氏王朝”　完成新老交替

中国围棋长达15年的“聂马时代”随着聂卫平’95在第6届东洋证券杯决赛中倒在“马”下而被“马氏王朝”取代。’96马晓春以独揽6冠的伟绩牢霸“帝座”。然而，不到两年，天“马”独往独来已成过眼烟云，中国棋坛在一片倒“马”声中推翻马晓春的“一统天下”，充满生机与活力的小龙在腾，小虎在跃，“分田分地真忙”，群雄纷争的“战国时期”已形成。

中国新锐军团主帅20岁的常昊率先吹响向马晓春夺权的号角，第11届天元战中3比1拉下“马”，标志新一代国手羽翼丰满，正振翅高飞。随后，19岁的王磊在第3届霸王战中奋勇冲杀，从马帅头上抢走“霸王”衔。接着，24岁的NEC杯杯主邵炜刚又追加一“刀”，无情掠走马氏怀中“友情杯”，马家军已辙乱旗靡。幸而晓春咬紧牙关硬顶住20岁罗洗河的冲击，守住“名人”最后一块领地。因停赛等原因，晓春拥有的“大国手”、“棋王”称号已自行消亡，’96的6冠王一年后落得5冠纷飞，一马当先沦为独冠孤寂，真是换了人间。

虽然马晓春等级分已连续3次跌至常昊之后居第2名，但仍勉强维持“中国围棋第一人”地位。与众新锐相比，晓春功夫深，外战成绩无人匹敌，加之多年在棋坛形成的威慑力，“马老”瘦死也比羊大。随着时间推移，领头“马”的位置终将被取代。可以预见，虎年群雄争霸将进一步加剧，晓春亦会加大反扑力度，中国围棋界一人独领风骚的局面近1、2年难以再现。

伴随“马氏王朝”坍塌，其基础“九段集团”也跟着瓦解。中国围棋界新老交替孕育已久，’97基本完成。以“七小龙”为主，辅以“众小虎”组成的新锐军团四处出击，向“九段集团”抢班夺权，逐渐挑起大梁，这批希望之星频频闪耀，成为’97中国黑白天地壮美风景线。

“笑面佛”曹大元九段首当其冲，将NEC杯拱手相送邵炜刚，“七小龙”中的老大哥振臂鸣响了全面出击发令枪。第11届天元战本战大爆冷门，参赛全部九段共 9 人被斩尽杀绝。第 3 届友情杯循环圈新锐居上风，入围 8 强中，新秀占了 5 位。在第 11 届名人战循环圈 6 将中，新锐三人与老将分庭抗礼。最终这三项传统大赛挑战权无一不收归新锐囊中。

全国个人赛更是新锐一统天下，现有 15 名九段中的 11 位多数找出各种理由弃赛，不战而降。仅有 4 名九段鼓足勇气以身试刀，精神可嘉，但战绩难看：郑弘并列第 7，曹大元居 12，岭南双雄吴肇毅、廖桂永则早早被淘汰出局。前 6 名清一色小龙小虎，18 岁的丁伟五段一鸣惊人，9 胜 2 负登顶，身为“七小龙”中小七，丁伟夺冠不足怪。

老将虽节节败退，并非一无所获。在赛程短，耗时少的快棋战中还占有一定优势。第 2 届 NEC 杯 8 强中，老将占 6 席；'97CCTV 杯电视快棋赛前 4 名为 4 名九段包揽，“七小龙”全被扼杀，最终聂老捧杯。中国 '97 七大棋战中，新锐夺得 5 金 2 银，老将获 2 金 5 银，新锐优势较大。

9 至 11 月举行的三次新老系列对抗赛，新锐亦居上风：王磊击败聂卫平获新老国手对抗赛（银川）冠军；常昊力克聂卫平，摘取围棋精英赛（郑州）桂冠，马晓春枪挑邵炜刚；在新老四强战（乌鲁木齐）中称霸。

外战中，除丁伟未有机会参赛外，“六小龙”与聂、马、刘、曹、俞、张 6 位九段战绩相比，新锐也占优。'97“七小龙”对日韩作战 34 胜 22 负，胜率 61%，而 6 九段 24 胜 21 负，胜率 53%；其中“六小龙”对日 13 胜 9 负，胜率 59%，6 九段对日 8 胜 9 负，胜率 47%；“六小龙”对韩 21 胜 13 负，胜率 62%，6 九段对韩 16 胜 12 负，胜率 57%。这组数据表明：新锐已与老将一道挑起外战大梁，且新锐胜率超出老将，更具冲击力。

中国围棋协会'98元月公布等级分显示：新锐主帅常昊第三次压倒老将魁首马晓春居榜首，新锐在前 20 名中占 10 席，前 8 名中占 5 席，前 6 名中居 4 席，在尖子层，新锐整体实力首次超过老将。

'97“大国手”、“棋王”、“霸王战”先后停办的“寒潮”并未形成大气候，使人感到丝丝“凉”意。

牛年新锐开始唱主角，老将如不奋起反击，往后将少有立足之地，希望出现新老戮力同心共顶“韩”风，斗烈“日”的你追我赶竞争局面。

超日追韩　新锐顶起半边天

'97国际棋坛三国演弈精彩纷呈，中国军团频频出击，有喜有忧。与在夺冠方面颗粒无收的'96相比，我在 5 大棋战中夺得 1 冠 1 亚，稍有进步。韩军荣获 3 冠领头，日旅掠走 1 冠 4 亚居次。

年初，“末代天王”徐奉洙以令人目瞪口呆的9连胜为韩夺走最后一届“真露杯”，我靠俞斌前2局胜金荣桓和淡路修三才得以保住老二位置。第8届东洋证券杯我被阻在4强之外；第10届富士通杯赛4强战我有二人的有利形势下，马晓春、周鹤洋双双被挤出决赛，让人痛惜；第2届三星杯赛中国军团大起大落，最终仅马晓春孤身入4强；第2届LG杯棋王赛我再遭重创，与4强无缘。唯一亮点在第9届亚洲杯赛，俞斌九段摒弃“亚军命”，笑捧“亚洲杯”，为中国围棋增光添彩。

虽在国际重大比赛中战绩欠佳，但在国际双边较量中我不在人后。常昊2比0挫败柳时熏，夺得第10届中日天元战优胜；黎春华2比0轻取中泽彩子，周鹤洋2比1勇胜杨嘉源，邵炜刚1比2惜败于加藤正夫，中方最终以2比1的总分夺取了第12届NEC杯中日对抗赛优胜。此外，常昊智擒武宫正树，在中日围棋公开赛中奏凯；俞斌不敌小林觉，输掉了中日电脑网络赛，通算中日间6项比武，我以4比2居优。

在第4届中韩对抗赛中，我以9比5大胜；在首届中韩天元战上，常昊1比2负于“世界第一人”李昌镐，虽败犹荣；中韩青少年对抗10比10战平，’97中韩双边较量平分秋色。

分析外战，我们高兴看到：’97我对日韩作战共138役，我79胜59负，胜率57%。其中对日25胜19负，胜率57%；对韩54胜40负，胜率亦为57%，表明我整体实力不亚于日、韩，某些方面还略胜一筹。我们的差距与优势是：对日、韩超一流棋士17胜25负，胜率仅40%；而对超一流之外者62胜34负，胜率66%。其中对韩“四大天王”9胜17负，胜率只有35%，对其余45胜23负，胜率66%。对日赵治勋、武宫正树、小林光一、林海峰、加藤正夫等超一流8胜8负，对其余17胜11负，胜率60%，对日作战我与’96一样仍居优势。

顶尖棋手中，马晓春对日、韩8胜6负、胜率57%；其中对韩5胜5负，输给韩第一人李昌镐4局，未能胜李1局，最高水平我不及韩。常昊对日、韩12胜7负，胜率63%；其中对韩7胜5负，与李昌镐战成1比2，充分显示出我新锐主帅的强劲实力。马晓春对日3胜1负，常昊对日5胜2负。晓春胜了小林光一、林海峰、王铭琬，负于王立诚；常昊胜了武宫正树、王立诚、结城聪、柳时熏（2胜），负于赵治勋、小林光一，马、常胜局含金量不低，双雄对日作战已占上风。

世界围棋发展到’97，三国演弈格局依旧，个人最高水平我次于韩，与日不相上下；尖子层我不如韩，与日相当；后备力量我与韩比肩强于日，中韩争斗将是20世纪末世界棋坛主线。

业余围棋枝繁叶茂　硕果累累

’97从北国到南疆，从东海之滨到西部边陲，黑白子欢快撒满神州。《围棋天地》杂志社策划了中国首次大规模“围棋爱好者调查问卷”活动，31个省、市、自治区飞来4434份答卷，从设定的一道题估算出中国围棋人口约2500万之众。

全国头号业余盛会，第10届晚报杯赛会战沈阳，28单位30支“绿林军”的90名“草莽豪强”欢聚一堂，手谈同庆“晚报杯”十周年生日。第12届劲松杯全国老同志围棋赛在风景如画的湘西张家界鏖兵，138位老前辈纹枰论剑共贺香港回归祖国。第12届黄河杯全国业余赛各路人马征战长城之尾嘉裕关，第5届华夏弈友杯全国业余大战登庐山厮杀，几项传统大赛深入人心，成为业余精英大显身手的主要舞台。

日本富士通株式会社热情出资在中国主办富士通杯业余围棋锦标赛，大受欢迎。’97相继在河南、陕西、广东、重庆等地摆开战场，极大地推动了当地围棋活动开展，有口皆碑。

各地办赛形式多样，五彩缤纷。武汉组织了历时数月的万人围棋赛，轰轰烈烈。汪见虹围棋俱乐部挥出大手笔，在北京创办了’97迎香港回归围棋联谊大赛，1997名棋手同堂操戈，气势宏伟，盛况空前。长沙市的“九星杯”、“弈苑杯”等10项棋战此起彼伏，该市围棋社已发展到31家。北京、上海、浙江、江苏、四川、重庆、辽宁、湖南、湖北、河南等省市业余围棋活动有声有色。

业余围棋水平稳步提高，上海23岁的刘钧7段成为中国出类拔萃的“草头王”。他蝉联晚报杯，作为唯一业余高手代表参加第4届中国新人王战，在专业棋手围堵下脱颖而出，4战全胜夺得决赛权，终以2比0轻取王辉六段，荣登“新人王”宝座，之后在第19届世界业余围棋锦标赛中卫冕冠军，完成惊人“三极跳”，成为名副其实业余大军统帅。

复旦大学不负众望，首次夺得’97亚洲大学生围棋赛团体冠军，实现历史性突破。海雅楠6段在首届世界女子业余围棋锦标赛中荣获亚军。在汉城举行的第2届中日韩业余围棋最强战中，由晚报杯前5名组成的中国队，4比1大胜日本，2比3负于韩国，因日本又以4比1击败韩国，我终以获胜局数最多喜获冠军。

经过选拔或推荐的142名少儿精英在全国段位赛上争先恐后拥过“独木桥”，12位强者跻身专业棋手行列。’97专业业余6强对抗赛（让2子），双方3

比3平分秋色，到底谁更强又成为谜。

中国围棋要腾飞，必须花大气力抓后备力量。'97各地加大了少儿培训力度，少儿学弈遍地开花。

上海少儿学围棋热潮逐浪高，仅虹口区1名教练便培训学生2000多人，'97参加市升级赛的就有其弟子200多名。浦东新区创办了少儿棋院。各名牌中学、大学优先招收围棋成绩突出的学生，更是极大调动了少儿学弈积极性。南京一家围棋俱乐部与10所小学联合办少儿围棋班，很受欢迎。长沙业余围棋学校和星宫文化艺术学校儿童学弈热火朝天。四川泸州师范附小1至5年级所有班级每周都开一节围棋课，国手们参观该校给予充分肯定。成都市锦江区围棋发展中心利用电脑创出围棋教学新路，办出特色。

中国第一所民办围棋学校——北京杏泽围棋学校在中国棋院大力支持下创办于北京市大兴县。另一所全新的武汉情智围棋学校同时诞生，这两所既学文化又学围棋全日制寄读学校甫一亮相便赢得社会各界关注，被称为“中国围棋国手的摇篮”。

《围棋报》社独具匠心，妙手策划出功在千秋的百年大计，隆重推出浩大的“围棋育苗工程”激起四方强烈反响。一批批单位加入工程建设，少儿学围棋声威势猛，热遍神州。

随着电脑不断普及，'96尚悄然无声的网上围棋，'97异军突起，风行棋界，正成为棋手的“宠物”。

'97中国围棋协会与中软英特信息技术有限公司在国际互联网络上创办了中国第一个围棋站点——中国围棋网，围棋爱好者可穿越时空，在网上共享弈趣。

围棋电脑软件开发也紧锣密鼓蜂拥而上，俞斌九段劳苦功高，有“围棋软件王”之誉。广州陈志行研制的电脑围棋“手谈”水平居世界最前列。“手谈”在第3届世界电脑围棋赛上一举夺得了三连冠。随后，在'97应氏杯国际电脑围棋赛上，第3次蝉联冠军，还创下电脑被人脑让11子对弈，电脑得胜的新纪录。首届LG杯世界网络业余围棋赛，有34个国家或地区的977人参赛，我国的宋毅闯入8强。在京津沪渝网络围棋大战中，上海夺魁。年底，中日电脑网上围棋对抗赛上，我6比2高奏凯歌，其中专业战成1比1，业余我5比1大捷。目前，网上围棋大战发展迅猛，曾出现“神秘网上客”战胜聂卫平九段的趣闻。可以预见，用不了多久，网上对弈将风靡国际国内棋坛，甚至有可能对传统比赛方式形成猛烈冲击。围棋电脑网上斗法将对围棋发展起到难以估量的作用。

’97部分专业棋手退役加盟业余军团，或从事教练，或加入新闻战线，或进行围棋经营，活得有滋有味。汪见虹俱乐部、吴肇毅俱乐部先后挂牌。河北队主教练赵余宏五段1对118人，创下了多面打世界纪录（赵107胜11负）。重庆棋院、长安棋院等相继诞生，皆是专业与业余相结合的产物。

尽管’97中国职业围棋外战夺冠不尽人意，业余围棋却大出风头，在世锦赛，女子世锦赛，中日韩对抗赛，亚洲大学生赛中我夺得了3金1银，雄居世界业余围棋榜首。

总之，’97中国职业围棋新老激斗，新锐渐居上风，已顶起半边天，’98将以更迅猛势头席卷棋坛。业余围棋人口不断增长，围棋市场趋于火热，黑白天地大有可为。我们对虎年充满深情与期望，正如中国围棋协会主席陈祖德预言：中国围棋的形势会越来越好。（杨志存）

国内比赛

1997年中国围棋比赛冠军得主

第1届乐百氏杯围棋赛冠军：常昊八段

常昊（挑战者）3比0胜王磊（霸王）

第10届名人战冠军：马晓春九段

马晓春（名人）3比1胜罗洗河（挑战者）

第11届天元战冠军：常昊八段

常昊（挑战者）3比1胜马晓春（天元）

第3届友情杯赛冠军：邵炜刚八段

第3届NEC杯赛冠军：常昊八段

常昊八段1比0胜曹大元九段

第9届CCTV杯冠军：聂卫平九段

聂卫平九段1比0胜俞斌九段

第7届宝胜电缆杯冠军：吴肇毅九段

吴肇毅九段1比0胜郑弘九段

海天杯元老赛冠军：陈祖德九段

陈祖德九段1比0胜聂卫平九段

第2届男女双人赛冠军：马晓春九段、徐莹三段

马晓春九段、徐莹三段1比0胜刘小光九段、华学明七段

第4届新人王赛冠军：刘钧7段

刘钧7段2比0胜王辉六段

全国男、女团体赛冠军：上海二队、北京队

全国男、女个人赛冠军：丁伟五段、徐莹三段

第1届俊英杯赛冠军：叶桂五段

叶桂五段1比0胜罗洗河六段

第1届全国女子元老赛冠军：张成华三段

’97交通杯赛冠军：刘小光九段

隆德农业杯赛冠军：马晓春九段

大富豪酒业杯赛冠军：常昊八段

新老国手对抗赛优胜：王磊六段

全国少年赛A组冠军：胡耀宇，

B组冠军：牛雨田，

C组冠军：李康

第10届晚报杯全国业余赛团体冠军：钱江晚报队

第10届晚报杯全国业余赛个人冠军：刘钧7段

第12届黄河杯全国业余赛冠军：孙宜国7段

第3届天鑫杯全国业余棋王赛冠军：王存7段

第7届全国大学生围棋赛男、女个人冠军：祝励立三段　陈倩薇初段

第1届中国乐百氏杯围棋赛

由中国围棋协会与广东今日集团公司共同举办的中国“乐百氏杯”围棋赛，第一阶段于1997年7月15日在全国四个城市同时展开以来，至1998年3月25的第四阶段的决赛之后，历经八个多月，参赛棋手178人，进行了二百多局的激烈争夺，中国规模最大、奖金数额最高（冠军12.8万人民币）的比赛终于有了结果。

中国乐百氏杯围棋赛，基本沿袭中国围棋霸王战的比赛形式，如果没有其它嫌疑的话，说是霸王战的继续也不无道理。为了确保第3届“霸王”王磊六段的某种权利，第三阶段双败淘汰冠军和王磊进行五局三胜制的番棋决战，胜者为首届乐百氏杯围棋赛的冠军。

广东今日集团是我国著名的食品企业集团，其乐百氏品牌的产品响誉全国。为了表示企业真心支持中国的围棋事业，将合作的协议签订了十年，并为比赛制作了一座361克纯金杯，若棋手连续三届获得冠军，金杯将归其所有。

第一阶段的出线者为：孔杰四段、朱燕铭四段、韩钢三段、汪洋三段（哈尔滨赛区），丁伟五段、朱宝训四段、朱松力四段、何旭光三段（杭州赛区）、林潮华五段、刘世振四段、黎春华三段、周波三段（广州赛区）、龚世运四段、李亮四段、黄奕中三段、李莹二段（重庆赛区）。

第二阶段的出线者为：常昊八段、周鹤洋七段、罗洗河六段、黄奕中三段（北京赛区），王亦民七段、方捷七段、刘菁七段和孔杰四段（杭州赛区）。

第三阶段是最为激烈的一个阶段，经过9轮双败淘汰赛，最终常昊八段战胜马晓春九段获得决赛权。

在第四阶段的挑战决赛中，常昊八段以3比0战胜王磊六段，捧得“乐百氏杯”。

第1届中国乐百氏杯围棋赛第三阶段胜者组成绩表

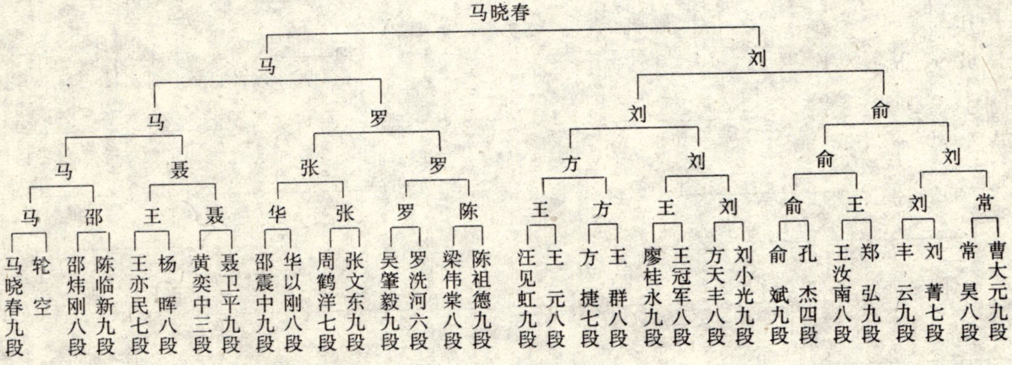

第1届中国乐百氏杯围棋赛第三阶段败者组成绩表

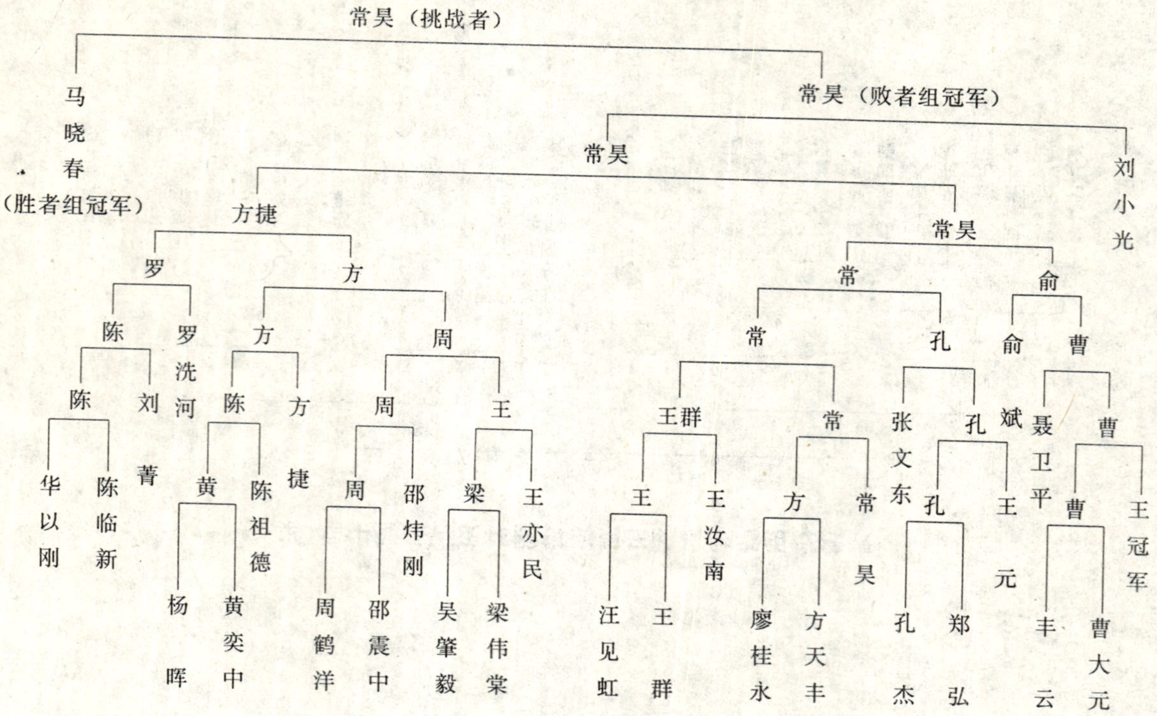

乐百氏杯决赛第1局

黑	白
王磊	常昊
霸王	挑战者

第1谱 1—100

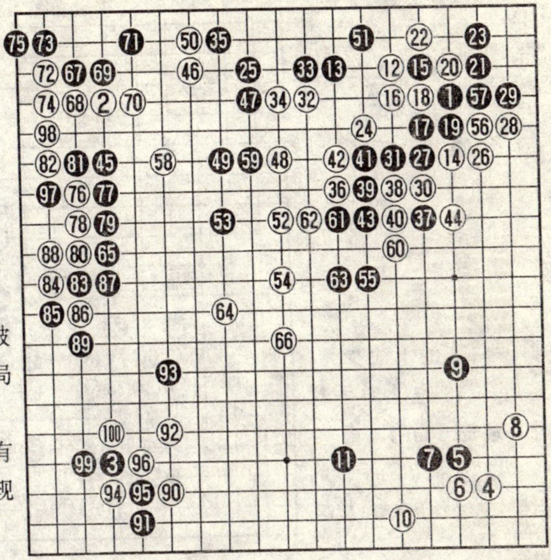

黑15少见，以下被白22提一子成白有利局面。

白58分断积极有力，至66控制中央体现常昊风格。

第2谱 101—290

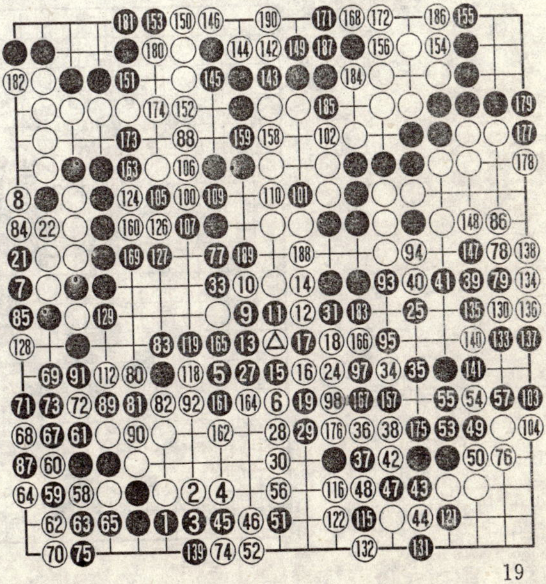

黑9跨是胜负手。

白92有误，当于95位先长便无风险。

⑳㉖＝△

㉓㉜＝⑰　　㊱＝㊾

96 108 114 120 125＝68

99 111 117 123＝87

113＝72　　170＝105

黑出$2\frac{3}{4}$子

共290手

白胜$\frac{1}{4}$子

1998年2月19日

于云南丽江

乐百氏杯决赛第2局

黑　　白

常　　王

昊　　磊

挑战者　　霸王

白8的下法少见，之后的18也让对手意外，这是王磊的风格。

白34扳，随手。此当于A位跳出，白棋轻松。

白44败着。此时白若于45位贴，虽也苦战，尚可。

实战被45曲，大势一泻千里。

黑出 $2\frac{3}{4}$ 子

共149手

黑中盘胜

1998年2月21日

于云南丽江

第1谱　1—100

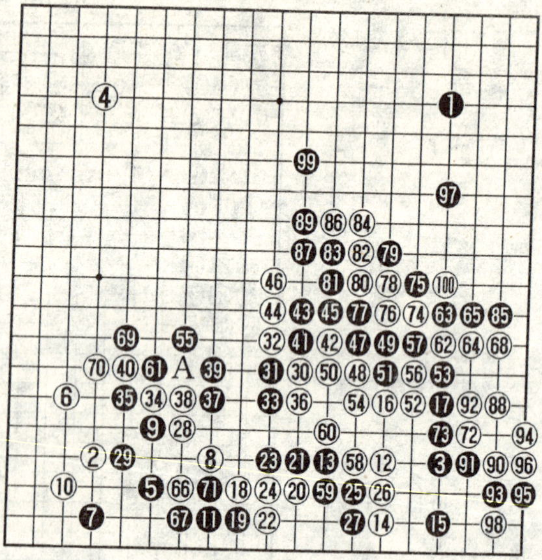

第2谱　101—149

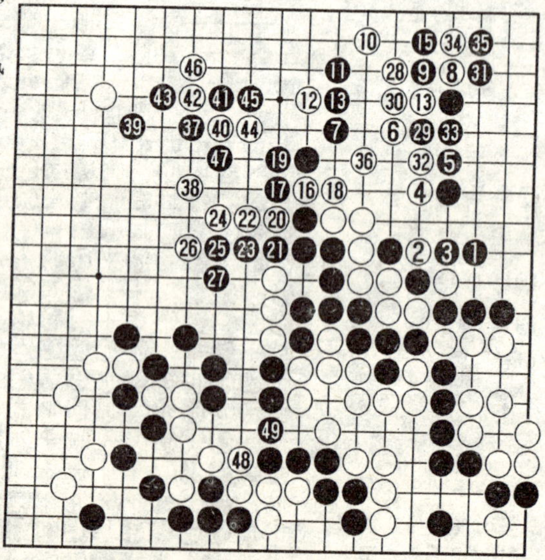

乐百氏杯决赛第3局

黑	白
王	常
磊	昊
霸	挑
王	战者

51＝25　65＝55

挑战者常昊八段此局获胜后，以3比0的比分战胜王磊霸王，喜捧首届“乐百氏杯”。

129 135 141 147 153 159 165＝△

132 138 144 150 156 162 167＝126

黑出 $2\frac{3}{4}$ 子

共276手

白胜 $\frac{1}{4}$ 子

1998年3月25日

于中国棋院

第1谱　1—100

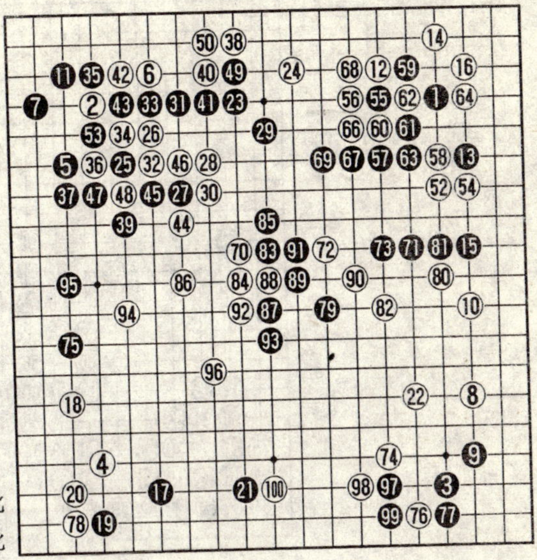

第2谱　101—276

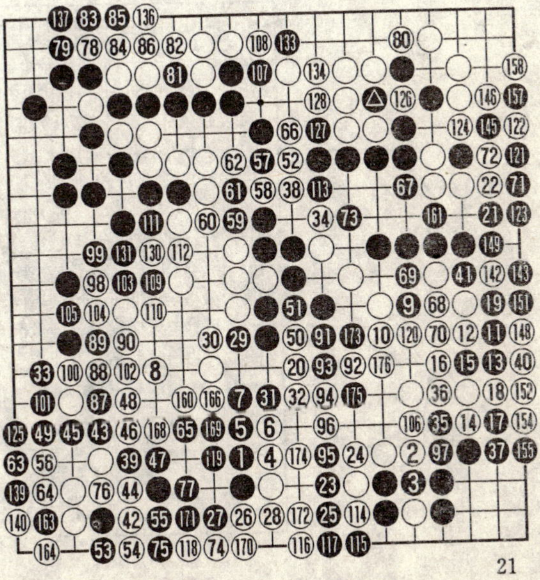

乐百氏杯挑战者决定赛

黑	白
马晓春	常昊
九段	八段

第1谱 1—100

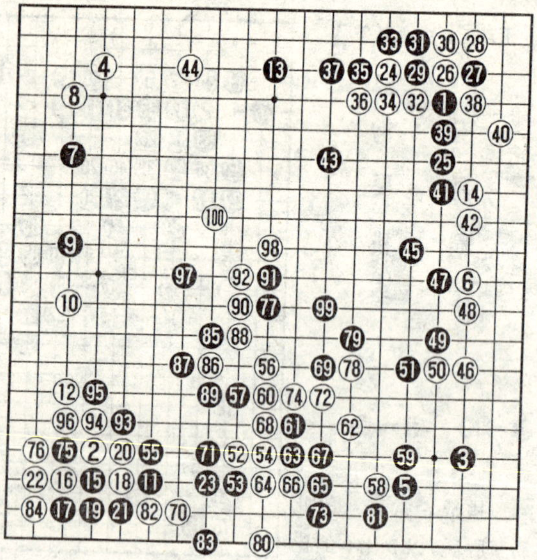

第2谱 101—238

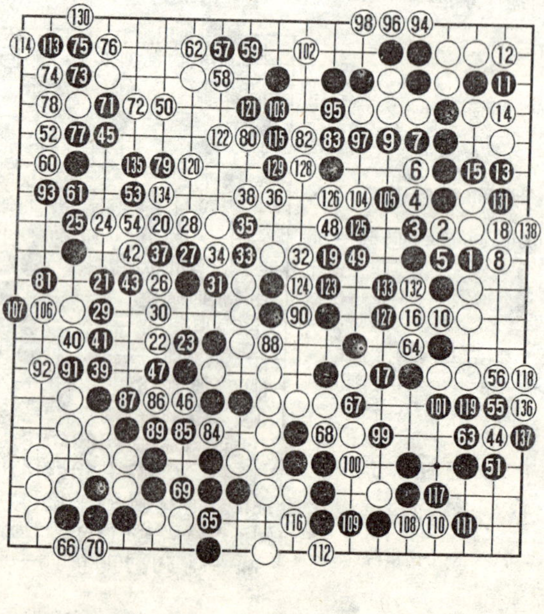

黑出 2 $\frac{3}{4}$ 子

共 238 手

白中盘胜

1997 年 12 月 16 日

于中国棋院

乐百氏杯预选赛

黑	白
常昊	刘菁
八段	七段

第1谱 1—100

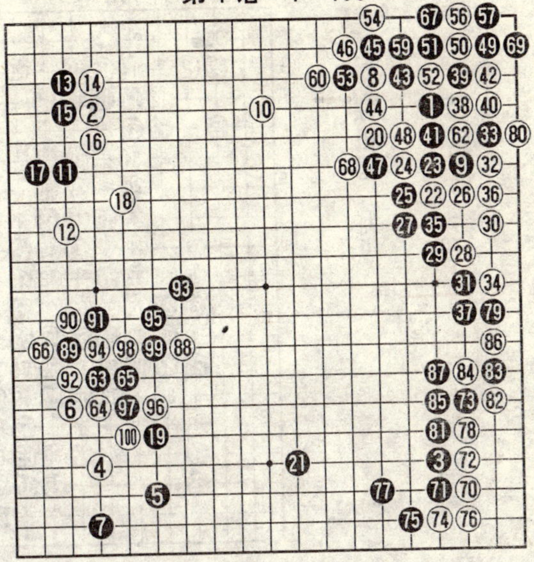

第2谱 101—206

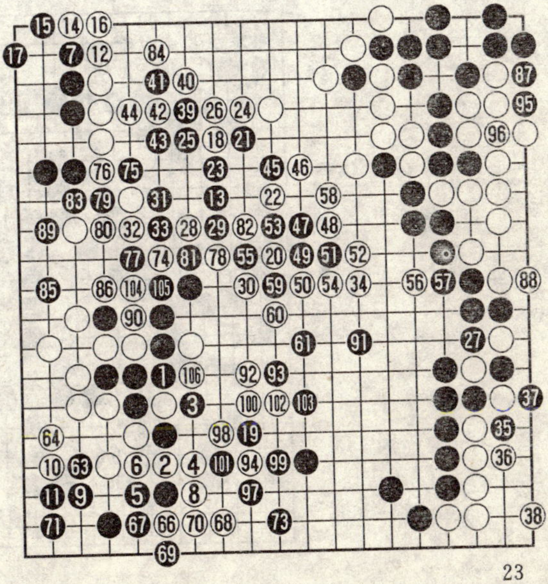

黑出 $2\frac{3}{4}$ 子

共 206 手

白中盘胜

1997 年 11 月 30 日

于中国棋院

乐百氏杯预选赛

黑	白
罗洗河	陈祖德
六段	九段

第1谱 1—100

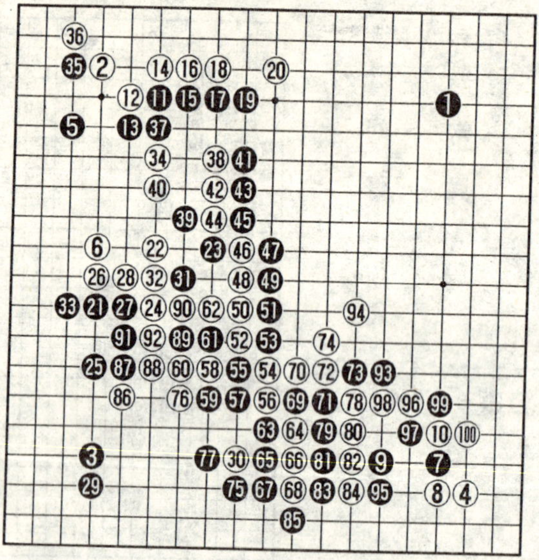

第2谱 101—187

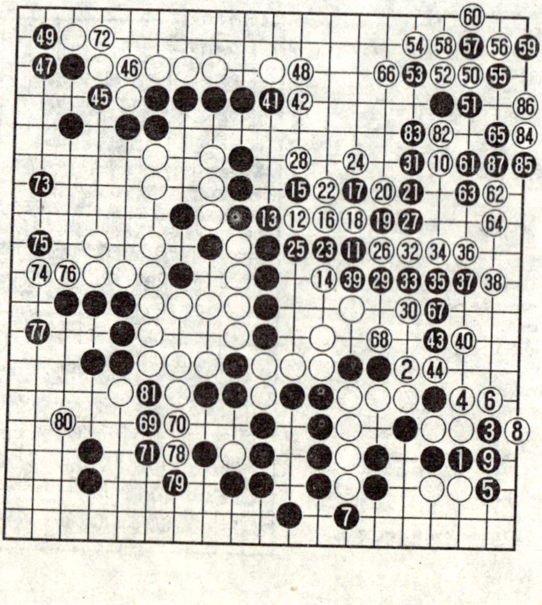

黑出 $2\frac{3}{4}$子

共187手

黑中盘胜

1997年11月30日

于中国棋院

乐百氏杯预选赛

黑	白
罗洗河	张文东
六段	九段

第1谱 1—100

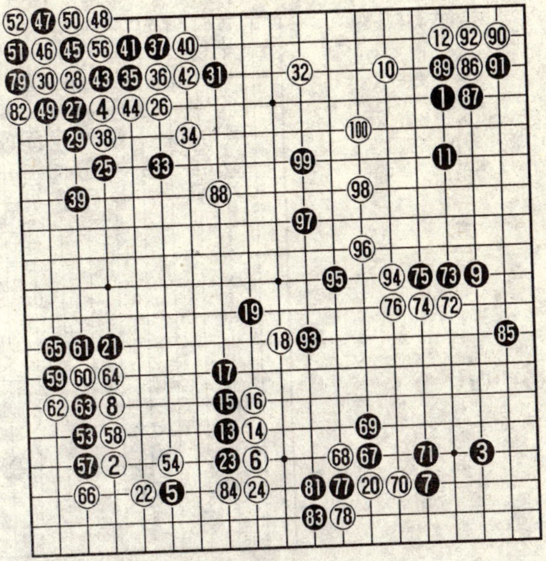

55＝47　80＝52

第2谱 101—304

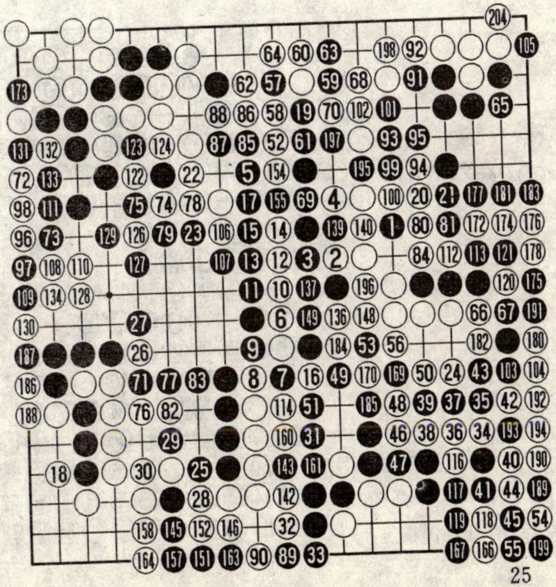

115＝16　125＝122

135 141 147 153 159 165

171＝131

138 144 150 156 162 168＝132

179＝120　200＝169

201＝189　202＝193

203＝54

黑出 $2\frac{3}{4}$ 子

共304手

黑胜 $4\frac{3}{4}$ 子

1997年12月2日

于中国棋院

乐百氏杯预选赛

黑	白
刘小光	方捷
九段	七段

第1谱 1—100

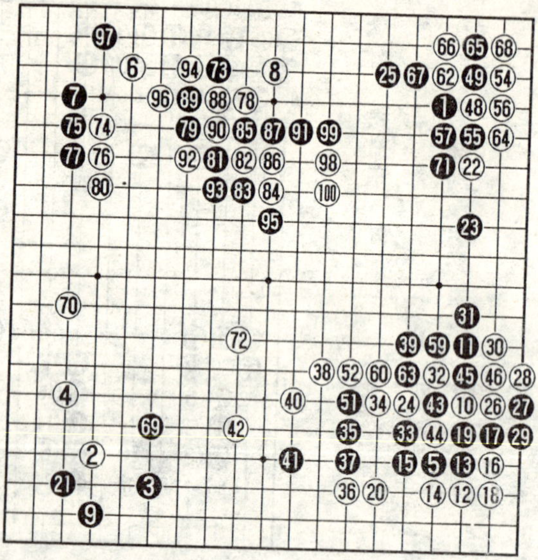

❹❼ ❺❸ ❻❶ = ❹❸

㊿ ㊳ = ㊹

第2谱 101—247

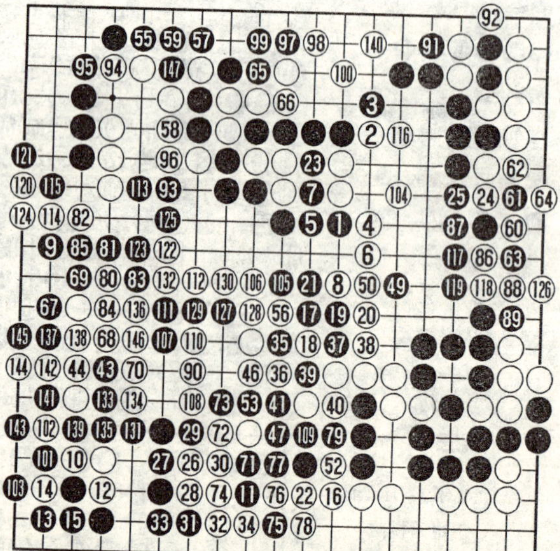

㊷ ㊽ ㊹ = ⑱

❹❺ ❺❶ = ❸❾

黑出 $2\frac{3}{4}$ 子

共 247 手

黑中盘胜

1997 年 12 月 2 日

于中国棋院

乐百氏杯预选赛

黑	白
刘菁	俞斌
七段	九段

⑯=⑳ ❾❾=❾❸

第1谱 1—100

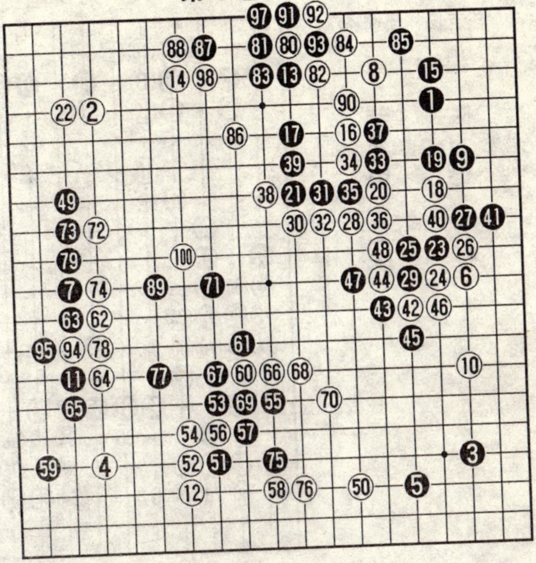

㉖=⑳ ㊳=❸❾

❻❶=△ ❻❼=◎

⑬⑧=▲ ❶❺❶=❶❷❶

⑮④=⑭⑧ ⑮⑧=⑪⓪

❶❺❾=❾❼ ❶❻❼=◉

❶❻❾=㉒

黑出2$\frac{3}{4}$子

共273手

白胜$\frac{1}{4}$子

1997年12月2日

于中国棋院

第2谱 101—273

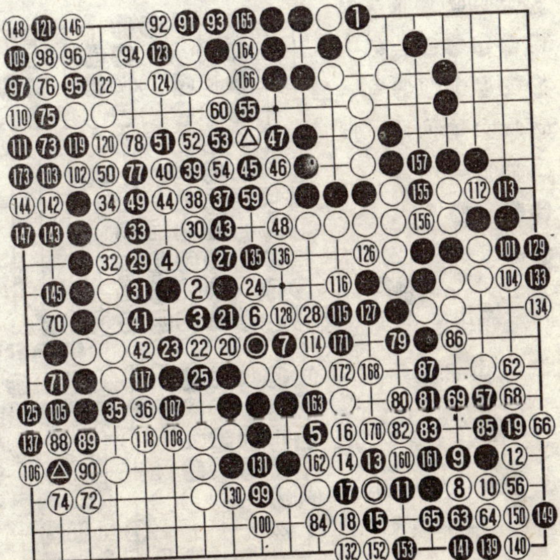

乐百氏杯预选赛

黑	白
陈祖德	黄奕中
九段	三段

第1谱　1—100

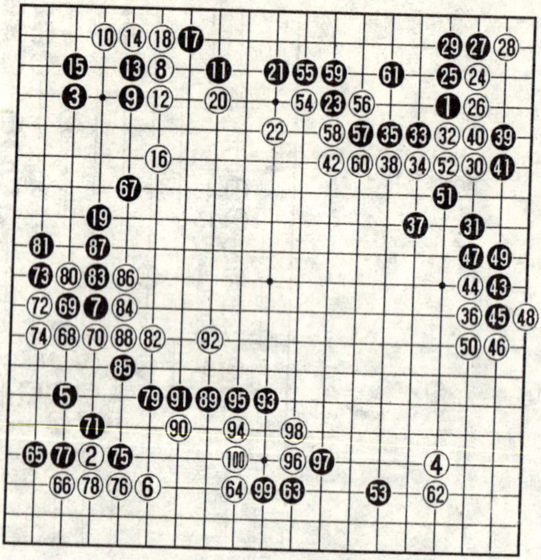

42 48＝38　45 101＝33

82 88 94 100 106 112＝78

85 91 97 103 109＝79

117 123 129 135 141 149 154＝△

120 126 132 138 144 152＝114

166 172 178＝158

169 175＝163

177＝124　180＝△

黑出 $2\frac{3}{4}$ 子

共 298 手

黑胜 $3\frac{3}{4}$ 子

1997年12月2日

于中国棋院

第2谱　101—298

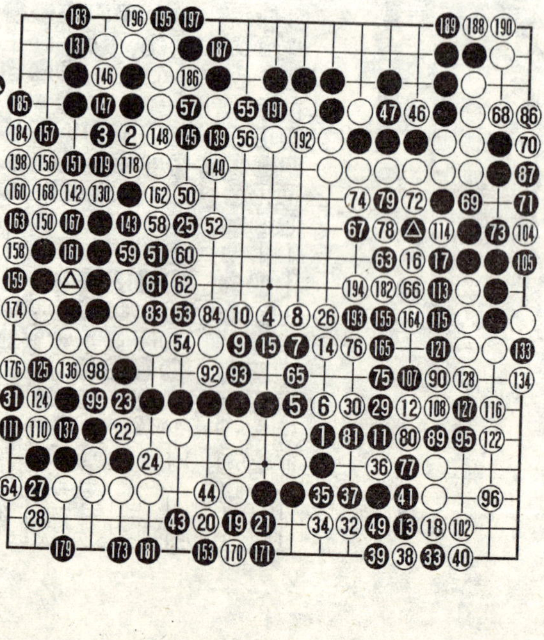

乐百氏杯预选赛

黑	白
马晓春	聂卫平
九段	九段

第1谱 1—100

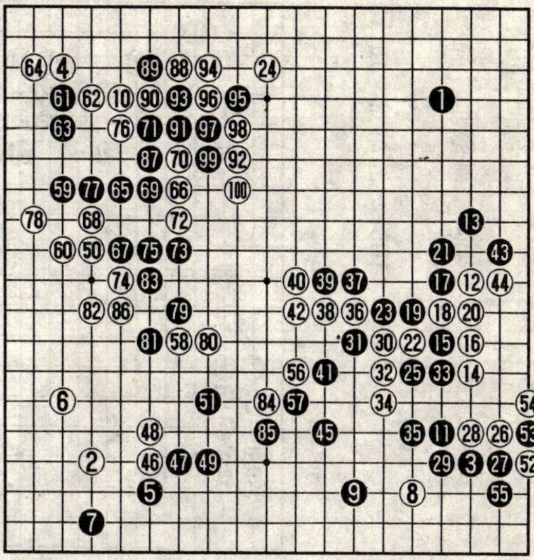

第2谱 101—231

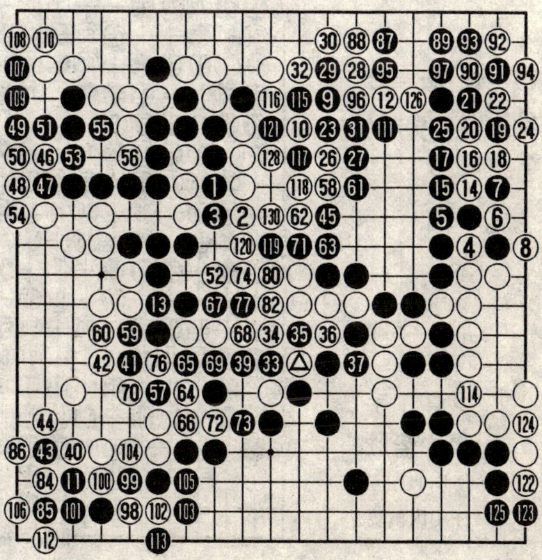

㊳㊳78=△ ❼❺❽❶=❸❺

❼❾=❺❼ ❽❸=㊻76

❶❷❼=❾❶ ❶❷❾=⑩

❶❸❶=⑨⓪

黑出 $2\frac{3}{4}$ 子

共231手

黑中盘胜

1997年12月2日

于中国棋院

乐百氏杯预选赛

黑 马晓春 九段

白 罗洗河 六段

第1谱 1—100

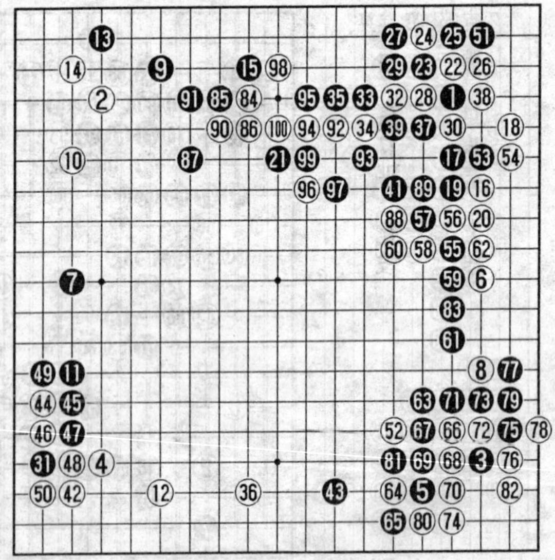

(40)＝❶

第2谱 101—241

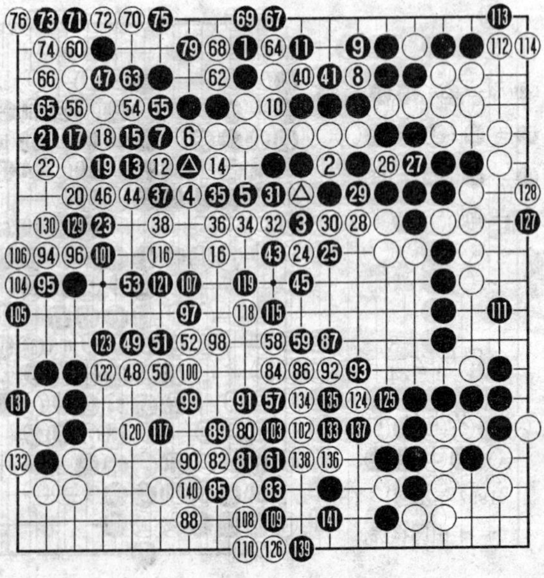

❸❸＝△　❸❾＝▲

(42)＝(12)　❼❼＝❼❶

(78)＝❼❸

黑出 $2\frac{3}{4}$ 子

共 241 手

黑中盘胜

1997 年 12 月 4 日

于中国棋院

乐百氏杯预选赛

黑	白
刘小光	俞斌
九段	九段

第1谱 1—100

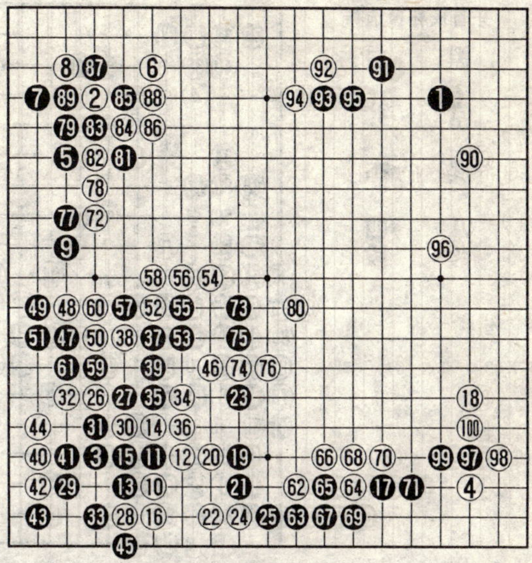

第2谱 101—265

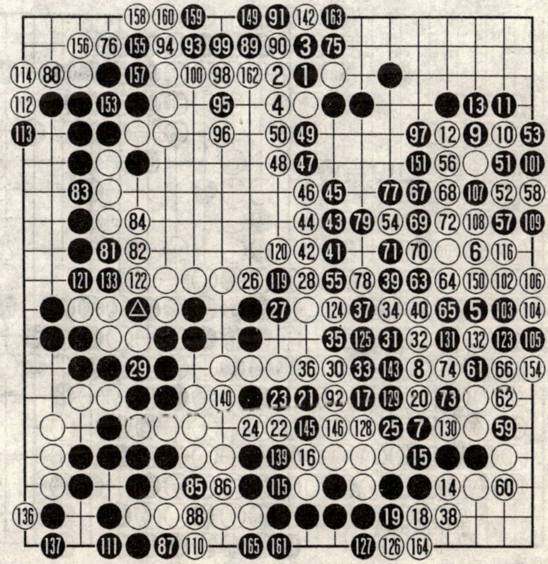

⑪7＝⑩7 ⑪8＝52 ⑬4＝△ ⑬5⑭1⑭7＝61 ⑬8⑭4⑮2＝⑬2 ⑭8＝73

黑出 2 $\frac{3}{4}$ 子

共 265 手

黑胜 1 $\frac{3}{4}$ 子

1997 年 12 月 4 日

于中国棋院

乐百氏杯预选赛

黑	白
常	孔
昊	杰
八段	四段

第1谱 1—100

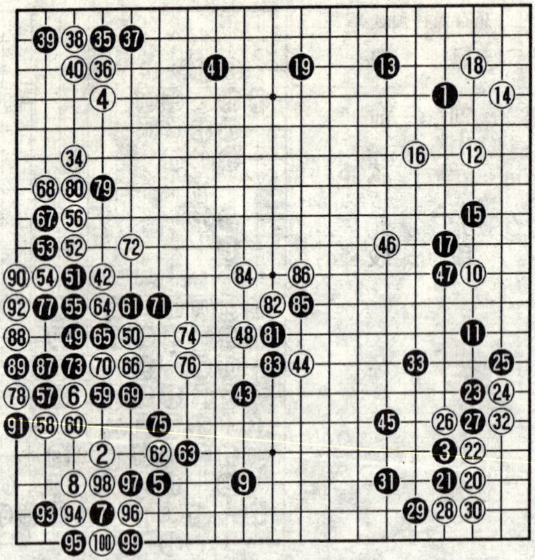

第2谱 101—167

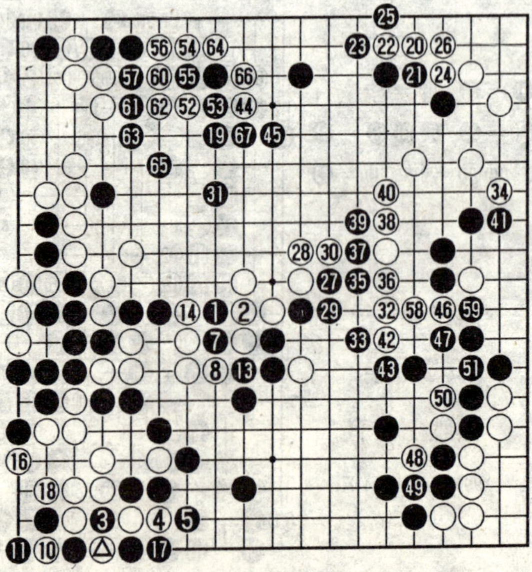

⑥⑫＝◬　❾⓯＝❸

黑出 2 $\frac{3}{4}$ 子

共 167 手

黑中盘胜

1997 年 12 月 8 日

于中国棋院

乐百氏杯预选赛

黑	白
周鹤洋	方捷
七段	七段

第1谱 1—100

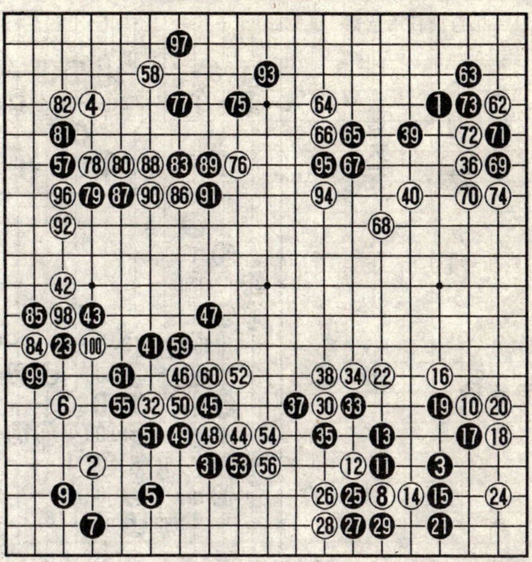

第2谱 101—221

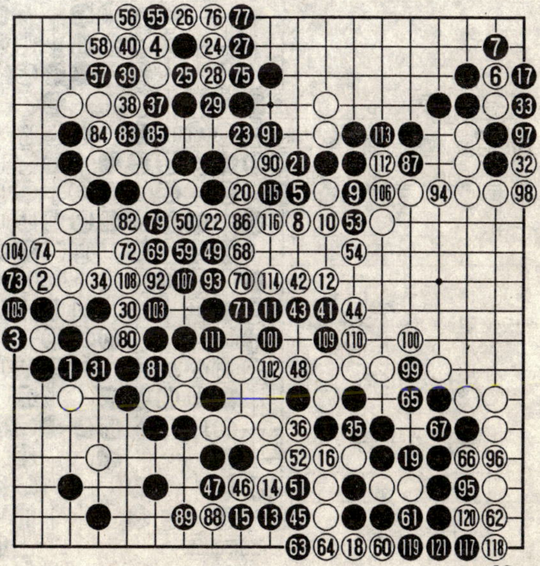

⑦⑧=㉛

黑出 $2\frac{3}{4}$ 子

共 221 手

白胜 $\frac{1}{4}$ 子

1997 年 12 月 8 日

于中国棋院

乐百氏杯预选赛

黑	白
俞斌	曹大元
九段	九段

第1谱 1—100

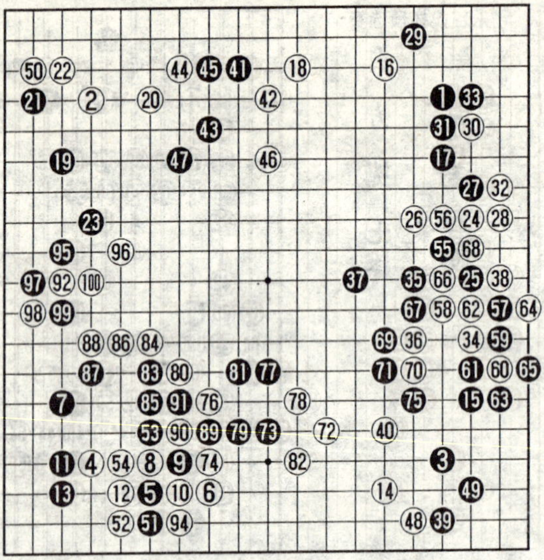

93＝9

第2谱 101—274

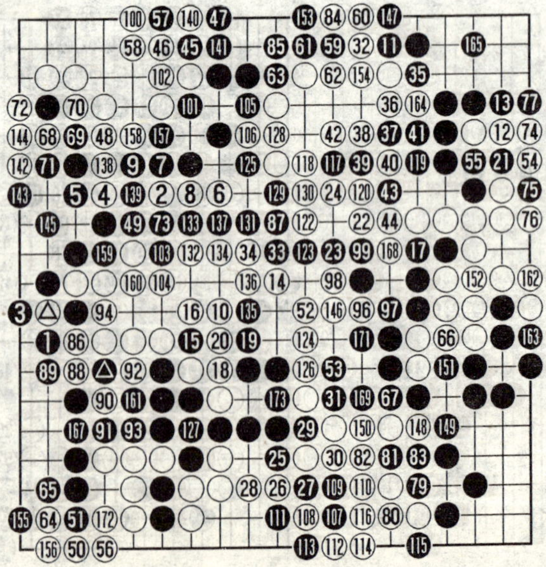

78＝75　95＝△

121＝40　166＝▲

170＝108　174＝57

黑出 2 $\frac{3}{4}$ 子

共 274 手

黑胜 2 $\frac{3}{4}$ 子

1997 年 12 月 8 日

于中国棋院

乐百氏杯预选赛

黑 白

罗洗河 陈临新

六段 九段

第 1 谱 1—100

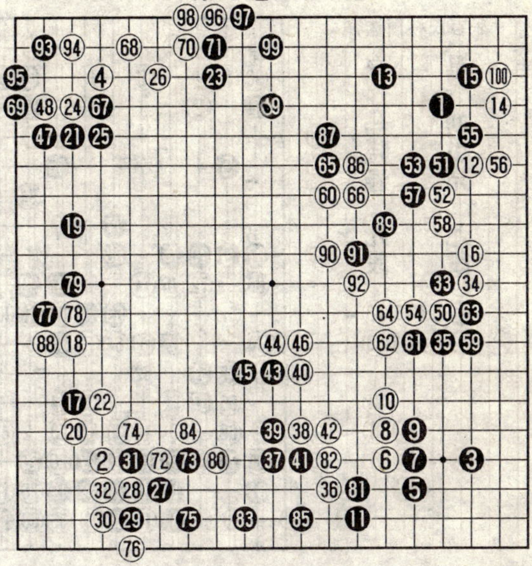

第 2 谱 101—213

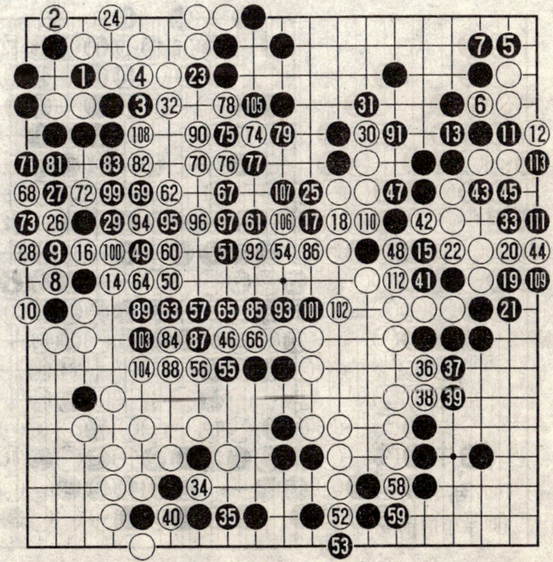

80＝68 98＝94

黑出 2 $\frac{3}{4}$子

共 213 手

黑中盘胜

1997 年 12 月 8 日

于中国棋院

乐百氏杯预选赛

黑	白
刘小光	马晓春
九段	九段

第1谱 1—100

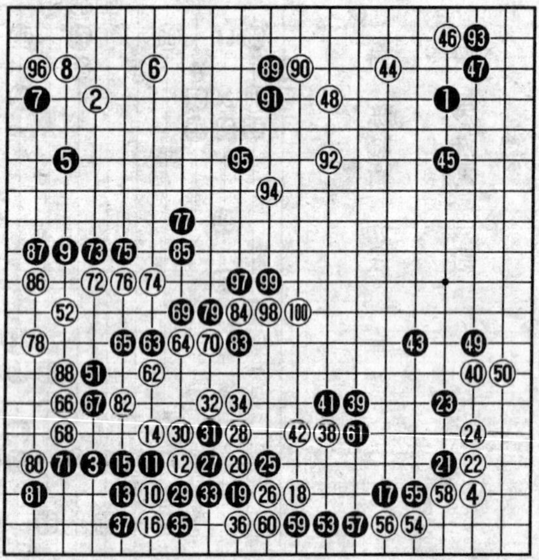

第2谱 101—192

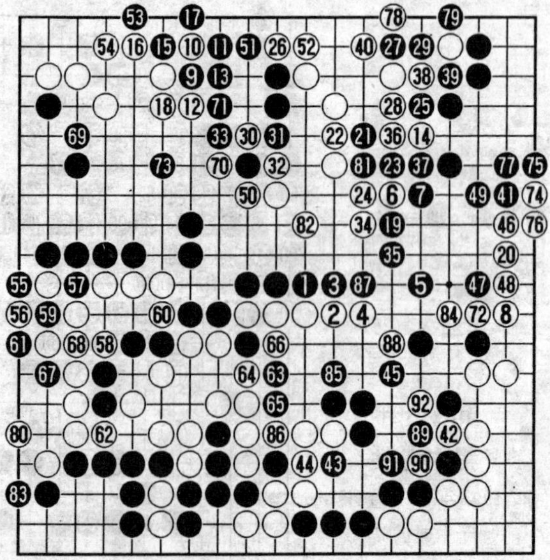

黑出 $2\frac{3}{4}$ 子

共 192 手

白中盘胜

1997 年 12 月 10 日

于中国棋院

乐百氏杯预选赛

黑	白
俞斌	常昊
九段	八段

第1谱　1—100

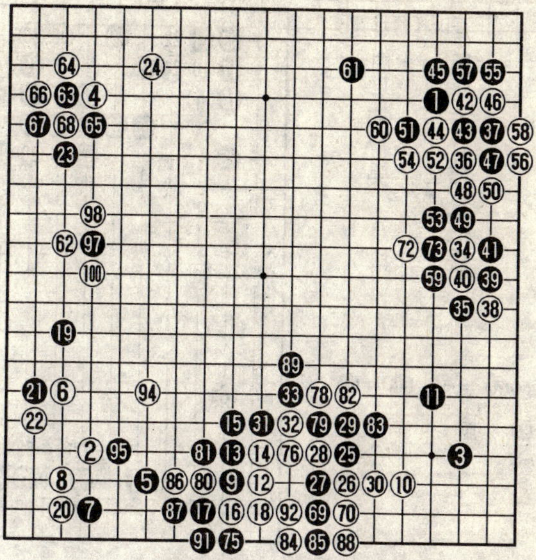

71 77 93 99＝63

74 90 96＝68

第2谱　101—278

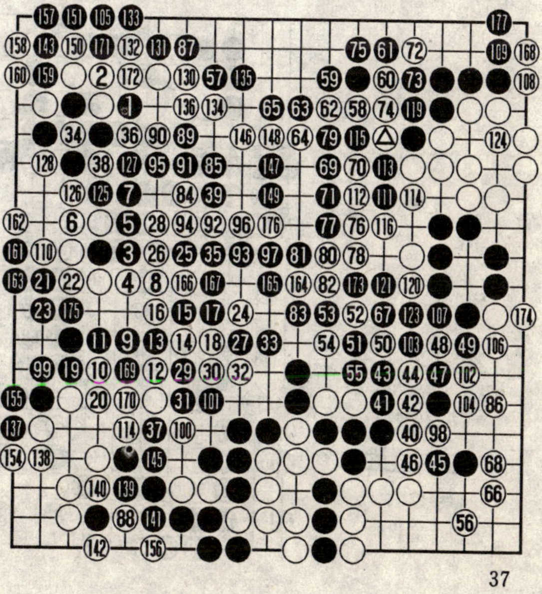

117 129 178＝113　118＝111

122＝47　152＝△

153＝74

黑出 $2\frac{3}{4}$ 子

共278手

白胜 $2\frac{1}{4}$ 子

1997年12月10日

于中国棋院

乐百氏杯预选赛

黑	白
方捷	常昊
七段	八段

第1谱 1—100

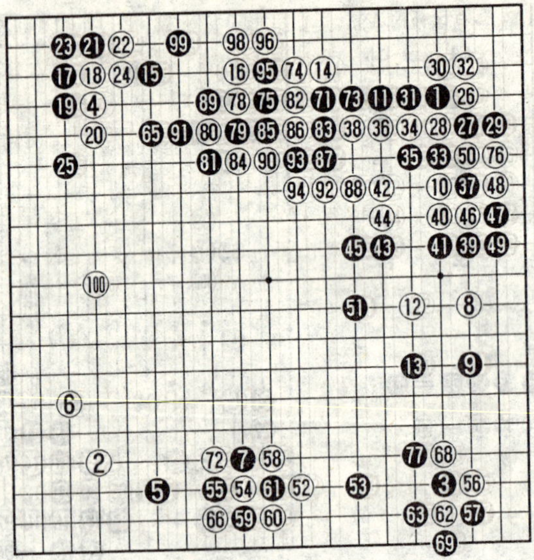

⑥④⑦⑩＝㉔ ❻❼＝❻❶

❾❼＝⑧⓪

第2谱 101—204

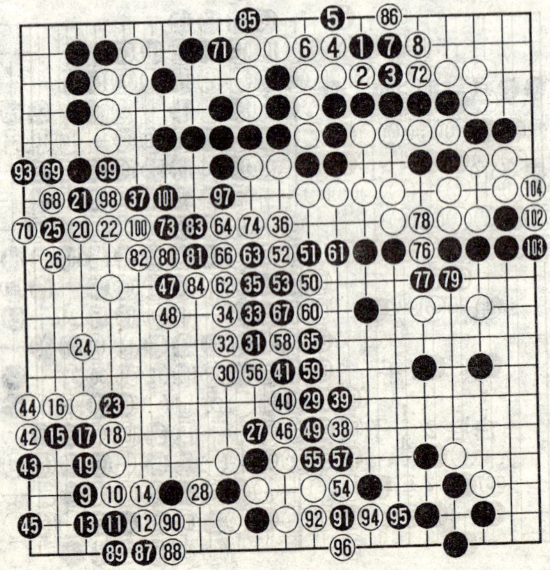

❼❺＝⑤⑧

黑出 $2\frac{3}{4}$ 子

共 204 手

白中盘胜

1997 年 12 月 12 日

于中国棋院

第10届中国围棋名人战

由中国围棋协会、人民日报社和北京电视台联合主办的第10届“玉溪杯”中国围棋名人战，于1997年7月5日至11月17日分四个阶段在北京、广西北海市和云南玉溪市举行。

第一阶段由48名棋手先进行两轮预选，很大一部份青少年棋手参加了预选赛。

第二阶段为本赛，由32人参加，经过三轮单败淘汰赛选出四名不败者进入第三阶段的循环圈比赛。

第三阶段为循环圈赛，本赛的前四名加上届前两名刘小光和刘菁，组成6人的小循环圈。在循环圈比赛中，罗洗河六段以五战全胜获得向上届名人马晓春九段的挑战权。

第四阶段的挑战决赛首局11月10日在中国棋院进行，11月12日移师云南玉溪市，经过激烈争夺，马晓春技高一筹，最终以3比1战胜弟子罗洗河第九次卫冕中国围棋名人称号。

第10届　中国围棋名人战循环圈赛成绩表

序号	对手 姓名	王	刘	王煜	罗	刘小	张	积分	名次
1	王　群	#	0	2	0	0	0	2	六
2	刘　菁	2	#	2	0	0	0	4	四
3	王煜辉	0	0	#	0	0	2	2	五
4	罗洗河	2	2	2	#	2	2	10	一
5	刘小光	2	2	2	0	#	2	8	二
6	张文东	2	2	0	0	0	#	4	三

第10届中国围棋名人战本赛成绩表

选手	段位	第一轮胜者	第二轮胜者	第三轮胜者
郑弘	九段	郑	郑	王
刘熙	二段			
车泽武	七段	车		
梁伟棠	八段			
王群	八段	王	王	
叶桂	五段			
聂卫平	九段	聂		
王冠军	八段			
王磊	六段	王	王	罗
刘世振	四段			
周鹤洋	七段	周		
胡耀宇	四段			
邵炜刚	八段	邵	罗	
汪见虹	九段			
陈瑞	五段	罗		
罗洗河	六段			
俞斌	九段	俞	俞	王
段嵘	六段			
张璇	八段	张		
李豫川	五段			
陈临新	九段	王	王煜辉	
王煜辉	六段			
王汝南	八段	王		
邱继红	五段			
常昊	八段	常	常	张
韩晔	四段			
曹大元	九段	曹		
王元	八段			
谭炎午	七段	彭	张	
彭荃	二段			
华以刚	八段	张		
张文东	九段			

名人战决赛第1局

黑 马晓春 名人

白 罗洗河 挑战者

第1谱 1—100

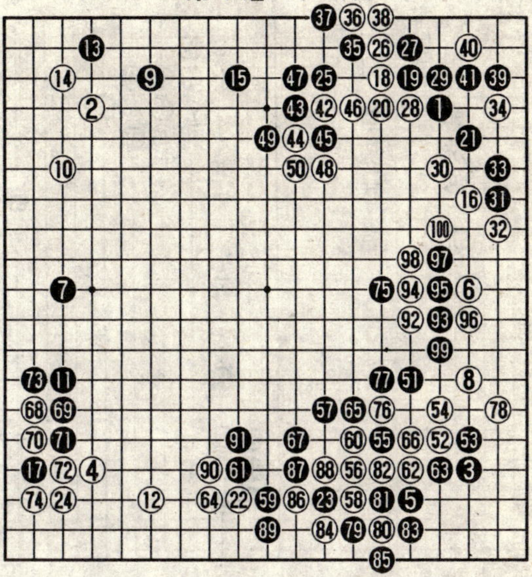

第2谱 101—146

㉑=❼

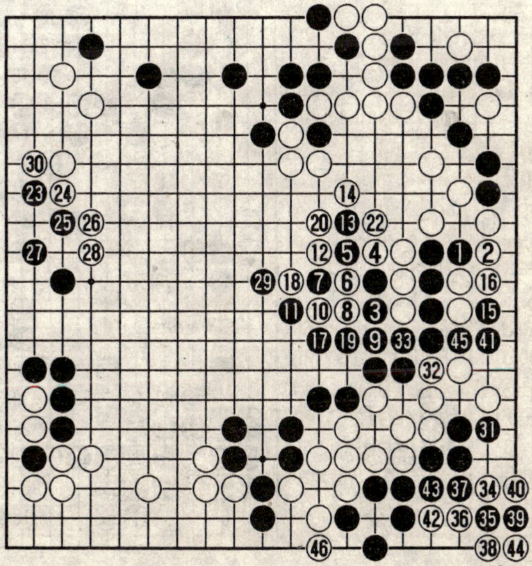

黑出2$\frac{3}{4}$子

共146手

白中盘胜

1997年11月10日

于中国棋院

名人战决赛第2局

黑　　白

罗洗河　马晓春

挑战者　名人

第1谱　1—100

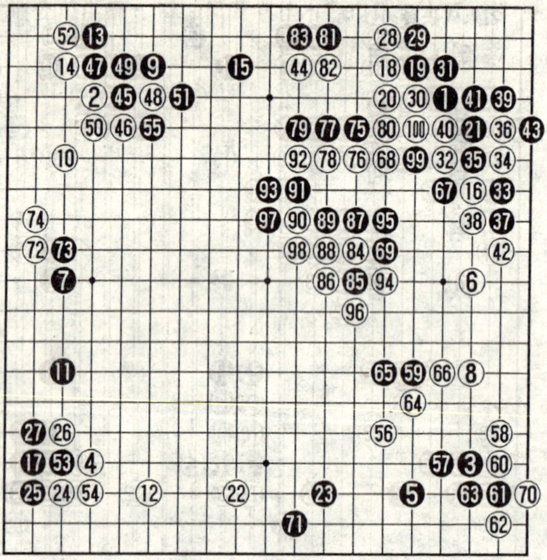

第2谱　101—172

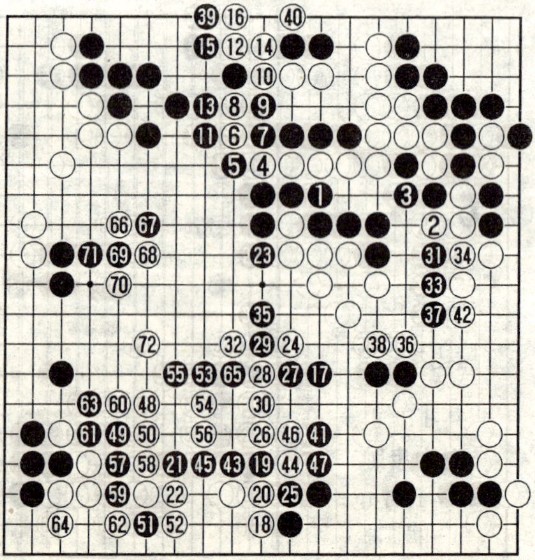

黑出 2 $\frac{3}{4}$ 子

共 172 手

白中盘胜

1997年11月13日

于云南玉溪

名人战决赛第3局

黑	白
马晓春	罗洗河
名人	挑战者

56 62 70 76 84 = 48

59 67 73 81 89 = 53

黑出 $2\frac{3}{4}$ 子

共153手

黑中盘胜

1997年11月15日

于云南玉溪

第1谱 1—100

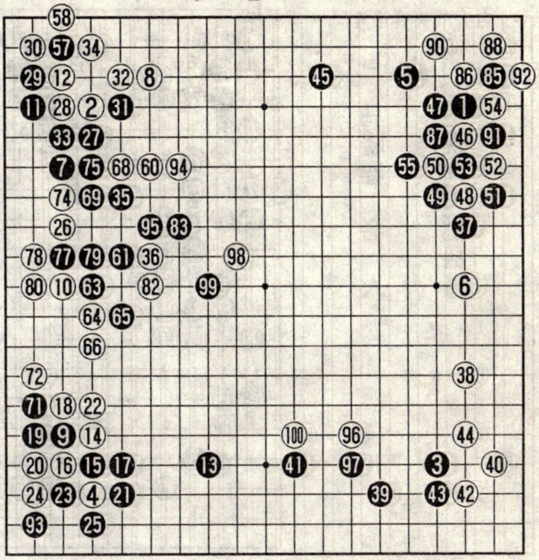

第2谱 101—153

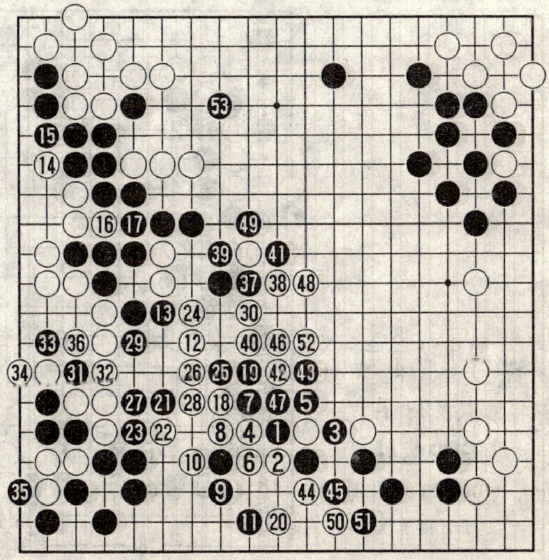

名人战决赛第 4 局

黑	白
罗洗河	马晓春
挑战者	名人

黑出 $2\frac{3}{4}$ 子

共 128 手

白中盘胜

1997 年 11 月 17 日

于云南玉溪

第 1 谱 1—100

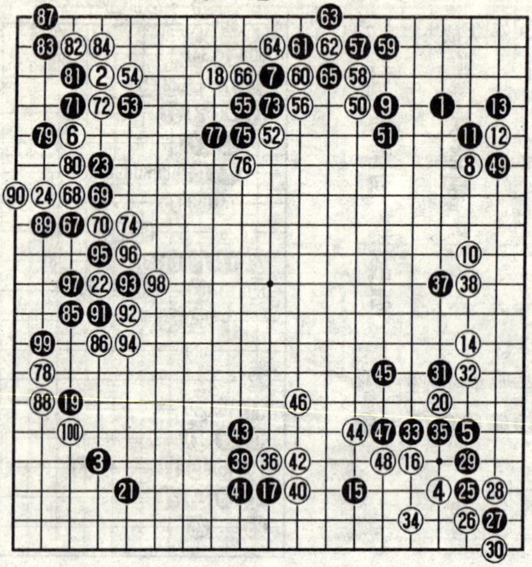

第 2 谱 101—128

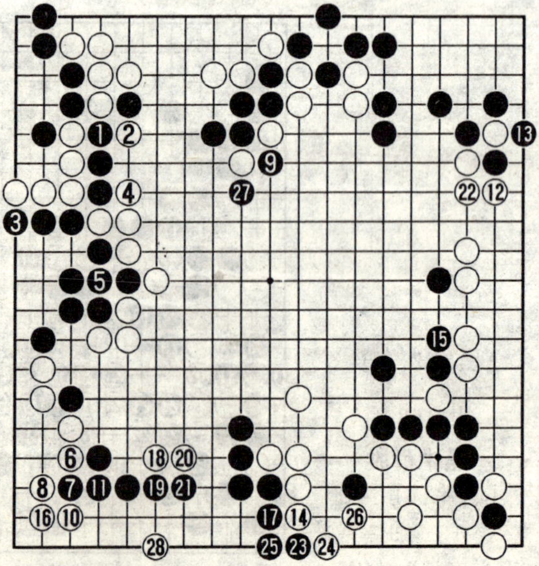

名人战本赛

黑	白
张文东	彭荃
九段	二段

第1谱　1—100

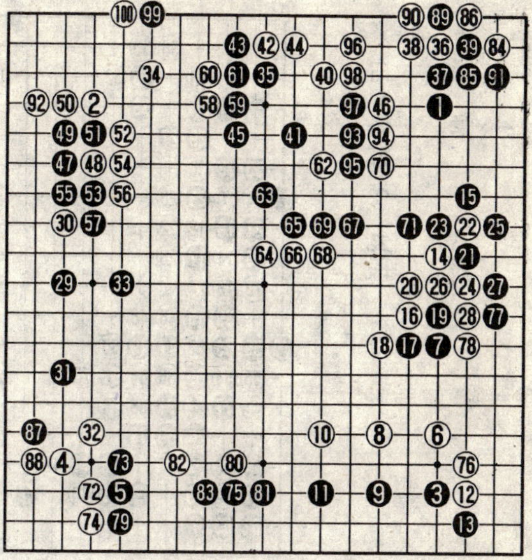

⑩＝93

第2谱　101—247

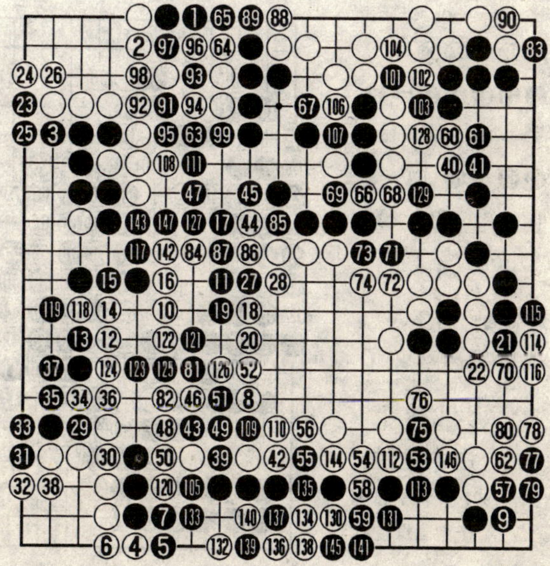

黑出 $2\frac{3}{4}$ 子

共 247 手

黑胜 $\frac{3}{4}$ 子

1997 年 7 月 10 日

于中国棋院

名人战本赛

黑 常昊 八段

白 张文东 九段

第1谱 1—100

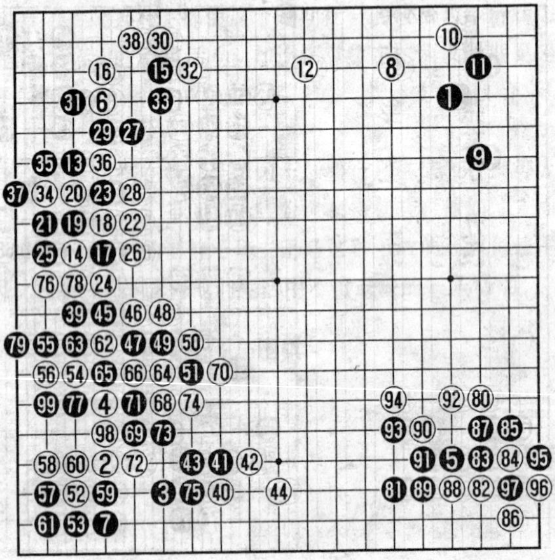

67＝62 100＝84

第2谱 101—238

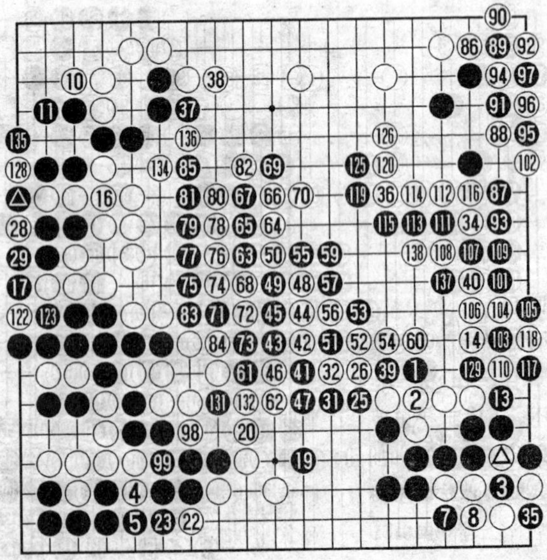

6 12 18 24 30＝△

9 15 21 27 33＝3

58＝51 100＝96

121 127＝103 124＝118

130＝28 133＝▲

黑出 $2\frac{3}{4}$ 子

共238手

白中盘胜

1997年7月11日

于中国棋院

名人战本赛

黑 罗洗河 六段

白 王磊 六段

㊵＝㉗ ㊼㊸＝㉟

⑰＝㊷

第1谱 1—100

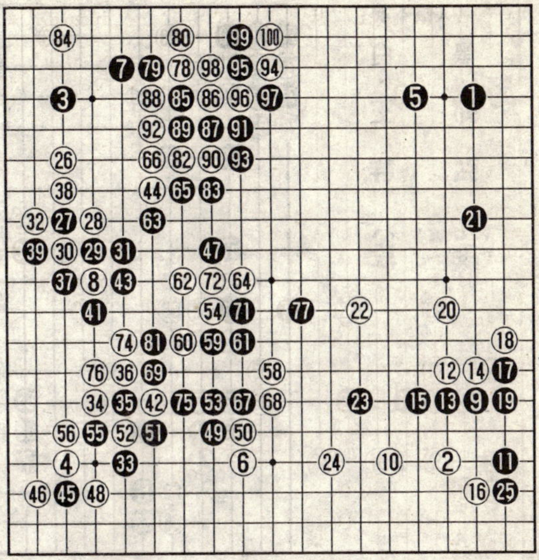

第2谱 101—291

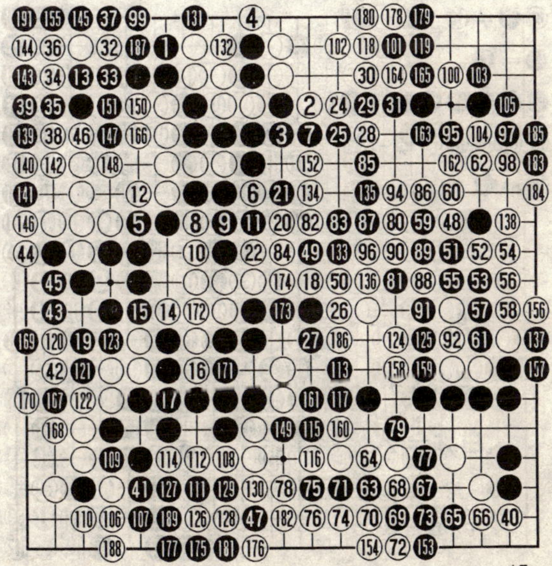

㉓＝⑥ ㊾＝㊳

⑲＝㊼

黑出 2 $\frac{3}{4}$ 子

共 291 手

黑中盘胜

1997 年 7 月 12 日

于中国棋院

名人战本赛

黑	白
郑弘	王群
九段	八段

第1谱 1—100

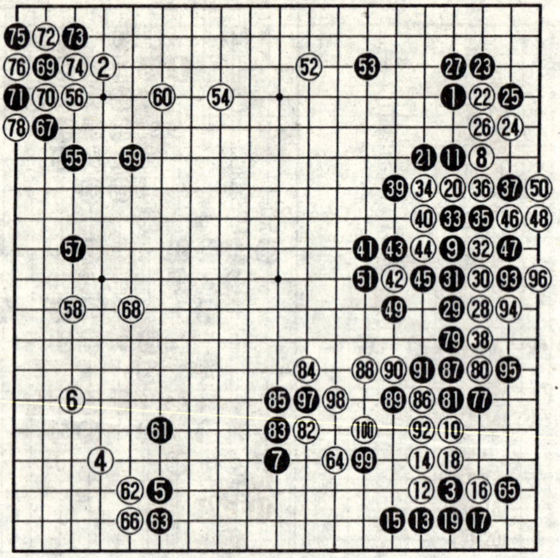

第2谱 101—288

86 163＝16　107＝75

109＝77

131 137 143 149 155 161＝51

134 140 146 152 158 187＝60

172＝△

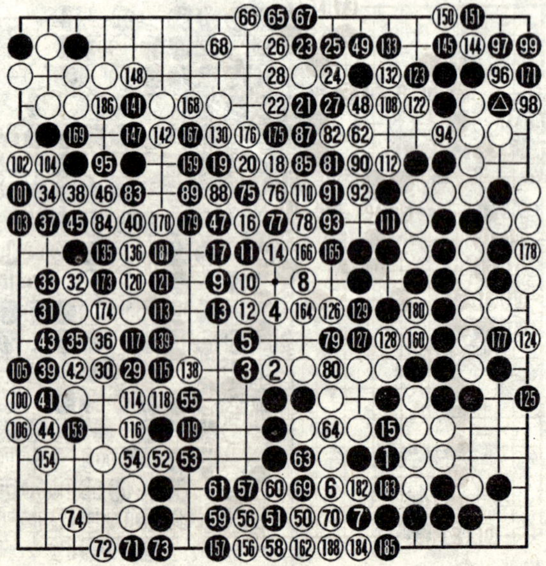

黑出 $2\frac{3}{4}$ 子

共 288 手

白胜 $\frac{1}{4}$ 子

1997 年 7 月 12 日

于中国棋院

名人战本赛

黑	白
王煜辉	俞斌
六段	九段

第1谱 1—100

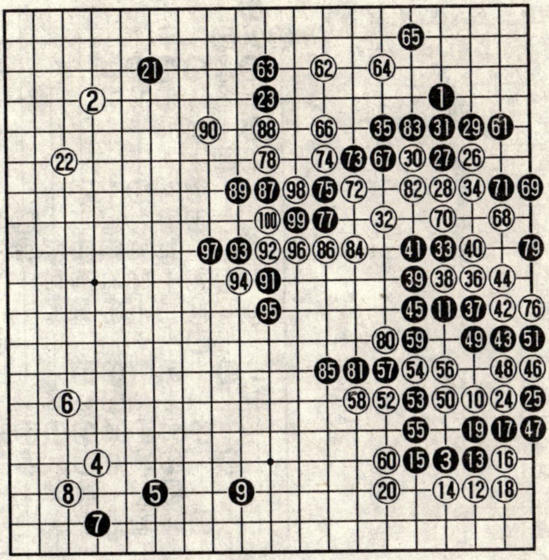

第2谱 101—271

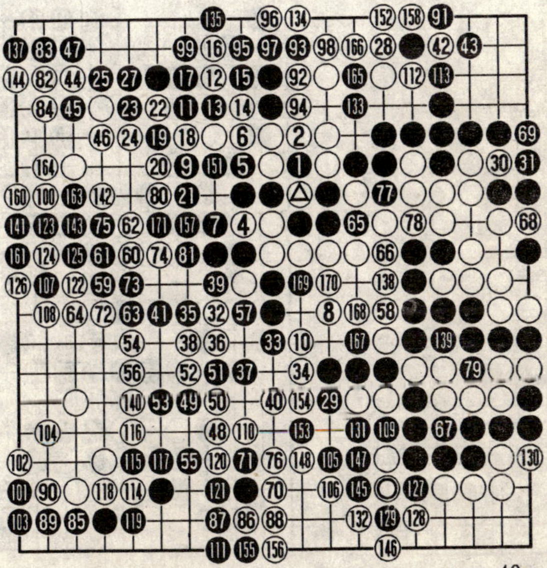

3＝△　26＝22

136＝19　149＝129

150＝○　159＝42

162＝107

黑出 2 $\frac{3}{4}$ 子

共 271 手

黑胜 1 $\frac{3}{4}$ 子

1997 年 7 月 12 日

于中国棋院

名人战循环圈赛

黑	白
刘菁	刘小光
七段	九段

第1谱 1—100

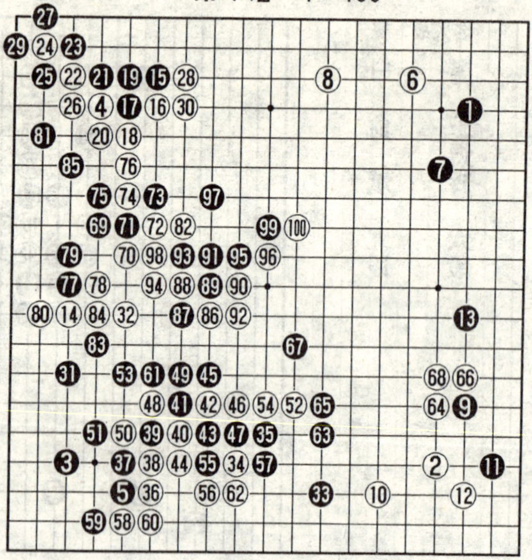

第2谱 101—192

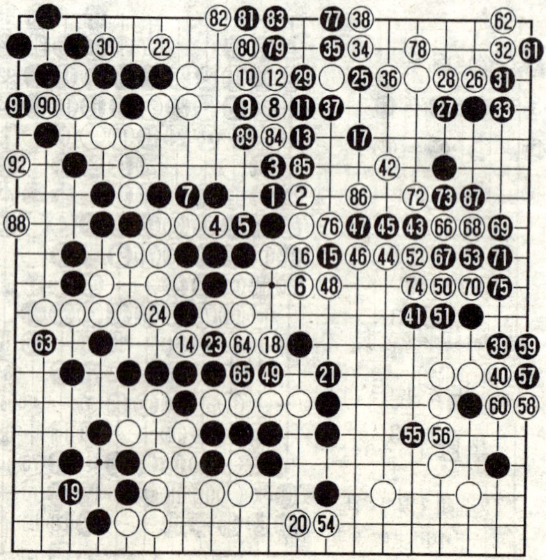

黑出 2 $\frac{3}{4}$ 子

共 192 手

白中盘胜

1997年8月4日

于中国棋院

名人战循环圈赛

黑	白
刘小光	王煜辉
九段	六段

第1谱 1—100

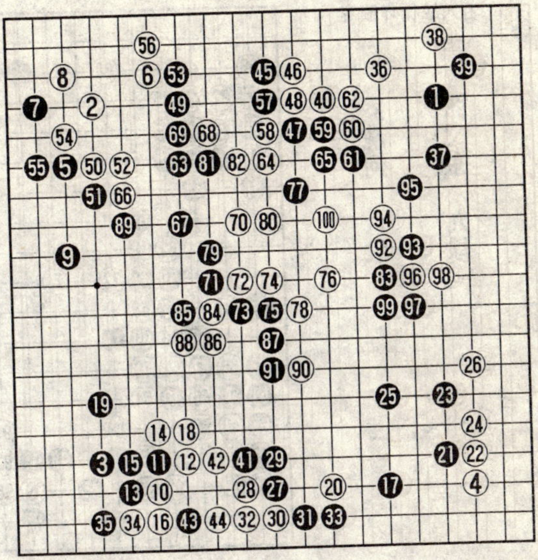

第2谱 101—205

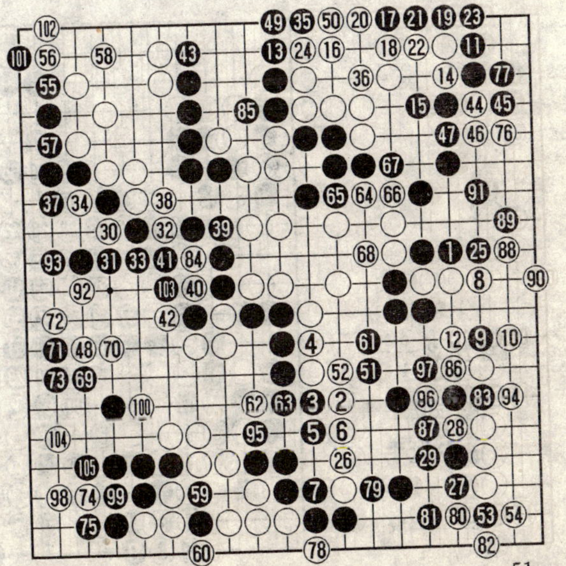

黑出 $2\frac{3}{4}$ 子

共 205 手

黑中盘胜

1997 年 8 月 6 日

于中国棋院

名人战循环圈赛

黑　　白

张文东　　罗洗河

九段　　六段

第1谱　1—100

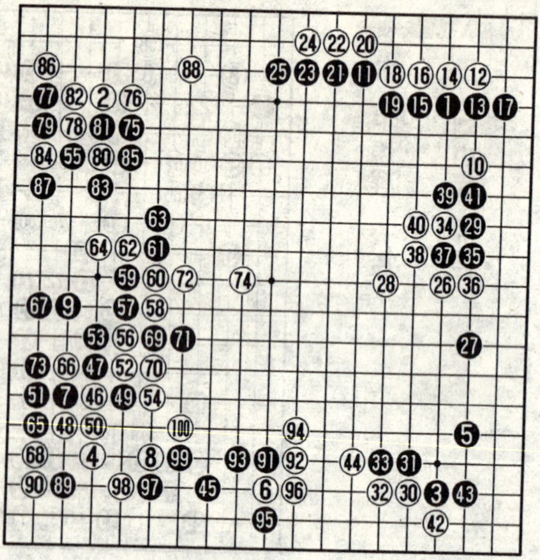

⑤⑥＝㊱

第2谱　101—180

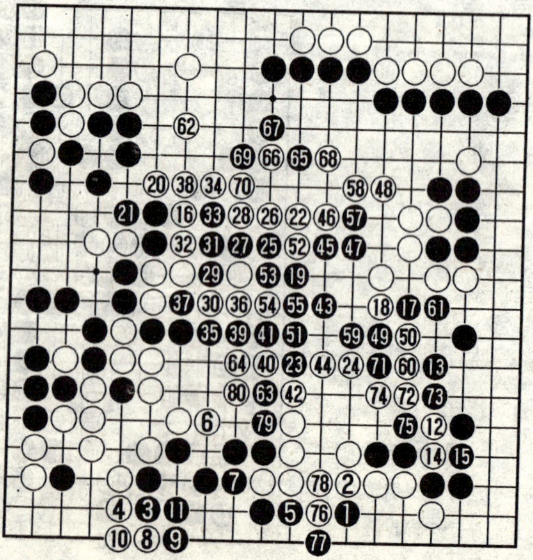

黑出 $2\frac{3}{4}$ 子

共180手

白中盘手

1997年8月6日

于中国棋院

名人战循环圈赛

黑	白
王	刘
群	菁
八段	七段

⑧⑥⑨②⑨⑧＝⑦④

❽❾❾❺＝❽❸

第1谱　1—100

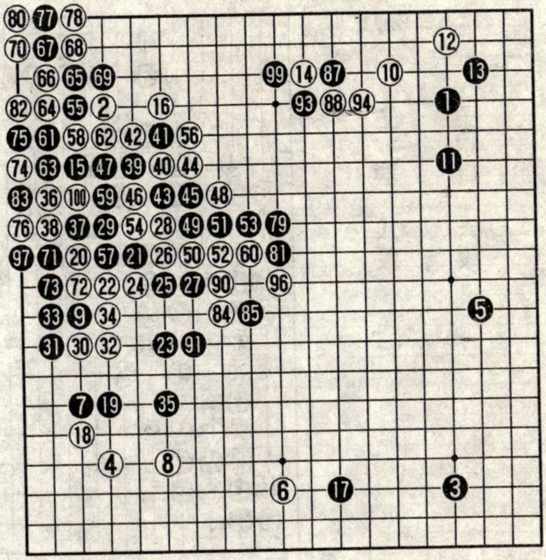

❻❼＝⑥⓪

黑出 2 $\frac{3}{4}$ 子

共 196 手

白中盘胜

1997 年 8 月 6 日

于中国棋院

第2谱　101—196

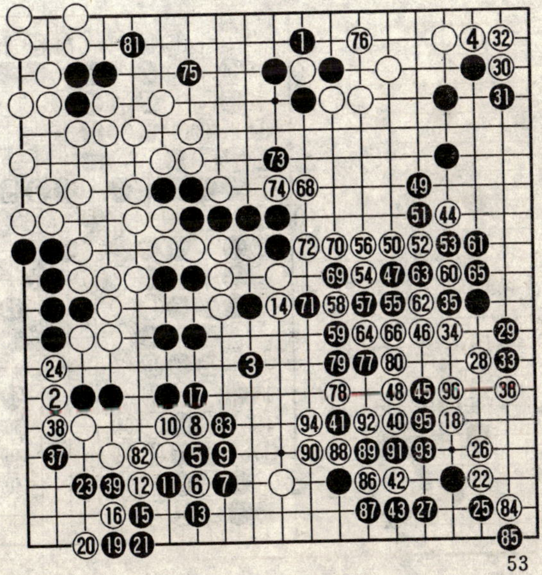

名人战循环圈赛

黑 王煜辉 六段

白 王群 八段

第1谱 1—100

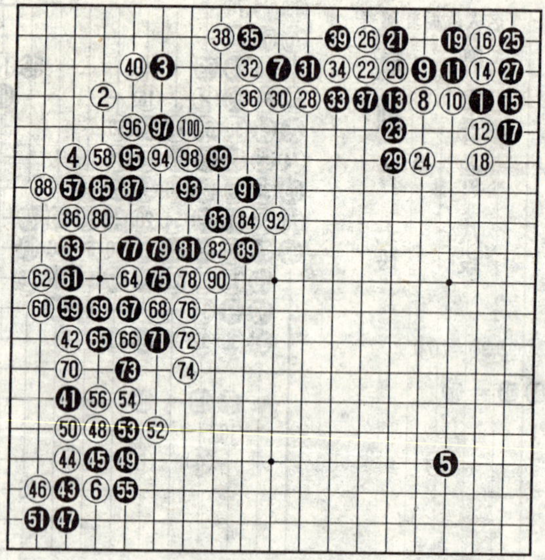

第2谱 101—202

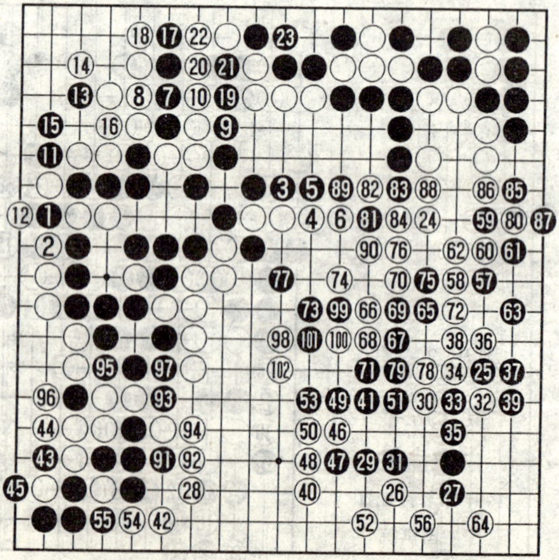

黑出 2 $\frac{3}{4}$ 子

共 202 手

白中盘胜

1997 年 8 月 8 日

于中国棋院

名人战循环圈赛

黑 白

罗洗河 刘小光

六段 九段

67＝49

第1谱 1—100

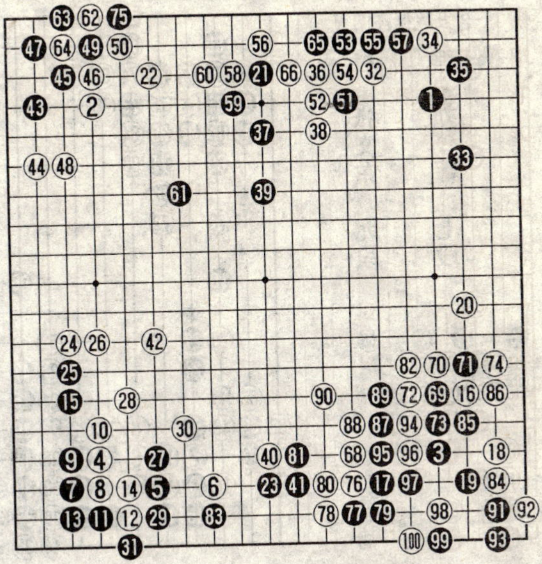

19＝△ 95＝△

第2谱 101—225

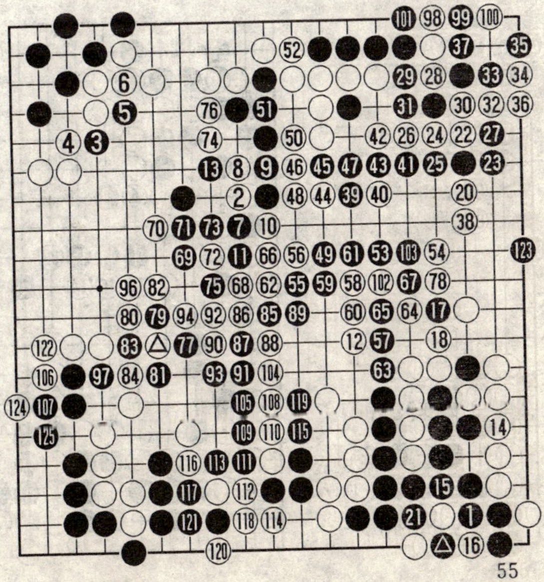

黑出 2 $\frac{3}{4}$ 子

共 225 手

黑中盘胜

1997 年 8 月 8 日

于中国棋院

名人战循环圈赛

黑 白

刘 张文东

菁

七段 九段

65＝57　67＝56

88＝73

第1谱 1—100

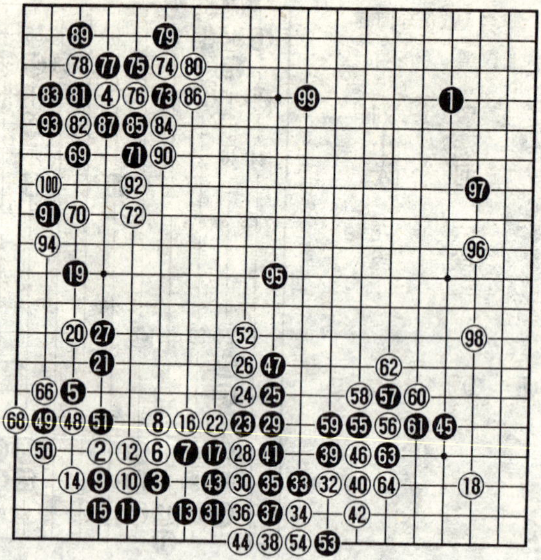

第2谱 101—132

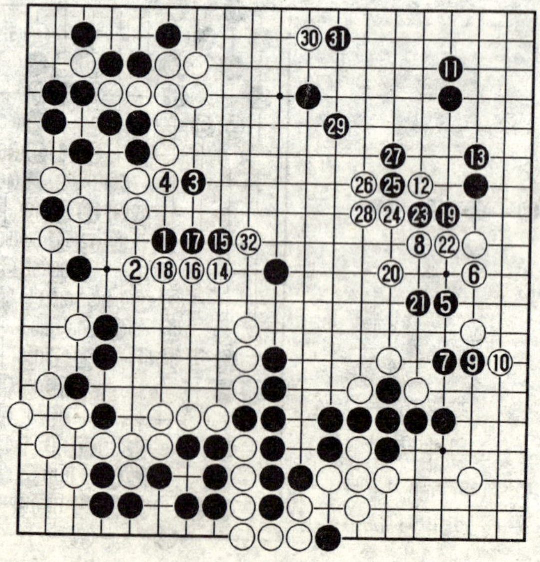

黑出 2 $\frac{3}{4}$ 子

共 132 手

白中盘胜

1997 年 8 月 8 日

于中国棋院

名人战循环圈赛

黑 王群 八段

白 罗洗河 六段

第1谱 1—100

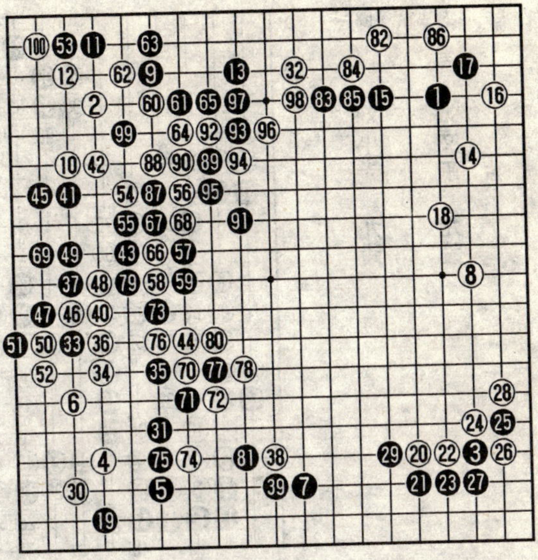

第2谱 101—306

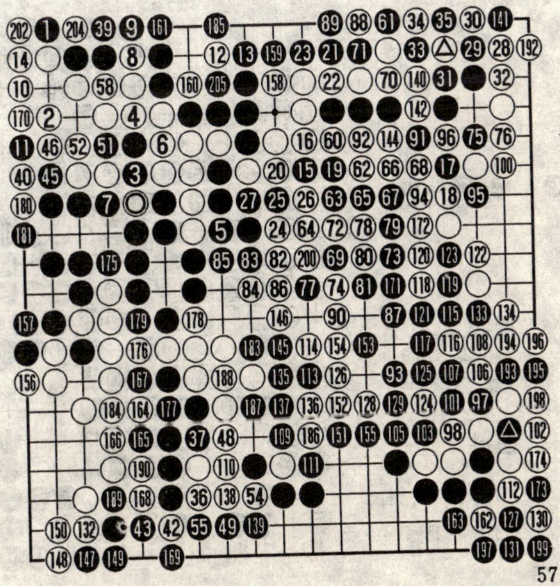

38 44 50 56 = △

41 47 53 59 = 35

57 = ◎ 99 = 17

104 = △ 143 = 96

182 = 11 191 = 42

201 = 173 203 = 130

206 = 1

黑出 $2\frac{3}{4}$ 子

共 306 手

白胜 $\frac{1}{4}$ 子

1997 年 9 月 22 日

于广西北海

名人战循环圈赛

黑	白
张文东	刘小光
九段	九段

第1谱 1—100

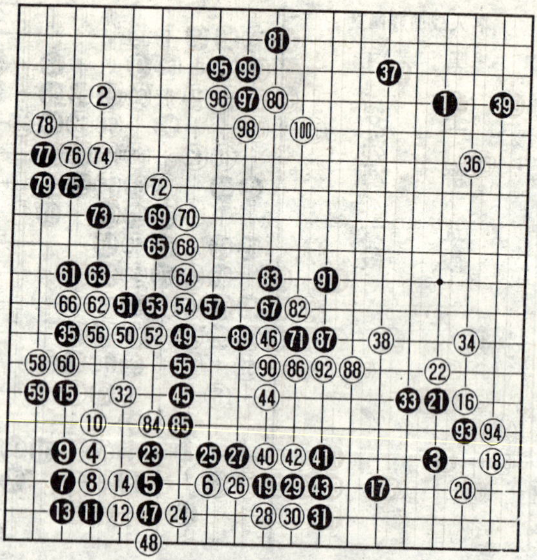

第2谱 101—263

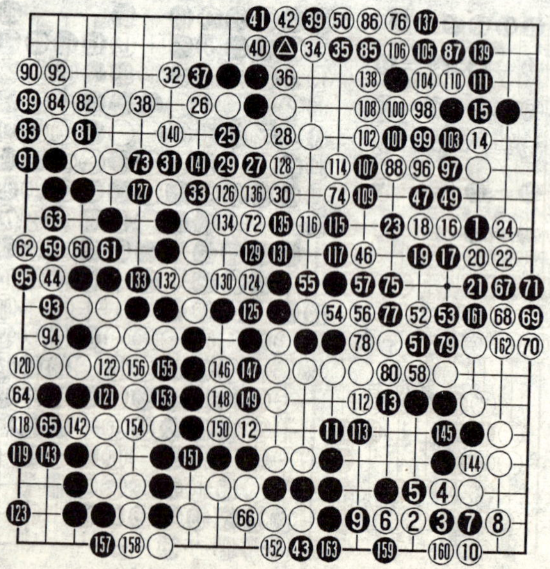

45＝△ 48＝42

黑出 $2\frac{3}{4}$ 子

共 263 手

白胜 $5\frac{1}{4}$ 子

1997 年 9 月 22 日

于广西北海

第11届中国围棋天元战

第11届中国围棋天元战，于1997年1月16日在北京中国棋院拉开帷幕。参加本届第一阶段比赛的棋手有32名，经过五轮单败淘汰赛于1月24日结束，常昊七段最后战胜女棋手张璇七段夺得本届比赛的挑战权。

这届比赛显著的特点是新手发挥出色，进入前四名的棋手都是年轻人。

第二阶段的决赛为五局三胜制。3月3日在上海举行。在首盘比赛中，执白棋的挑战者常昊七段下得非常顽强，中盘抵抗住了马晓春的强攻而取得了本局的胜利。之后，马晓春扳回第二局。第三局被视为本届比赛的关键之战，马晓春在序盘获得成功，但之后却出现失误而败北。输了此局气势上被压倒，第四局便被常昊一鼓作气拿下来，最终常昊以3比1获胜，新天元诞生了。常昊的胜利在某种意义上说，是我国围棋发展的一个新标志，引用记者的一句话“常昊获得了一个有分量的冠军”。

本项比赛是由中国围棋协会、新民晚报和新民围棋月刊联合主办的。新天元不但获得2万元奖金，还将获得与日本天元和韩国天元比赛的资格。

第11届中国“天元”战预选赛成绩表

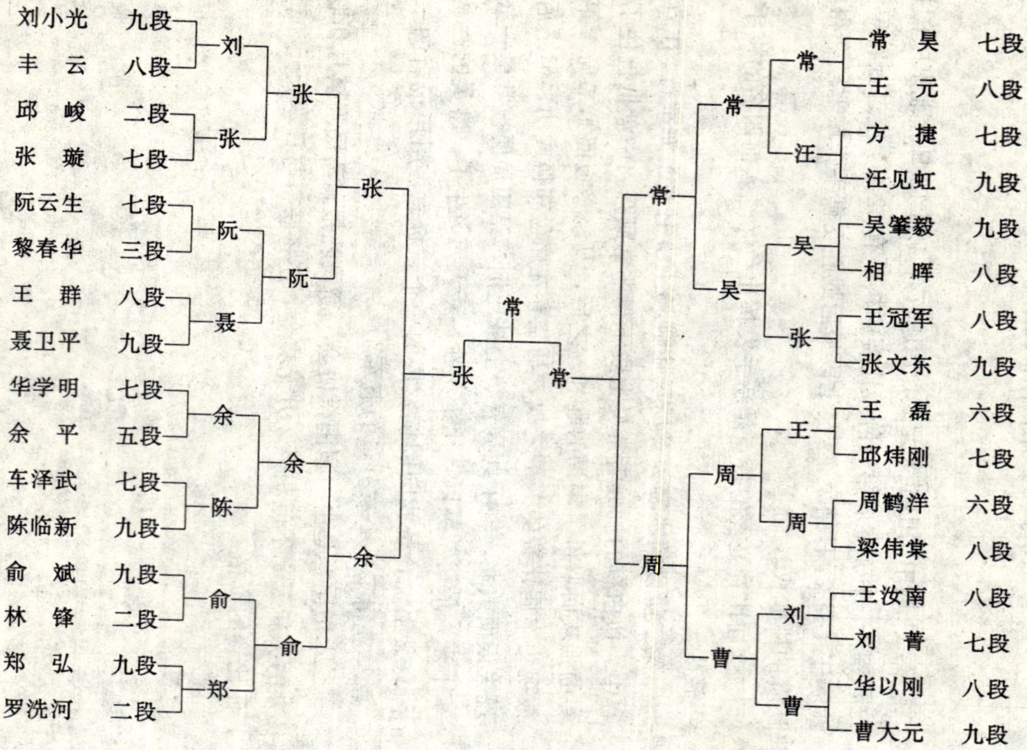

天元战决赛第1局

黑	白
马晓春	常昊
天元	挑战者

第1谱 1—100

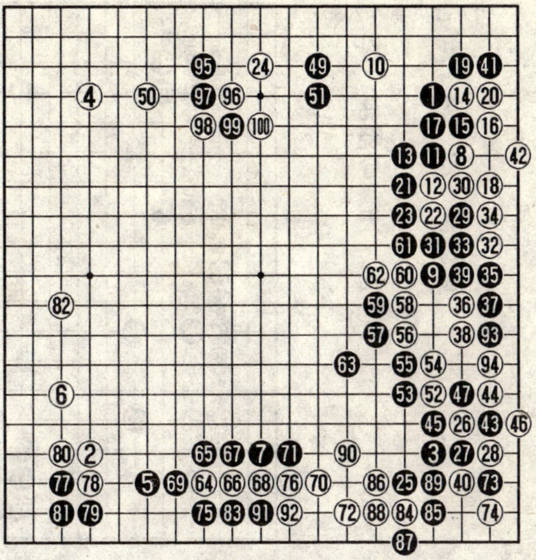

48＝43

第2谱 101—246

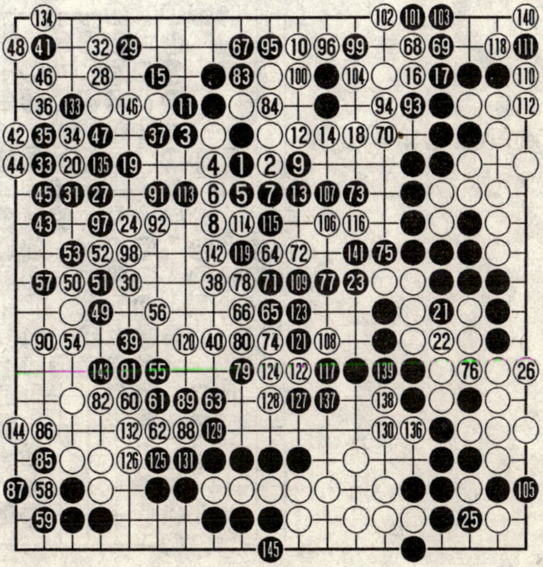

黑出 $2\frac{3}{4}$ 子

共 246 手

白中盘胜

1997 年 3 月 3 日

于上海

天元战决赛第2局

黑 常昊 挑战者

白 马晓春 天元

第1谱 1—100

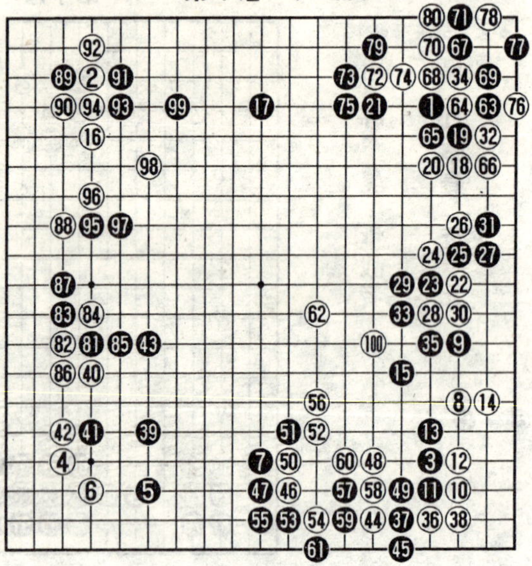

第2谱 101—258

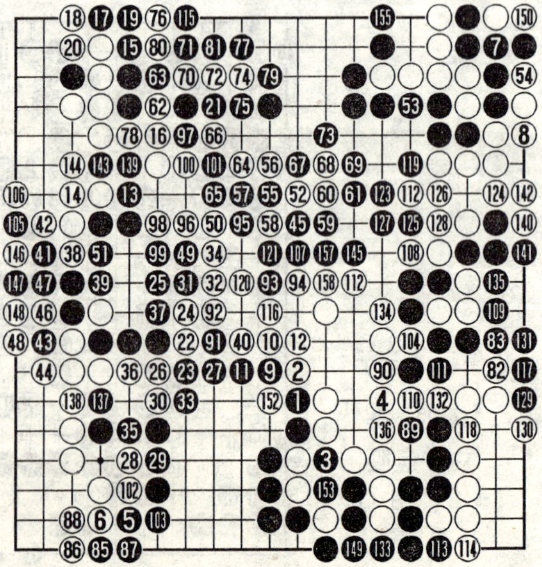

⑧④＝❻❸ ⓯⓵⑮⑥＝⓵⓪⓹

⑮④＝⑭⑥

黑出 $2\frac{3}{4}$子

共258手

白胜 $2\frac{1}{4}$子

1997年3月5日

于上海

天元战决赛第3局

黑	白
马晓春	常昊
天元	挑战者

第1谱 1—100

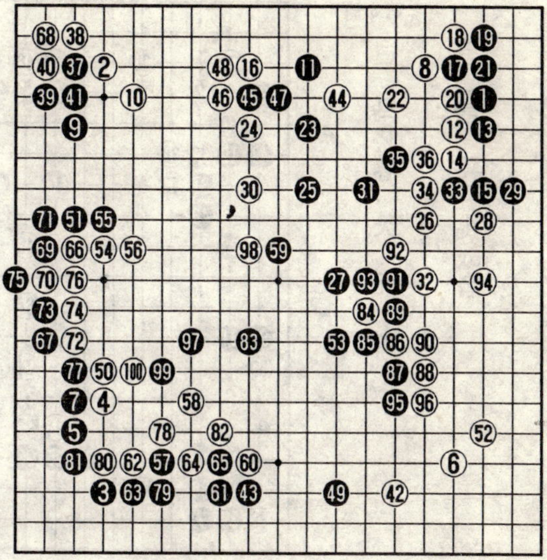

第2谱 101—217

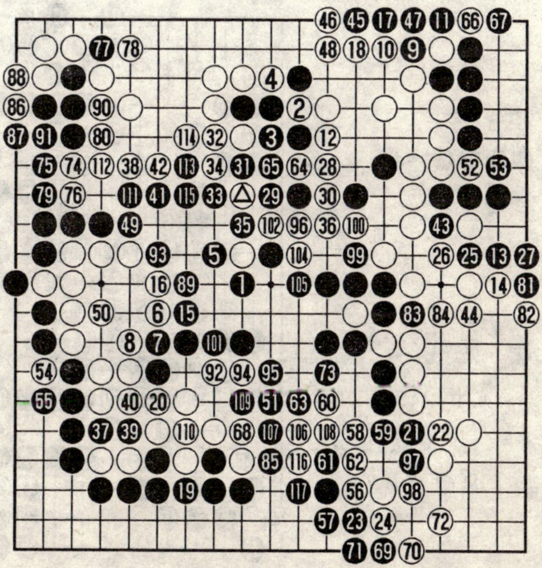

❶⓪❸ = △

黑出 $2\frac{3}{4}$ 子

共 217 手

白胜 $1\frac{1}{4}$ 子

1997 年 3 月 7 日

于上海

天元战决赛第4局

黑 常昊 挑战者

白 马晓春 天元

第1谱 1—100

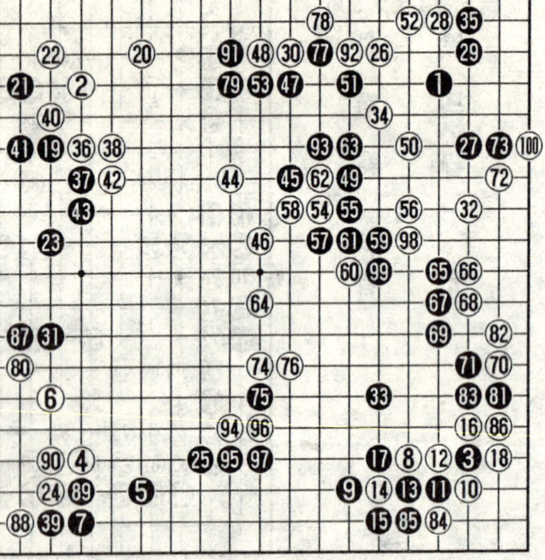

第2谱 101—243

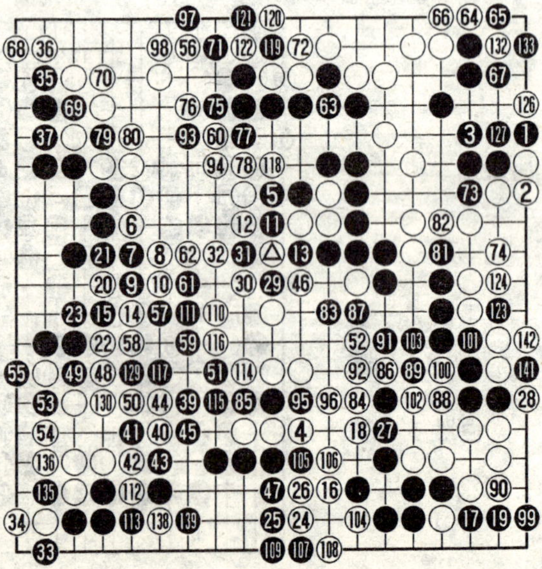

⑱＝△

125 131 137 143＝119

128 134 140＝122

黑出$2\frac{3}{4}$子

共243手

黑中盘胜

1997年3月9日

于上海

天元战挑战者决定赛

黑 白

常 张

昊 璇

七段 七段

第1谱 1—100

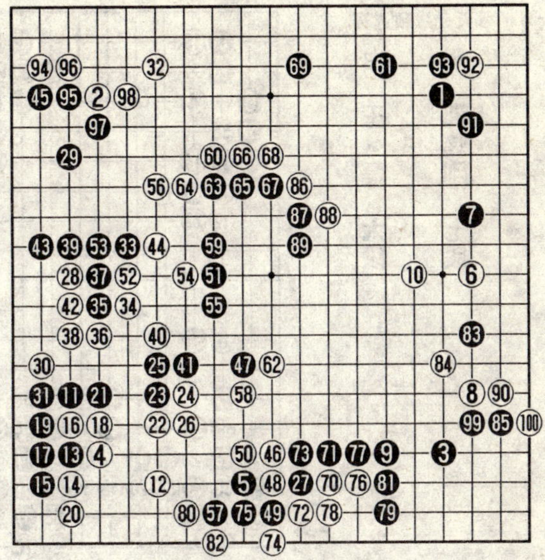

⑱＝㊺

第2谱 101—167

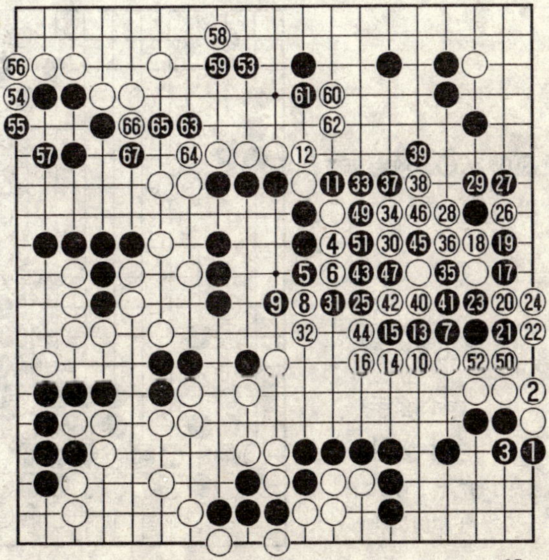

黑出2 3/4子

共167手

黑中盘胜

1997年1月24日

于中国棋院

天元战预选赛

黑 邵炜刚 七段

白 王磊 六段

第1谱 1—100

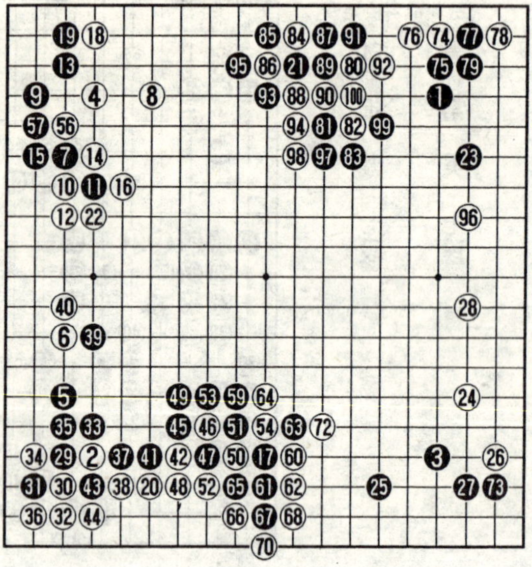

55 69＝47 58＝46 71＝50

第2谱 101—152

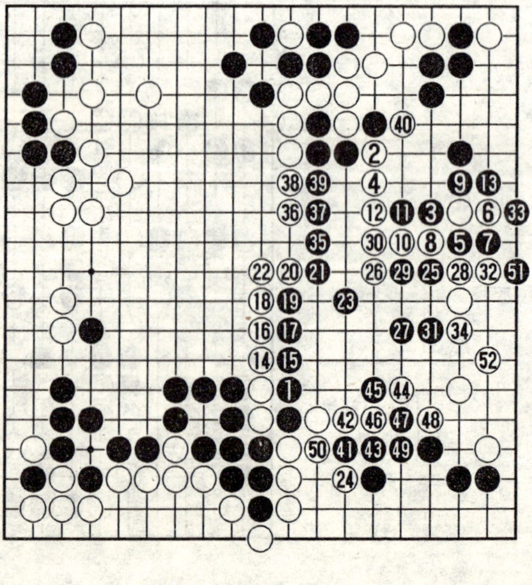

黑出 $2\frac{3}{4}$ 子

共152手

白中盘胜

1997年1月16日

于中国棋院

天元战预选赛

黑	白
车泽武	陈临新
七段	九段

第1谱 1—100

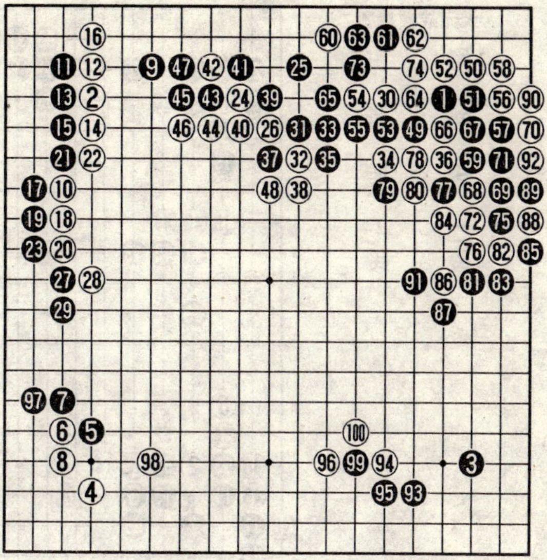

第2谱 101—236

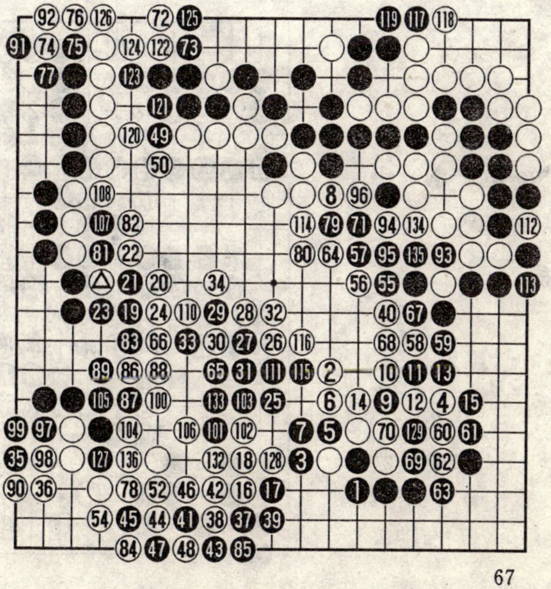

❺❶＝❹❶　❺❸＝㊽

⑩⑨＝△　⑬⓪＝❾

⑬①＝㉚

黑出 2$\frac{3}{4}$子

共 236 手

白胜$\frac{1}{4}$子

1997年1月16日

于中国棋院

天元战预选赛

黑	白
邱峻	张璇
二段	七段

第1谱 1—100

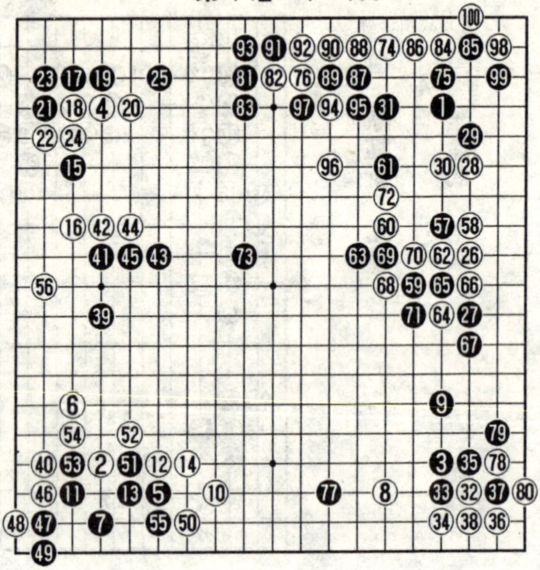

⑭=⑱　❼=❼　⑩=⑩

第2谱 101—208

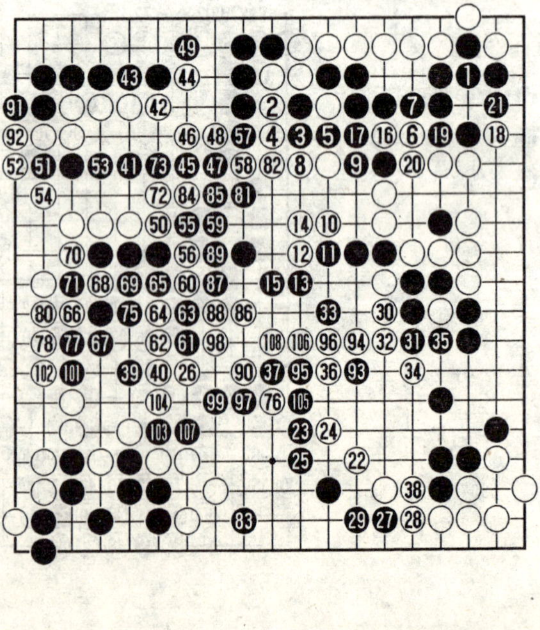

黑出 $2\frac{3}{4}$ 子

共208手

白中盘胜

1997年1月16日

于中国棋院

天元战预选赛

黑 聂卫平 九段

白 王群 八段

第1谱 1—100

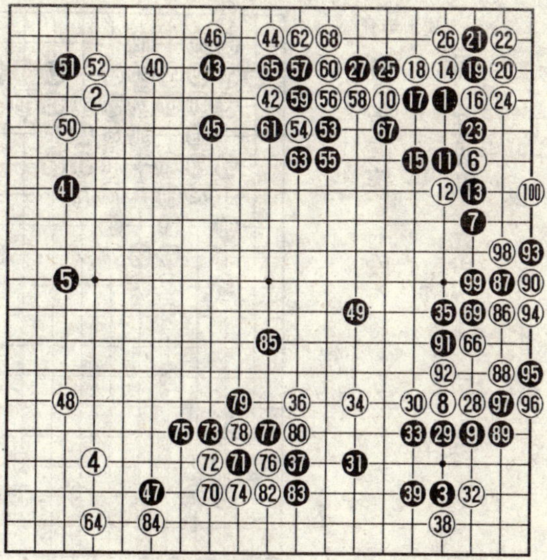

❽❶＝❼❶

第2谱 101—252

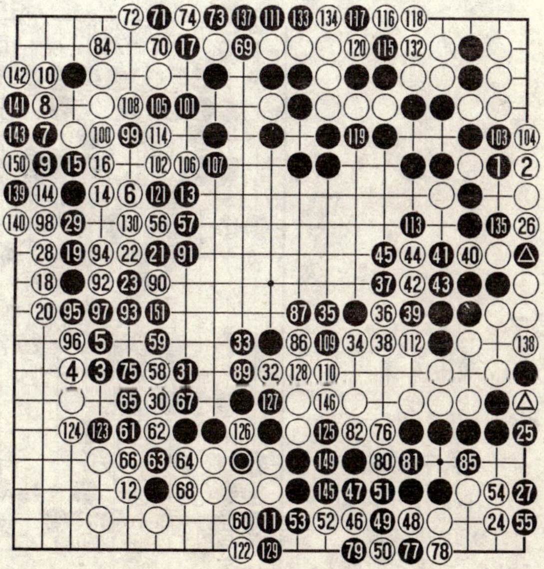

❽❸＝❼❶　⑧⑧＝❻❸

❶❸❶＝⑦④　⑬⑥＝▲

❶❹❼＝△　⑭⑧＝◉

⑮②＝❶❸❾

黑出2$\frac{3}{4}$子

共252手

黑胜4$\frac{3}{4}$子

1997年1月16日

于中国棋院

天元战预选赛

黑 白

汪见虹 方捷

九段 七段

❻❶＝56

第1谱 1—100

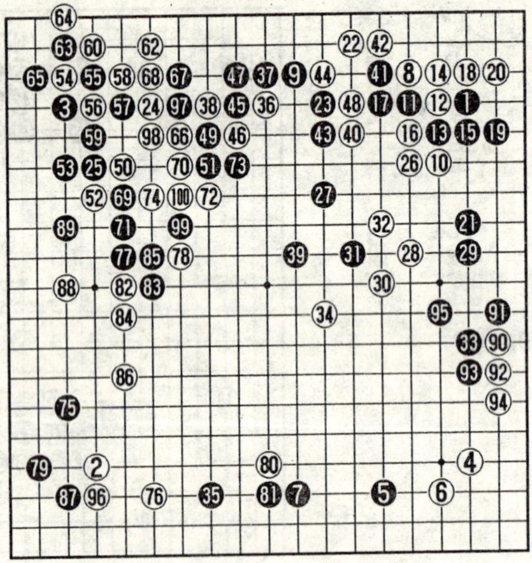

第2谱 101—159

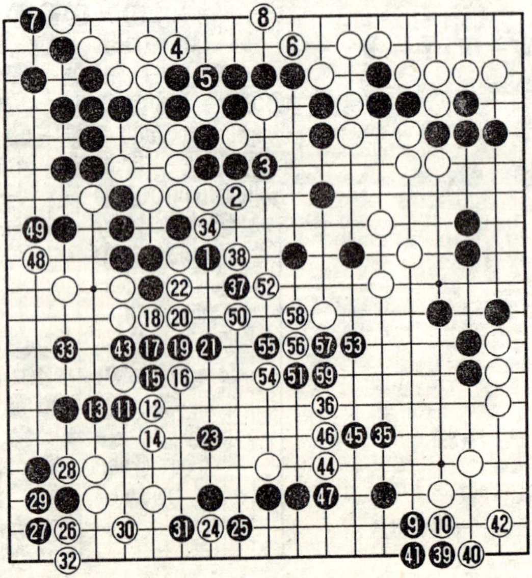

黑出 2 $\frac{3}{4}$ 子

共 159 手

黑中盘胜

1997 年 1 月 16 日

于中国棋院

天元战预选赛

黑	白
张文东	王冠军
九段	八段

黑出 2 $\frac{3}{4}$ 子

共 169 手

黑中盘胜

1997 年 1 月 16 日

于中国棋院

第 1 谱 1—100

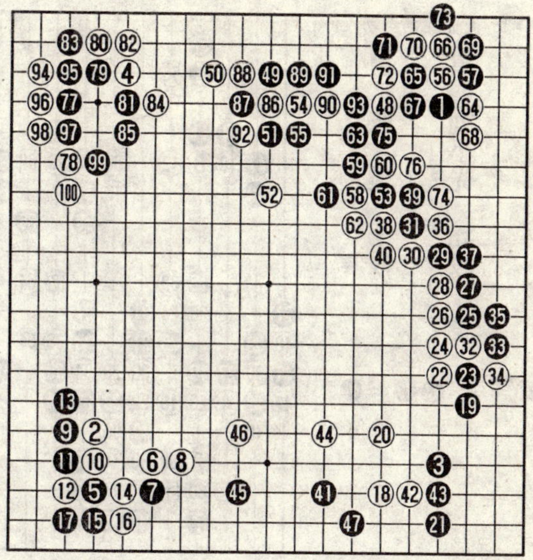

第 2 谱 101—169

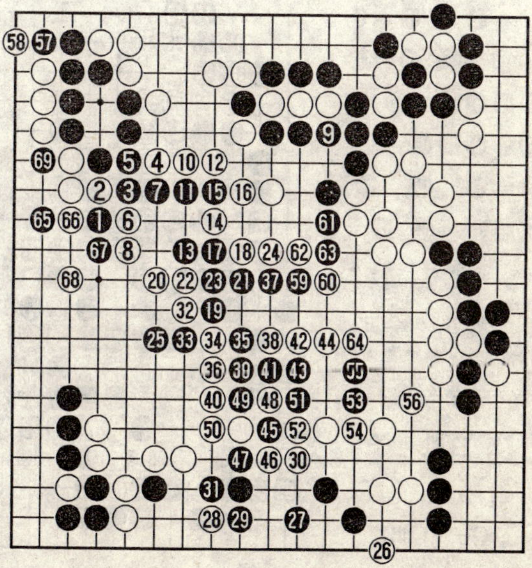

天元战预选赛

黑	白
刘小光	张璇
九段	七段

第1谱 1—100

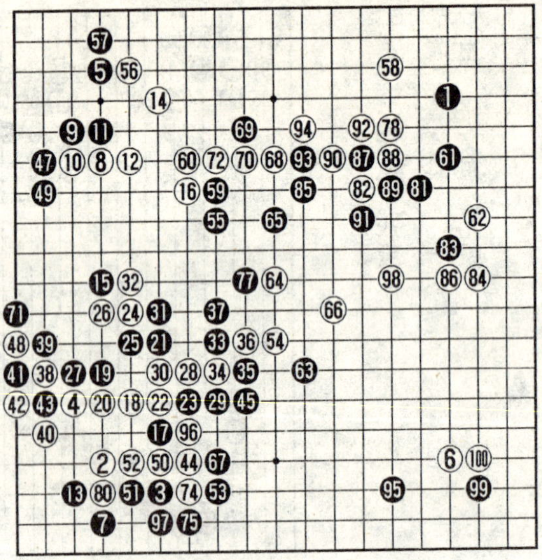

46＝38　73 79＝41

76＝48

第2谱 101—273

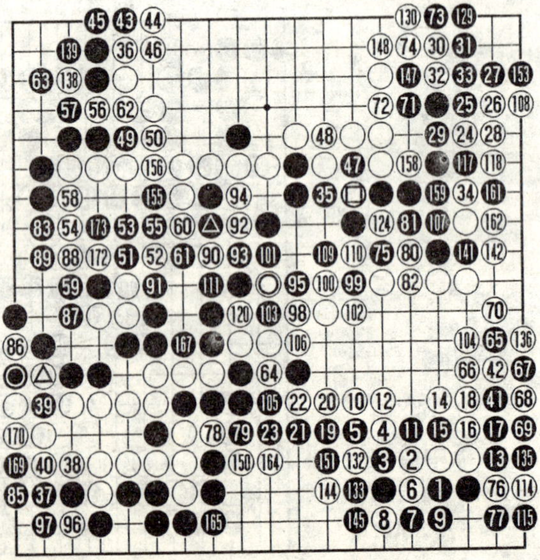

84 128 134 140 146 152＝△

112＝▲　113 119＝99

116 112＝110　121＝○

123 157 163 168＝◉

125 131 137 143 149＝39

126＝75　127＝□

154 160 166＝86　171＝68

黑出 $2\frac{3}{4}$子

共 273 手

白胜$\frac{1}{4}$子

1997 年 1 月 18 日

于中国棋院

天元战预选赛

黑	白
郑弘	俞斌
九段	九段

第1谱 1—100

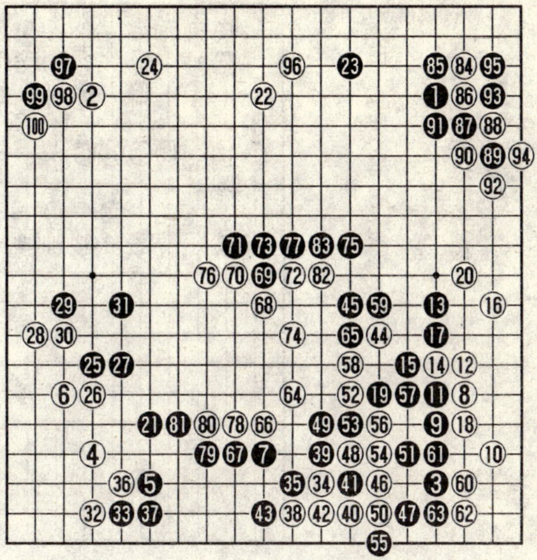

第2谱 101—232

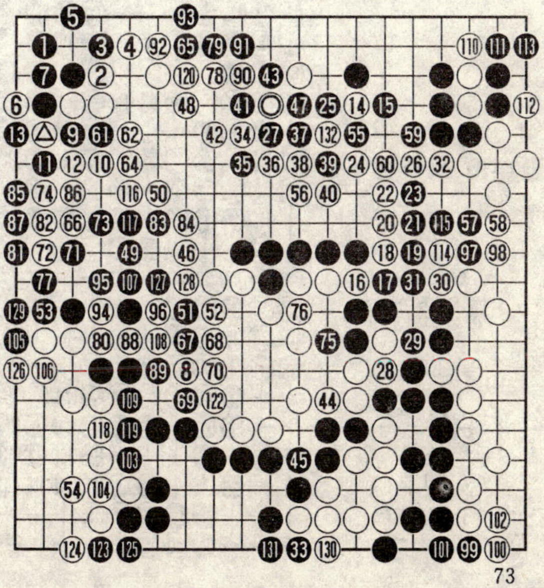

❻❸=△ ⓬❶=◎

黑出 $2\frac{3}{4}$ 子

共 232 手

白中盘胜

1997 年 1 月 18 日

于中国棋院

天元战预选赛

黑	白
汪见虹	常昊
九段	七段

第1谱　1—100

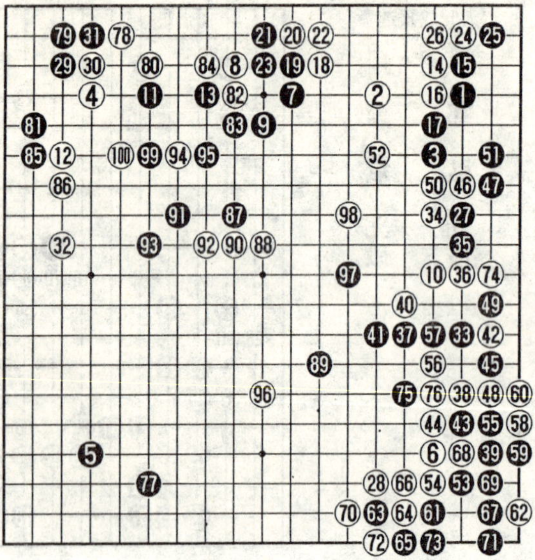

第2谱　101—282

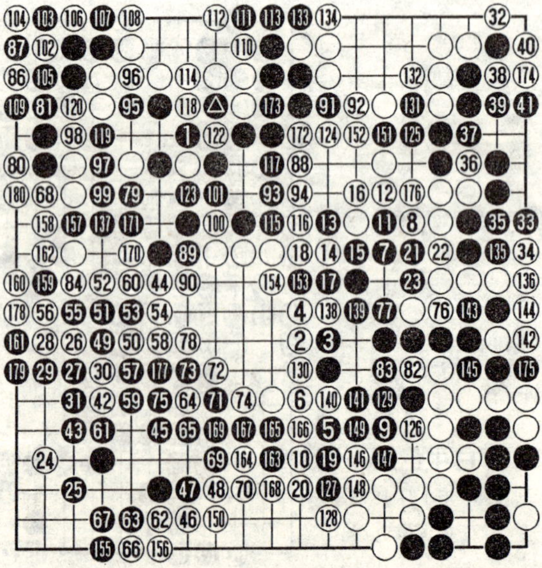

85＝30　121＝103

181＝87　182＝△

黑出 $2\frac{3}{4}$ 子

共 282 手

白胜 $\frac{1}{4}$ 子

1997 年 1 月 18 日

于中国棋院

天元战预选赛

黑　　白

吴　　张
肇　　文
毅　　东

九　　九
段　　段

第1谱　1—100

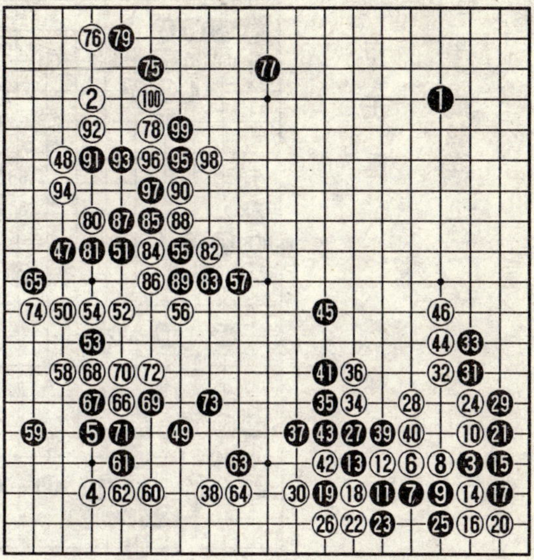

第2谱　101—237

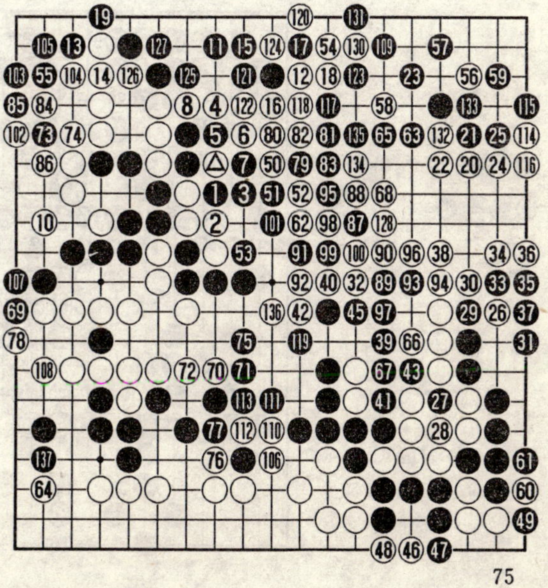

❾＝△　㊹＝㉗

⑫⑨＝98

黑出 2 $\frac{3}{4}$ 子

共 237 手

黑中盘胜

1997 年 1 月 18 日

于中国棋院

天元战预选赛

黑	白
周鹤洋	王磊
六段	六段

第1谱 1—100

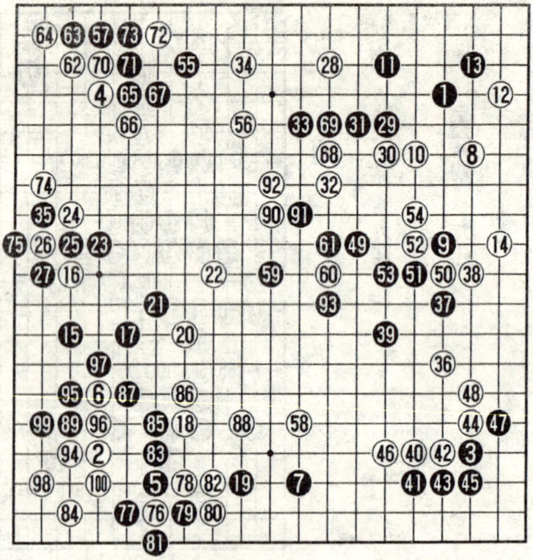

第2谱 101—205

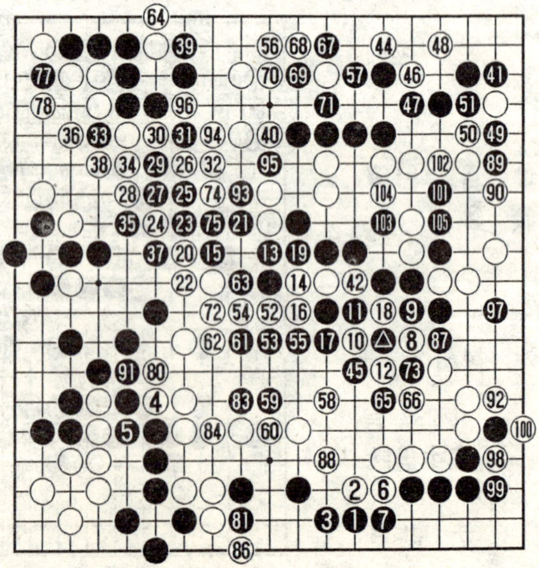

❹❸=△ ⑦⑥⑧②=⑫

❼❾❽❺=❼❸

黑出 2 $\frac{3}{4}$ 子

共 205 手

黑中盘胜

1997 年 1 月 18 日

于中国棋院

天元战预选赛

黑	白
聂卫平	阮云生
九段	七段

第1谱 1—100

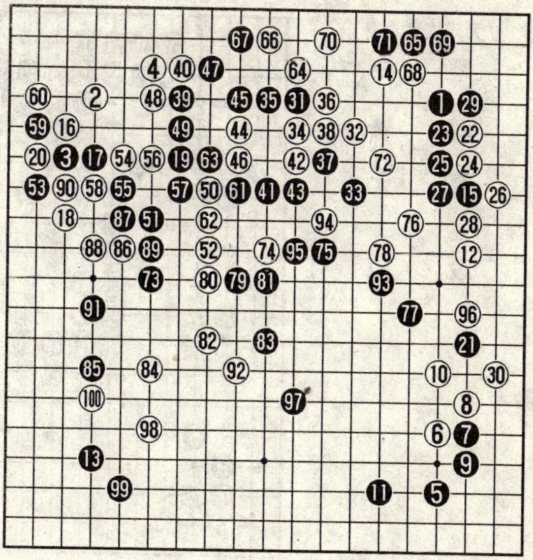

12 = 1

57 73 83 89 = 53

68 78 = △

70 80 86 92 = 54

75 117 = 65　118 = 66

140 = 135　142 = 81

172 = 156　174 = 119

178 184 190 196 = 162

181 187 193 = 175

黑出 $2\frac{3}{4}$ 子

共 296 手

白中盘胜

1997 年 1 月 18 日

于中国棋院

第2谱 101—296

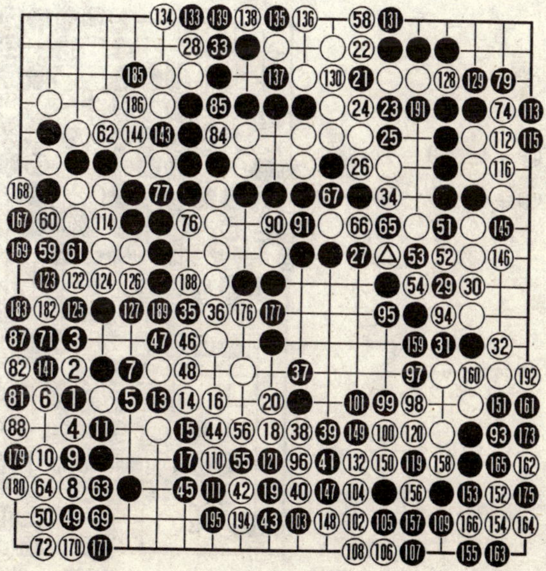

天元战预选赛

黑 白

刘菁 七段

曹大元 九段

第1谱 1—100

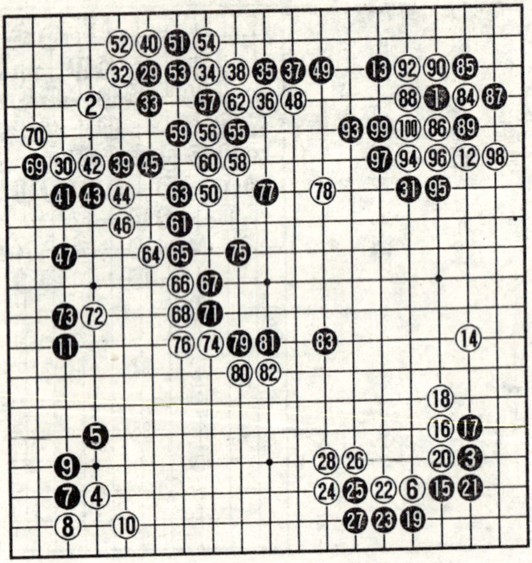

❾❶＝⑧④

第2谱 101—241

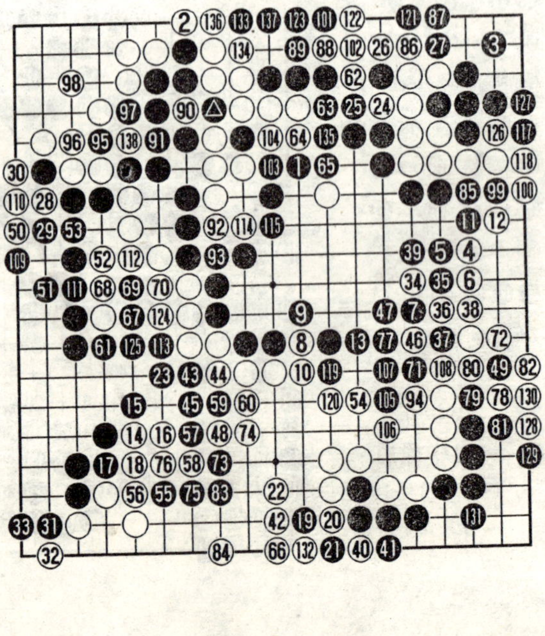

⑪⑥＝△ ⑬⑨＝④⓪

⑭⓪＝⑨⑤ ⑭①＝④⑥

黑出 $2\frac{3}{4}$ 子

共 241 手

白胜 $1\frac{1}{4}$ 子

1997 年 1 月 18 日

于中国棋院

天元战预选赛

黑	白
余平	俞斌
五段	九段

第1谱 1—100

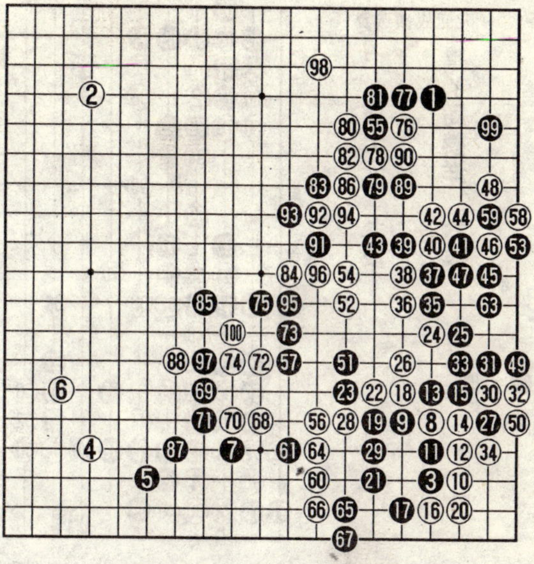

⑥②=㊻

第2谱 101—277

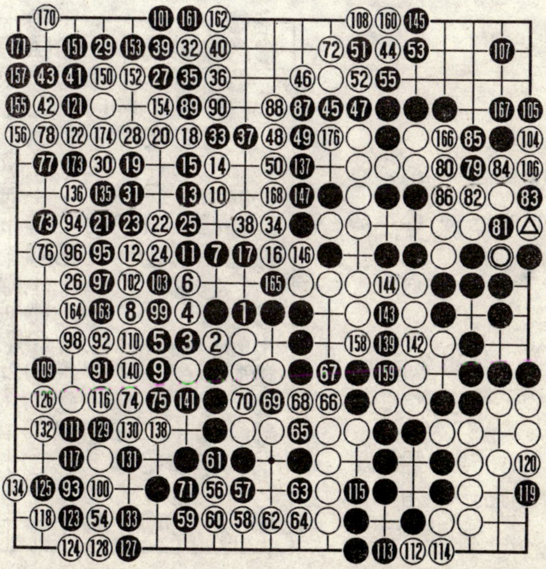

⑭⑧⑰②⑰⑦=△ ⑭⑨=◎

⑯⑨⑰⑤=83

黑出 2 $\frac{3}{4}$ 子

共 277 手

黑胜 $\frac{3}{4}$ 子

1997 年 1 月 20 日

于中国棋院

天元战预选赛

黑　白

周鹤洋　曹大元

六段　九段

第1谱　1—100

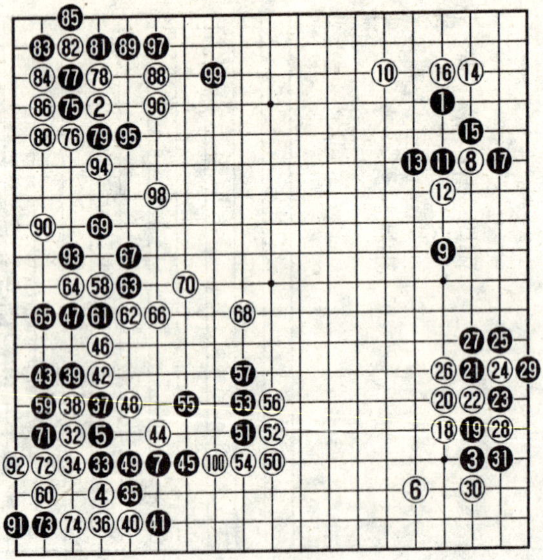

87＝82

第2谱　101—223

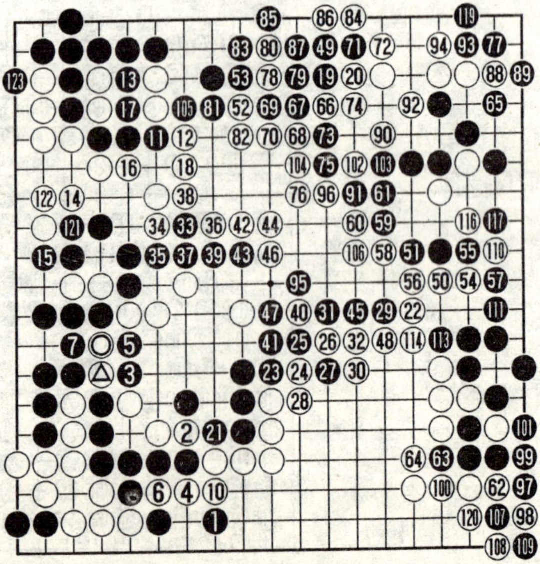

8＝△　9＝○

112 118＝98　115＝109

黑出 $2\frac{3}{4}$ 子

共223手

黑中盘胜

1997年1月20日

于中国棋院

天元战预选赛

黑	白
张	余
璇	平
七段	五段

第1谱 1—100

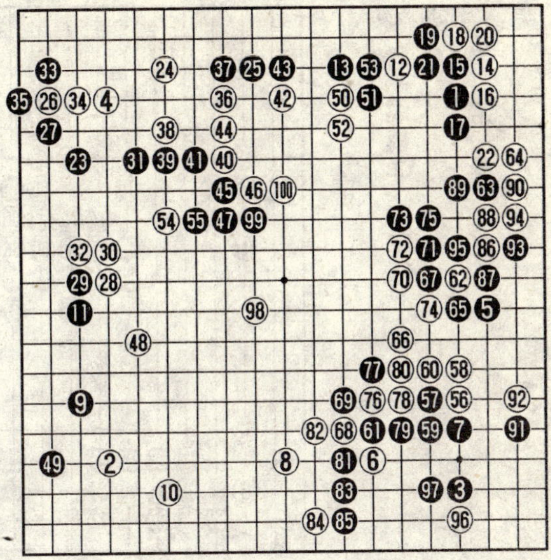

第2谱 101—133

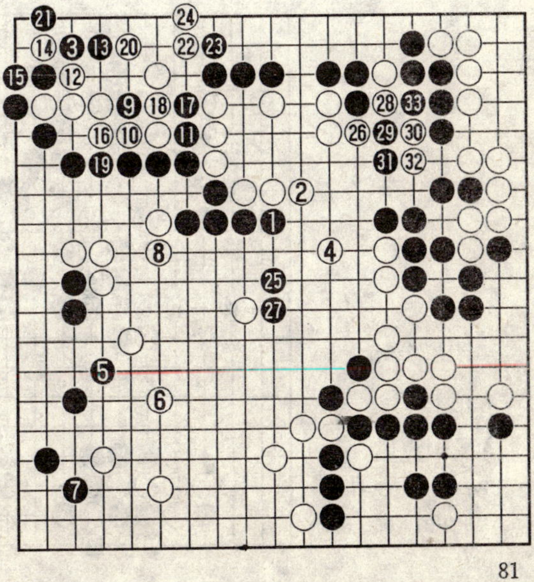

黑出 $2\frac{3}{4}$ 子

共133手

黑中盘胜

1997年1月22日

于中国棋院

天元战预选赛

黑 常昊 七段

白 周鹤洋 六段

第1谱 1—100

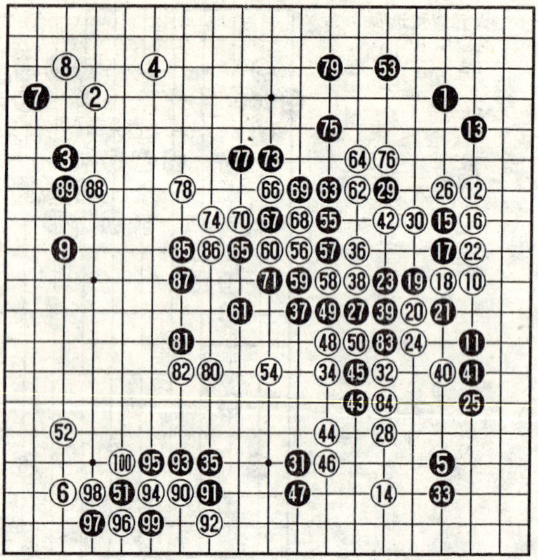

⑫=❻❼

第2谱 101—139

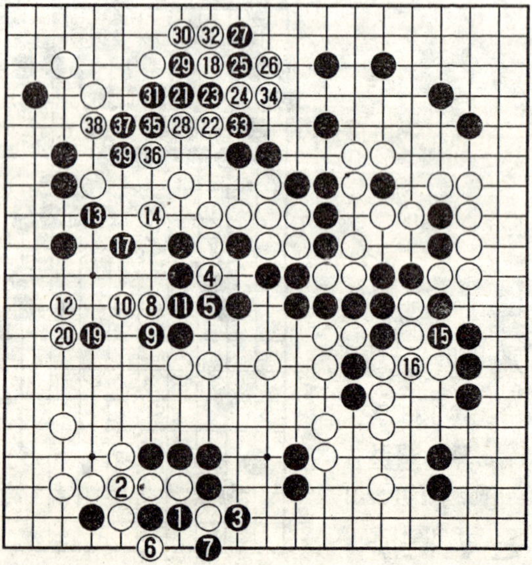

黑出 $2\frac{3}{4}$子

共139手

黑中盘胜

1997年1月22日

于中国棋院

第 3 届友情杯围棋赛

“友情杯”围棋比赛是由美籍韩国友人车敏洙先生个人出资，为中国职业棋手举办的比赛。车先生原是韩国棋院职业四段棋手，现在美国做生意，但一直关心中国围棋事业。

比赛分为两个阶段，第一阶段为五段以上棋手参加的预选赛，共有 64 人分为五个组，采用单败淘汰赛各组取一名进入第二阶段。第二阶段为循环圈赛，除五个小组预选的第一名外，加上届冠军马晓春九段，亚军俞斌九段和 1996 年全国女子冠军黎春华三段共八人组成。第一阶段，常昊、罗洗河、邵炜刚、余平和吴肇毅取得了各组第一名。第一阶段比赛 3 月 14 日至 19 日在中国棋院举行，第二阶段的循环圈赛至 7 月 24 至 11 月 6 日在中国棋院进行。关键之战，马晓春与邵炜刚的第六轮，邵炜刚执白仅以 124 手便中盘获胜，最后获得冠军。

第 3 届友情杯围棋赛循环圈赛成绩表

序号	轮次 姓名	一	二	三	四	五	六	七	八	积分	名次
1	马晓春	#	2	2	2	2	0	2	0	10	二
2	黎春华	0	#	0	0	0	0	0	0	0	八
3	罗洗河	0	2	#	2	0	0	2	2	8	五
4	吴肇毅	0	2	0	#	0	0	0	0	2	七
5	俞　斌	0	2	2	2	#	2	0	0	8	三
6	邵炜刚	2	2	2	2	0	#	2	2	12	一
7	余　平	0	2	0	2	2	0	#	2	8	六
8	常　昊	2	2	0	2	2	0	0	#	8	四

第3届友情杯围棋预选赛成绩表

1

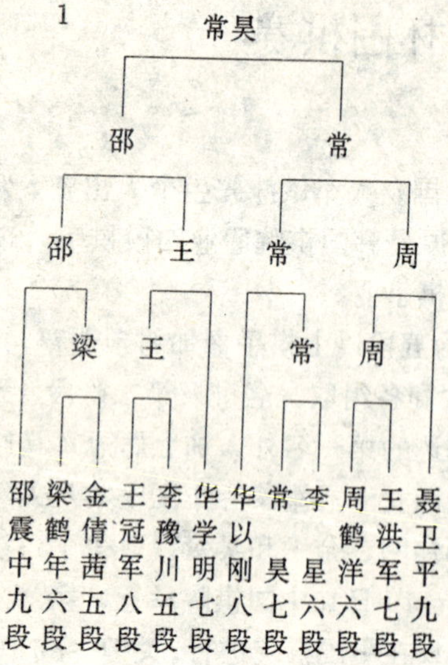

2

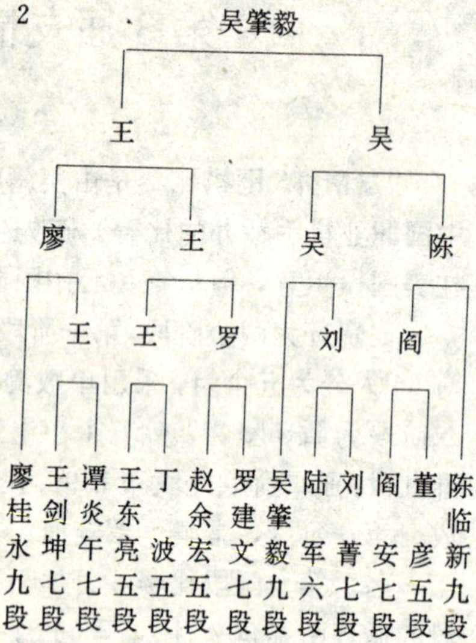

3

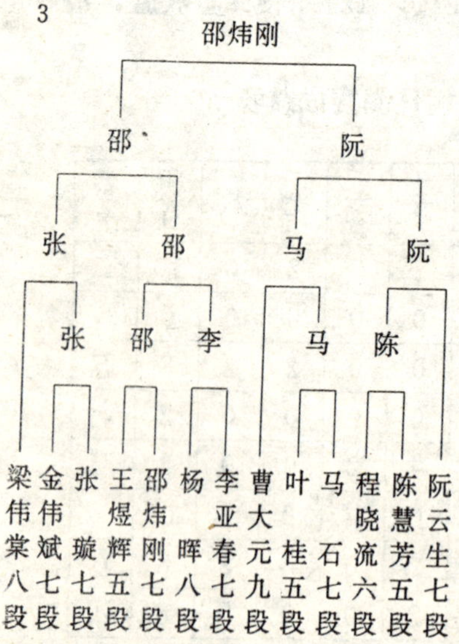

4

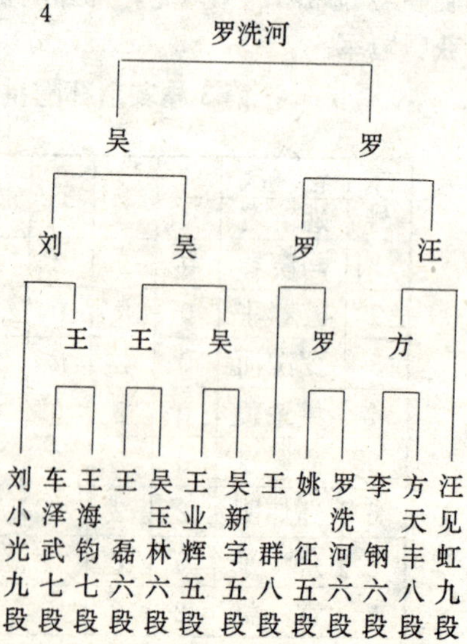

5

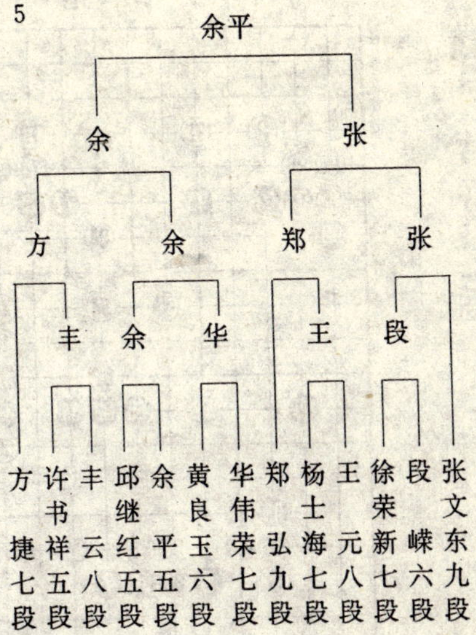
余平
余
张
方
余
郑
张
丰
余
华
王
段
方捷七段
许书祥五段
丰云八段
邱继红五段
余平五段
黄良玉六段
华伟荣七段
郑弘九段
杨士海七段
王元八段
徐荣新七段
段嵘六段
张文东九段

友情杯预选赛

黑	白
周鹤洋	常昊
六段	七段

第1谱 1—100

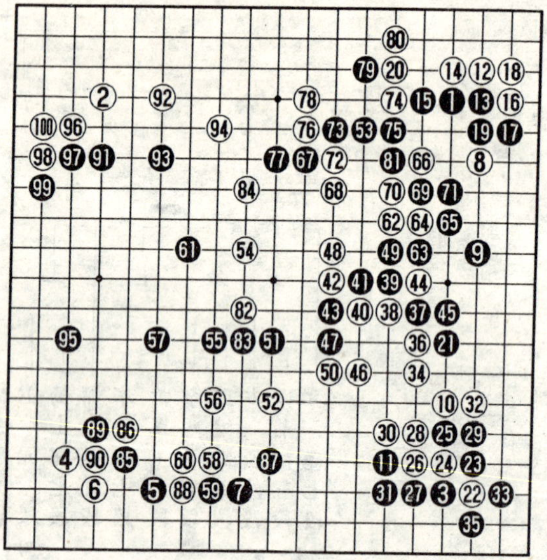

第2谱 101—196

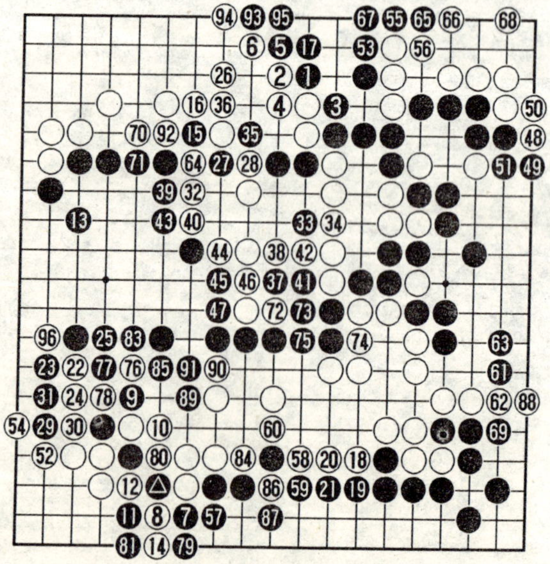

⑧②＝▲

黑出 $2\frac{3}{4}$ 子

共196年

白中盘胜

1997年3月18日

于中国棋院

友情杯预选赛

黑	白
阮云生	邵炜刚
七段	七段

第1谱　1—100

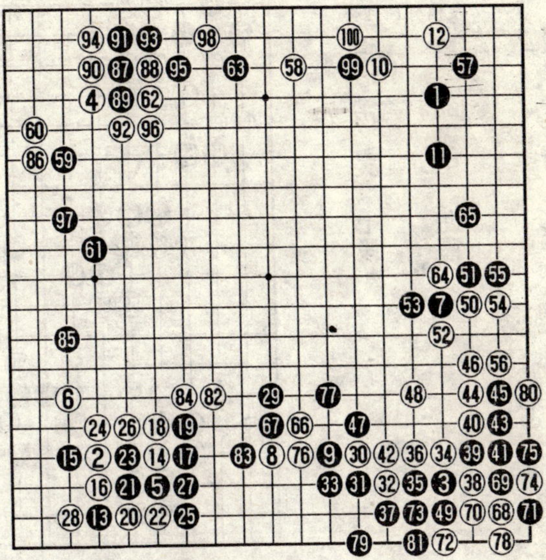

第2谱　101—192

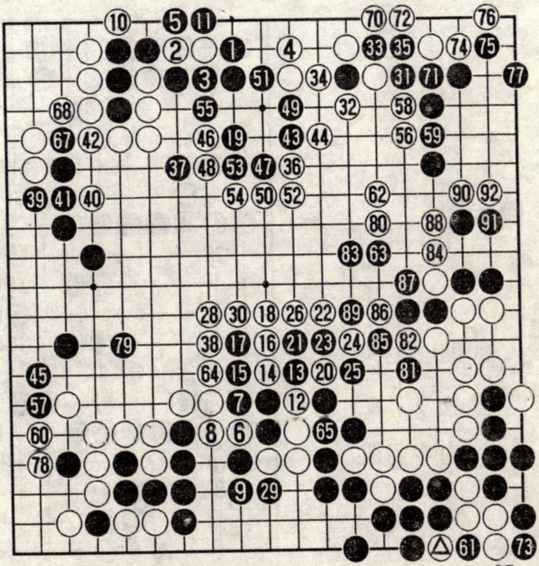

27＝20　66＝△

69＝61

黑出 $2\frac{3}{4}$ 子

共192手

白中盘胜

1997年3月19日

于中国棋院

友情杯预选赛

黑 邵震中 九段

白 常昊 七段

第1谱 1—100

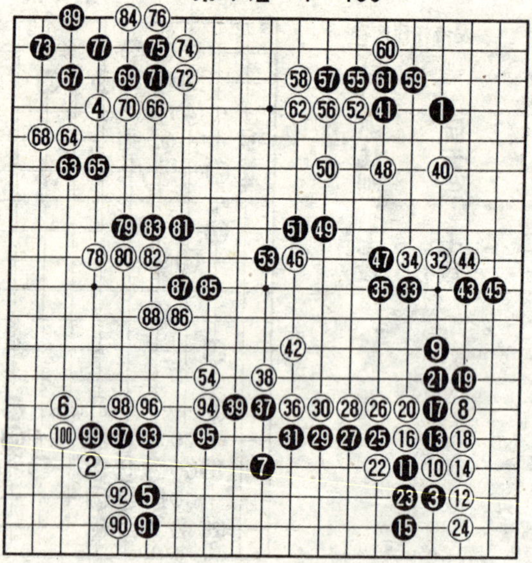

第2谱 101—210

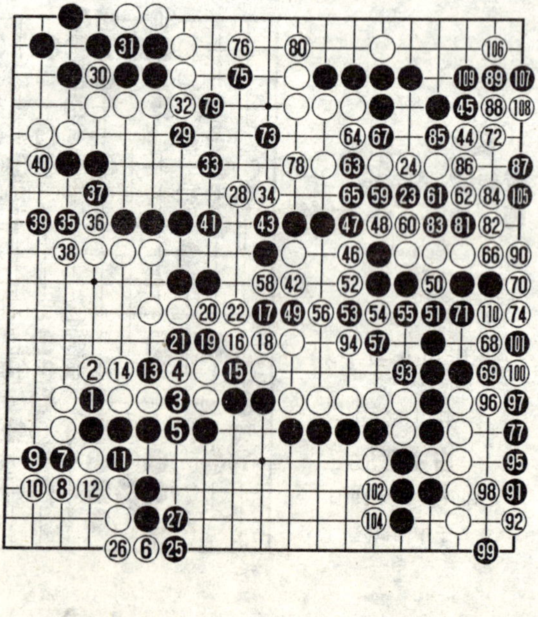

⑩③=⑩⓪

黑出 2 $\frac{3}{4}$ 子

共 210 手

白中盘胜

1997 年 3 月 19 日

于中国棋院

友情杯预选赛

黑 白

王东亮 五段

吴肇毅 九段

第1谱 1—100

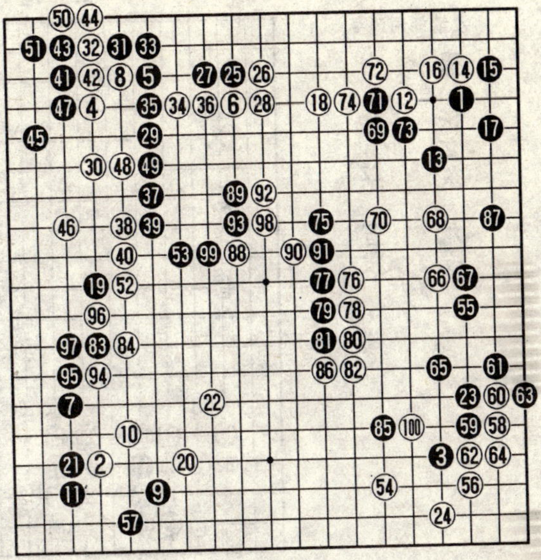

第2谱 101—174

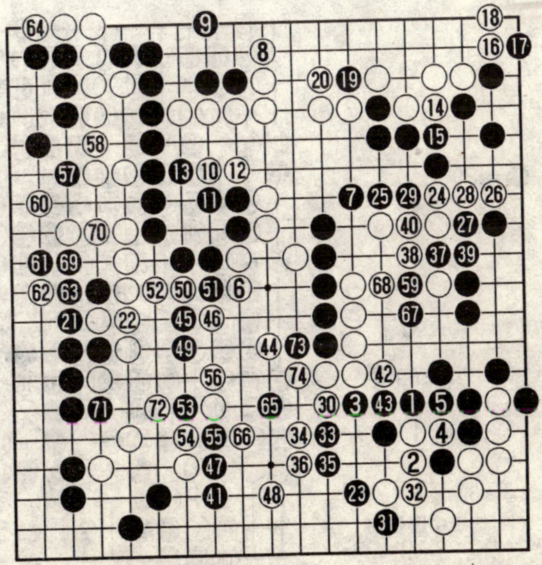

黑出 2 $\frac{3}{4}$ 子

共 174 手

白中盘胜

1997 年 3 月 19 日

于中国棋院

友情杯预选赛

黑	白
张文东	余平
九段	五段

第1谱 1—100

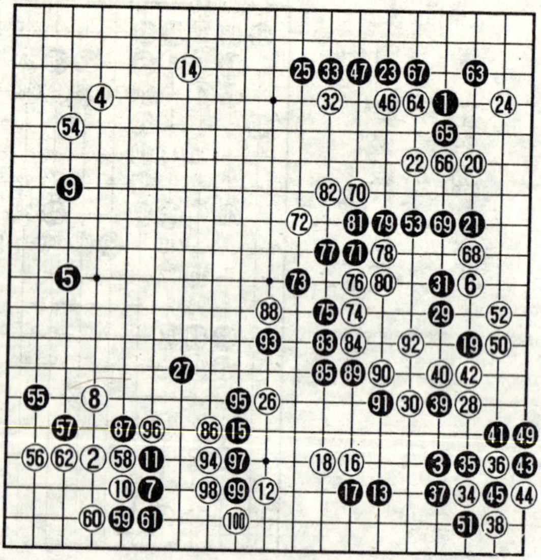

㊽＝㊱

第2谱 101—269

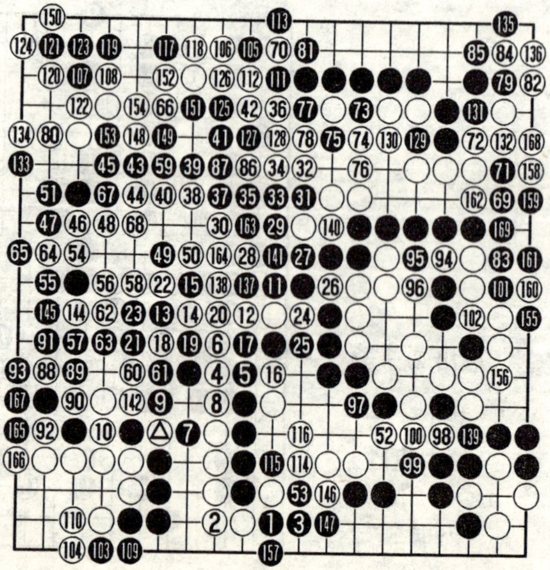

143＝△

黑出 $2\frac{3}{4}$ 子

共 269 手

白胜 $1\frac{1}{4}$ 子

1997 年 3 月 19 日

于中国棋院

友情杯循环圈赛

黑　　白

马晓春　　常昊

九段　　八段

⑤⓪＝❸❾

第1谱　1—100

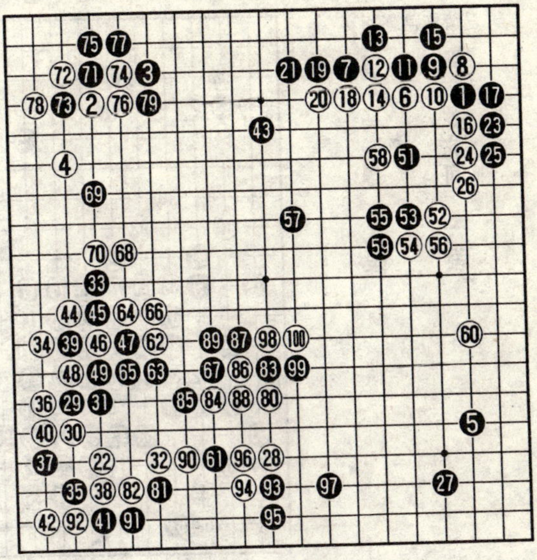

第2谱　101—208

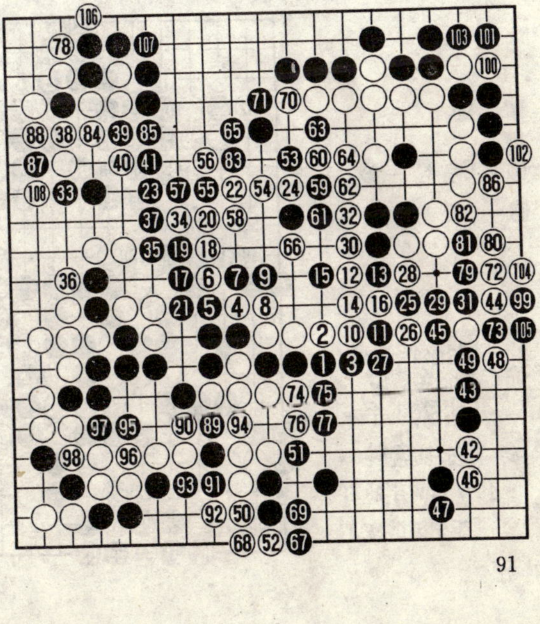

黑出 2 $\frac{3}{4}$ 子

共 208 手

白中盘胜

1997 年 7 月 24 日

于中国棋院

友情杯循环圈赛

黑　白

罗洗河　马晓春

六段　九段

第1谱　1—100

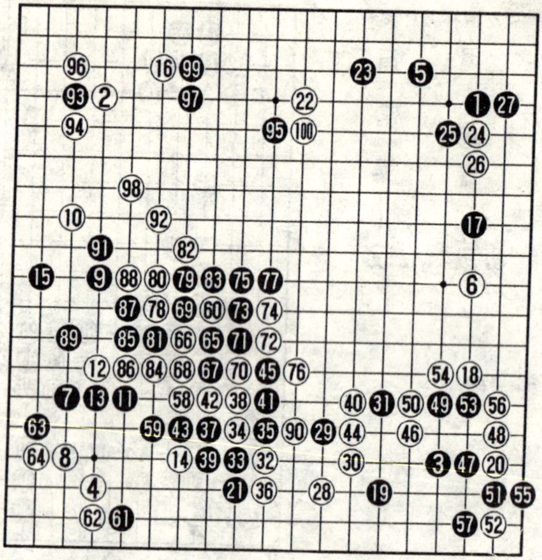

第2谱　101—202

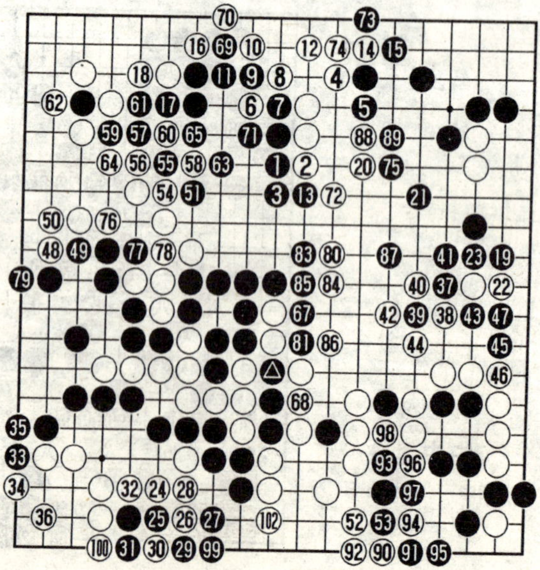

66＝55　82＝△

101＝30

黑出 $2\frac{3}{4}$ 子

共 202 手

白中盘胜

1997 年 7 月 28 日

于中国棋院

友情杯循环圈赛

黑 白

黎春华 常昊

三段 八段

第1谱 1—100

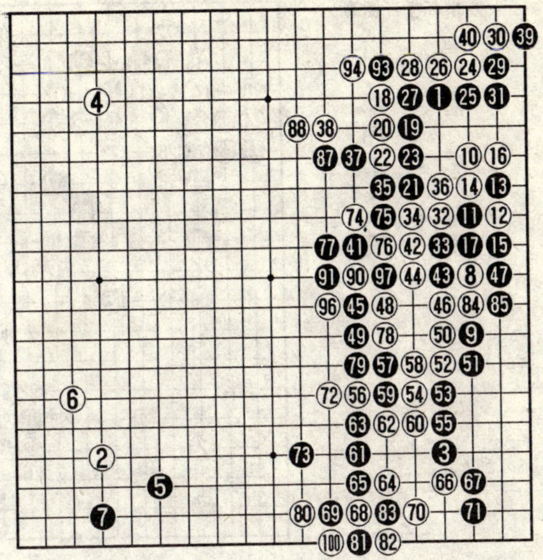

⑧⑥⑨②⑨⑧＝⑥⑧

❽❾❾❺＝❽❸ ❾❾＝⑨⓪

第2谱 101—216

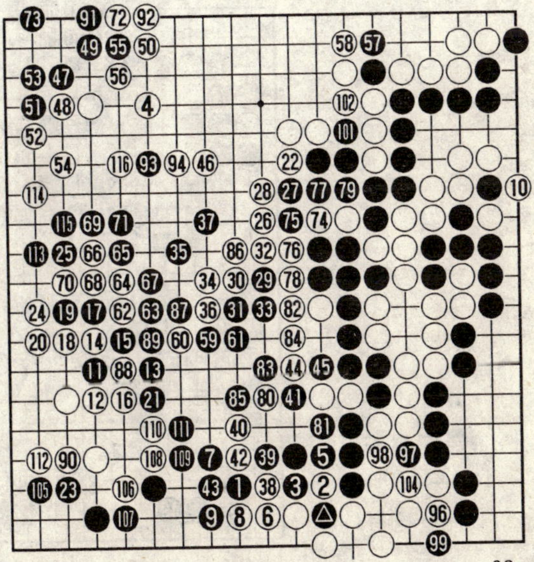

❾❺❶⓪❸＝▲ ⑩⓪＝②

黑出 $2\frac{3}{4}$子

共216手

白中盘胜

1997年7月28日

于中国棋院

友情杯循环圈赛

黑	白
俞斌	邵炜刚
九段	八段

第1谱　1—100

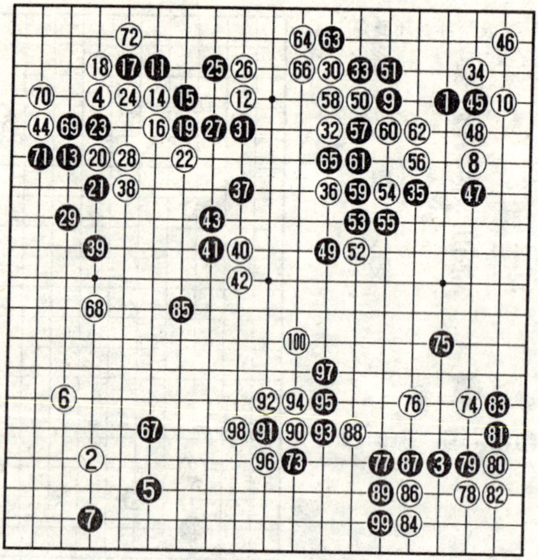

第2谱　101—201

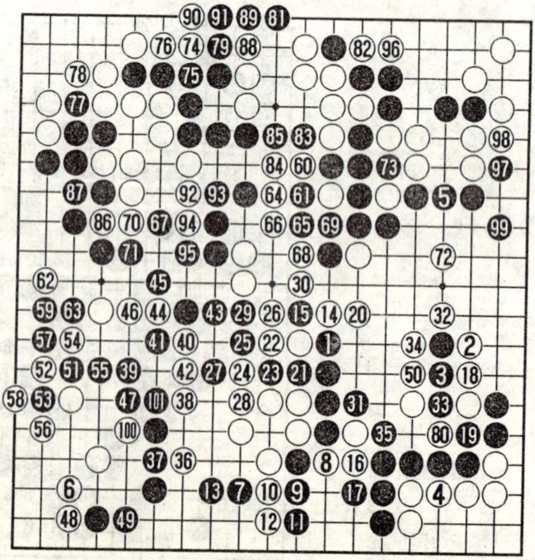

黑出 $2\frac{3}{4}$ 子

共 201 手

黑中盘胜

1997 年 7 月 28 日

于中国棋院

友情杯循环圈赛

黑 白

余 俞

平 斌

五段 九段

第1谱 1—100

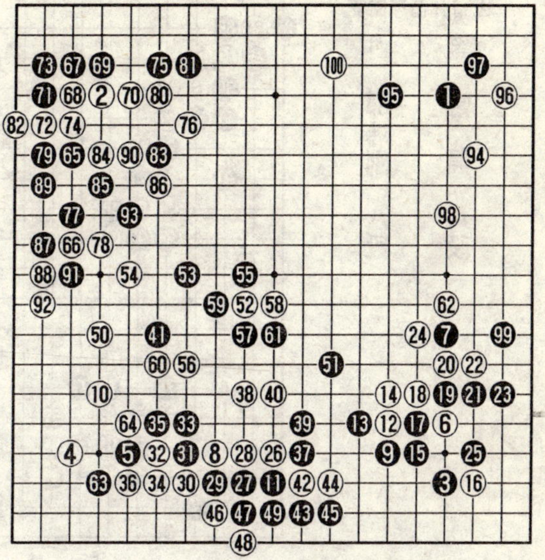

第2谱 101—243

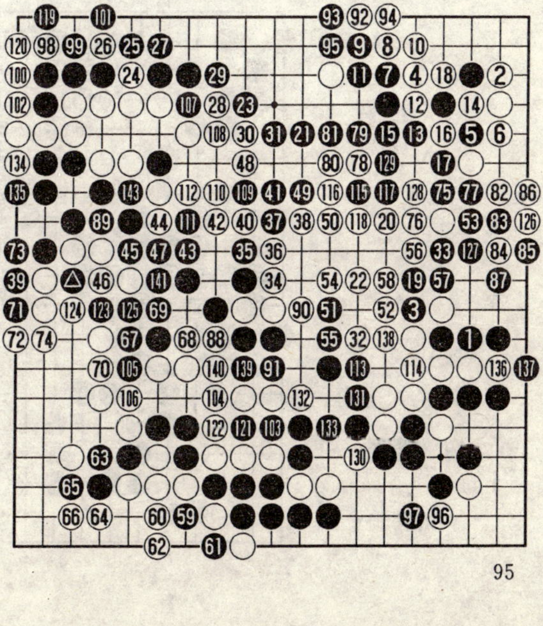

⑭②＝▲

黑出 $2\frac{3}{4}$子

共243手

黑胜$\frac{3}{4}$子

1997年7月30日

于中国棋院

友情杯循环圈赛

黑　白

常昊　邵炜刚

八段　八段

第1谱　1—100

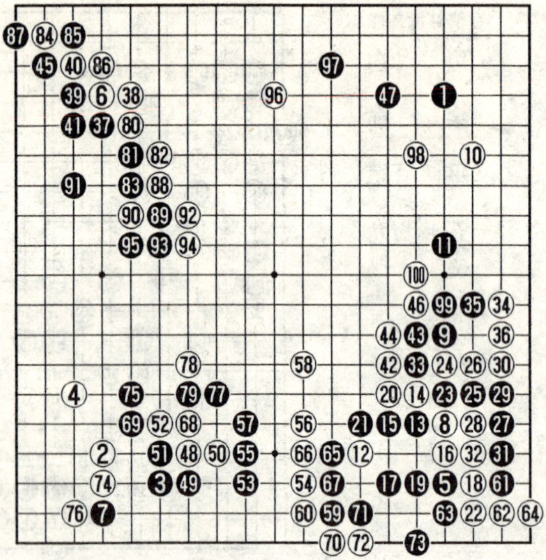

第2谱　101—210

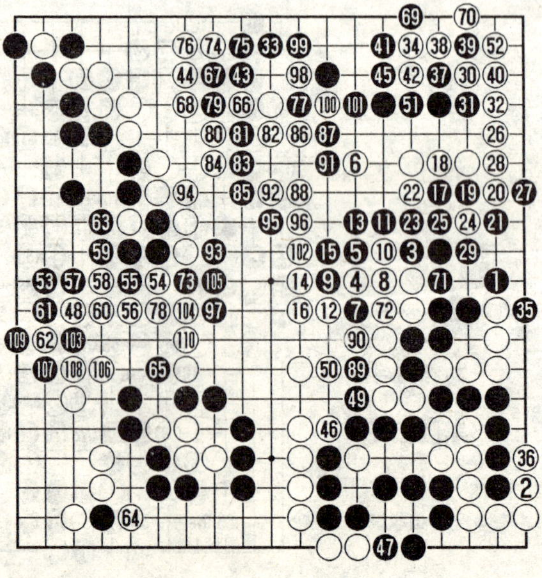

黑出 2 $\frac{3}{4}$ 子

共 210 手

白中盘胜

1997 年 7 月 30 日

于中国棋院

友情杯循环圈赛

黑　白

罗洗河　常昊

六段　八段

⑨⑦＝⑧②

第1谱　1—100

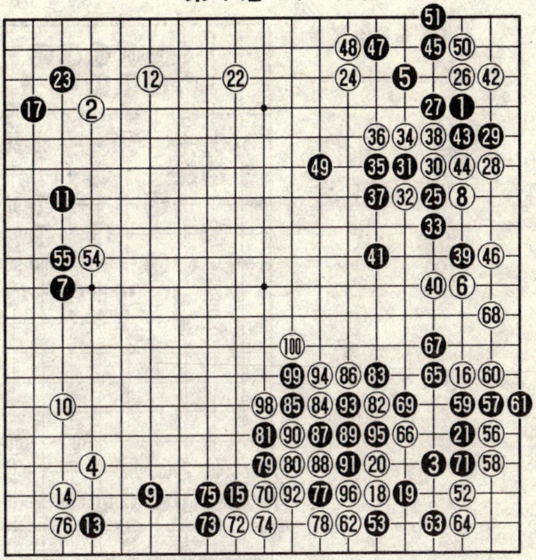

第2谱　101—263

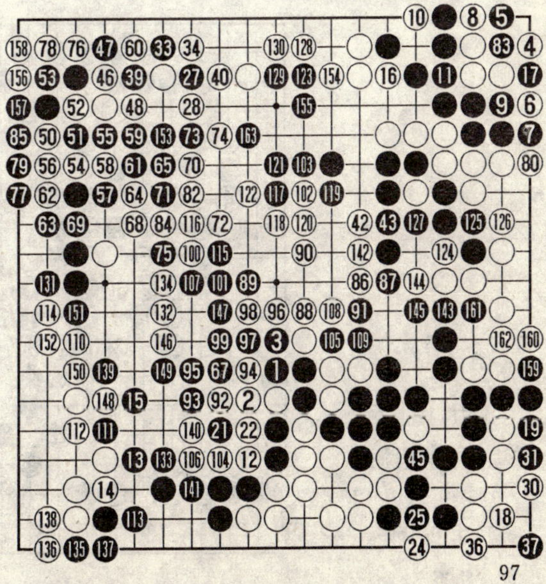

⑳㉖㉜㊳㊹66＝⑥

❷❸❷❾❸❺❹❶❹❾❽❶＝⓱

黑出2 $\frac{3}{4}$ 子

共263手

黑中盘胜

1997年11月2日

于中国棋院

友情杯循环圈赛

黑　　白

马晓春　　邵炜刚

九段　　八段

第1谱　1—100

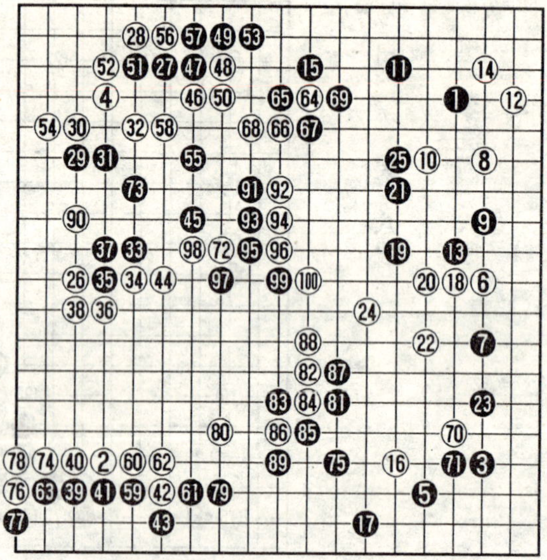

第2谱　101—124

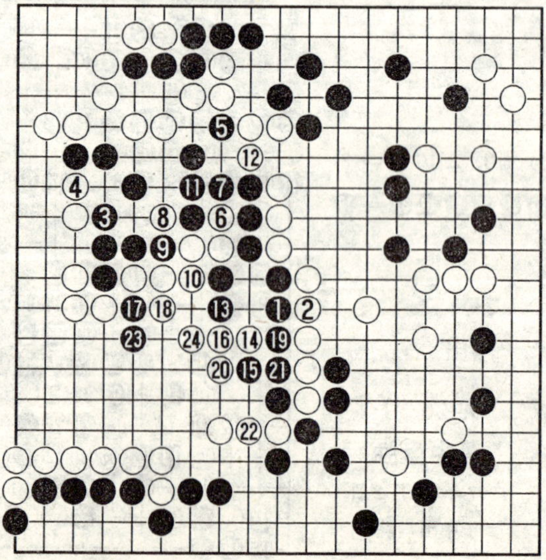

黑出 $2\frac{3}{4}$ 子

共 124 手

白中盘胜

1997 年 11 月 4 日

于中国棋院

友情杯循环圈赛

黑	白
俞斌	罗洗河
九段	六段

㊹＝㊱　㊼＝㉓

第1谱　1—100

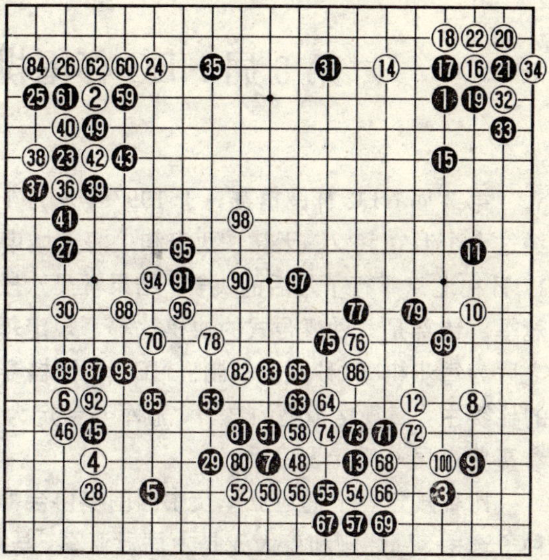

第2谱　101—209

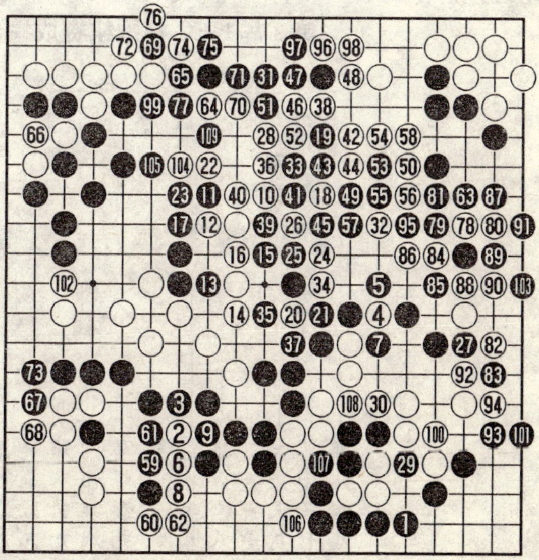

黑出 $2\frac{3}{4}$ 子

共 209 手

黑中盘胜

1997 年 11 月 6 日

于中国棋院

第 3 届 NEC 杯围棋赛

第 3 届 NEC 杯围棋赛，于 1997 年 4 月 19 日在成都拉开战幕，经过十个月在武汉、天津、西安和上海五城市预赛后，1998 年 1 月 17 日在北京举行了最后的决赛。结果常昊八段战胜曹大元九段夺得冠军。比赛是一种舞台式的快棋比赛，规定每方自由支配 10 分钟，之后为每步棋 30 秒的读秒制。NEC 杯围棋赛在中国围棋协会举办的比赛中，属规格最高的之一，冠军奖金定为 12 万元人民币，棋手参赛费每局 6 千元人民币。

比赛规定，上届冠亚军及中国围棋协会推荐两名棋手作为本届种子选手。邵炜刚和曹大元是上届冠亚军，马晓春和常昊是 1996 年底公布的等积分前两名，被推荐为种子。其余八名棋手皆从预选赛中选拔产生的。

第 3 届 NEC 杯围棋赛成绩表

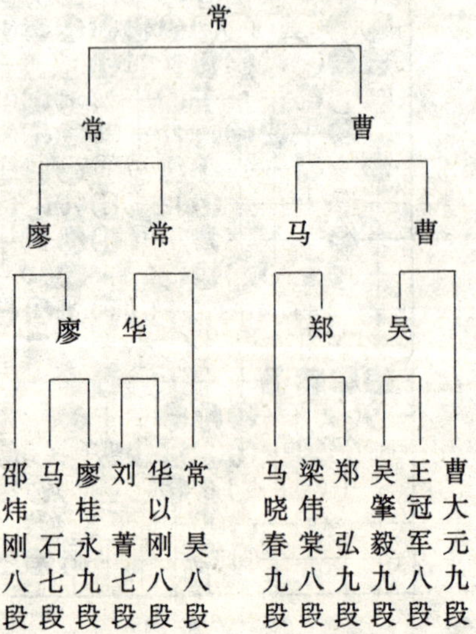

NEC杯决赛

黑 曹大元 九段

白 常昊 八段

第1谱 1—100

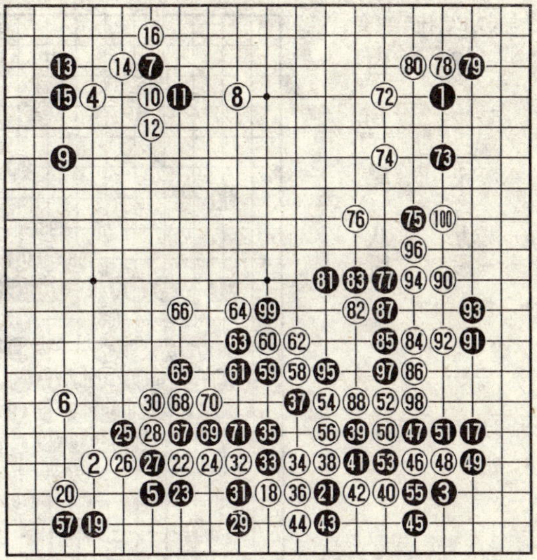

89＝46

第2谱 101—266

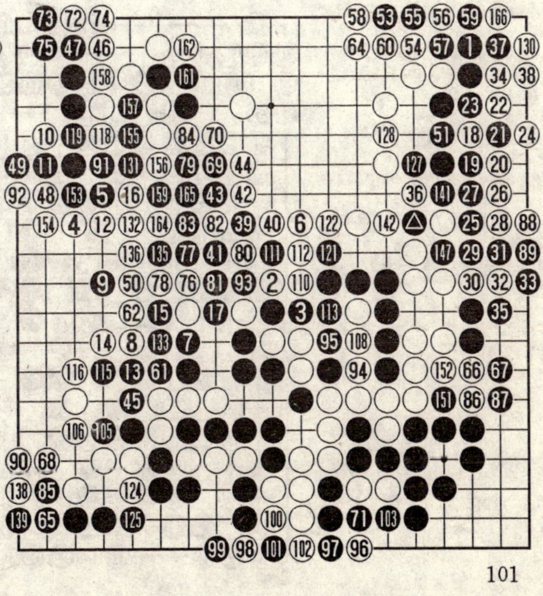

52＝21　63＝56

104 114 120 126 134 140 145＝98

107 117 123 129 137 143＝101

109 149 163＝39

144 146 160＝80

148＝△　150＝111

黑出 $2\frac{3}{4}$ 子

共266手

白胜 $\frac{1}{4}$ 子

1998年1月17日

于北京

NEC杯半决赛

黑 廖桂永 九段

白 常昊 八段

89 = 72

108 134 142 = 84

116 122 128 = 34

119 125 = 113

131 139 152 = 105

160 166 172 178 184 = 150

163 169 175 181 186 = 157

200 = 188　202 = △

黑出 $2\frac{3}{4}$ 子

共 302 手

白胜 $\frac{1}{4}$ 子

1997年12月6日

于上海

第1谱　1—100

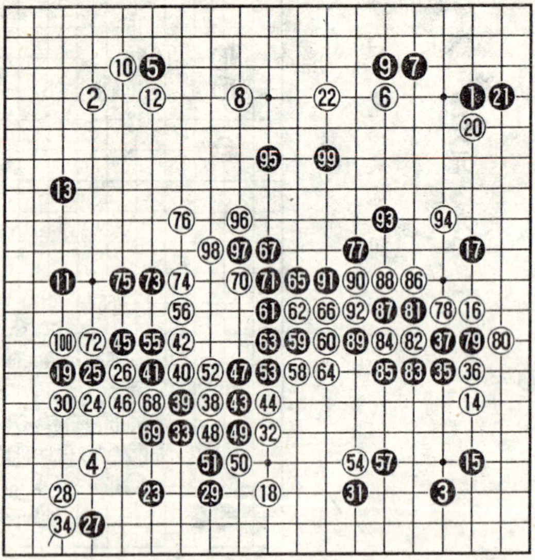

第2谱　101—302

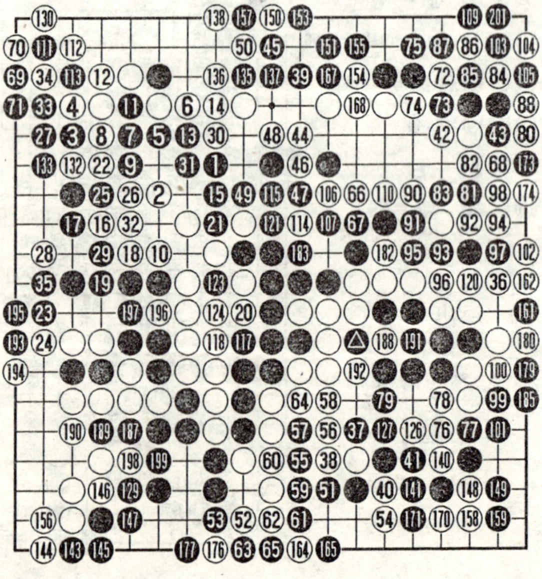

NEC杯半决赛

黑	白
曹大元	马晓春
九段	九段

第1谱 1—100

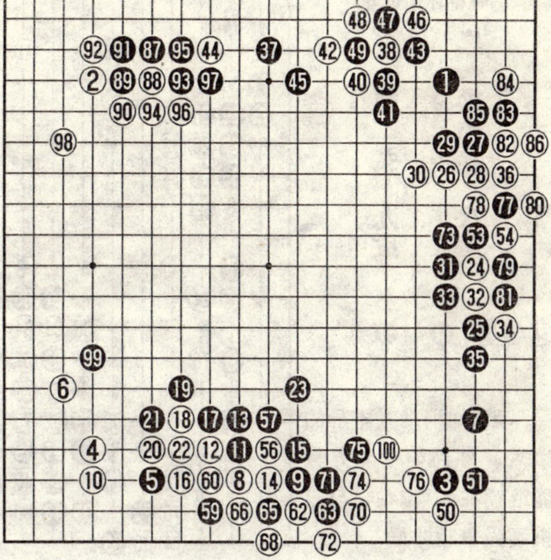

52 58 64 69 = 38

55 61 67 = 49

第2谱 101—251

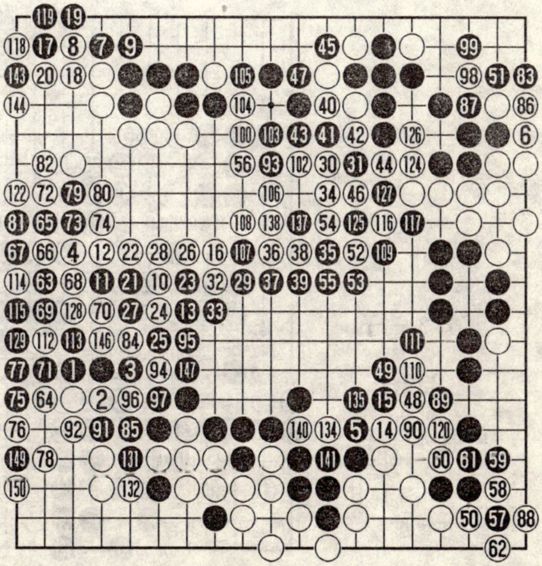

101 = 31　121 = 42

123 = 114

130 136 142 148 = 116

133 139 145 151 = 127

黑出 $2\frac{3}{4}$ 子

共 251 手

黑中盘胜

1997年12月6日

于上海

NEC 杯预选赛

黑	白
梁伟棠	郑弘
八段	九段

第1谱 1—100

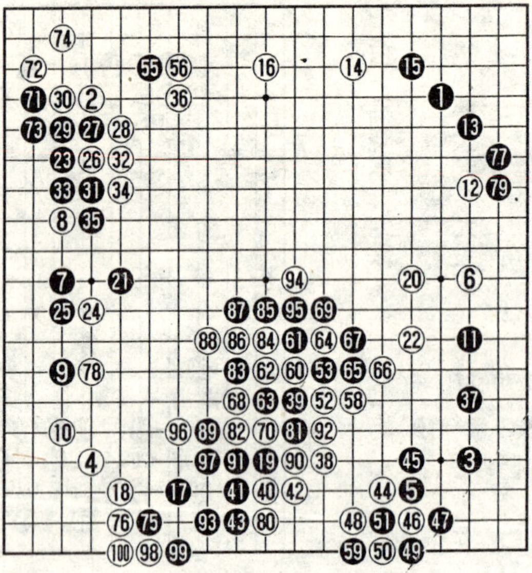

⑭＝㊻ ㊼＝㊶

黑 59 消劫是本局的败着。事到如今黑方只能继续在 60 位粘，与白棋顽强争劫才好。

第2谱 101—123

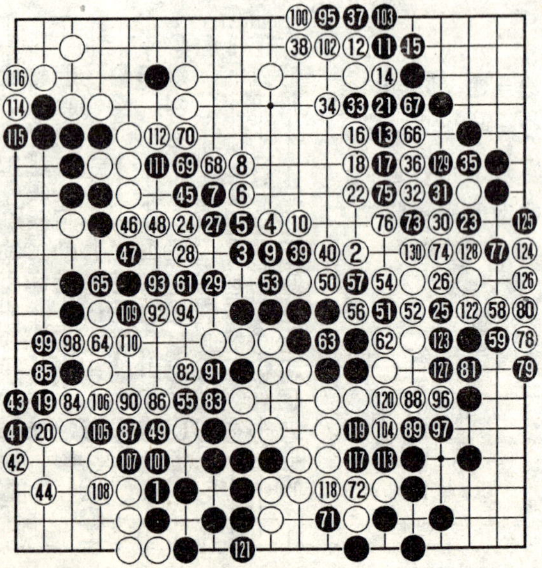

⑥⓪＝⑤⑥

黑出 2 $\frac{3}{4}$ 子

共 230 手

白胜 4 $\frac{1}{4}$ 子

1997 年 4 月 19 日

于成都

NEC 杯预选赛

黑 白

刘菁 华以刚

七段 八段

第1谱 1—100

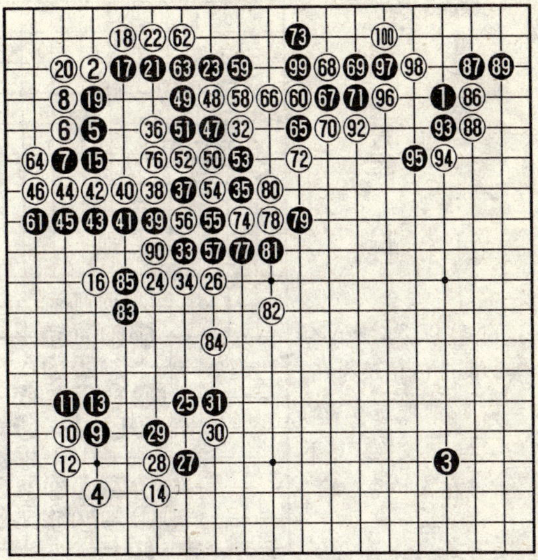

❼❺＝❸❼ ❾❶＝㊻

黑 93、95 以为紧凑，实为恶手。遭到 94、96 的反击顿时陷入困境。

第2谱 101—276

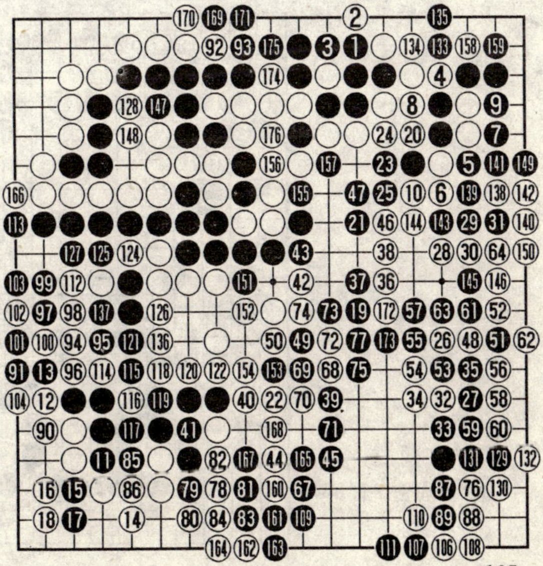

❻❺＝❺❶ ⑥⑥＝④⑧

⑩⑤＝⑩② ⑫③＝⑪⑥

黑出 2 $\frac{3}{4}$ 子

共 276 手

白胜 1 $\frac{1}{4}$ 子

1997 年 4 月 19 日

于成都

NEC 杯预选赛

黑	白
吴肇毅	王冠军
九段	八段

第1谱 1—100

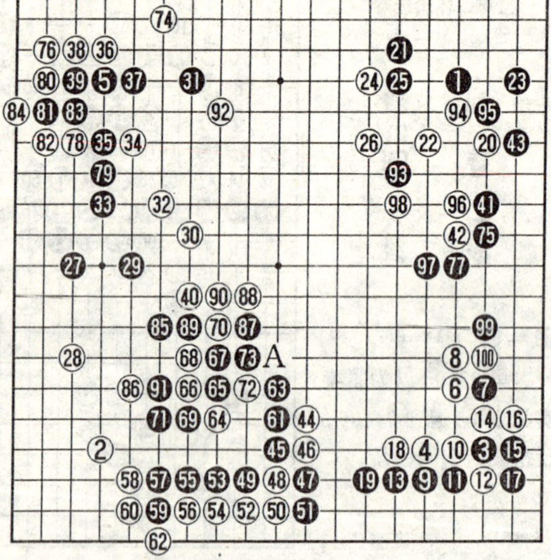

白 34 以下交换没有必要，单于 40 位跳为好。

白 72 打吃是本局的败着，与 73 交换就难下了。直接在 A 位靠，尚可一战。

第2谱 101—159

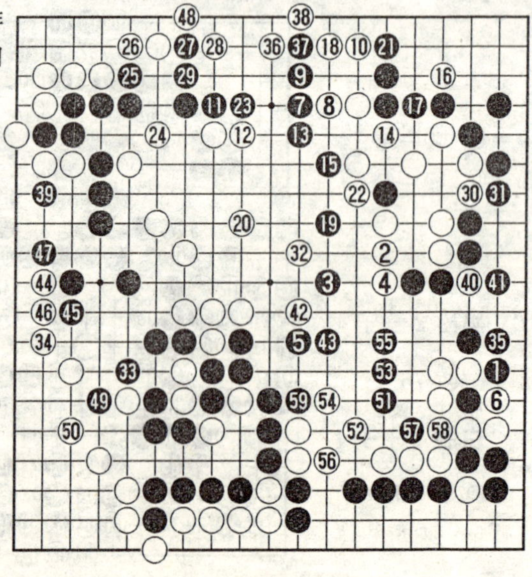

后半盘黑棋下得非常稳健，白方无机挽回败局。

黑出 $2\frac{3}{4}$ 子

共 159 手

黑中盘胜

1997 年 6 月 7 日

于武汉

NEC 杯预选赛

黑	白
廖桂永	马石
九段	七段

黑 79 恶手，帮白棋下厚了不说，且自身留有毛病，应于 A 位飞出好。

白 86 问题手，当然于 87 位爬过。

第 1 谱 1—100

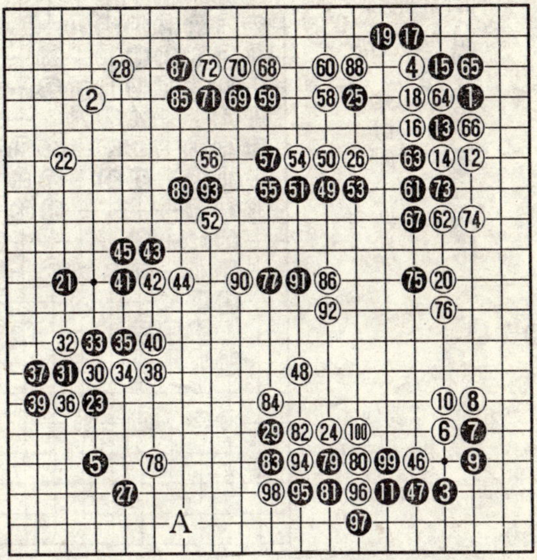

白 128 是最后的败着，若于 139 位挡白方可获小胜。

㉜㊳㊹＝㉖

㉟㊶㊼＝㉙

(101)＝△ (127)＝(98)

(135)＝㉒

黑出 2 $\frac{3}{4}$ 子

共 258 手

黑胜 1 目半

1997 年 6 月 7 日

于武汉

第 2 谱 101—258

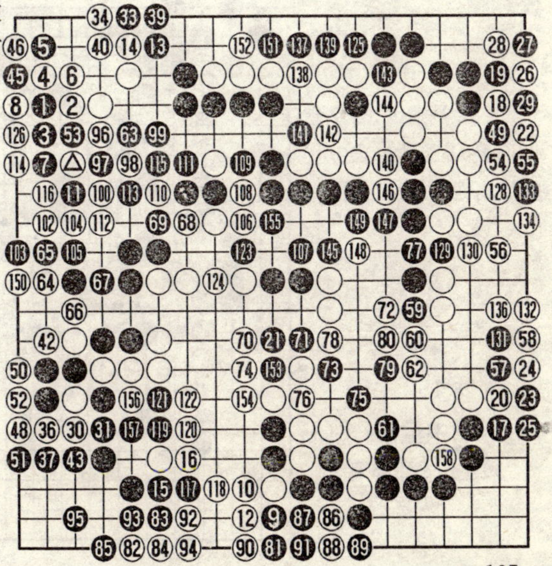

NEC 杯预选赛

黑	白
常昊	华以刚
八段	八段

❸❾＝❺

黑 35 欠妥、应于 36 位点方才是急要处。

白 46 失着。这里已是活棋，当然在 49 位压有力。

黑 97 大问题手，被白 98 位逼住弱点明显暴露。

白 8 是败因，若堂堂正正于 18 位跳，白方优势的局面。

黑出 2$\frac{3}{4}$子

共 157 手

黑中盘胜

1997 年 8 月 23 日

于天津

第 1 谱　1—100

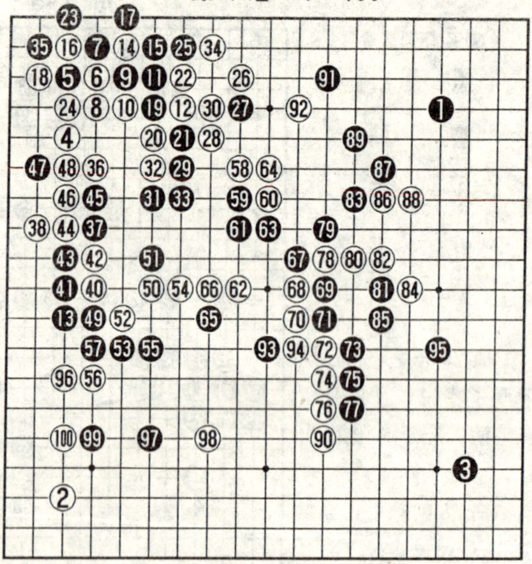

第 2 谱　101—157

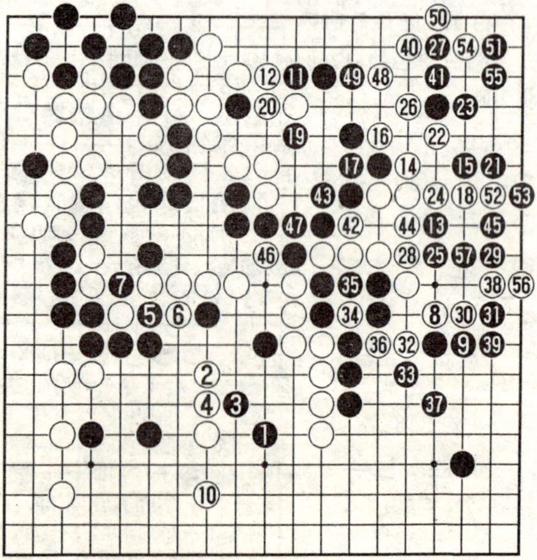

NEC 杯预选赛

黑	白
郑弘	马晓春
九段	九段

第1谱 1—100

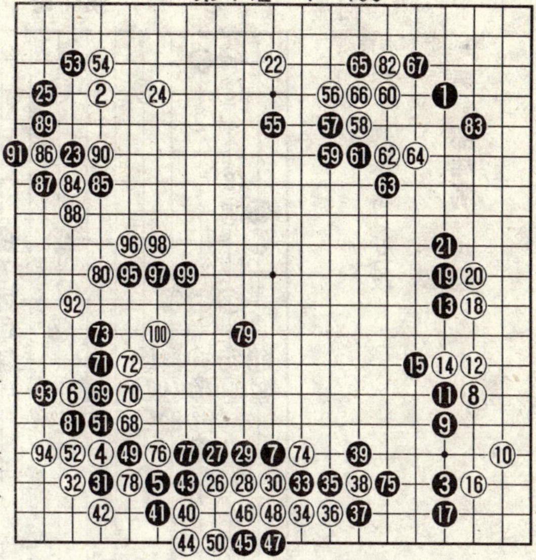

白 42 过分，只能于 46 位忍耐。

黑 85 位扳欠妥，使白棋趁机借劲，不如于 86 位单立。

第2谱 101—265

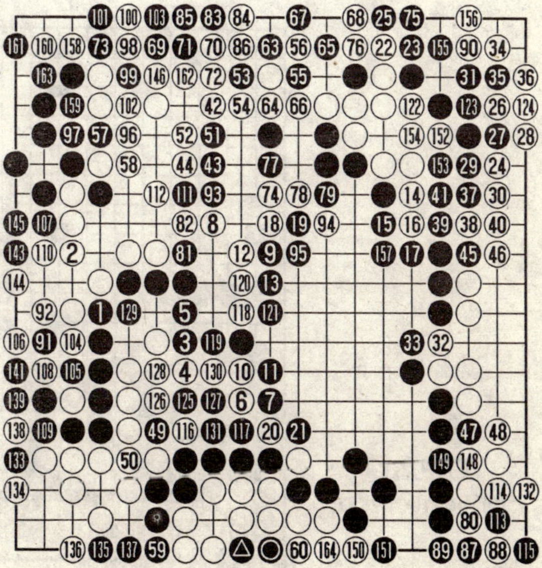

黑 25 败着。如于 27 位挡，全局乃黑不错的局势。

至 42 稳健地补回，白方胜势确立。

61＝△　62＝◉

140＝133　142＝91

147＝98　165＝49

黑出 2 $\frac{3}{4}$ 子

共 265 手

白胜 2 $\frac{1}{4}$ 子

1997 年 8 月 23 日

于天津市

NEC杯预选赛

黑	白
邵炜刚	廖桂永
八段	九段

第1谱 1—100

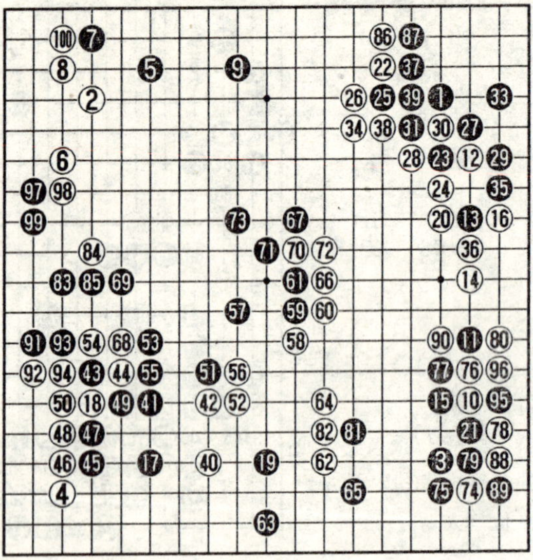

㉜＝❷❸

第2谱 101—136

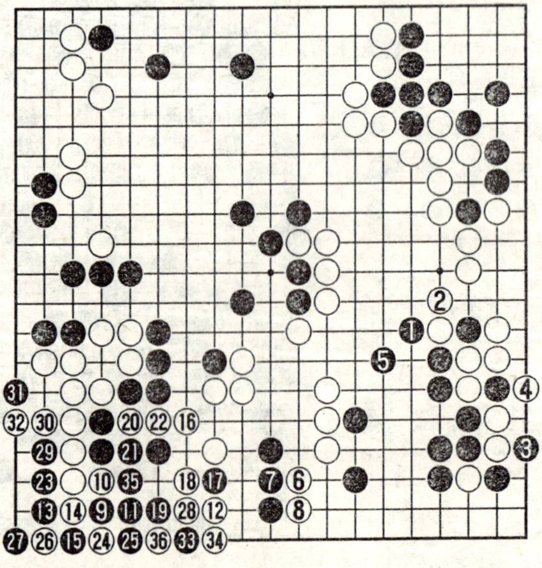

黑出2 $\frac{3}{4}$子

共136手

白中盘胜

1997年10月26日

于西安

第1谱　1—100

NEC杯预选赛

黑	白
吴肇毅	曹大元
九段	九段

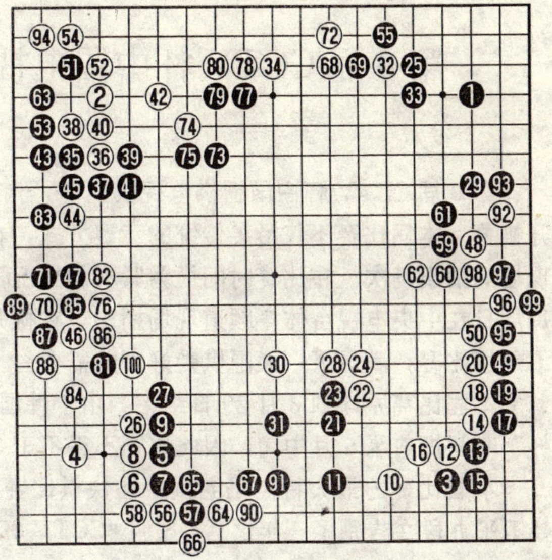

第2谱　101—240

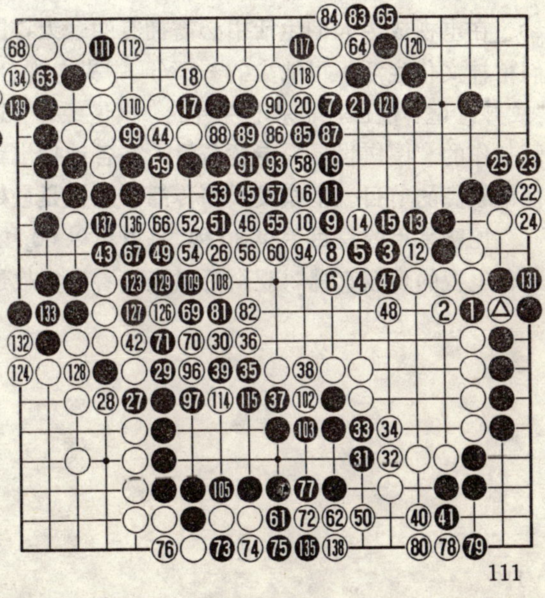

92 98 104 110 116 122 130 = △

95 101 107 113 119 125 140 = 1

106 = 73

黑出 $2\frac{3}{4}$ 子

共 240 手

白胜 $1\frac{1}{4}$ 子

1997年10月26日

于西安

第9届CCTV杯中国电视快棋赛

第9届CCTV杯中国围棋电视快棋赛，于1997年2月16日拉开帷幕。本届比赛不仅沿袭传统的竞赛方式，在电视直播上增加了现场的播出场次。在比赛时间极为紧奏的情况下，为保证比赛期间每周日在中央电视台体育频道现场播出，在杭州、成都、沈阳进行了专场比赛，满足了广大围棋爱好者的需要。

本届比赛原计划6月29日结束，由于韩国举办1997年“亚洲杯”时间提前至5月中旬，因此比赛不得不于5月4日前赛完。

本届比赛的最大特点是老棋手在快棋比赛中发挥了应有水平，聂卫平九段在告别了三年之后，重温“CCTV杯”冠军。老棋手陈祖德九段也第一次打入“CCTV杯”赛的前三名，记者评论1997年的中国围棋界“老树开新花”。

在电视成为人们生活中必需拥有的今天，围棋走向屏幕成为人们精神文化生活不可缺少的一部分。中央电视台的“CCTV杯”比赛、“纹枰论道”栏目，北京电视台的“棋道经纬”还有北京立年影视公司制作的“围棋世界”专题节目，在各地播出都是最受欢迎的和收视率较高的节目。围棋发展和传播，电视是最好的途径之一。

比赛采用的是每手棋30秒，每方可以60秒延时十次的办法。这适合电视的现场直播，观众可以直接看到实战进程。

第 9 届 CCTV 杯中国电视快棋赛成绩表

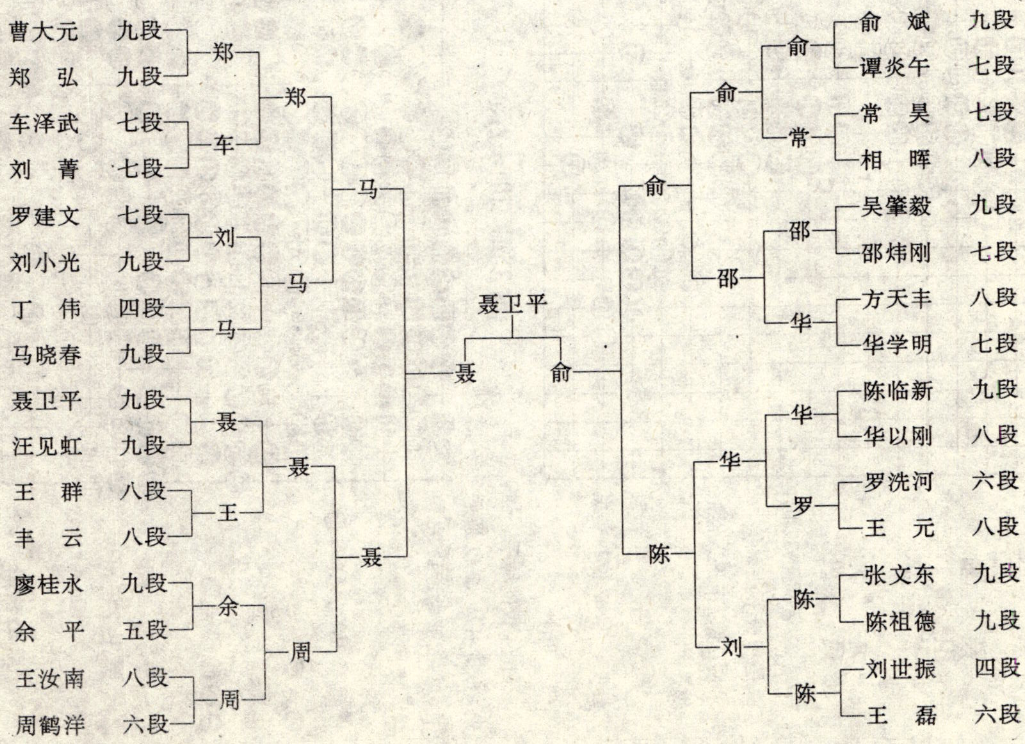

CCTV 杯决赛

黑　　白

聂卫平　　俞斌

九段　　九段

黑 21 普通于 37 位，实战是积极下法。

白 24 以下进入混战状态。

黑 61 长缓。可于 71 位打吃、再 62 位封是黑优局面。

白 74 扳问题手，当先 76 位托。82 也是恶手，实战被黑走到 93 位封、黑优势。

118 126 = 52　123 128 = 111

145 = △

152 158 166 172 = 88

155 161 169 175 = 149

黑出 $2\frac{3}{4}$ 子

共 275 手

黑中盘胜

1997 年 5 月 4 日

于沈阳

第 1 谱　1—100

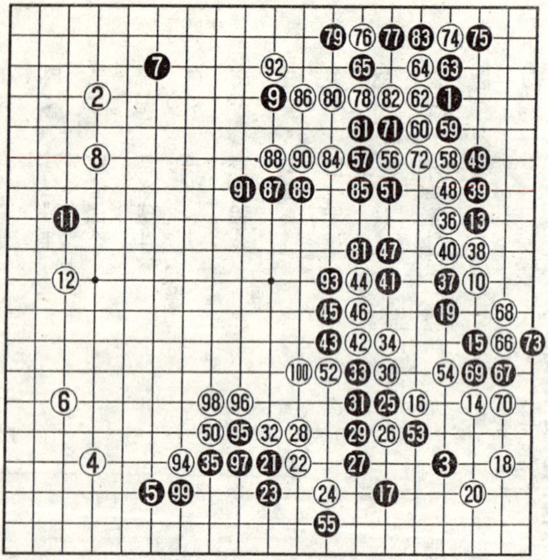

第 2 谱　101—275

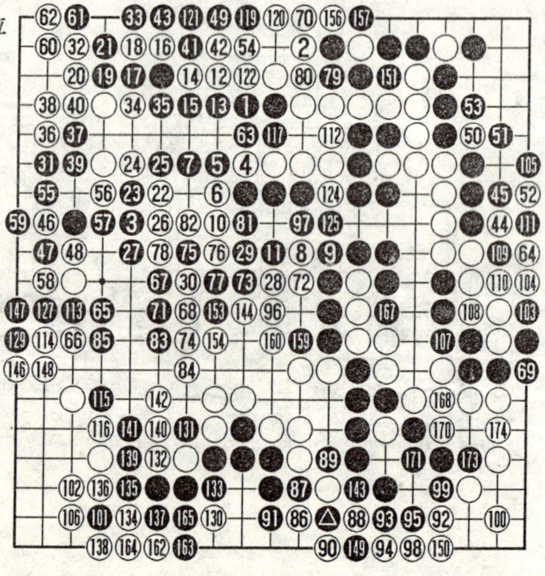

CCTV 杯半决赛

黑	白
俞斌	陈祖德
九段	九段

白 42 缓，此际当于 47 位打吃好。

白 54 问题手，此际直接 68 拦才是作战方向。被黑争到 59 位时，局势黑优。

第 1 谱　1—100

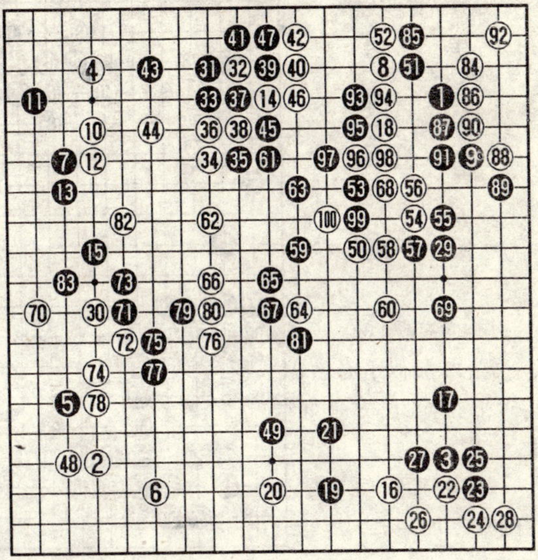

第 2 谱　101—121

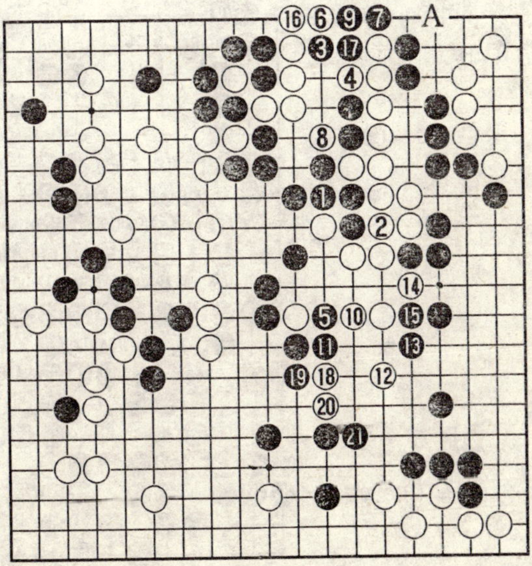

白 6 若于 7 位立大龙可活，但黑于 A 位尖，角上有打劫吃角，白也不乐观。

黑出 2 $\frac{3}{4}$ 子

共 121 手

黑中盘胜

1997 年 4 月 27 日

于成都

CCTV 杯半决赛

黑	白
马晓春	聂卫平
九段	九段

第1谱　1—100

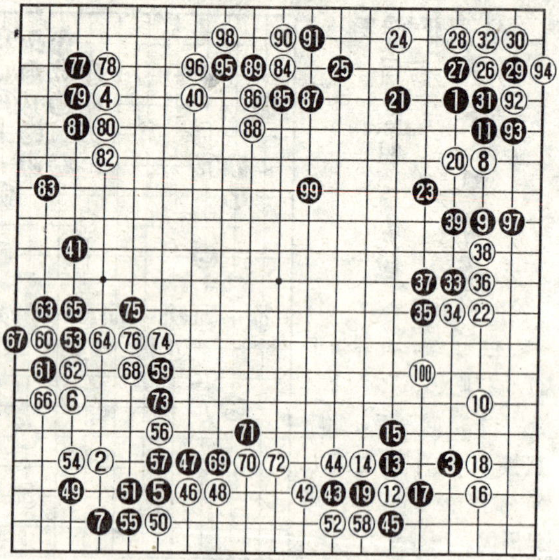

白 24 有趣。

黑 45 提似乎必然，其时下在 58 位方是好手。

白 58 打到一手，序盘白棋成功。

第2谱　101—272

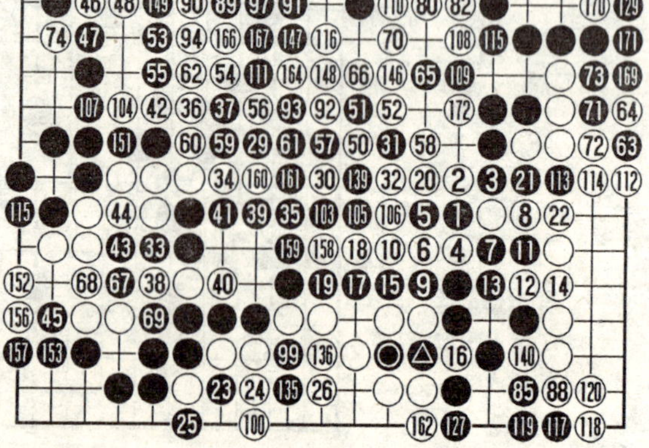

至白 20 征吃二子时，白优势不可动摇。

101 = ▲　102 = ◉

137 = 121　141 = 16

黑出 $2\frac{3}{4}$子

共 272 手

白胜 $3\frac{1}{4}$子

1997 年 4 月 27 日

于成都

CCTV 杯预选赛

黑	白
郑弘	曹大元
九段	九段

64＝53

这是97年的首场比赛，曹大元是去年的冠军。

黑67时，白68败着，当于84位断，局部是打劫，是白有利的结果。

至89枷吃中腹数子后，黑胜势不可动摇。

113＝△　133＝110

黑出 $2\frac{3}{4}$

共233手

黑胜 $6\frac{3}{4}$ 子

1997年2月16日

于中央电视台

第1谱　1—100

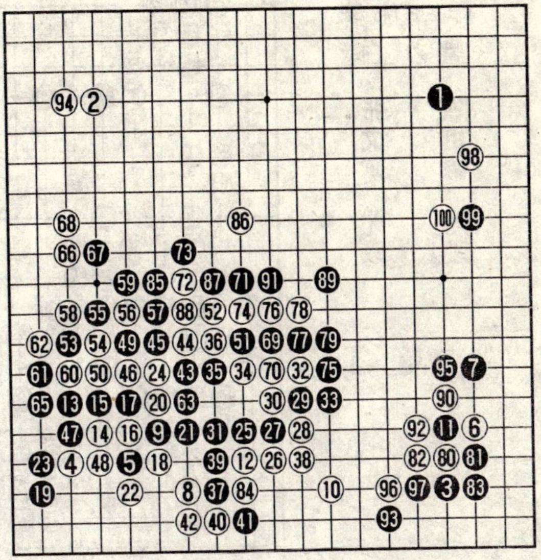

第2谱　101—233

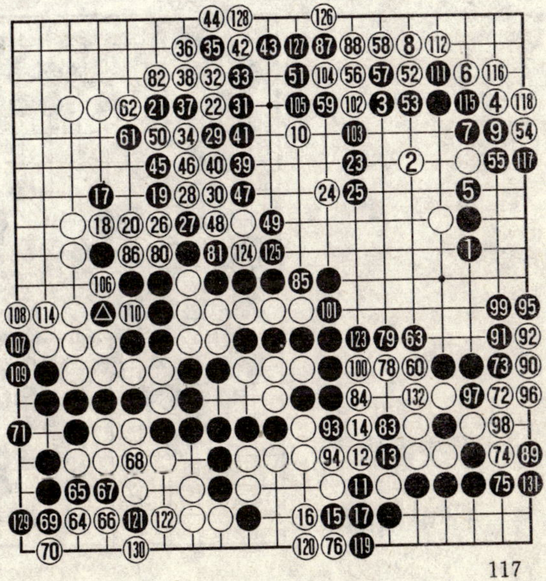

CCTV 杯预选赛

黑	白
陈祖德	张文东
九段	九段

第 1 谱　1—100

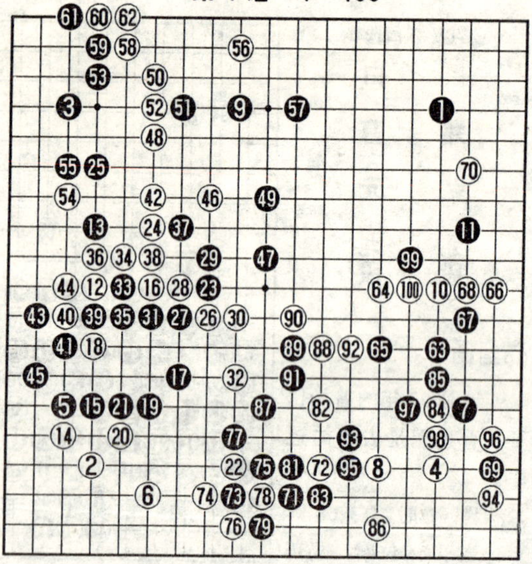

80＝73

第 2 谱　101—183

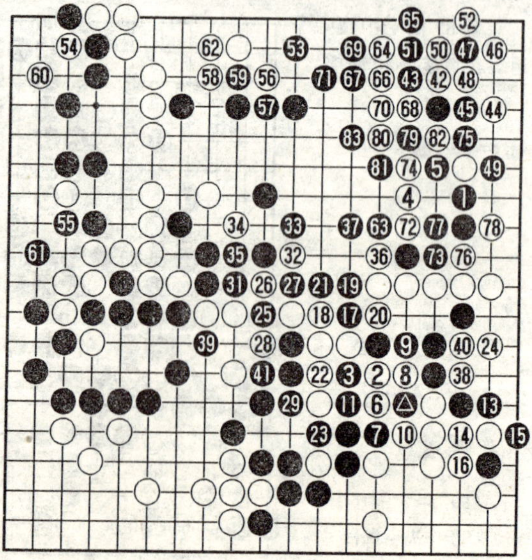

12＝△　30＝25

黑出 2$\frac{3}{4}$子

共 183 手

黑中盘胜

1997 年 2 月 16 日

于中央电视台

CCTV 杯预选赛

黑	白
常昊	俞斌
七段	九段

⑱＝❺❾

第 1 谱　1—100

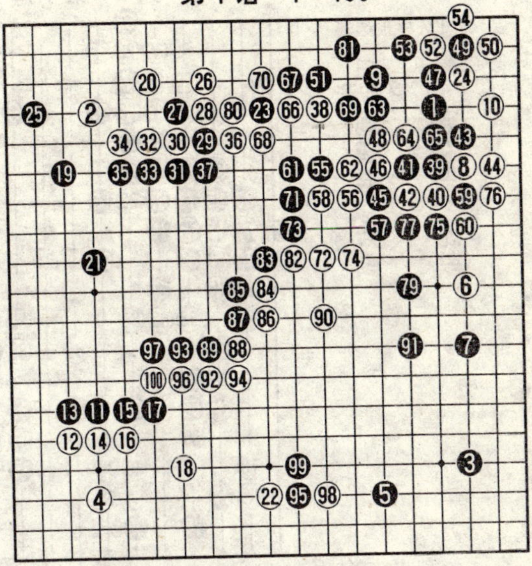

第 2 谱　101—162

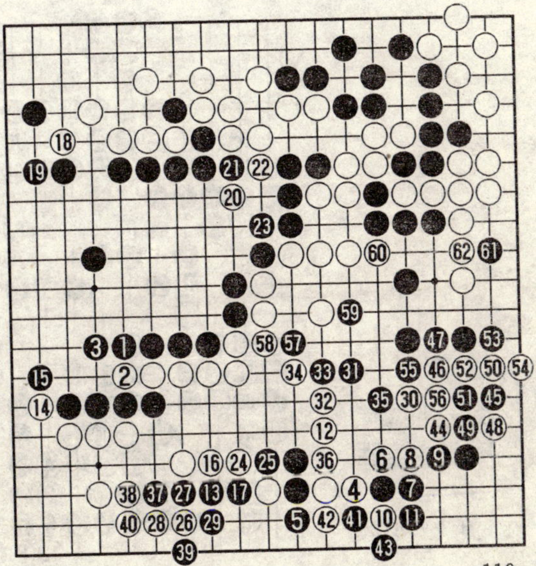

黑出 $2\frac{3}{4}$ 子

共 162 手

白中盘胜

1997 年 3 月 30 日

于杭州

CCTV 杯预选赛

黑　　白

聂卫平　　周鹤洋

九段　　六段

❷❾＝㉒

第 1 谱　1—100

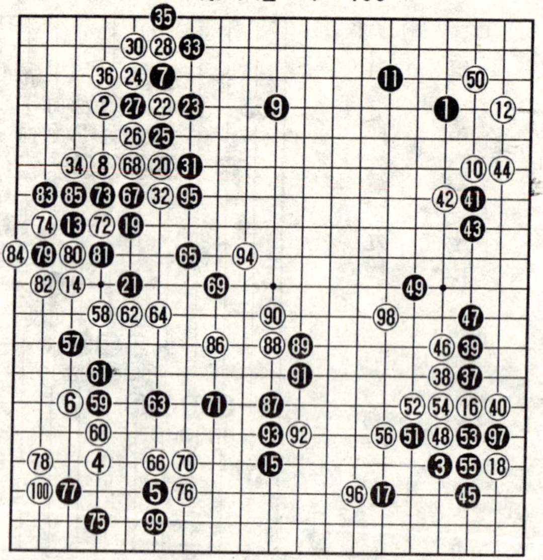

第 2 谱　101—235

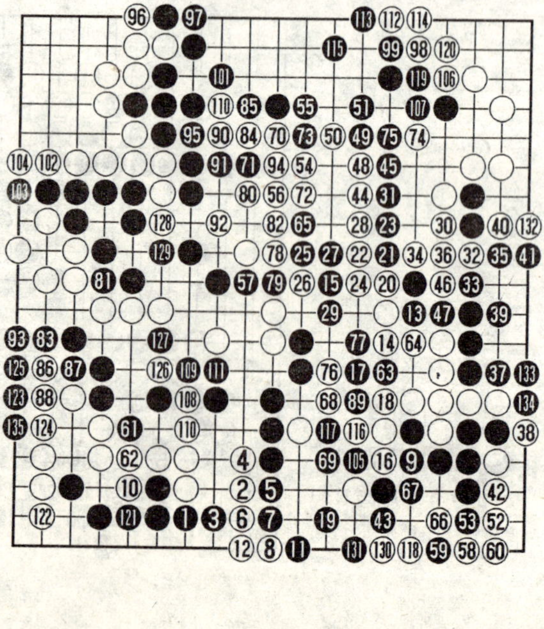

黑出 2 $\frac{3}{4}$ 子

共 235 手

黑中盘胜

1997 年 4 月 17 日

于中央电视台

CCTV 杯预选赛

黑	白
华以刚	陈祖德
八段	九段

第1谱 1—100

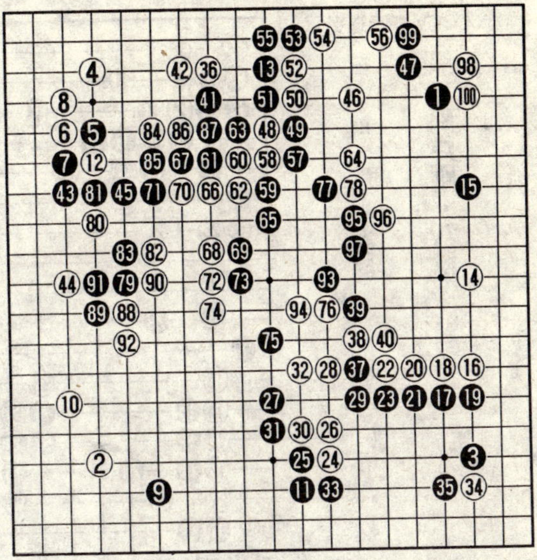

第2谱 101—287

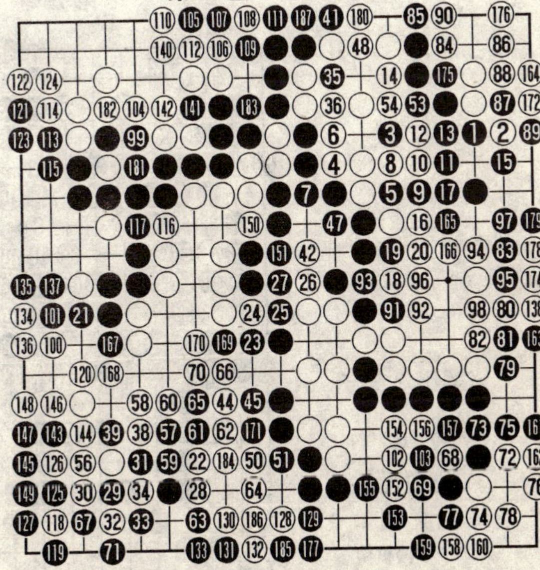

37 43 49 55 = 29

40 46 52 = 34

139 = 108　173 = 2

黑出 $2\frac{3}{4}$ 子

共 287 手

白胜 $4\frac{1}{4}$ 子

1997 年 4 月 13 日

于中央电视台

CCTV 杯预选赛

黑	白
邵炜刚	俞斌
八段	九段

第 1 谱 1—100

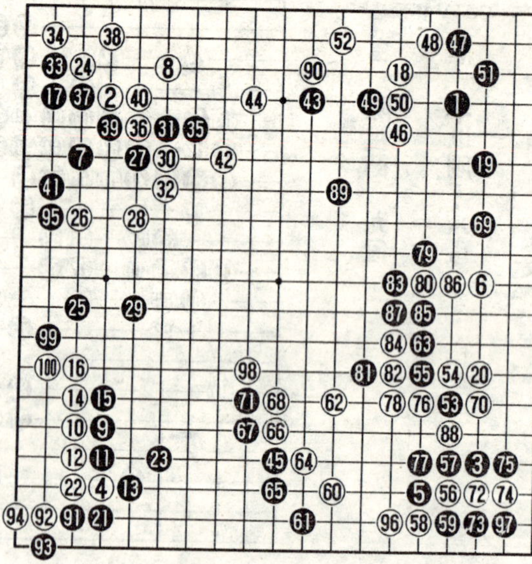

⑨②＝❾ ⑩⓪＝⑦⓪

第 2 谱 101—202

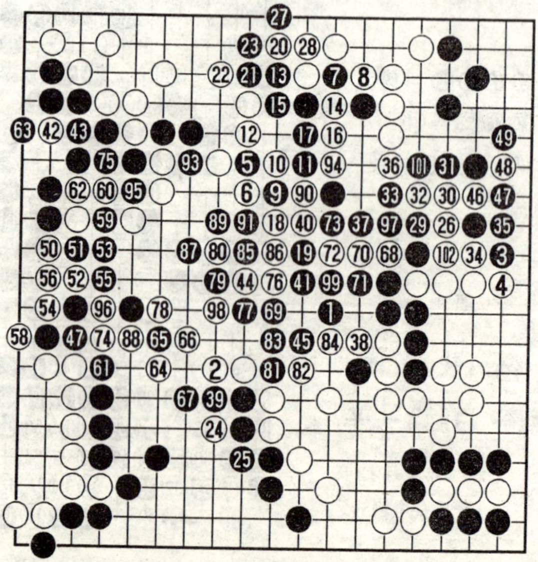

黑出 2 $\frac{3}{4}$ 子

共 202 手

白中盘胜

1997 年 4 月 17 日

于中国棋院

CCTV 杯预选赛

黑	白
郑弘	马晓春
九段	九段

第1谱　1—100

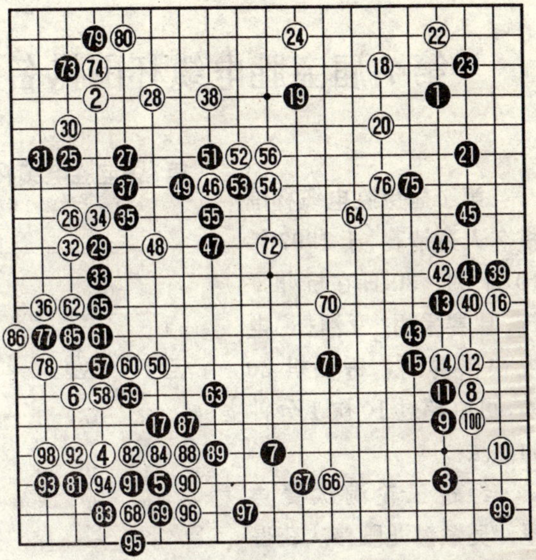

第2谱　101—252

32＝27　81 86＝45

84＝54　117 123＝△

120＝114

126 132 138 152＝38

129 135 151＝67

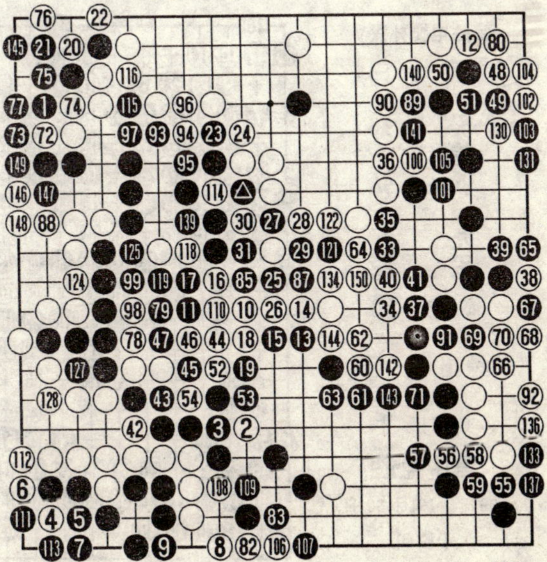

黑出 $2\frac{3}{4}$ 子

共 252 手

白胜 $\frac{1}{4}$ 子

1997 年 4 月 17 日

于中国棋院

第 7 届宝胜电缆杯围棋名人邀请赛

第 7 届宝胜电缆杯围棋名人邀请赛，于 1997 年 10 月 29、30 日在杭州举行。比赛采用“亚洲杯”电视快棋赛制，每手棋 30 秒，可以超过 10 次 1 分钟的办法。

经过三轮淘汰赛角逐，吴肇毅九段首次获得此项比赛的冠军。

第7届宝胜电缆杯围棋赛成绩表

吴							
郑				吴			
聂		郑		吴		华	
聂卫平九段	邵震中九段	郑弘九段	汪见虹九段	吴肇毅九段	陈临新九段	张璇八段	华学明七段

总谱 1—215

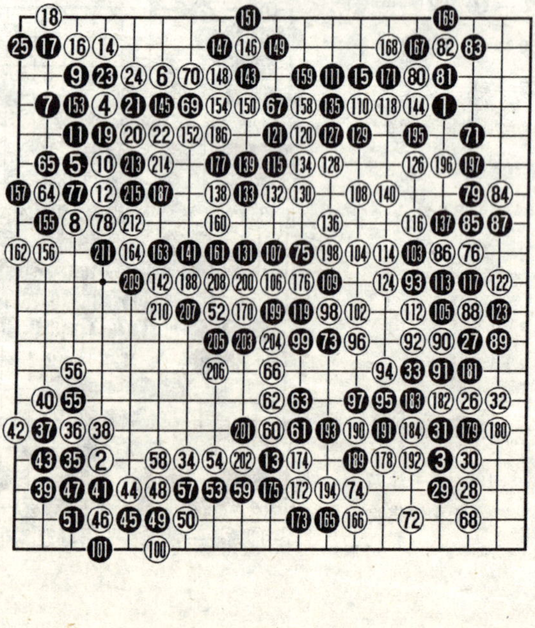

宝胜电缆杯决赛

黑	白
吴肇毅	**郑弘**
九段	**九段**

125＝88　185＝4

黑出 2 $\frac{3}{4}$ 子

共 215 手

黑中盘胜

1997 年 10 月 30 日

于杭州

第一届海天杯中国围棋元老赛

第一届“海天杯”中国围棋元老赛，于 1997 年 5 月 2 日至 3 日在青岛市海天大酒店举行。中国棋院院长陈祖德九段、副院长王汝南八段，国家围棋队总教练聂卫平九段、副总教练罗建文七段参加了比赛。比赛采用“真露杯”赛办法，每方 1 小时，1 分钟读秒。

经开幕式抽签，陈祖德对罗建文，聂卫平对王汝南。首轮陈、聂皆取胜，迎来了 20 余年未有的陈聂决赛。当年正是聂卫平战胜陈祖德，中国围棋才进入了一个新的时代。现在的决赛已没有那么重要了，但对元老陈祖德来说，倒是一次极好的机会。

185＝159　210 216 222 228 234＝32　213 219 225 231＝207

269＝226　272＝13　277＝127

海天杯元老赛决赛

黑　白

聂卫平　陈祖德

九段　九段

黑出 $2\frac{3}{4}$ 子

共 277 手

白胜 $\frac{1}{4}$ 子

1997 年 5 月 3 日

于青岛市

总谱　1—277

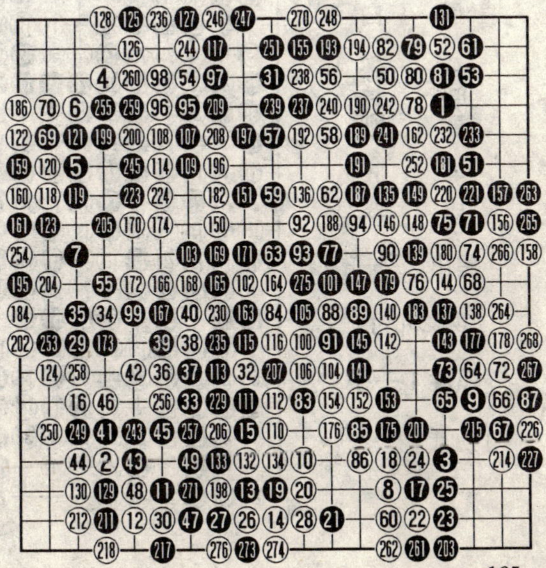

德隆农业杯围棋赛

“德隆农业杯”围棋赛，于 1997 年 9 月 14 日至 15 日在新疆的首府乌鲁木齐市海德大酒店举行。应新疆围棋协会的邀请，聂卫平九段、马晓春九段、邵炜刚八段和常昊八段参加了比赛，比赛采用单败淘汰制。经过抽签，第一轮聂、马相遇，常昊对邵炜刚，聂、常双双失利，决赛在马晓春和弟子邵炜刚之间进行，最后老师胜学生获得冠军，邵炜刚取得第二名。

177＝170　188＝59　251＝168　252＝60

264＝121　267＝183　291＝185

德隆农业杯决赛

黑	白
马晓春	邵炜刚
九段	八段

黑出 $2\frac{3}{4}$ 子

共 296 手

黑胜 $1\frac{3}{4}$ 子

1997 年 9 月 15 日

于乌鲁木齐

总谱　1—296

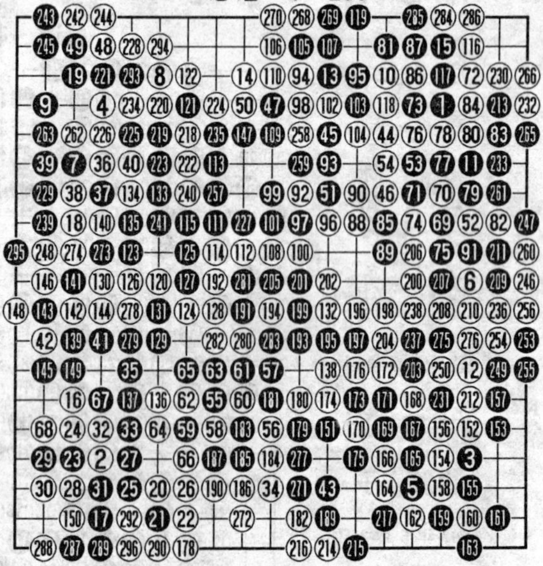

第2届中国职业围棋男女双人赛

第2届中国职业围棋男女双人赛，于1997年5月31日至6月1日在上海举行。本届比赛在规则与方式上较上届有所变动：配对的男女棋手均为自由结合，入座时由平行改为以行棋次序的斜对交叉就座方式。行棋出现次序错误时(即一人连走)，一次罚一子的整数，且不再恢复原行棋顺序。

经过公开分组抽签：丰云九段/陈祖德九段、杨晖八段/曹大元九段、华学明七段/刘小光九段和黎春华三段/俞斌九段分在A组。张璇八段/聂卫平九段、孔祥明八段/吴玉林六段、陈惠芳五段/陈临新九段和徐莹三段/马晓春九段分在B组。经过小组单循环赛，A组华刘、黎俞和杨曹三对同为2胜1负，出现了三循环，按规定只好抽签决定小组名次。结果华刘为第一，杨曹抽得第二名。B组徐马无可争议获得小组第一，陈（慧）陈得第二，孔吴得小组第三名。

6月1日下午，同名次决赛是本届比赛的高潮和压轴戏。上届冠军华刘与徐马之间展开激烈的争夺，最后徐莹/马晓春执白以$2\frac{1}{4}$子击败华学明/刘小光，荣获本届比赛的冠军。

以下依次排定二至八名的分别是：华学明/刘小光，杨晖/曹大元，陈惠芳/陈临新，黎春华/俞斌，孔祥明/吴玉林，张璇/聂卫平，丰云/陈祖德。

男女双人赛决赛

黑	白
华学明 七段	徐晓莹 三段
刘小光 九段	马晓春 九段

第1谱 1—100

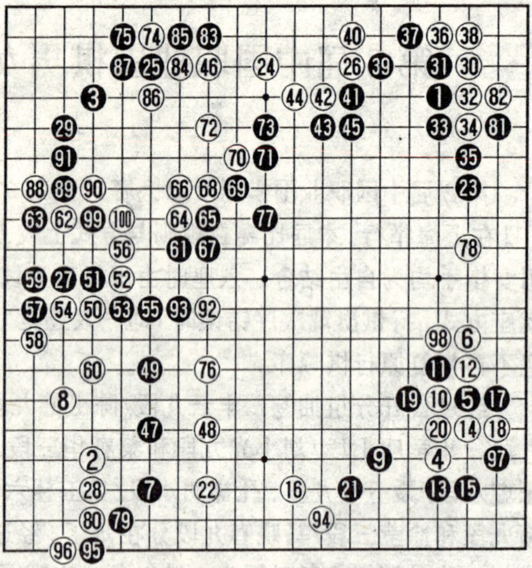

第2谱 101—262

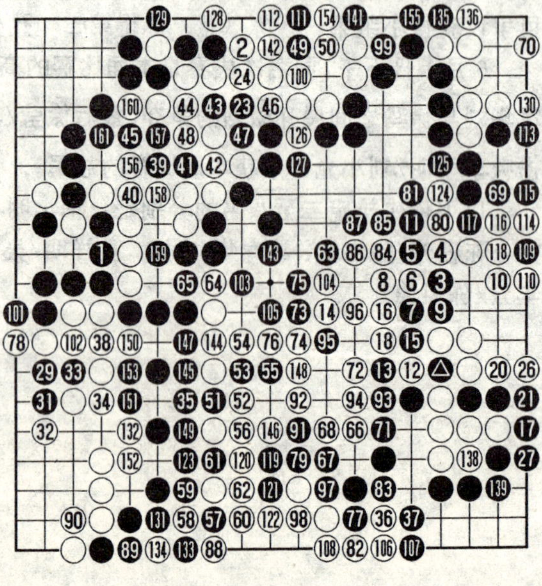

⑲㉕㉚＝▲

㉒㉘＝⑫

(137)(162)＝(133)

(140)＝(134)

黑出 2 $\frac{3}{4}$ 子

共 262 手

白胜 2 $\frac{1}{4}$ 子

1997 年 6 月 1 日

于上海

第4届中国围棋新人王赛

第4届中国围棋“新人王”赛，于1997年2月19日至2月26日在上海举行。这项比赛由中国围棋协会与上海棋院共同主办，比赛在上海邮电大厦举行。“新人王”比赛规定由30岁以下，七段以下的优秀棋手参加，具体人选由主办单位依据当年各赛事成绩综合确定。

本届比赛由32人组成，前四轮为单败淘汰赛，决赛为三局二胜制，胜者为本届“新人王”。

本届比赛爆出了有史以来最大的冷门，引起各新闻媒界的极大关注：业余棋手刘钧和现在日本留学的王辉六段分别战胜了常昊、邵炜刚等我国新一代顶尖高手取得决赛权。最后决赛，刘钧又以2比0战胜王辉六段成为职业比赛的冠军。被人们普遍看好的常昊七段、邵炜刚七段、王磊六段、周鹤洋六段、刘菁七段、罗洗河六段等未有一人能进入半决赛，是赛前任何人都不曾想到的。“刘钧现象”对我国围棋的改革，对职业和业余围棋的发展会带来新的思考。

第4届中国围棋新人王赛成绩表

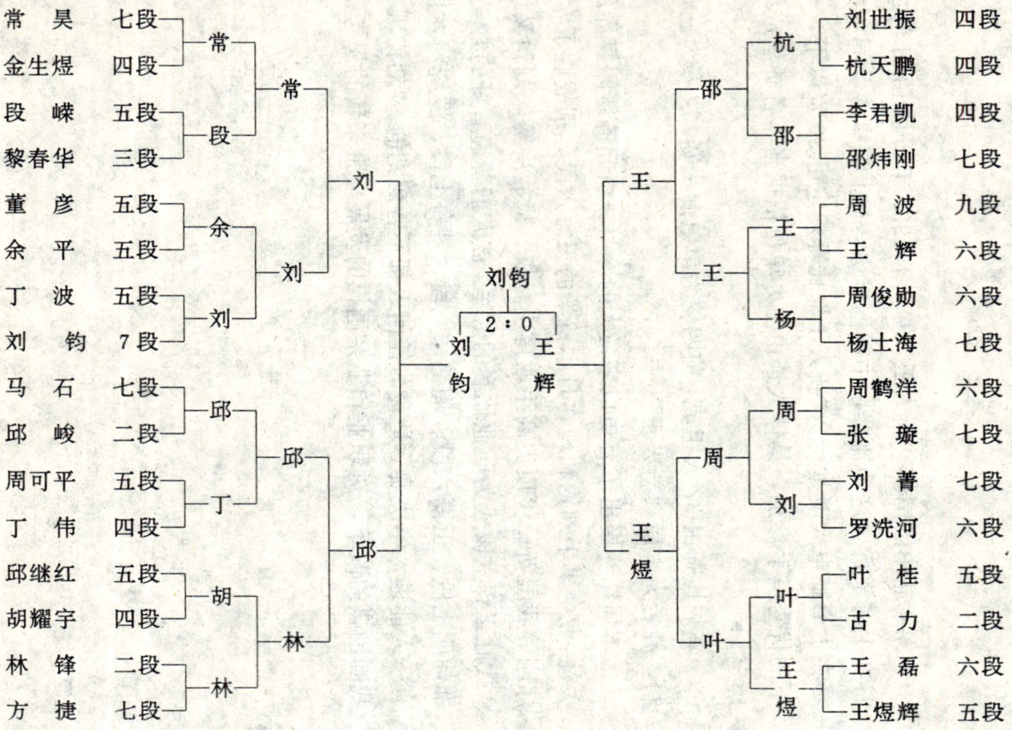

新人王决赛第1局

黑	白
刘	王
钧	辉
7段	六段

50＝42　53＝45

第1谱 1—100

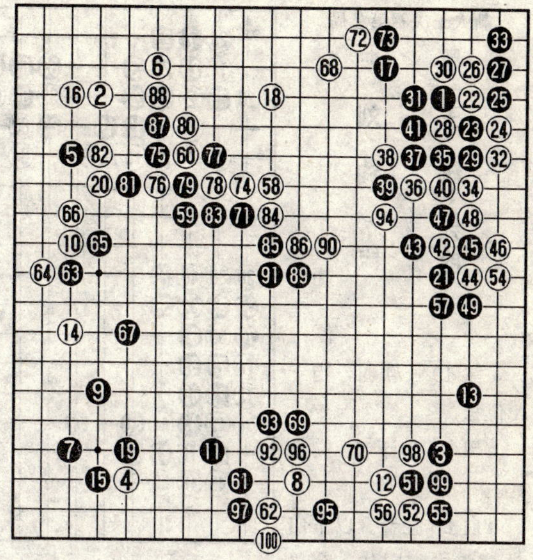

92＝△　93＝△

94 99＝88　97＝91

黑出2 $\frac{3}{4}$ 子

共203手

黑中盘胜

1997年2月24日

于上海

第2谱 101—203

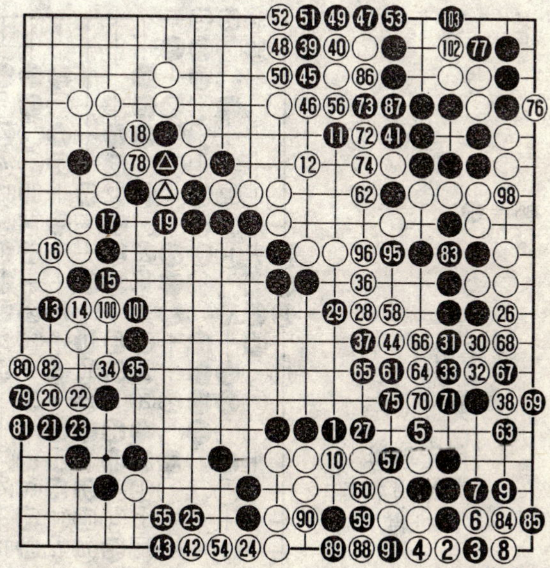

新人王决赛第2局

黑	白
王	刘
辉	钧
六段	7段

黑19长软弱，当于A位板。

黑63当于69位长好。

白80胜着。以下白90碰将中腹围住，全局优势。

第1谱 1—100

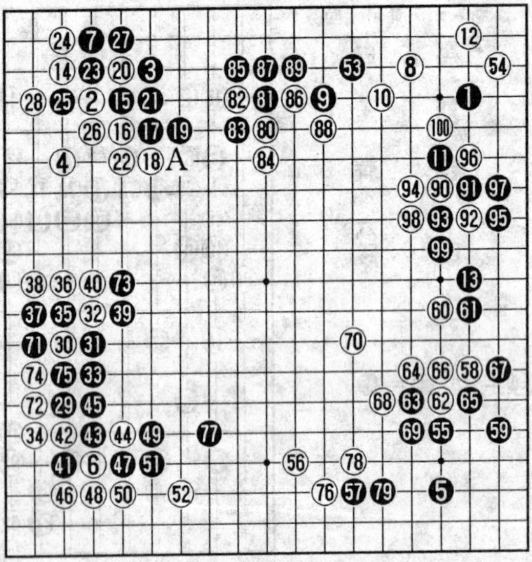

第2谱 101—220

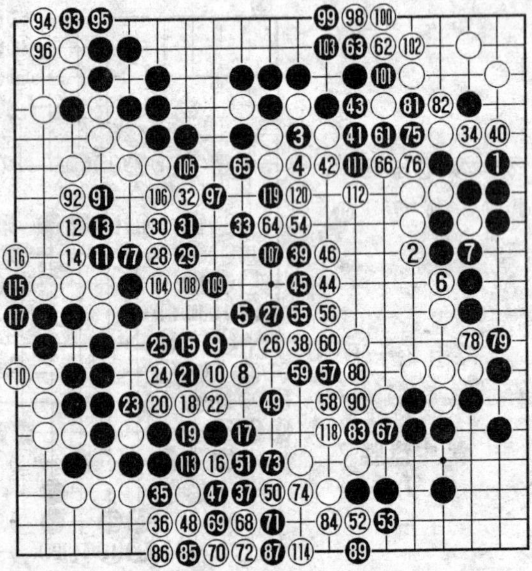

⑧⑧＝❽❺

黑出 $2\frac{3}{4}$ 子

共220手

白中盘胜

1997年2月25日

于上海

新人王半决赛

黑	白
刘钧	邱峻
7段	二段

❼③＝❺⑨　⑦⑥＝⑥②

第1谱　1—100

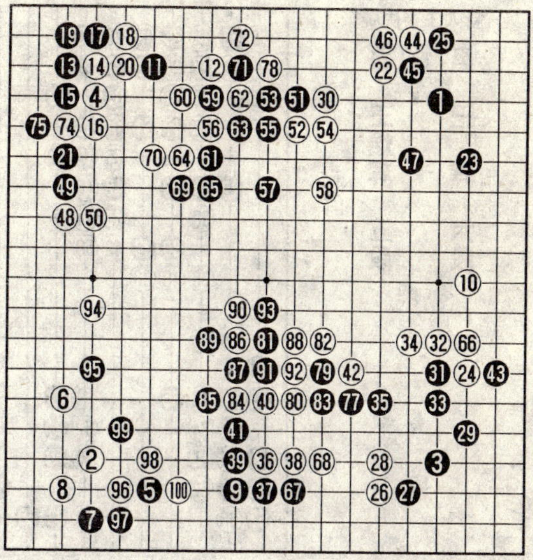

第2谱　101—227

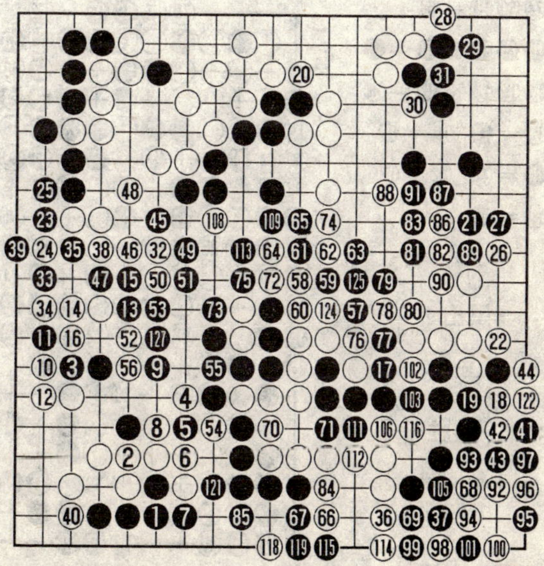

⑩④⑪⓪⑫⓪⑫⑥＝⑨⑧

❿❼⓫❼⓬❸＝⓫⓪❶

黑出 $2\frac{3}{4}$ 子

共227手

黑中盘胜

1997年2月22日

于上海

新人王半决赛

黑 王辉 六段

白 王煜辉 五段

第1谱 1—100

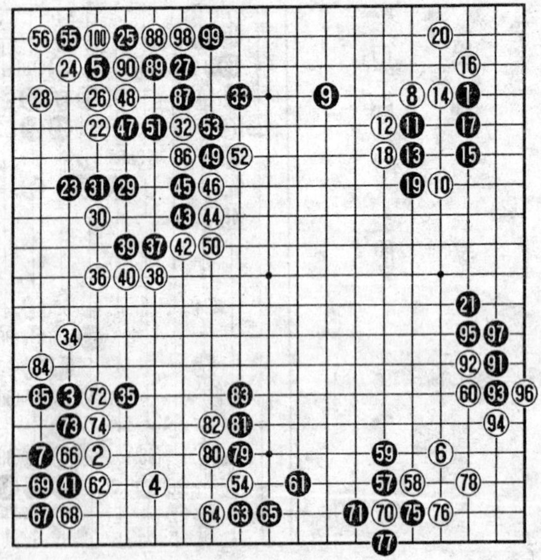

第2谱 101—285

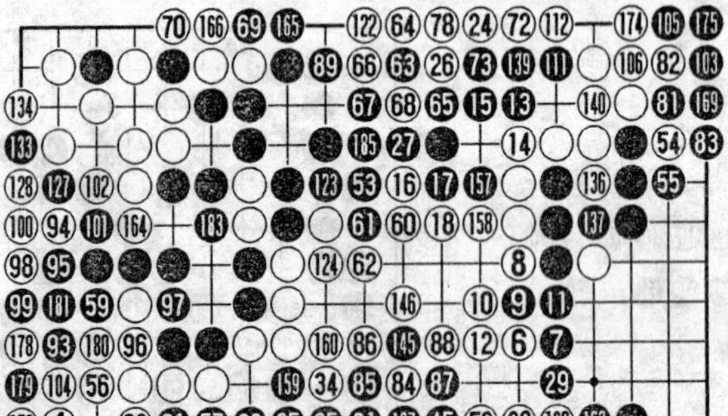

71 77 121 150 = 63

74 90 148 = 68

113 129 135 141 147 = 107

126 132 138 144 149 = 110

152 = 75　168 = 145

173 = 42　182 = 178

184 = 179

黑出 2 $\frac{3}{4}$ 子

共 285 手

黑胜 $\frac{3}{4}$ 子

1997 年 2 月 22 日

于上海

新人王预选赛

黑	白
张璇	周鹤洋
七段	六段

第1谱 1—100

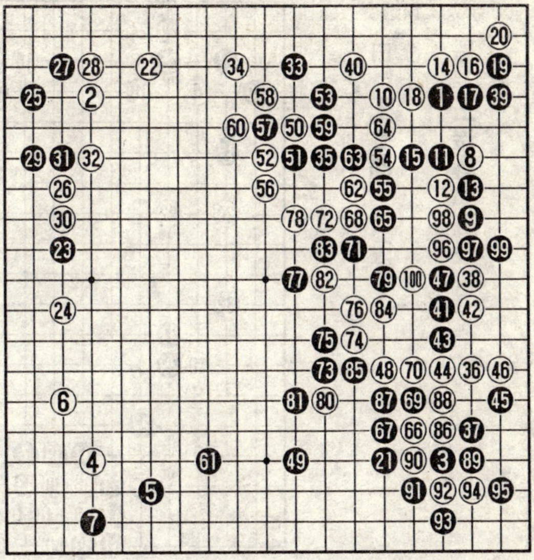

第2谱 101—166

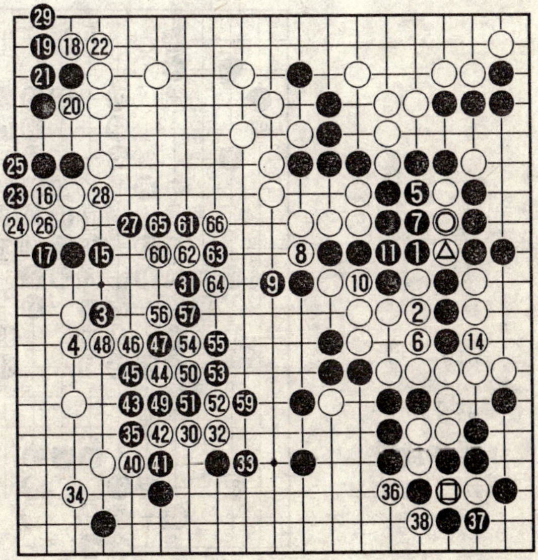

⑫＝△　⓭＝◎

㊴＝□　㊿8＝㊼

黑出 $2\frac{3}{4}$ 子

共166手

白中盘胜

1997年2月19日

于上海

新人王预选赛

黑　　白

王煜辉　王磊

五段　　六段

第 1 谱　1—100

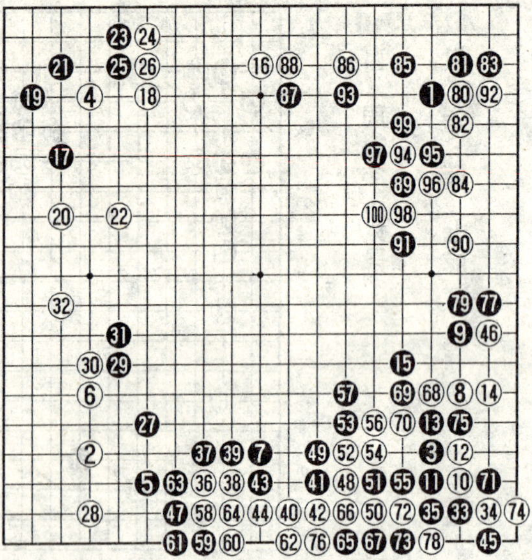

第 2 谱　101—199

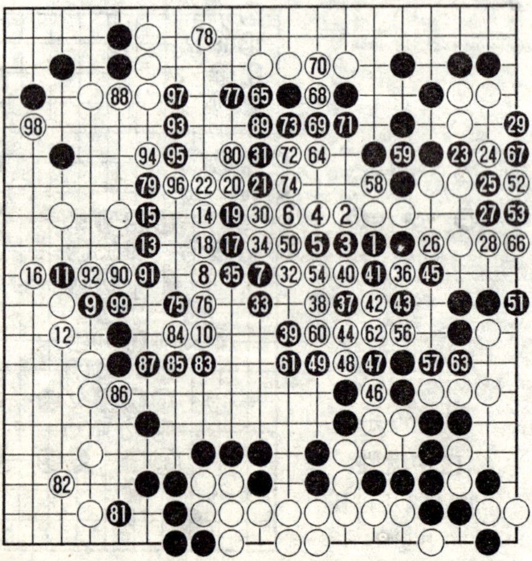

55＝36

黑出 2 $\frac{3}{4}$ 子

共 199 手

黑中盘胜

1997 年 2 月 19 日

于上海

新人王预选赛

黑　　白

罗　　刘
洗
河　　菁

六　　七
段　　段

❹❶＝㉛　㊷＝㊱

第1谱　1—100

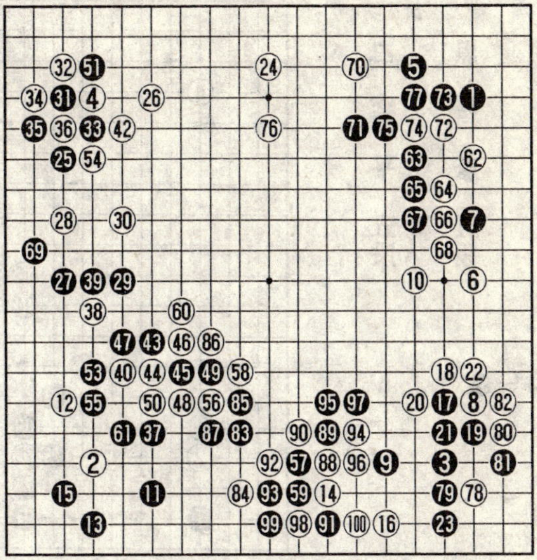

第2谱　101—198

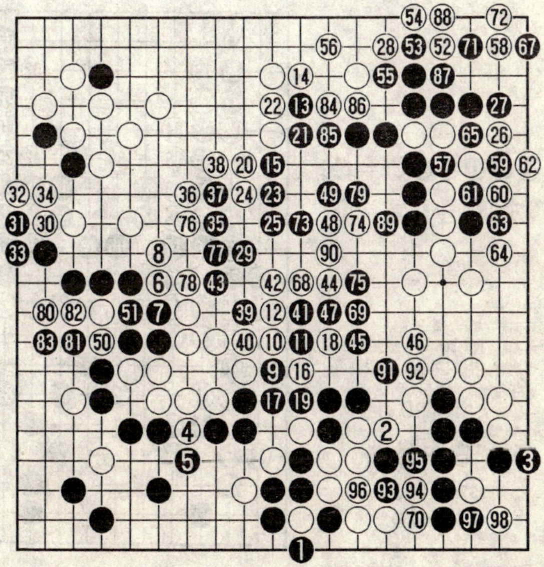

㊻＝㊾

黑出 $2\frac{3}{4}$ 子

共198手

白中盘胜

1997年2月19日

于上海

新人王预选赛

黑	白
董彦	余平
五段	五段

第1谱 1—100

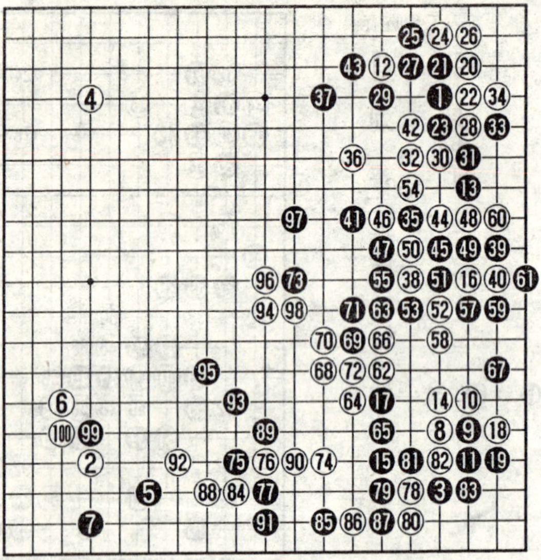

56＝35

第2谱 101—190

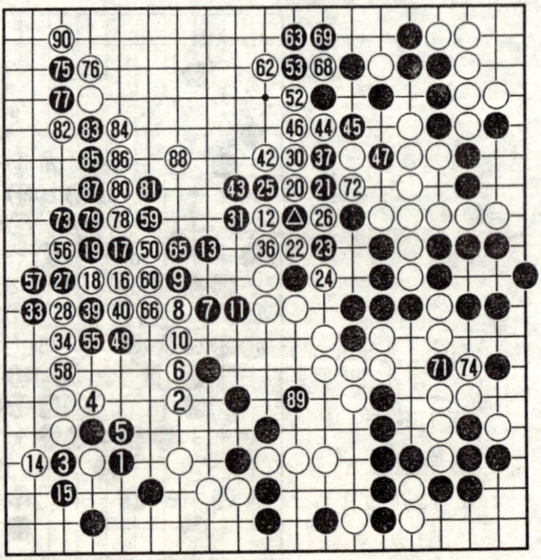

29 35 41 51 61 67＝△

32 38 48 54 64 70＝26

黑出 $2\frac{3}{4}$ 子

共190手

白中盘胜

1997年2月19日

于上海

新人王预选赛

黑	白
邱峻	马石
二段	七段

第1谱 1—100

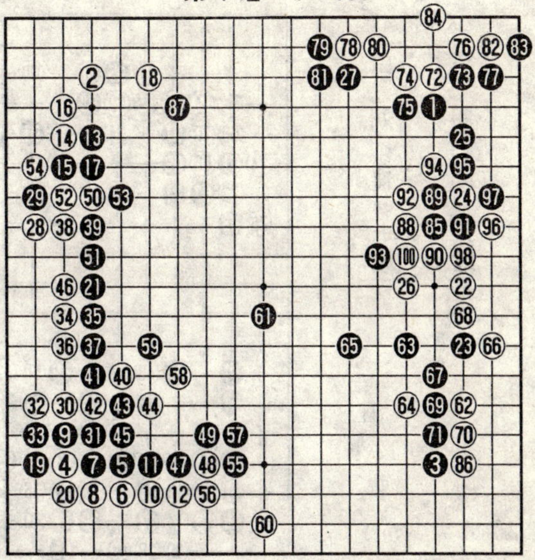

99＝24

第2谱 101—229

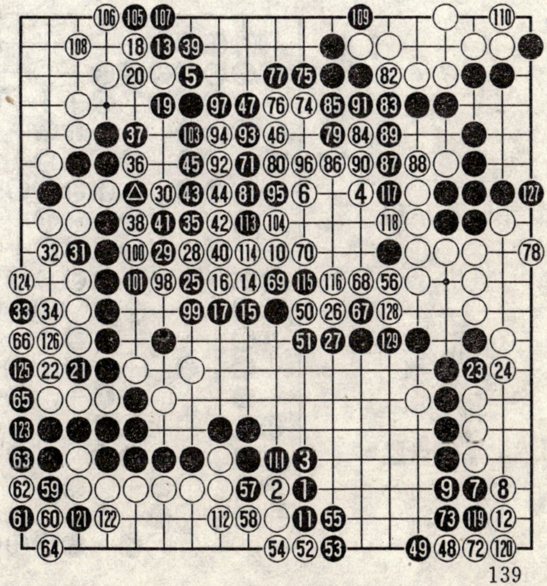

102＝△

黑出 $2\frac{3}{4}$ 子

共229手

黑中盘胜

1997年2月19日

于上海

新人王预选赛

黑 白

周鹤洋 刘菁

六段 七段

第1谱 1—100

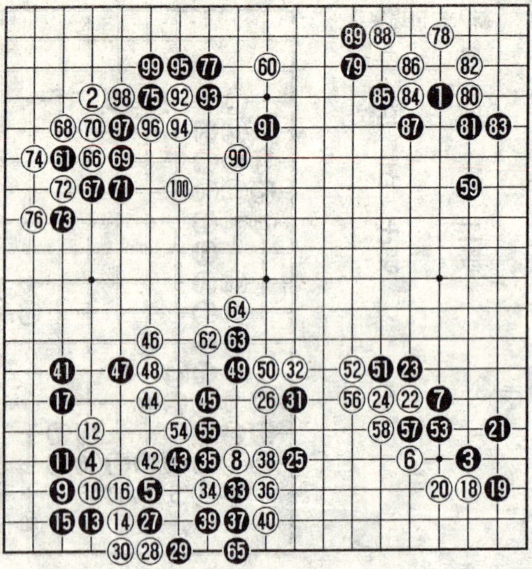

第2谱 101—189

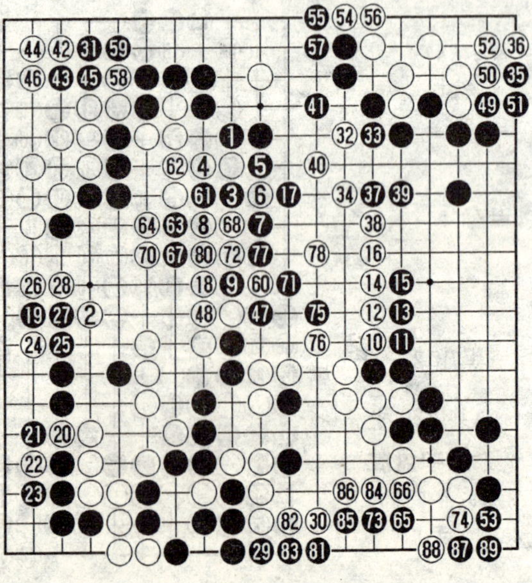

❻❾＝⑥ ❼❾＝❾

黑出 $2\frac{3}{4}$ 子

共 189 手

黑中盘胜

1997 年 2 月 20 日

于上海

第1谱　1—100

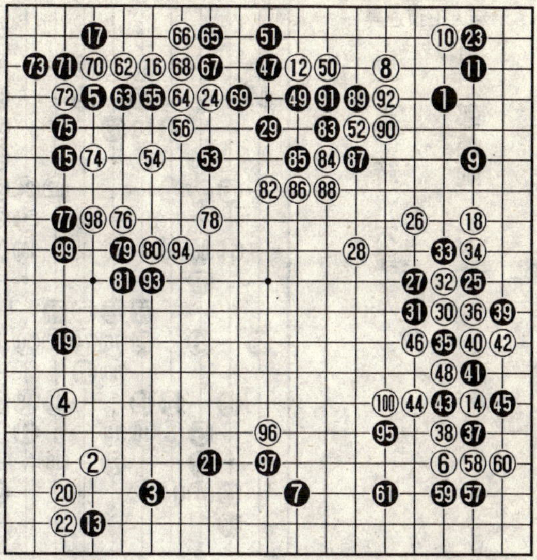

新人王预选赛

黑　白

林　邱

锋　峻

二　二

段　段

黑47失着。应于48位粘，先手定型再走47位。

实战被白48提，大极。因此，白棋确立全盘优势。

第2谱　101—160

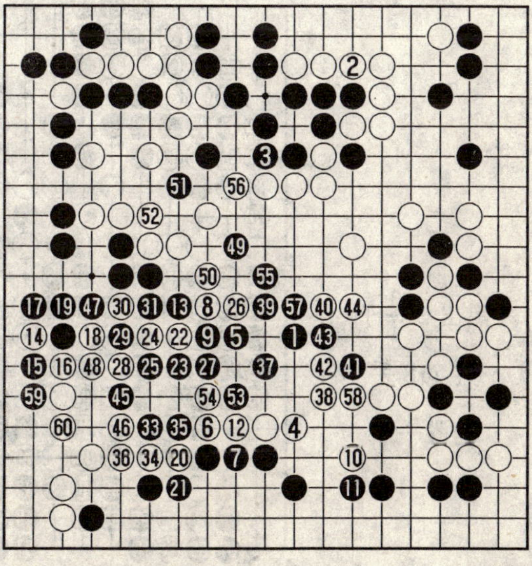

㉜＝㉙

黑出2 $\frac{3}{4}$ 子

共160手

白中盘胜

1997年2月21日

于上海

新人王预选赛

黑 白

邵炜刚 王辉

七段 六段

第1谱 1—100

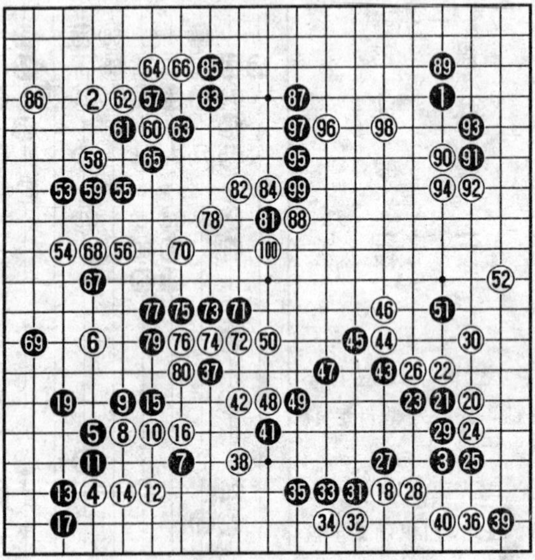

第2谱 101—218

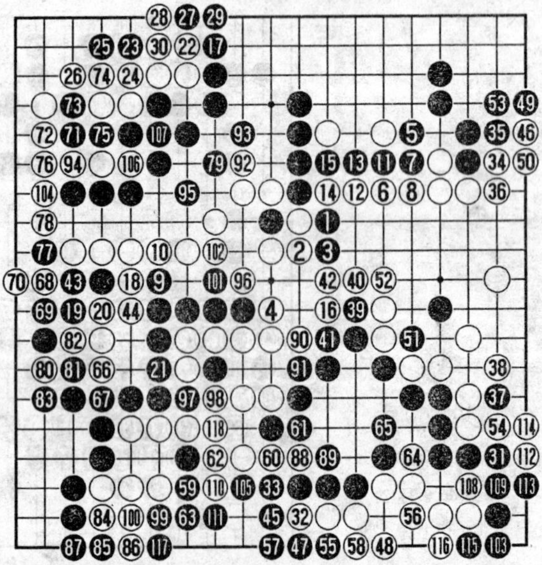

黑出2$\frac{3}{4}$子

共218手

白胜$\frac{1}{4}$子

1997年2月21日

于上海

新人王预选赛

黑　　白

周鹤洋　　王煜辉

六段　　五段

56＝47　99＝82

黑 29 以下被白棋征吃一子，黑棋大为亏损。此际黑当在 35 位断。

白 72 打入及时，接着 74 好手，至白 80 做活后全局白地已领先。

第1谱　1—100

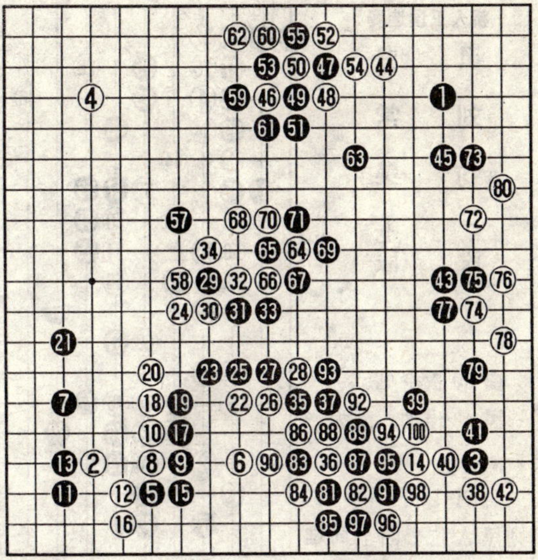

第2谱　101—192

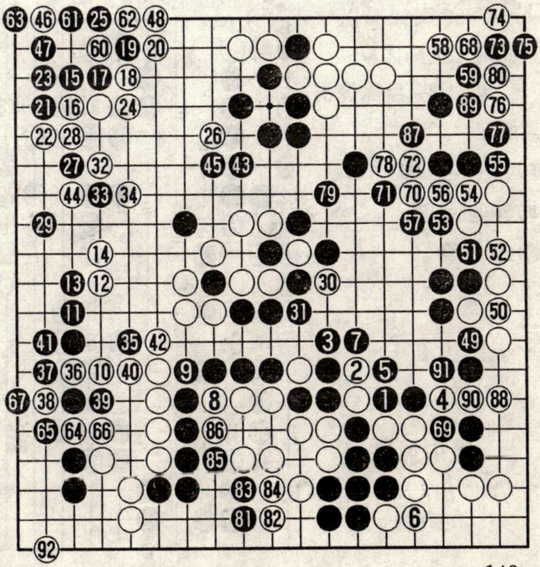

黑出 2 $\frac{3}{4}$ 子

共 192 手

白中盘胜

1997 年 2 月 21 日

于上海

新人王预选赛

黑	白
刘钧	常昊
7段	七段

第1谱 1—100

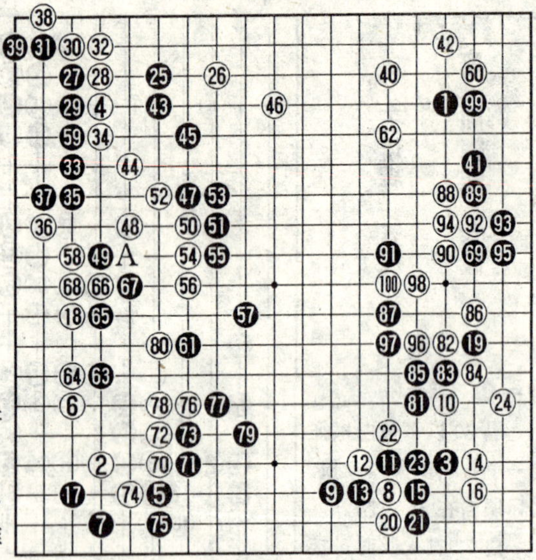

白 30 扳少见。

黑 43 出动，颇为严厉！

白 70 以下不得已，否则黑 A 位分断全局难下。

第2谱 101—207

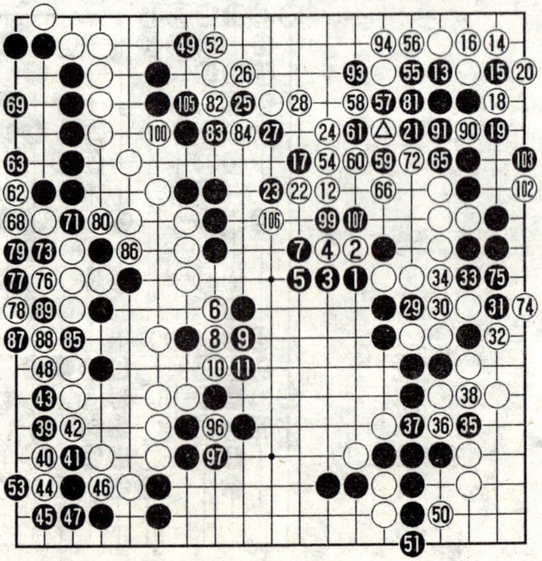

黑 39 飞如愿以偿，至此确立全局优势。

黑 81 粘，解除警报，黑胜定。

⑥④⑦⓪＝△　❻❼＝❻❶

⑨②⑨⑧⑩④＝⑦⑧

❾❺❶⓪❶＝❽❾

黑出 $2\frac{3}{4}$ 子

共 207 手

黑中盘胜

1997 年 2 月 21 日

于上海

1997年全国围棋团体赛

1997年全国围棋团体赛（甲级赛、乙级赛），于4月20日至5月3日在成都市新都县举行。全国共有29个省、市、自治区、计划单列市及行业体协队报名，男女棋手共182人参加了比赛。男子分甲、乙级队分别比赛；女子仅一个组，获得前十名定为本年度甲级队。男子甲级队共有12个队（每队5人），乙级队有17个队。女队每队棋手二人，共有19个队参加。男子比赛和女子比赛均采用个人积分编排制办法，男子赛11轮，女子赛9轮，以个人名次分合并计算团体成绩。

在男子甲级队比赛中，上海二队的年轻小将发挥极佳，邱峻三段获得个人第四名，上海二队又一次获得了男子团体冠军。四川五牛队由郑弘九段加盟实力大增，获得男子团体第二名。北京大宝男队、上海一队、云南队和广东新华队分获男子团体三至六名。段位较高的中信队、湖南队和湖北队，被降为乙级队。

男子乙级队比赛，新批准为直辖市的重庆队招兵买马，将刘菁七段和罗洗河六段收于帐下，以小组第一名的资格晋升为甲级队；河南队和广西队也携手进入了男子甲级队的行列。

在女子组比赛中，北京大宝队一路领先，终以较大优势夺得女子团体冠军。河南队在丰云九段率领下，取得了第二名。浙江女队、四川五牛队、湖北队和山西队分获女子团体三至六名。河北队、陕西队、深圳队和上海队获得本年度女子甲级队。

全国团体赛男甲组

黑	白
吴肇毅	俞斌
九段	九段
（广东）	（浙江）

第1谱　1—100

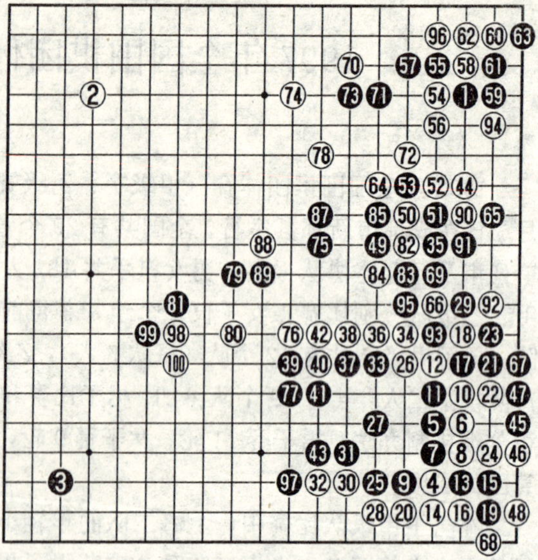

86＝53

第2谱　101—206

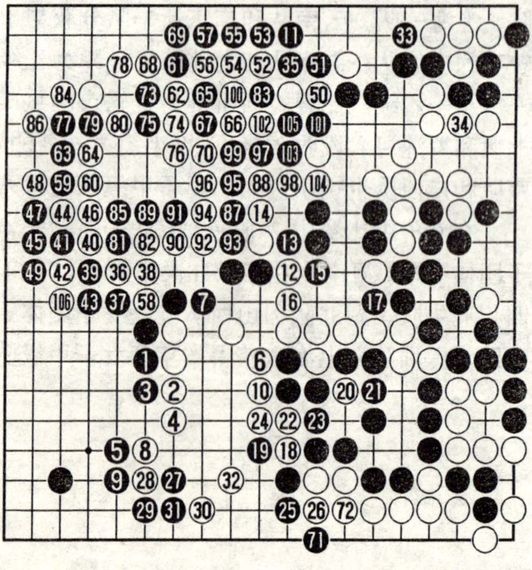

黑出 $2\frac{3}{4}$ 子

共206手

白中盘胜

1997年4月20日

于四川新都

全国团体赛男甲组

黑　　白

谭炎午　　刘世振

七段　　四段

（北京）　　（上二）

第1谱　1—100

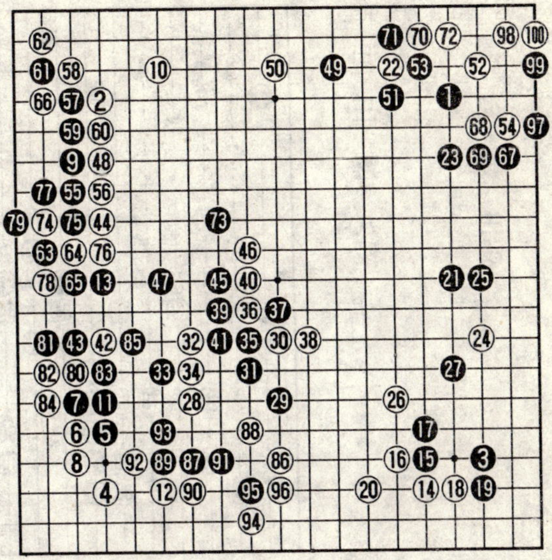

第2谱　101—195

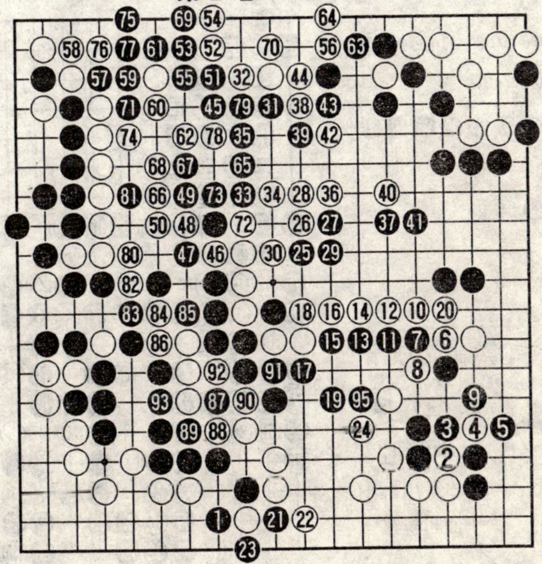

⑨④＝❽⑦

黑出2$\frac{3}{4}$子

共195手

黑中盘胜

1997年4月20日

于四川新都

全国团体赛男甲组

黑	白
邱峻	王群
三段	八段
（上二）	（中信）

第1谱　1—100

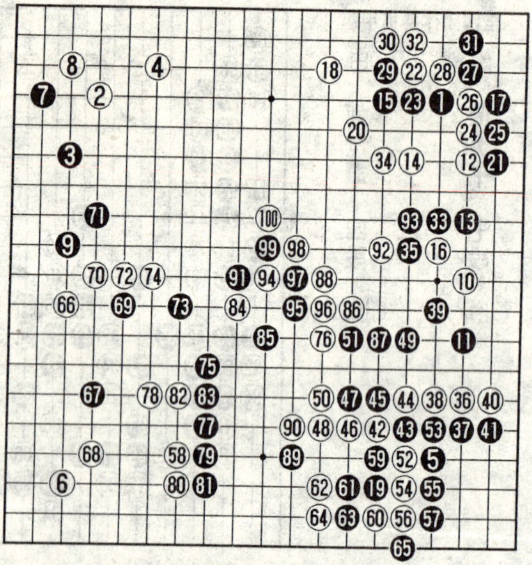

第2谱　101—247

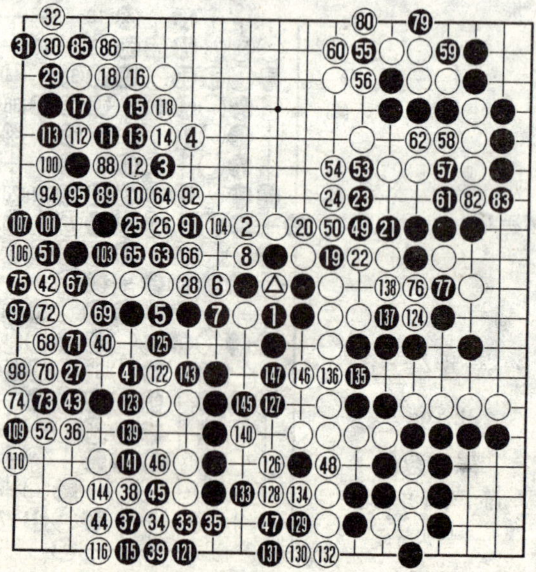

❾＝△

⑺⑻⑻⑼⑼⑽⑽⑾⑾（78 84 90 96 102 108 114）

⑿⓪＝㉞（120＝34）

81 87 93 99 105 111 117（黑）

142＝45

119＝112

黑出 $2\frac{3}{4}$ 子

共247手

黑中盘胜

1997年4月21日

于四川新都

全国团体赛男甲组

黑	白
梁伟棠	陈临新
八段	九段
（广东）	（浙江）

第1谱 1—100

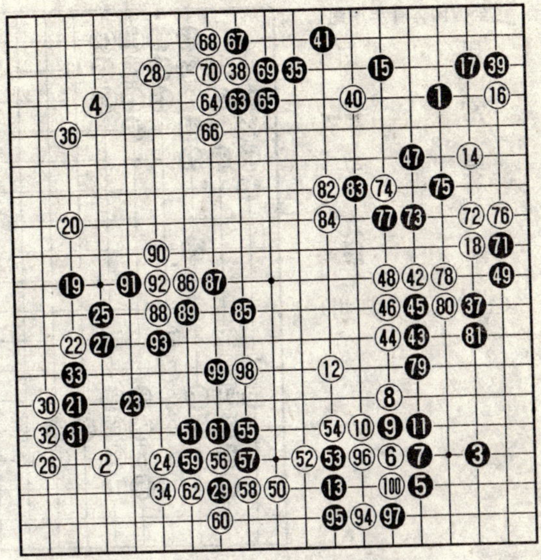

第2谱 101—241

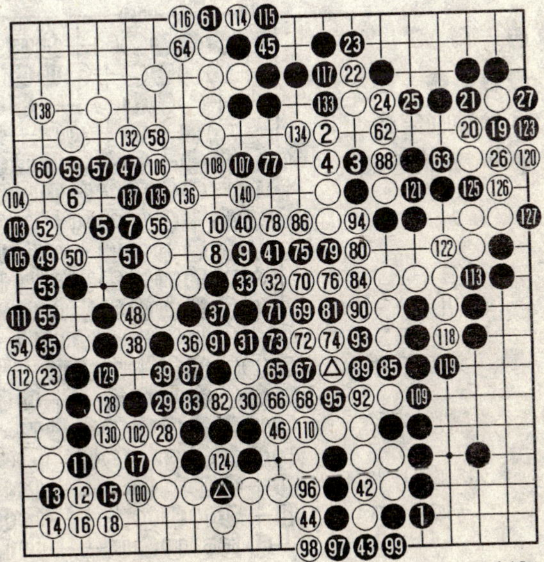

101＝△　131＝▲

139＝124　141＝114

黑出2$\frac{3}{4}$子

共241手

白胜$\frac{1}{4}$子

1997年4月22日

于四川新都

全国团体赛男甲组

黑	白
常昊	郑弘
八段	九段
（上二）	（四川）

第1谱　1—100

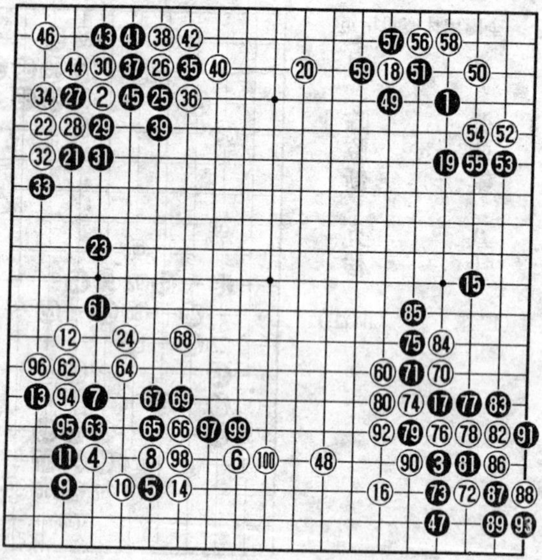

第2谱　101—279

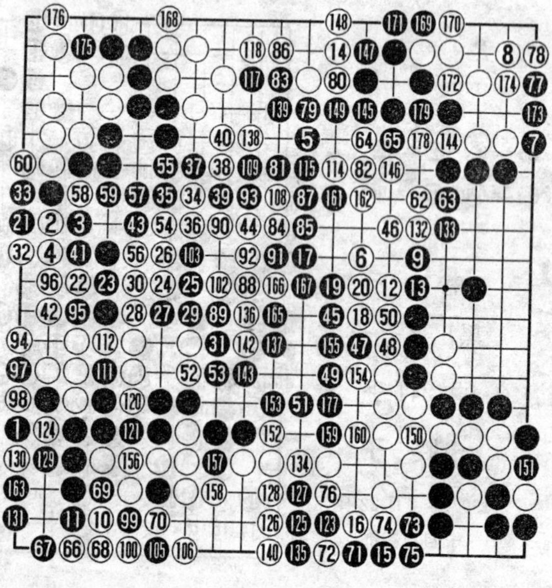

61 = 58

101 107 113 119 = 97

104 110 116 122 = 98

141 = 72　164 = 1

黑出 $2\frac{3}{4}$ 子

共 279 手

黑胜 $\frac{3}{4}$ 子

1997 年 4 月 22 日

于四川新都

全国团体赛男甲组

黑	白
宋雪林	俞斌
八段	九段
（四川）	（浙江）

第1谱　1—100

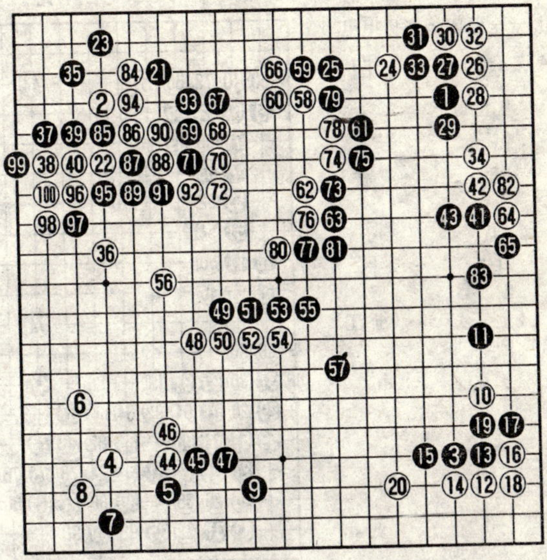

第2谱　101—205

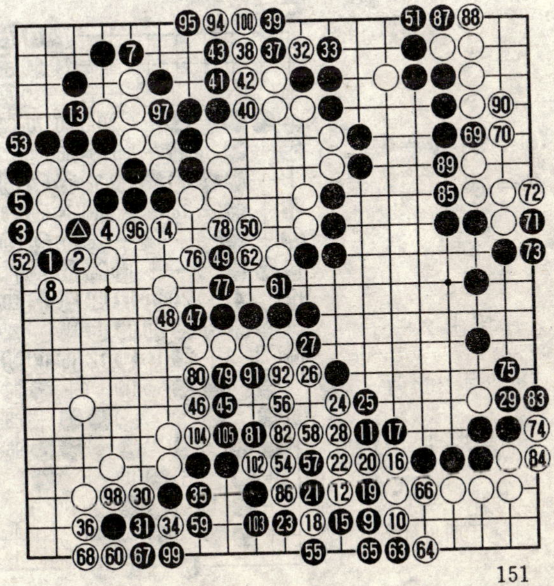

⑥＝△　93＝⑱

101＝32

黑出 $2\frac{3}{4}$ 子

共 205 手

白胜 $\frac{1}{4}$ 子

1997 年 4 月 22 日

于四川新都

全国团体赛男甲组

黑	白
常昊	俞斌
八段	九段
（上二）	（浙江）

第1谱　1—100

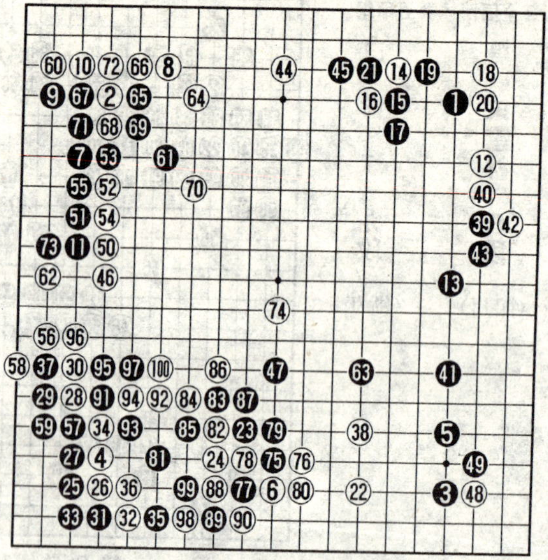

第2谱　101—264

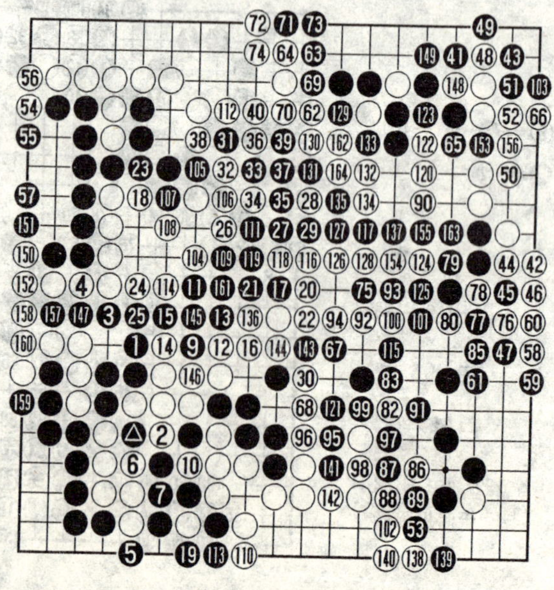

⑧＝△　❽❶＝㊺

⑧④＝⑦⑧

黑出 $2\frac{3}{4}$ 子

共 264 手

黑胜 $1\frac{3}{4}$ 子

1997 年 4 月 26 日

于四川新都

第1谱　1—100

全国团体赛男甲组

黑	白
张文东	常昊
九段	八段
（北京）	（上二）

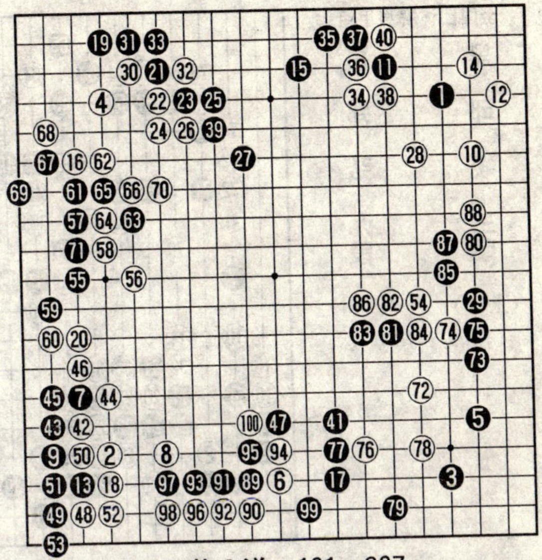

第2谱　101—207

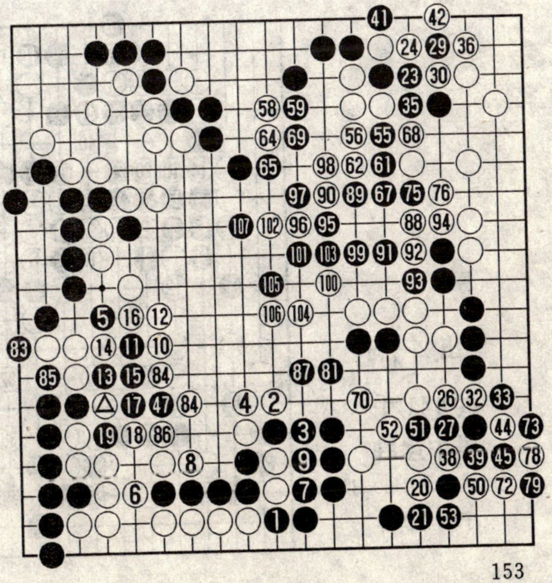

㉒㉘㉞㊵㊻㊹㊿㊱㊶ ⑥⑥⑦④⑧⓪＝△

❷❺❸❶❸❼❹❸❹❾❺❼❻❸❼❶

❼❼⑧②＝❶❾

黑出2 $\frac{3}{4}$ 子

共207手

黑中盘胜

1997年4月28日

于四川新都

全国团体赛男甲组

黑	白
邱峻	郑弘
三段	九段
（上二）	（四川）

第1谱　1—100

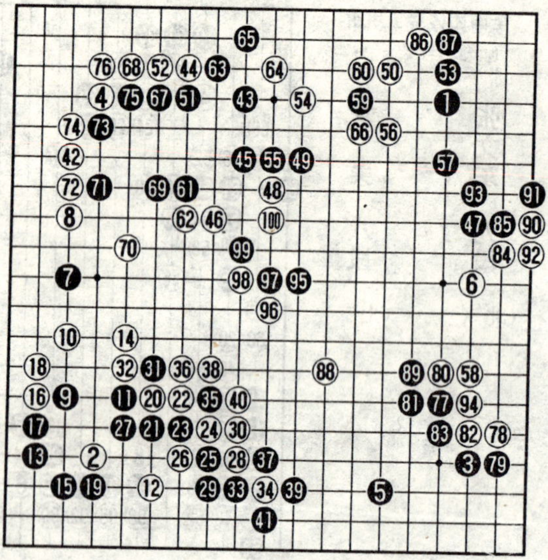

第2谱　101—141

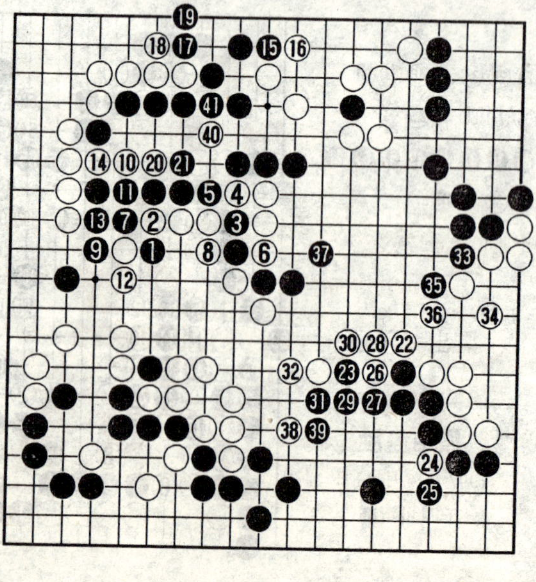

黑出 $2\frac{3}{4}$ 子

共 141 手

黑中盘胜

1997 年 4 月 30 日

于四川新都

全国团体赛男甲组

黑 丁伟 五段（云南）

白 张文东 九段（北京）

第1谱 1—100

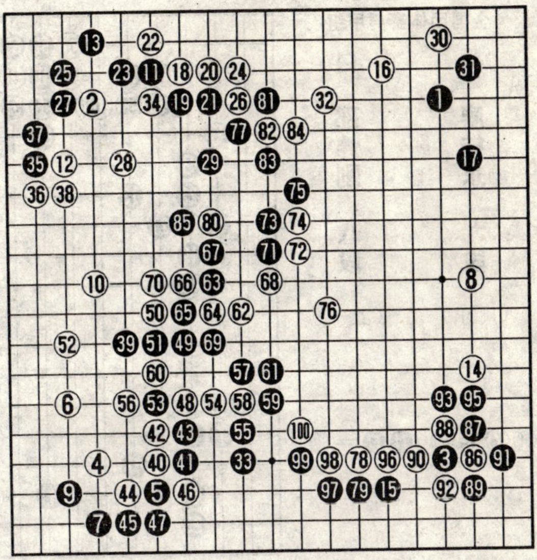

94＝86

第2谱 101—256

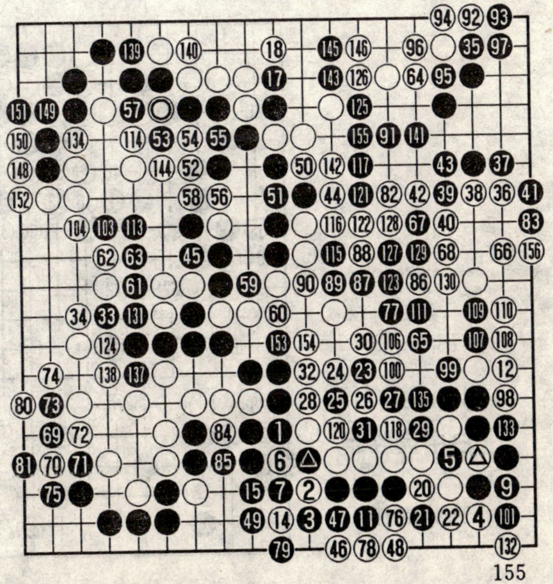

8 16＝△ 10＝▲

13 19＝5

102 112 136＝26

105 119＝23 147＝◎

黑出 $2\frac{3}{4}$ 子

共256手

白中盘胜

1997年5月1日

于四川新都

全国团体赛男甲组

黑 廖桂永 九段 （广东）

白 邵炜刚 八段 （上一）

第1谱 1—100

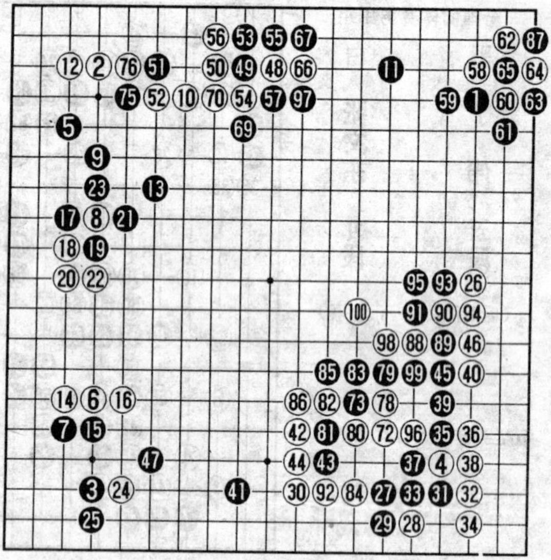

⑹⑻⑺⑷＝⑹⑽ ❼❶❼❼＝❻❺

第2谱 101—172

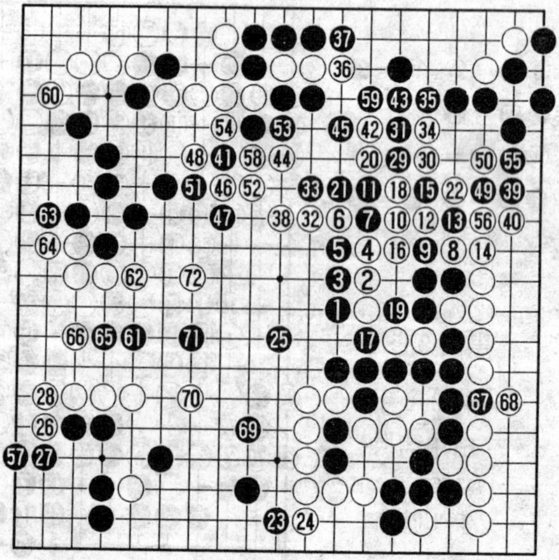

黑出 $2\frac{3}{4}$ 子

共172手

白中盘胜

1997年5月1日

于四川新都

全国团体赛男甲组

黑	白
郑	俞
弘	斌
九段	九段
（四川）	（浙江）

❻❼＝㊹

第1谱　1—100

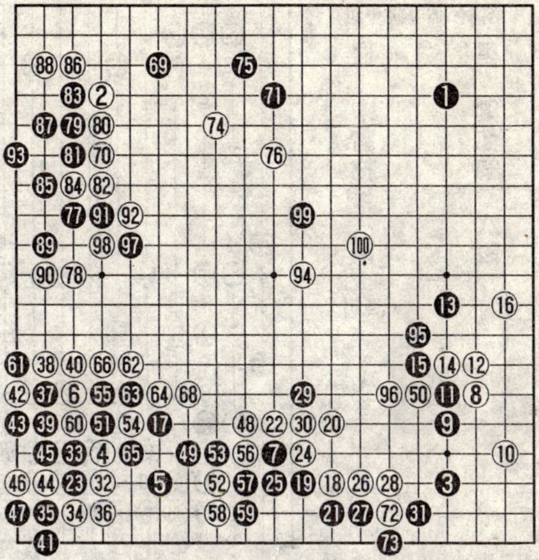

第2谱　101—138

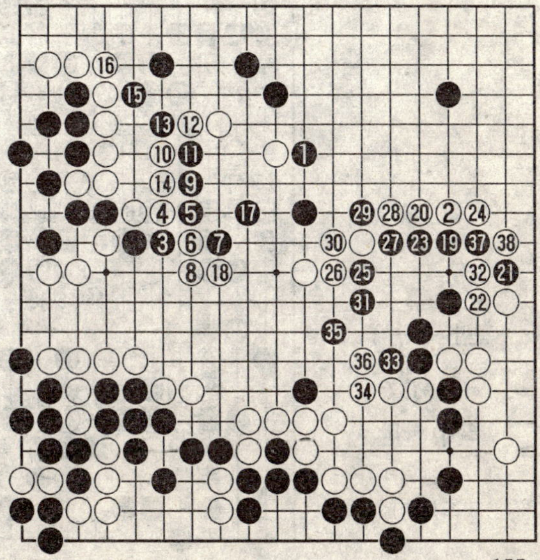

黑出 2 $\frac{3}{4}$子

共 138 手

白中盘胜

1997 年 5 月 1 日

于四川新都

全国团体赛男甲组

黑 梁伟棠 八段 （广东）

白 宋雪林 八段 （四川）

第1谱 1—100

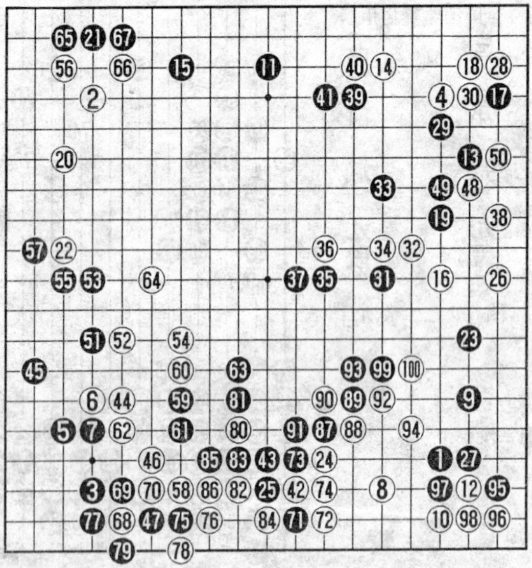

第2谱 101—201

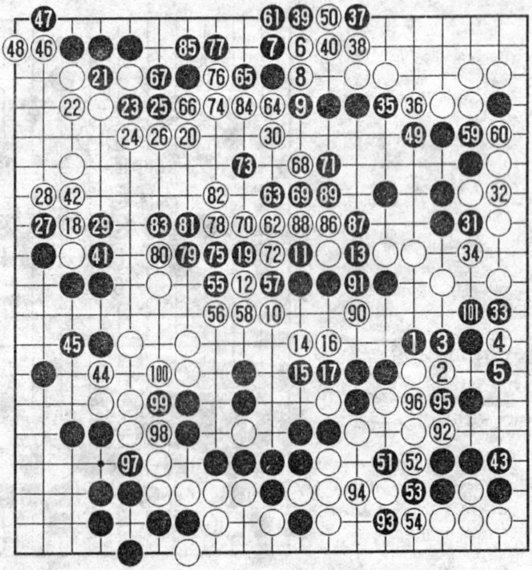

黑出 $2\frac{3}{4}$ 子

共201手

黑中盘胜

1997年5月1日

于四川新都

第1谱 1—100

全国团体赛男乙组

黑 刘菁 七段（重庆）

白 周鹤洋 七段（火车头）

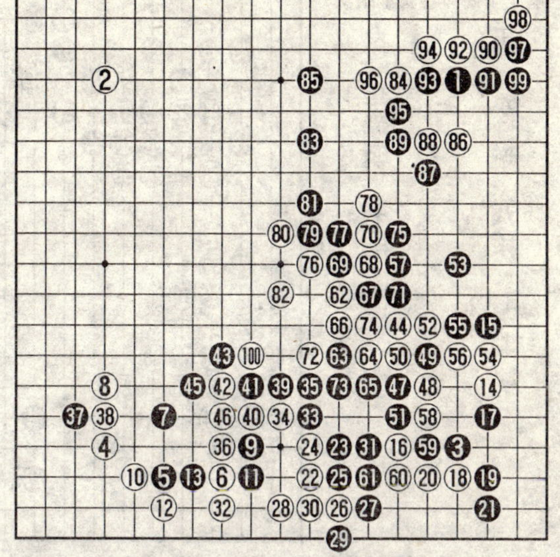

第2谱 101—248

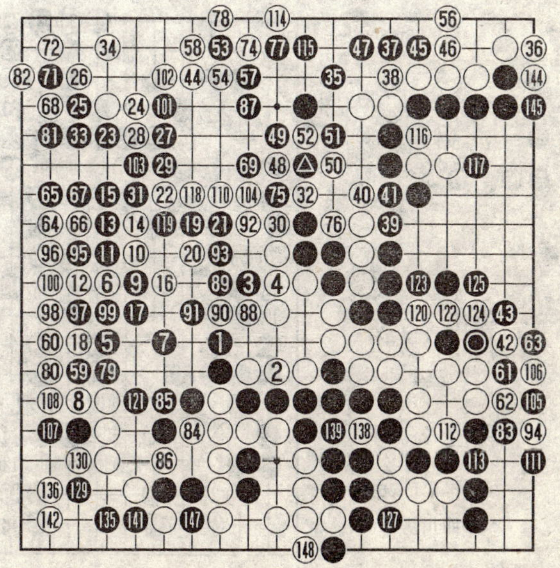

55 73 131 137 143 = △

70 128 134 140 146 = 52

109 = 105　126 = 48

132 = 42　133 = ◎

黑出 2 $\frac{3}{4}$ 子

共 248 手

白中盘胜

1997 年 4 月 30 日

于四川新都

全国团体赛女子组

黑 张璇 八段 （湖北）

白 华学明 七段 （北京）

第1谱 1—100

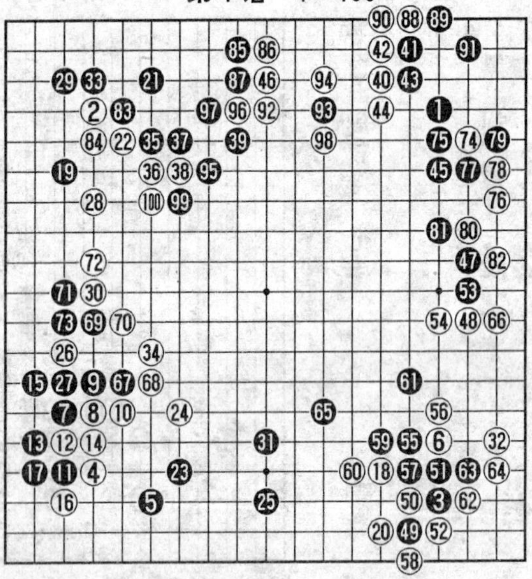

第2谱 101—214

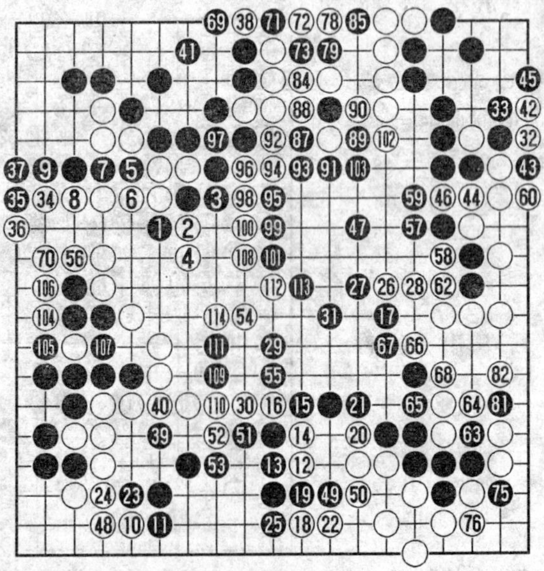

61＝32　74 80＝38

77 83＝71　86＝72

黑出 $2\frac{3}{4}$ 子

共 214 手

黑胜 $6\frac{3}{4}$ 子

1997 年 4 月 26 日

于四川新都

全国团体赛女子组

黑	白
张璇	丰云
八段	九段
（湖北）	（河南）

第1谱　1—100

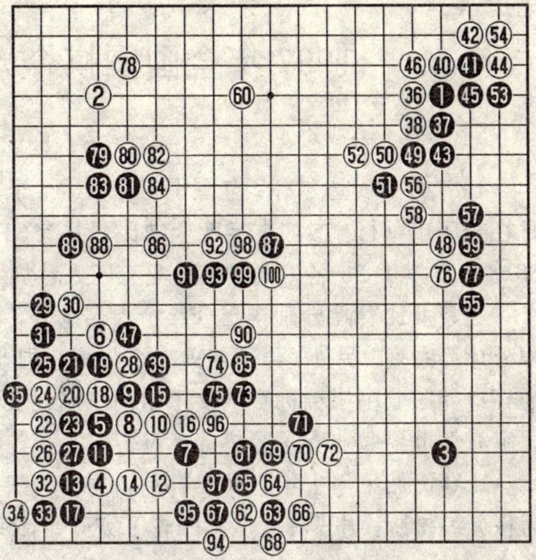

第2谱　101—161

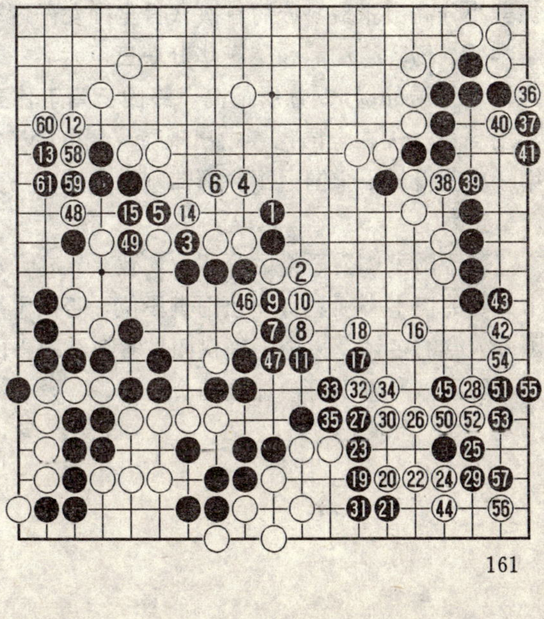

黑出 2 $\frac{3}{4}$ 子

共 161 手

黑中盘胜

1997 年 4 月 30 日

于四川新都

1997 年全国围棋个人赛

1997 年“安达尔杯”全国围棋个人赛，于 9 月 29 日至 10 月 12 日在安庆市举行。参加本年度全国比赛共有 31 个单位报名，男棋手 68 名、女棋手 28 名。九段棋手只有四人参加了比赛。

男、女比赛除分别排出今年个人名次外，所有成绩进入个人等积分计算系列。另外，男子组前二名代表我国参加明年第 11 届富士通杯世界职业围棋锦标赛，女子组前三名代表我国参加本年度第四届宝海杯世界职业女子围棋锦标赛。

比赛仍然采用去年个人赛赛制，男子为积分编排淘汰制，女子为积分编排制。男子淘汰从第四轮下完开始，每轮最多淘汰六人，男子赛 11 轮，女子赛 9 轮。

比赛结果：女子组北京徐莹三段和湖北张璇八段同积 16 分，因徐莹小分高出张璇 6 分而首次获得全国女子冠军，张璇获得第二名。华学明、杨晖、沈静和黎春华分获三至六名。男子组：上海邵炜刚八段尽管局分以 20 分居最高，终因云南丁伟五段小分高出邵炜刚 30 分，第一次在全国比赛中出现冠军局分少于第二名的现象。丁伟第一次获得男子全国冠军。邵炜刚、董彦、王磊、罗洗河和常昊分获二至六名。

由于国家体委严格区分职业和业余比赛，规程规定，参加全国个人赛的棋手必须具有职业围棋段位，否则不准参加比赛。参加全国个人赛的名额，由全国围棋团体赛各队获得的成绩而决定，不参加全国团体赛也不得参加全国个人赛。

全国个人赛

黑 白

曹大元 周鹤洋

九段 七段

62＝51

第1谱 1—100

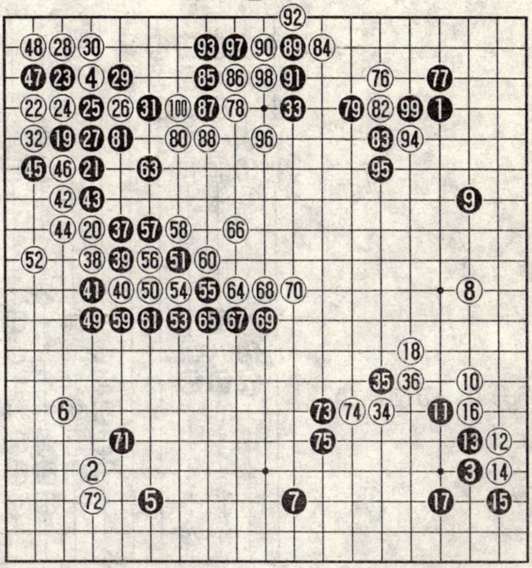

第2谱 101—214

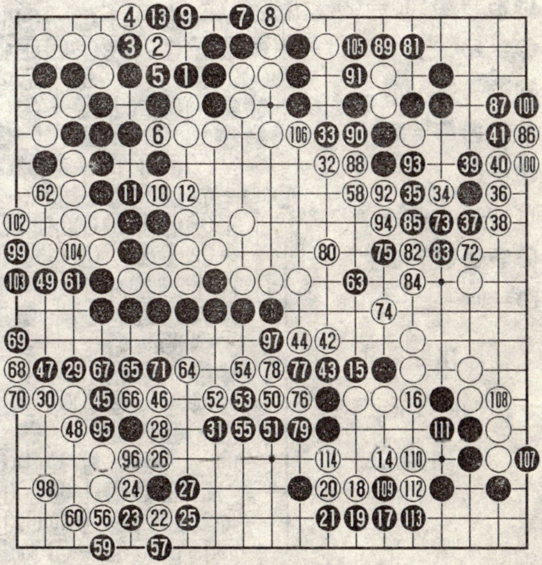

黑出2$\frac{3}{4}$子

共214手

白中盘胜

1997年9月29日

于安庆

全国个人赛

黑	白
常昊	郑弘
八段	九段

第1谱 1—100

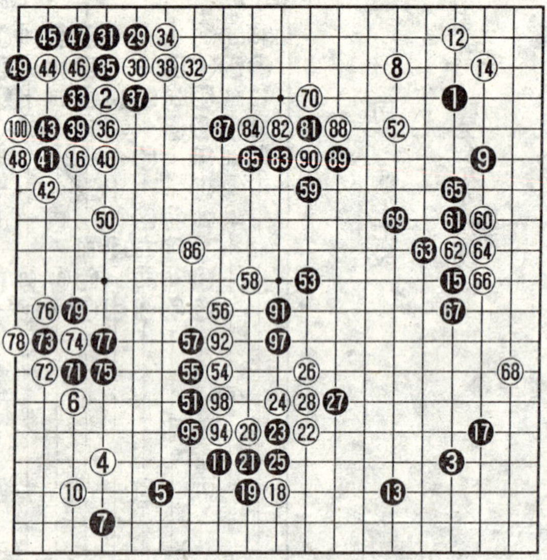

80＝73　93 99＝81

96＝90

第2谱 101—289

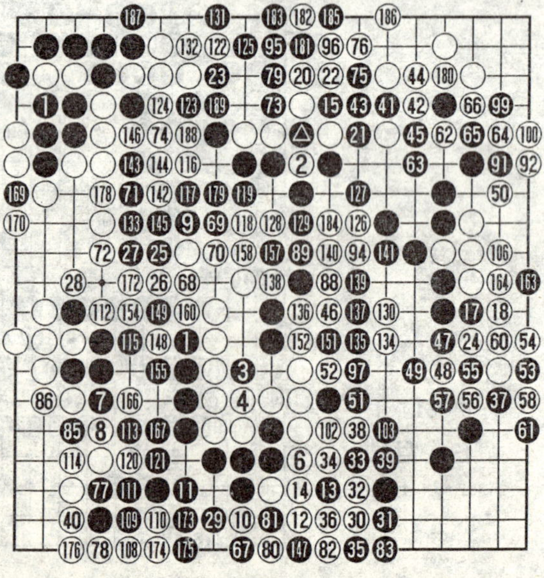

5 19＝△　16＝2

59＝55

84 90 98 104＝10

87 93 101 107＝81

105＝53

150 156 162 168 177＝80

153 159 165 171＝147

161＝148

黑出 $2\frac{3}{4}$ 子

共 289 手

黑中盘胜

1997 年 9 月 29 日

于安庆

全国个人赛

黑	白
杨士海	周鹤洋
八段	七段

第1谱 1—100

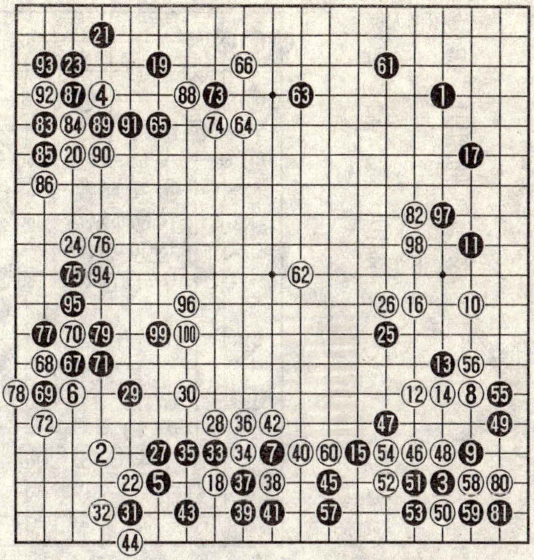

第2谱 101—184

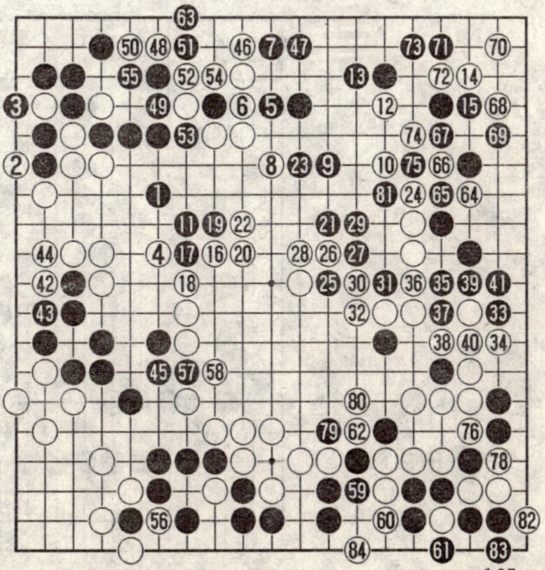

77＝66

黑出 $2\frac{3}{4}$ 子

共184手

白中盘胜

1997年9月30日

于安庆

全国个人赛

黑 白

王冠军 邱峻

八段 三段

第1谱 1—100

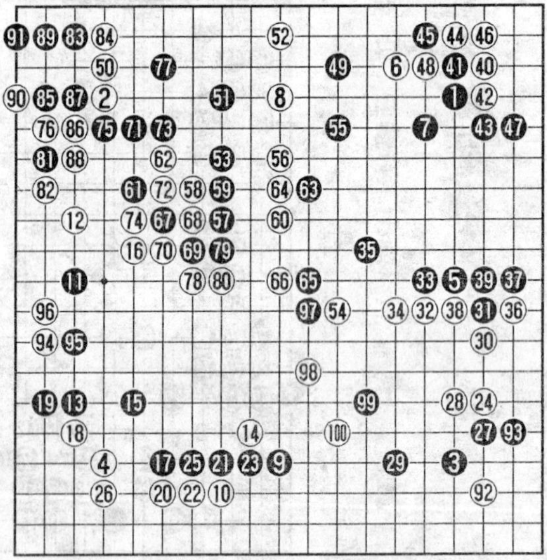

第2谱 101—135

⑱㉔＝⑫ ㉑㉖＝⑮

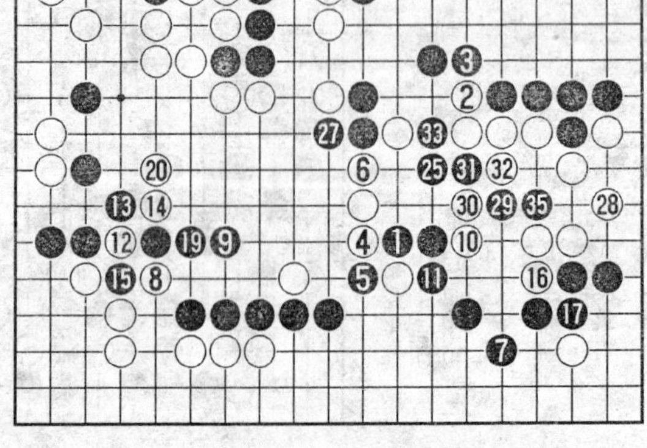

黑出 $2\frac{3}{4}$ 子

共 135 手

黑中盘胜

1997 年 10 月 1 日

于安庆

全国个人赛

黑	白
刘菁	常昊
七段	八段

第1谱 1—100

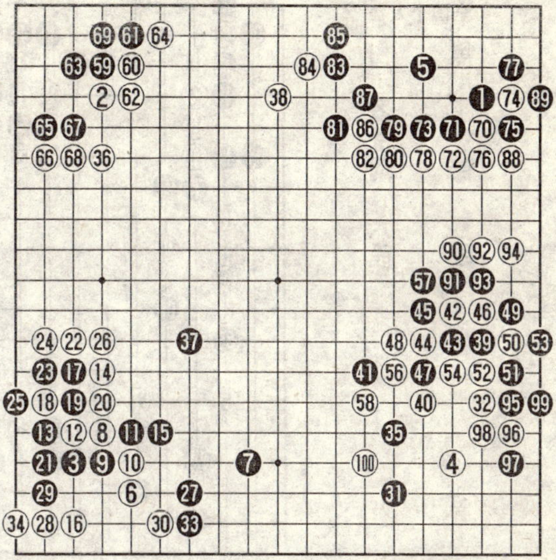

55＝50

第2谱 101—141

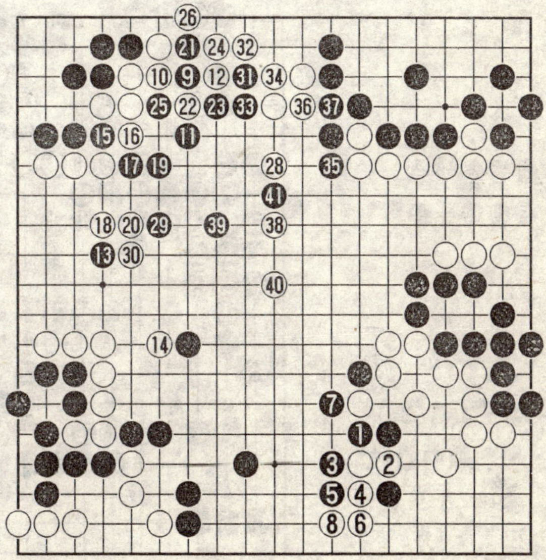

27＝22

黑出 2 $\frac{3}{4}$ 子

共 141 手

黑中盘胜

1997 年 10 月 1 日

于安庆

全国个人赛

黑	白
丁伟	罗洗河
五段	六段

第1谱 1—100

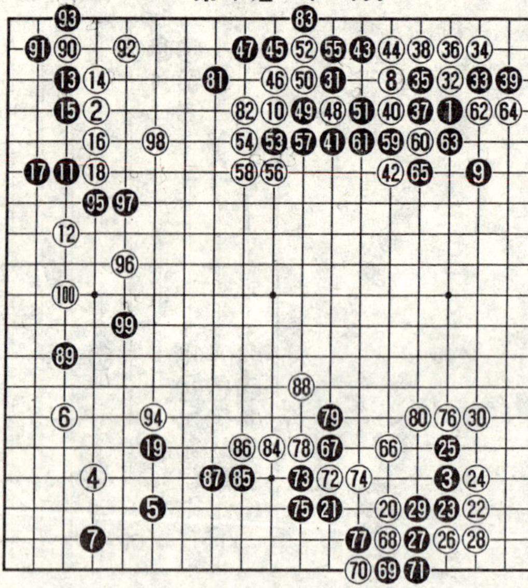

第2谱 101—183

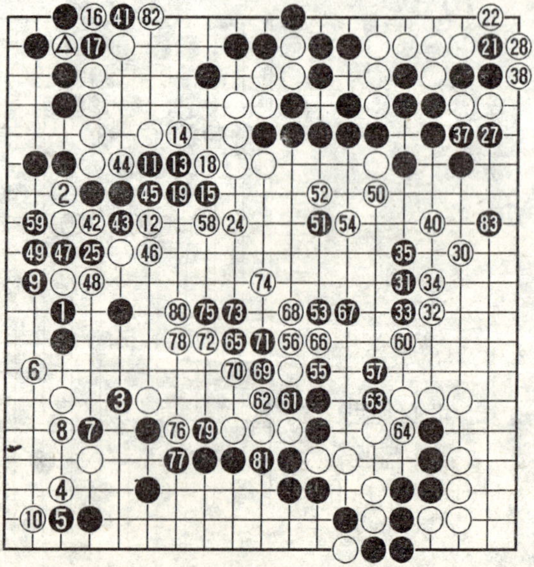

⑳㉖㊱＝△

㉓㉙㊴＝⑰

黑出 $2\frac{3}{4}$ 子

共183手

黑中盘胜

1997年10月4日

于安庆

全国个人赛

黑	白
邱峻	罗洗河
三段	六段

第1谱 1—100

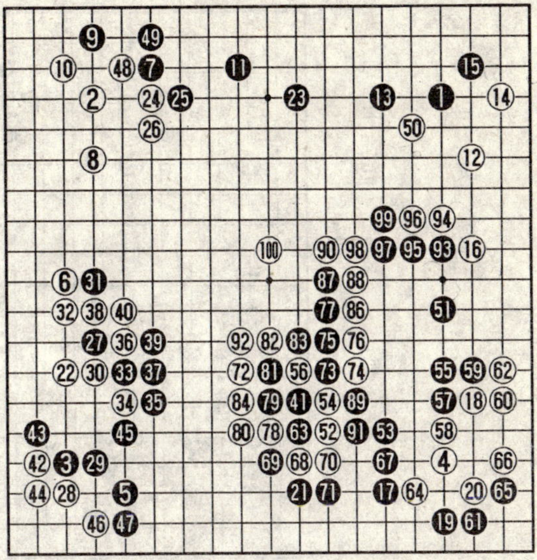

❽❺＝㊿⑥

第2谱 101—177

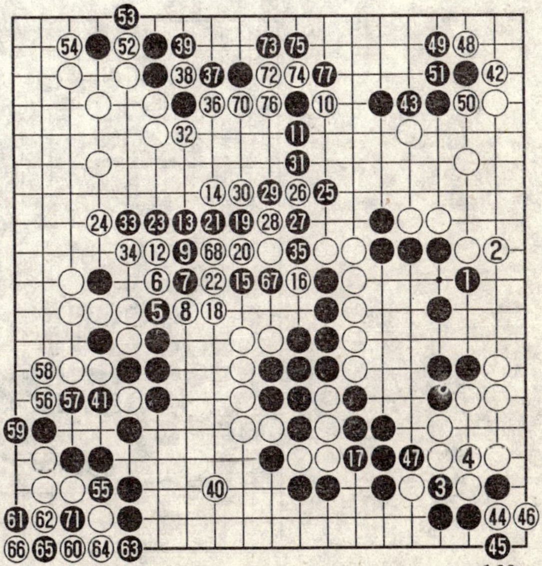

⑥⑨＝⑥⑤

黑出 2 $\frac{3}{4}$ 子

共 177 手

黑中盘胜

1997 年 10 月 4 日

于安庆

全国个人赛

黑 郑弘 九段

白 王冠军 八段

第1谱 1—100

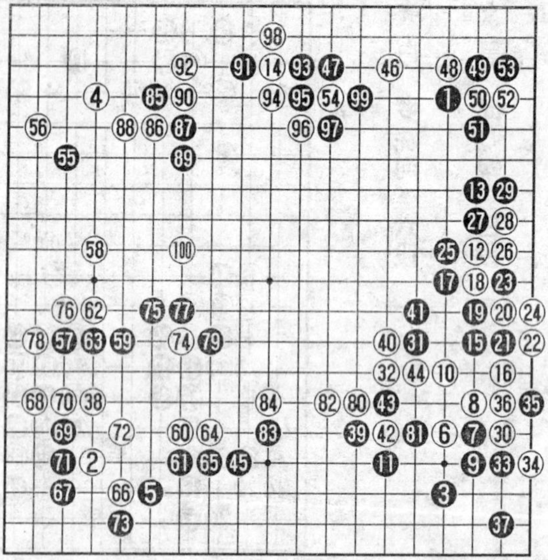

第2谱 101—197

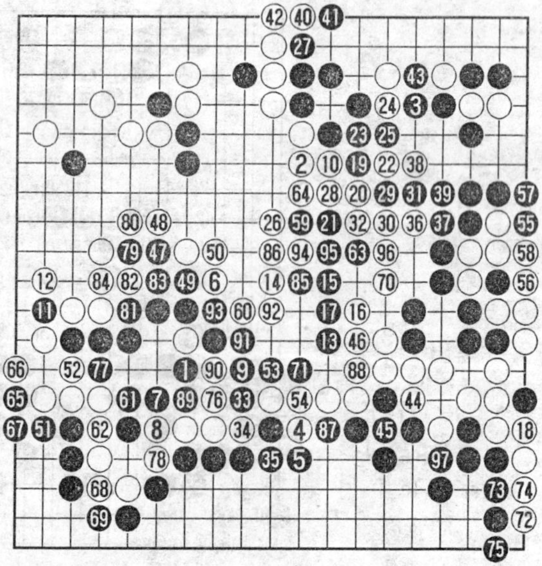

黑出 $2\frac{3}{4}$ 子

共 197 手

黑胜 $\frac{3}{4}$ 子

1997 年 10 月 7 日

于安庆

全国个人赛

黑	白
孔杰	常昊
四段	八段

第1谱　1—100

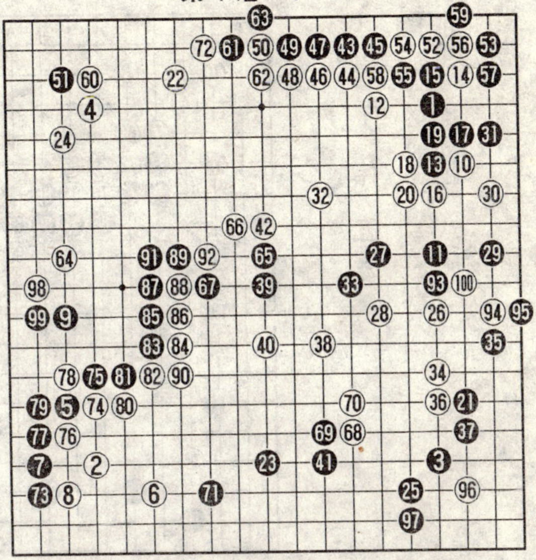

第2谱　101—283

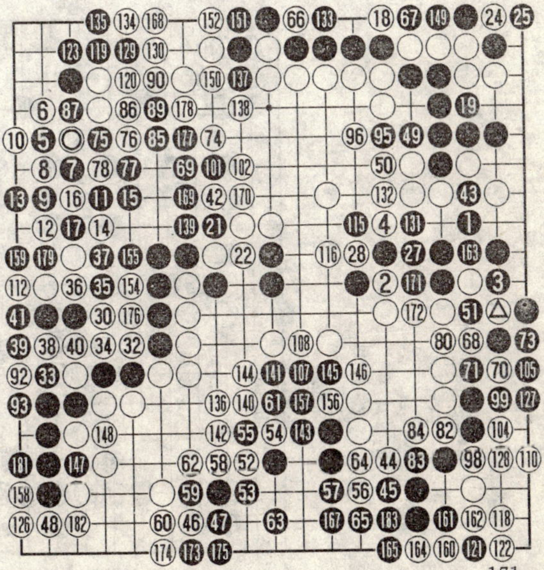

20 26 31＝16

23 29＝17　72＝△

79＝51

81 91 97 103 109＝75

88 94 100 106 125＝78

111 117＝5　113＝92

114 124＝◎　153＝66

166＝121　180＝55

黑出 $2\frac{3}{4}$ 子

共283手

黑胜 $\frac{3}{4}$ 子

1997年10月7日

于安庆

全国个人赛

黑 邵炜刚 八段

白 丁伟 五段

第 1 谱 1—100

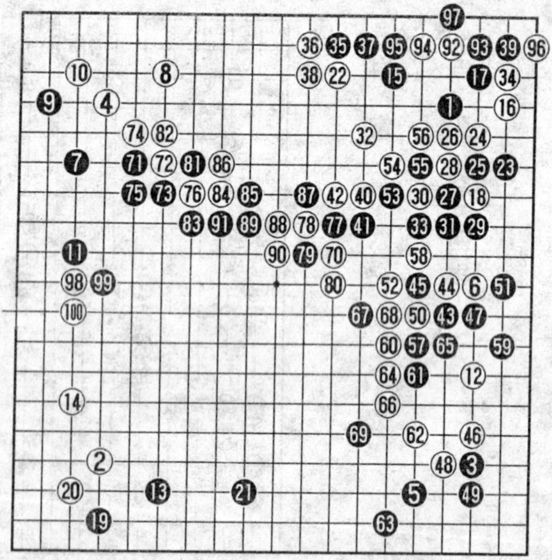

第 2 谱 101—157

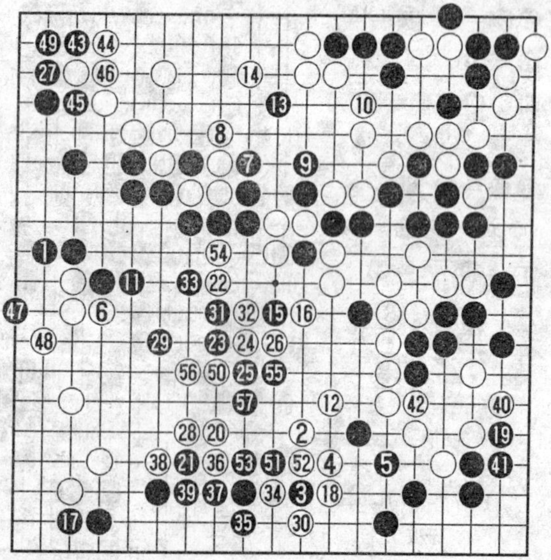

黑出 2 $\frac{3}{4}$ 子

共 157 手

黑中盘胜

1997 年 10 月 8 日

于安庆

全国个人赛

黑	白
丁	郑
伟	弘
五段	九段

第1谱 1—100

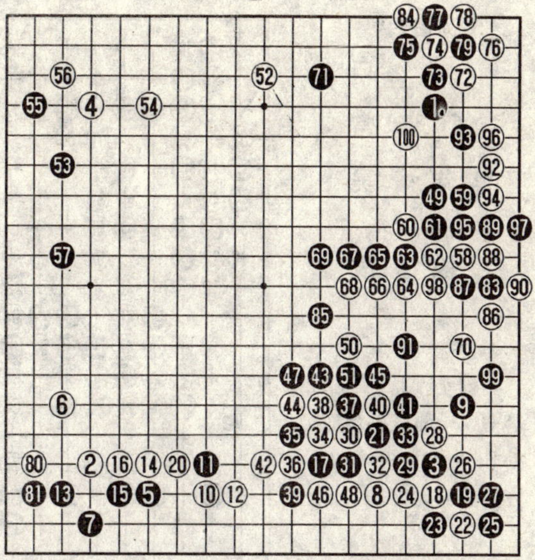

⑧②＝⑦④

第2谱 101—211

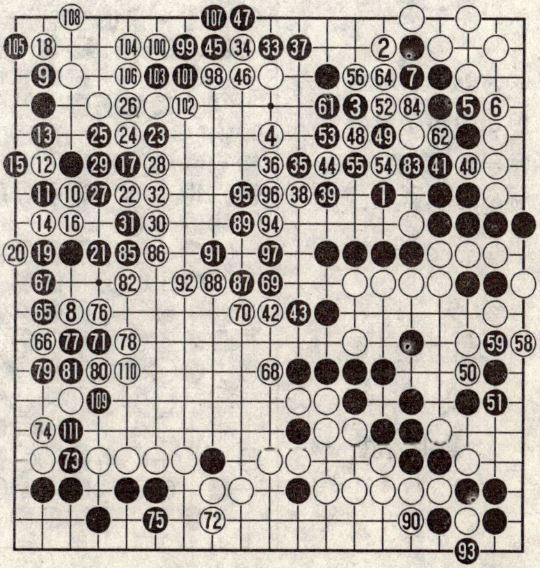

❺❼❻❸＝❹❾ ⑥⓪＝④⑧

黑出 2 $\frac{3}{4}$ 子

共 211 手

黑中盘胜

1997 年 10 月 9 日

于安庆

全国个人赛

黑	白
丁伟五段	常昊八段

第1谱 1—100

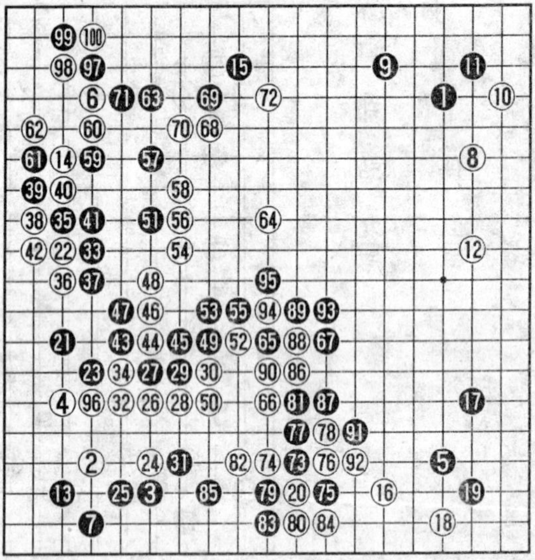

白74问题手，经黑75断，局部白棋难应，此处作战黑大获成功，黑方形势开始好转。

第2谱 101—223

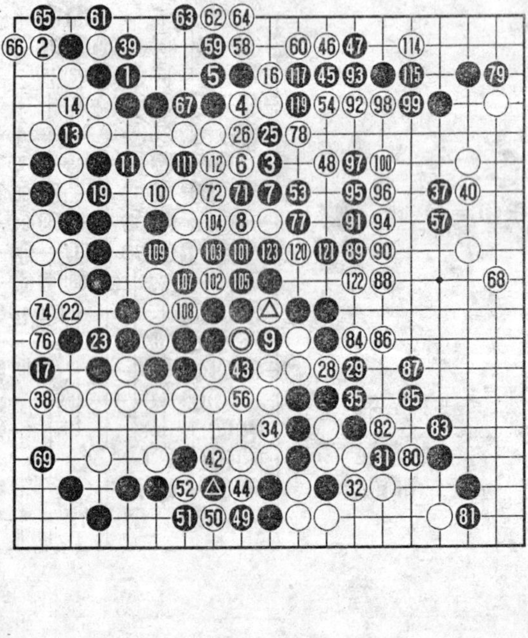

第2谱 白52败着。

⑫⑱㉔㉚㊱＝△

⓯㉑㉗㉝㊶＝❾

⑳＝⓭ ㊺㊸＝▲

⑺⓵＝㊷ ⑯＝◎

⑩⑯＝⑫ ⓭⑱＝⑦

黑出$2\frac{3}{4}$子

共223手

黑中盘胜

1997年10月11日

于安庆

全国个人赛

黑	白
郑弘九段	董彦五段

第1谱 1—100

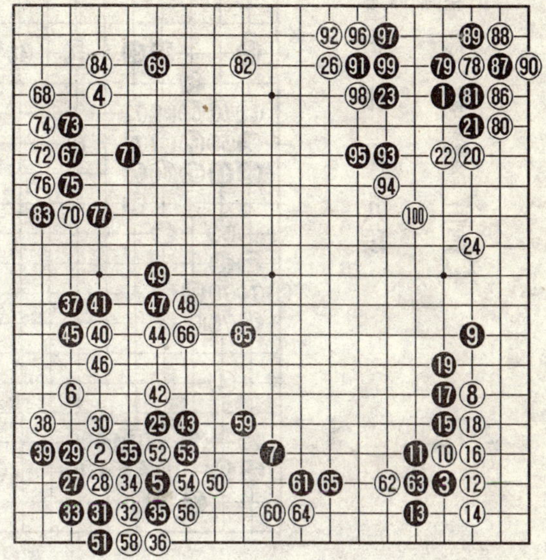

57＝52

第2谱 101—252

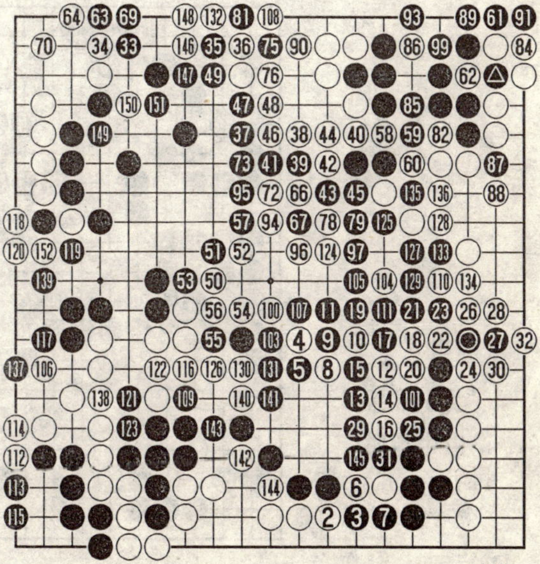

65 71 77 83 98＝△

68 74 80 92＝62

102＝◎

黑出 $2\frac{3}{4}$ 子

共 252 手

白中盘胜

1997 年 10 月 12 日

于安庆

全国个人赛

黑	白
徐莹	张璇
三段	八段

第1谱 1—100

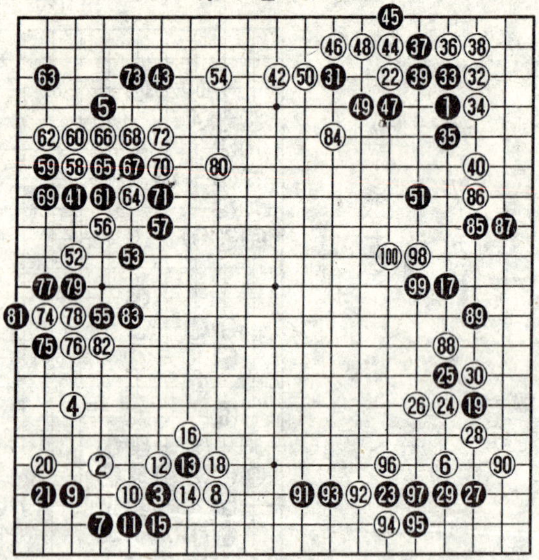

第2谱 101—178

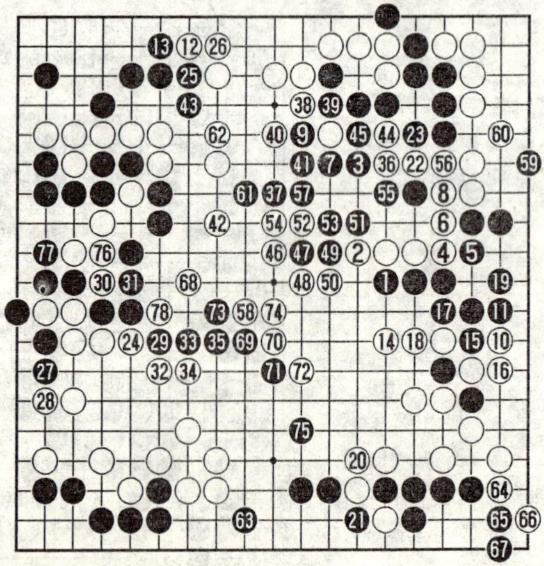

黑出 $2\frac{3}{4}$ 子

共178手

白中盘胜

1997年10月3日

于安庆

全国个人赛

黑	白
张	杨
璇	晖
八段	八段

第1谱 1—100

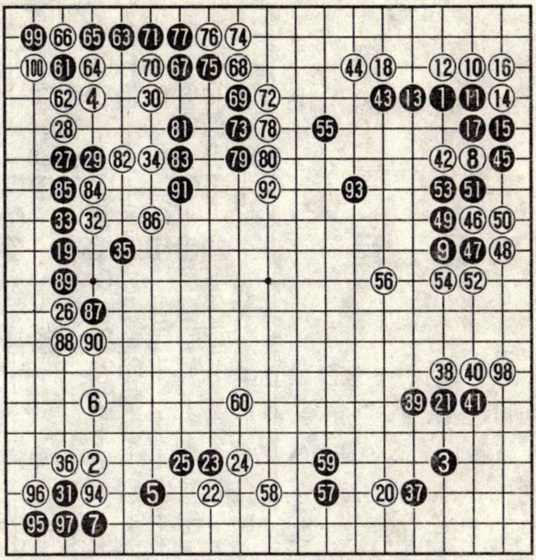

第2谱 101—253

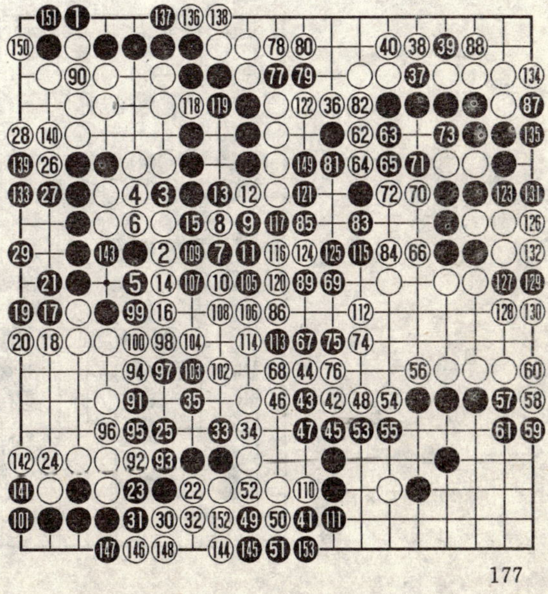

黑出 2 $\frac{3}{4}$ 子

共 253 手

白胜 2 $\frac{1}{4}$ 子

1997 年 10 月 5 日

于安庆

全国个人赛

黑 白

黎春华 徐莹

三段 三段

第1谱 1—100

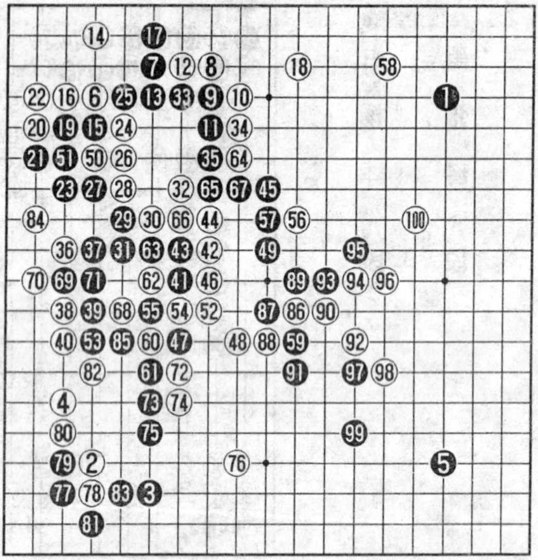

黑 23 失着。被白 24 扳出，黑棋陷入了困境。

黑 53 可以说是本局的败着。由于上面黑存有 64 位冲断的弱点，实战被白 60 位断后，局部溃败就无法收拾了。

第2谱 101—152

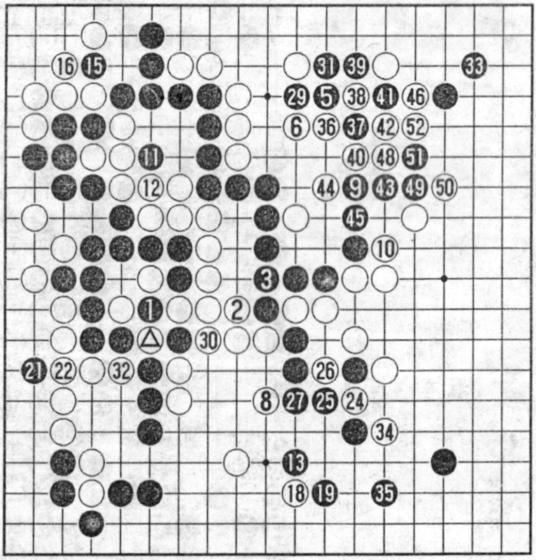

④⑭⑳㉘＝△

❼⓱㉓＝❶

㊼＝㊳

黑出 2 $\frac{3}{4}$ 子

共 152 手

白中盘胜

1997 年 10 月 8 日

于安庆

1997年全国围棋段位赛

1997“富春杯”全国围棋段位赛，于3月22日至4月5日在杭州市五云山疗养院举行。这次比赛由杭州棋院和富阳镇人民政府共同承办。参加今年比赛的共有31个单位报名，男女棋手共262人，其中有段位棋手120人，定段棋手142人，是规模空前的一次。

段位组的比赛沿用去年老办法。由于参赛的多为现役年青棋手，除对升段要求外，对个人等积分的增长欲望更为强烈。因此，整个比赛始终紧张激烈。在第11轮比赛中，丰云战胜杨士海晋升为九段，这是我国实行段位制以来产生的第二个也是世界上第二个女九段。本次比赛升段共有34人，他们是：邵炜刚、常昊、杨士海、张璇四人升为八段，周鹤洋升为七段，王煜辉升为六段，丁伟、张欣、林潮华、陈瑞四人升为五段，龚世运、韩晔、孔杰、施洲四人升为四段，邱峻、闽娜、周波、林锋、刘星、汪洋、杜宇峰、古力、周俊勋九人升为三段，刘熙、陈倩薇、牛雨田、杨一、李魁、李华嵩、王隽、郭北雅、彭荃、王昊等十人升为二段。

定段组由于参加比赛的人数多且又放宽了对年龄的限制，比赛由原来的积分编排11轮，增加至13轮。最后前12名被定为今年的入段棋手，他们分别是：陈佳、史锦帛（湖北）、尹廓（北京），王檄（煤炭）、郑岩（女中信）、李劼（四川）、王斌（山东）、孙远（浙江）、岳亮（山西）、刘禹欣（女上海）、张学斌（天津）、曹恒梃（上海）。

继去年全国段位赛中王磊保持不败外，今年丁伟也创下了全胜的纪录。

全国段位赛

黑	白
宋雪林	邵炜刚
八段	七段

第1谱 1—100

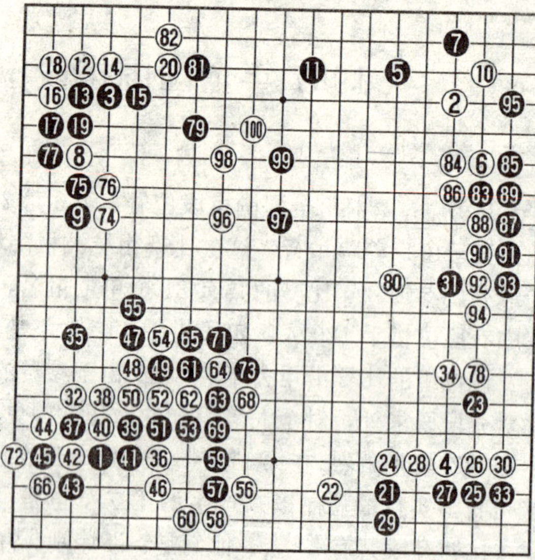

67＝37　76＝42

这是邵炜刚的升段谱。

黑 79 当于 80 位关出。白 80 机敏。

黑 97 以下进入中盘攻防战。

至本谱白 22 能平安活出，全局白有望局面。

第2谱 101—188

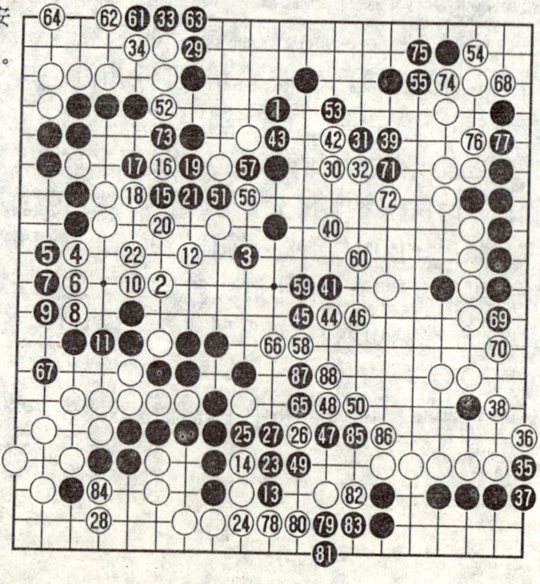

黑出 2 $\frac{3}{4}$ 子

共 188 手

白中盘胜

1997 年 3 月 22 日

于杭州

全国段位赛

黑	白
罗洗河	王磊
六段	六段

第1谱 1—100

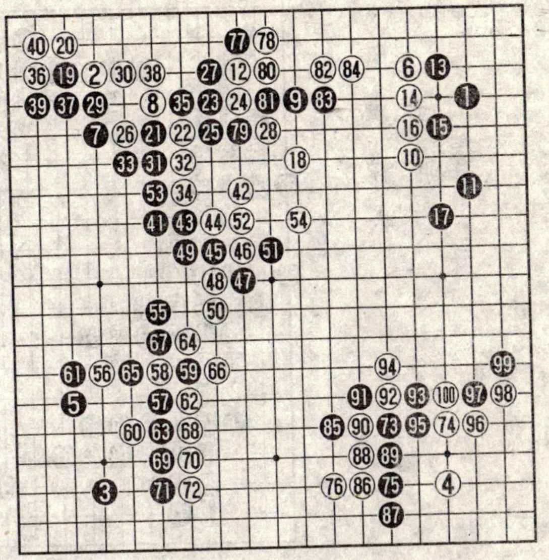

第2谱 101—198

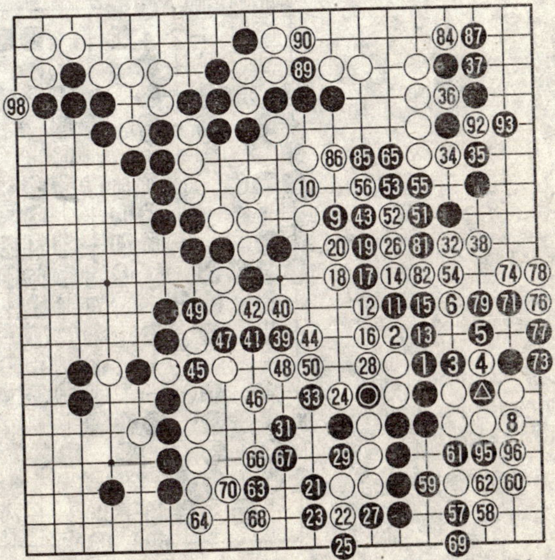

7 75 83 91 97＝△

30＝◉

72 80 88 94＝4

黑出 2 $\frac{3}{4}$ 子

共 198 手

白中盘胜

1997 年 3 月 22 日

于杭州

全国段位赛

黑 周鹤洋 六段

白 段嵘 六段

第1谱 1—100

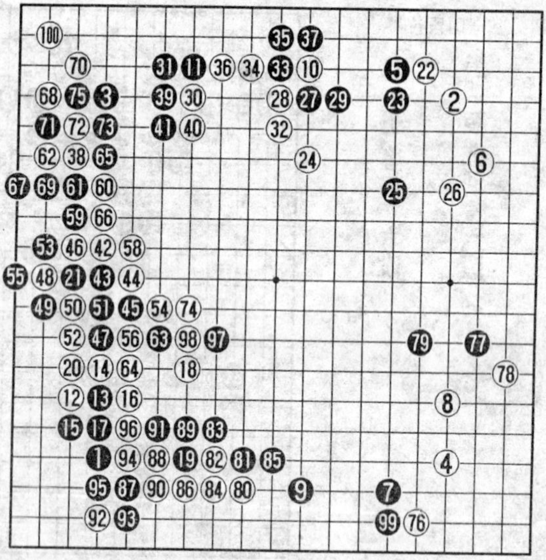

⑤⑦＝㊽

第2谱 101—256

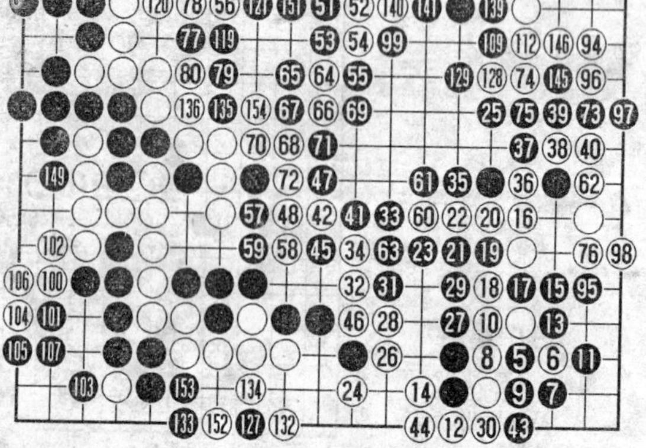

黑出 $2\frac{3}{4}$ 子

256 手下略

白胜 $\frac{1}{4}$ 子

1997 年 3 月 22 日

于杭州

全国段位赛

黑	白
刘菁	方捷
七段	七段

第1谱 1—100

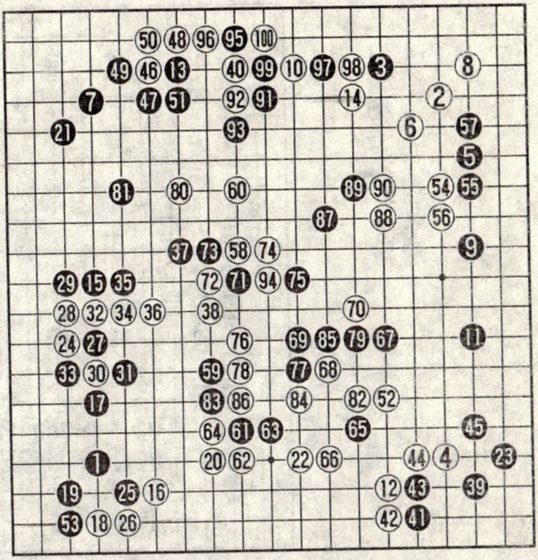

第2谱 101—224

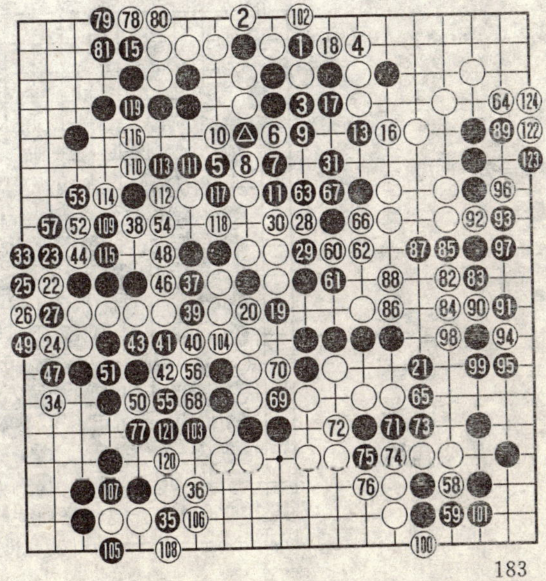

12＝6　14＝△

32＝22　45＝27

黑出 $2\frac{3}{4}$ 子

224 手下略

白胜 $\frac{1}{4}$ 子

1997年3月22日

于杭州

全国段位赛

黑 王磊 六段

白 杨士海 七段

第1谱 1—100

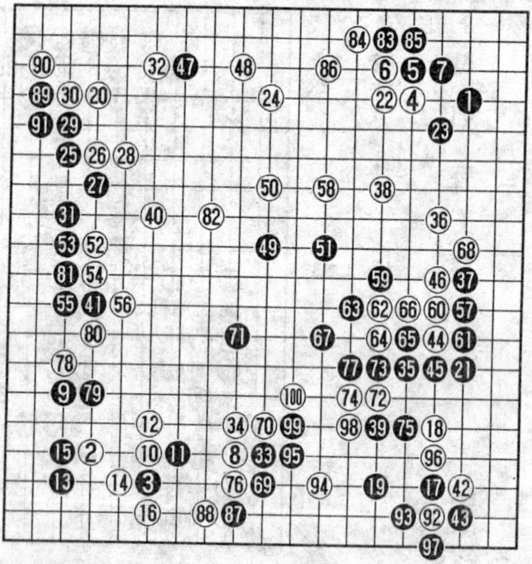

第2谱 101—219

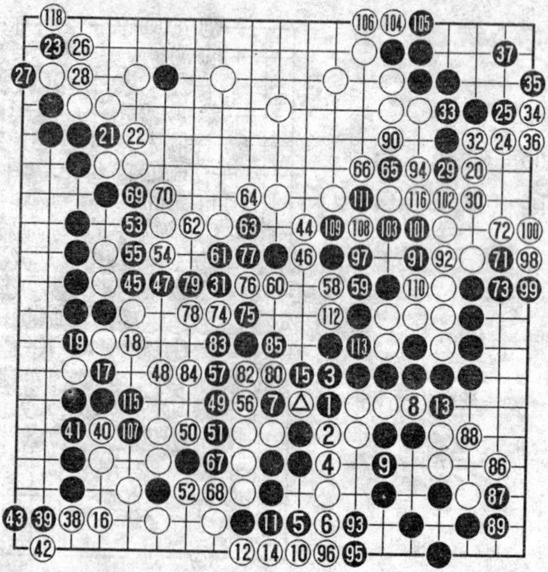

81＝△ 114 119＝108

117＝111

黑出 2 $\frac{3}{4}$ 子

共 219 手

黑中盘胜

1997 年 3 月 22 日

于杭州

第1谱　1—100

全国段位赛

黑	白
张欣	杭天鹏
四段	四段

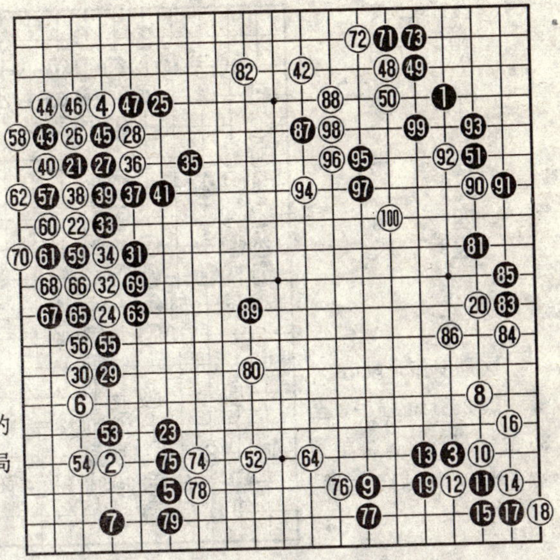

这是张欣升段谱。

黑 33 以下是厚实的下法，47 断吃二子全局厚。

第2谱　101—177

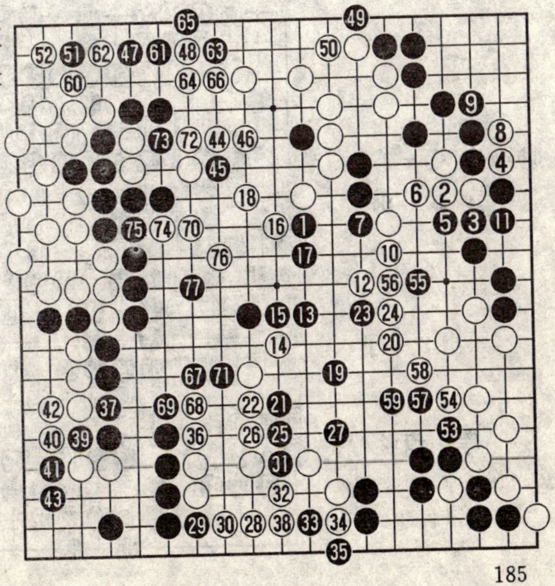

黑 21 借白棋之机至 43 吃住角上白两子，全局已明显优势。

黑出 $2\frac{3}{4}$子

共 177 手

黑中盘胜

1997 年 3 月 23 日

于杭州

全国段位赛

黑	白
丁伟	李亮
四段	四段

这是丁伟升段谱。

黑 23 上板强手，至 36 的结果黑优。黑争到 37 位打入，全局黑主动。

第 1 谱　1—100

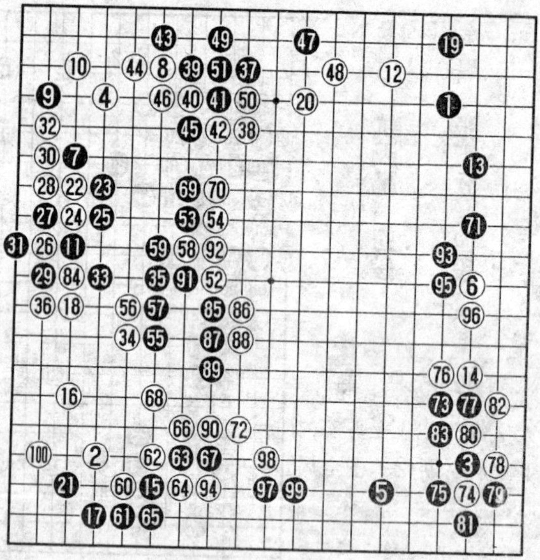

第 2 谱　101—262

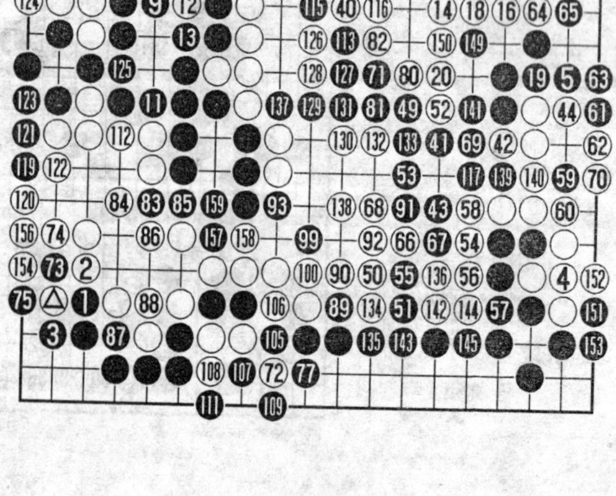

114＝7　155＝△

160＝34　162＝45

黑出 $2\frac{3}{4}$ 子

共 262 手

黑中盘胜

1997 年 3 月 23 日

于杭州

全国段位赛

黑 白

王煜辉 周鹤洋

五段 六段

第1谱 1—50

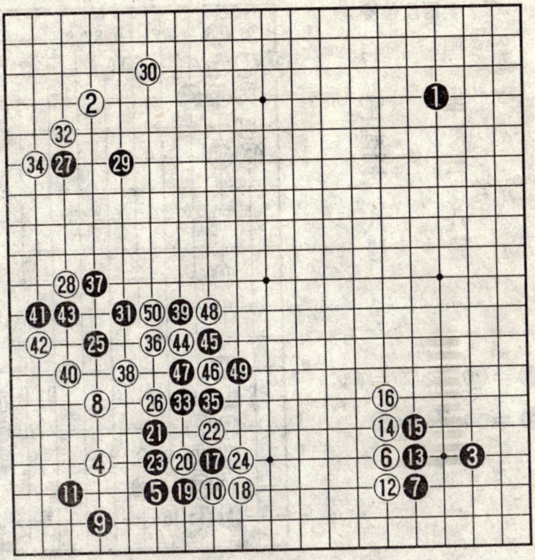

第2谱 51—95

⑱＝▲

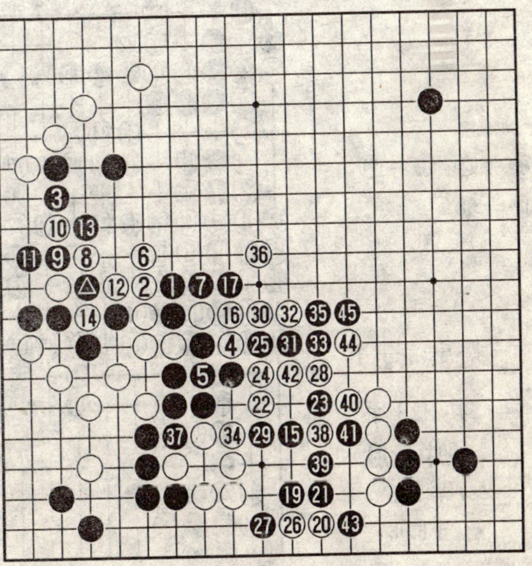

黑贴 $2\frac{3}{4}$ 子

共95手

黑中盘胜

1997年3月23日

于杭州

全国段位赛

黑	白
丰云	王冠军
八段	八段

第1谱 1—100

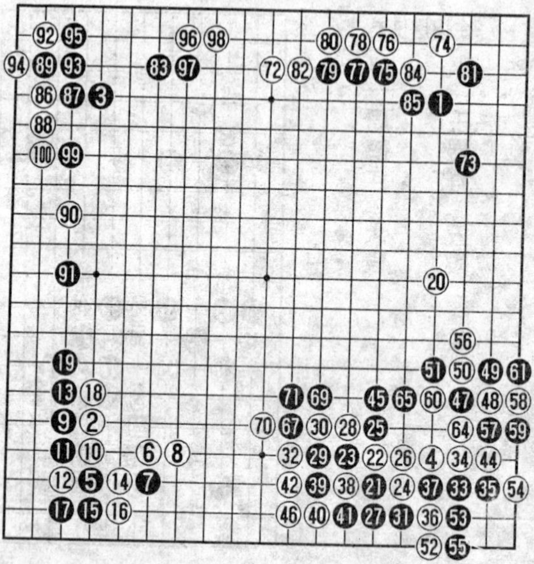

43＝38　62 66＝48

63＝58　68＝47

第2谱 101—223

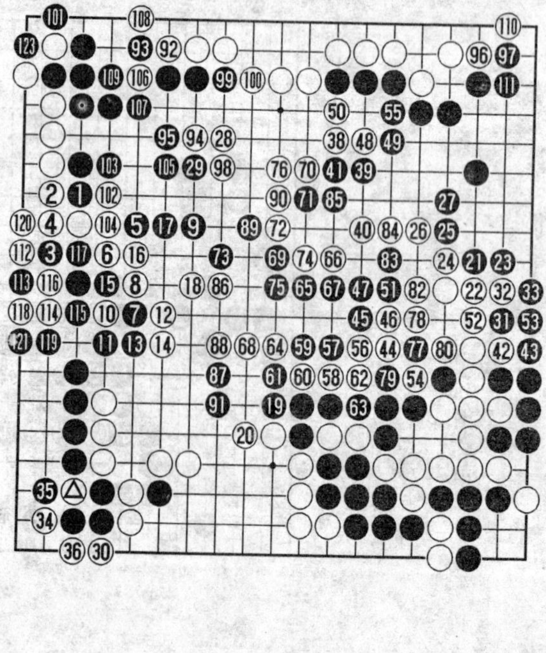

37＝△　81＝54

122＝113

黑出 $2\frac{3}{4}$ 子

共 223 手

黑中盘胜

1997 年 3 月 23 日

于杭州

全国段位赛

黑　　白

常　　张

昊　　璇

七　　八
段　　段

第1谱　1—100

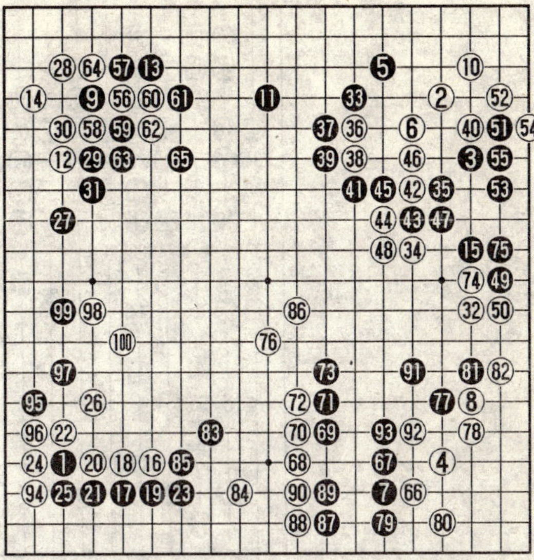

第2谱　101—218

36＝△　49 55 85＝25

52 82 88＝46

93 99＝◎　96＝72

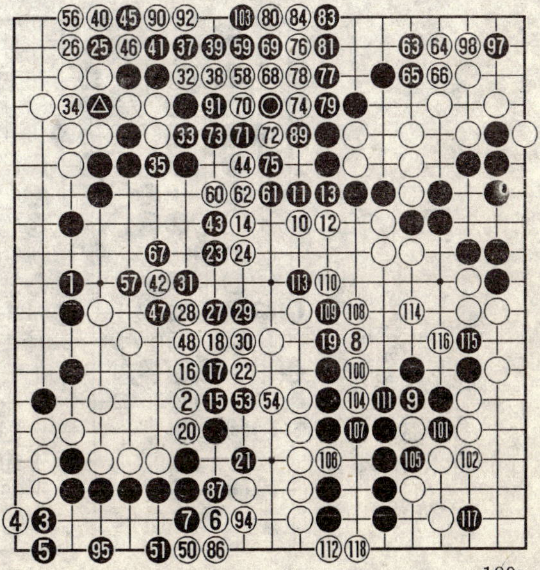

黑出 $2\frac{3}{4}$ 子

共 218 手

白中盘胜

1997 年 3 月 23 日

于杭州

第1谱　1—100

全国段位赛

黑	白
邵炜刚	丰云
八段	八段

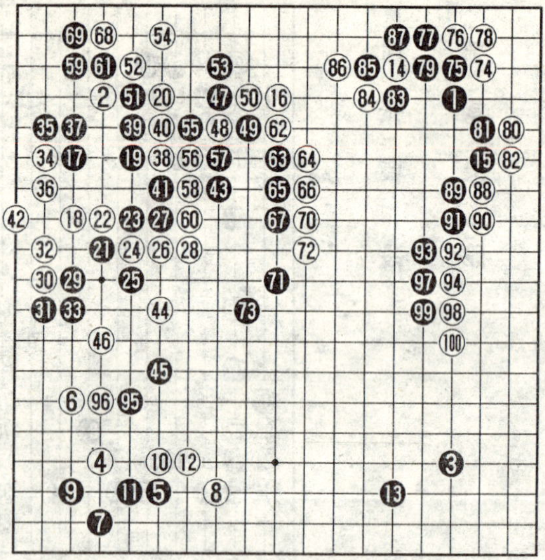

第2谱　101—173

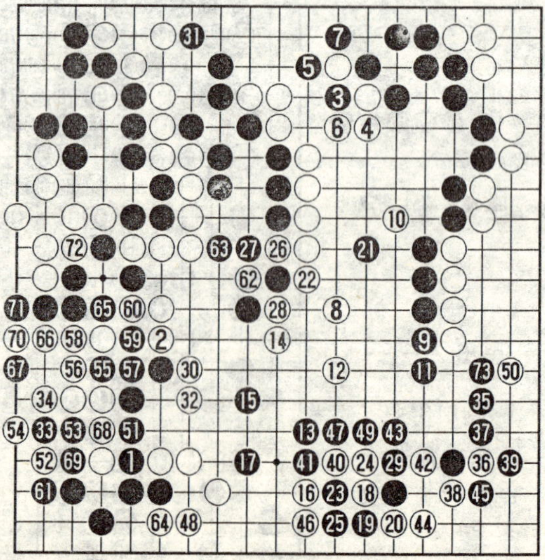

黑出 $2\frac{3}{4}$ 子

共 173 手

黑中盘胜

1997 年 3 月 24 日

于杭州

全国段位赛

黑　白

宋雪林　张璇

八段　七段

第1谱　1—100

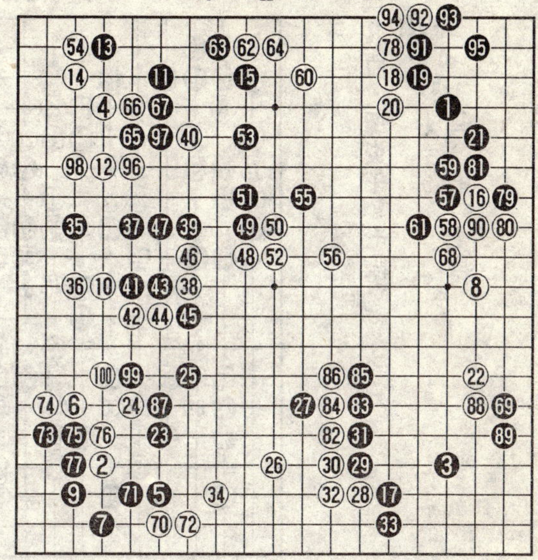

第2谱　101—215

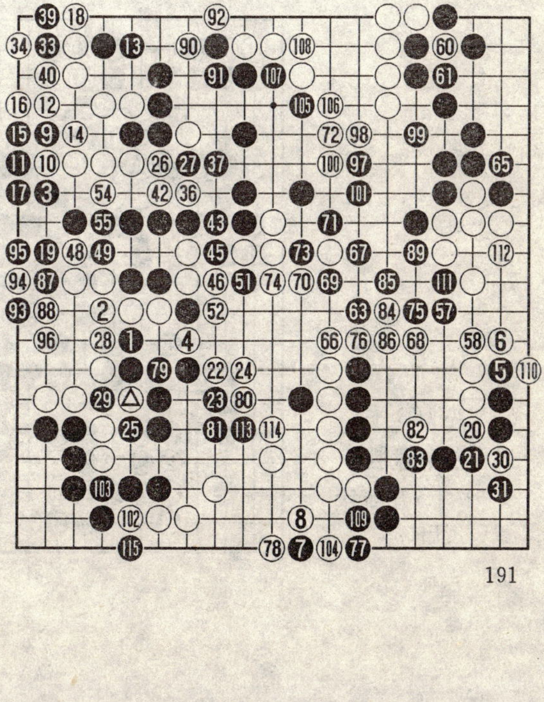

㉜㊳㊹㊿56 62＝△

㉟㊶㊼53 59 64＝㉙

黑出 2 $\frac{3}{4}$ 子

215 手下略

黑胜 2 $\frac{3}{4}$ 子

1997 年 3 月 26 日

于杭州

全国段位赛

黑 白

马石 谭炎午

七段 七段

第1谱 1—100

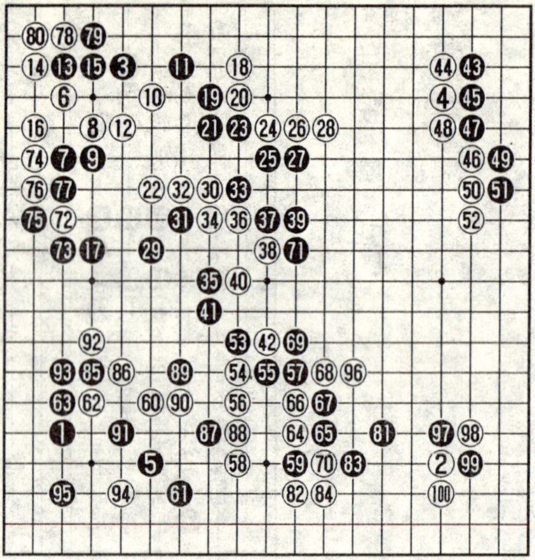

第2谱 101—168

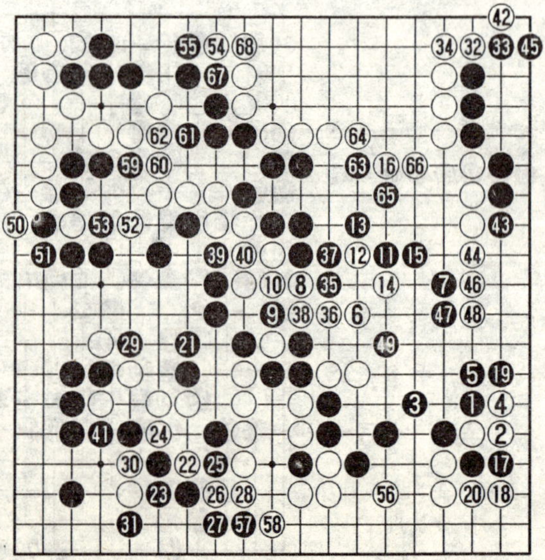

黑出 2 $\frac{3}{4}$ 子

共 168 手

白中盘胜

1997 年 3 月 26 日

于杭州

第1谱　1—100

全国段位赛

黑　白

丰　常

云　昊

八　七
段　段

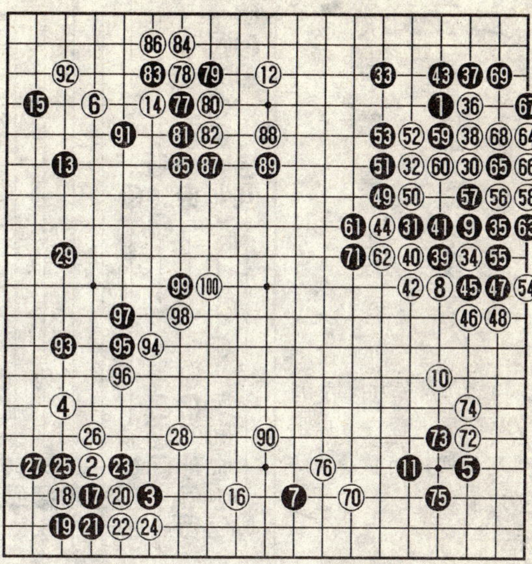

常昊3月中旬获得天元冠军后，在国内国际影响很大，在段位赛中连输给两员女将也引起议论。

第2谱　101—209

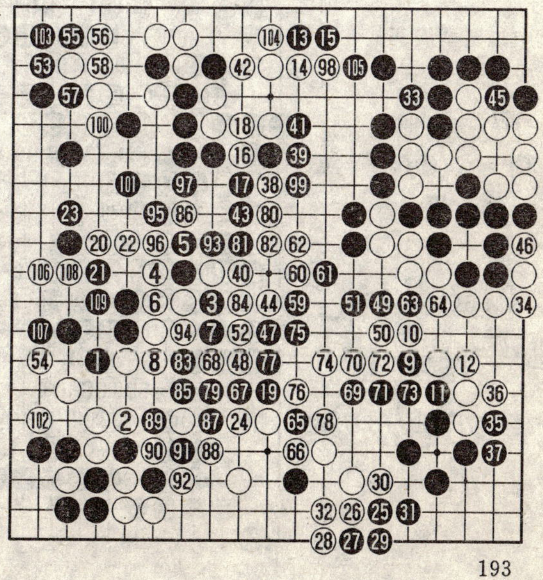

黑47以下在中央定型下得出色，至107时白方已回天无术。

黑出$2\frac{3}{4}$子

共209手

黑中盘胜

1997年3月26日

于杭州

全国段位赛

黑	白
杨士海	常昊
七段	七段

这是常昊升段谱。

棋局进程白方以形势与黑实地对抗，局势进展平衡。

第1谱　1—100

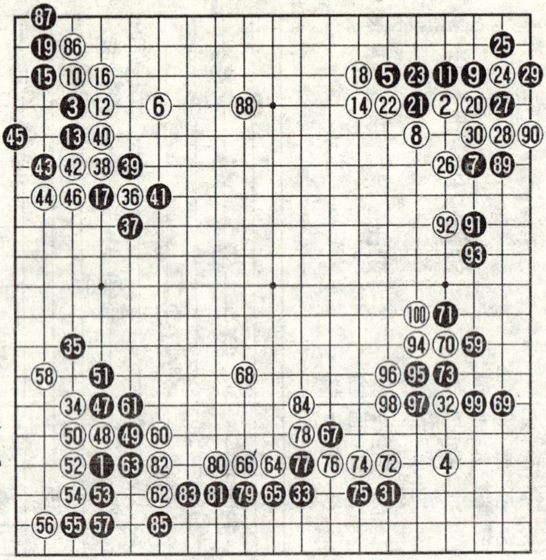

第2谱　101—240

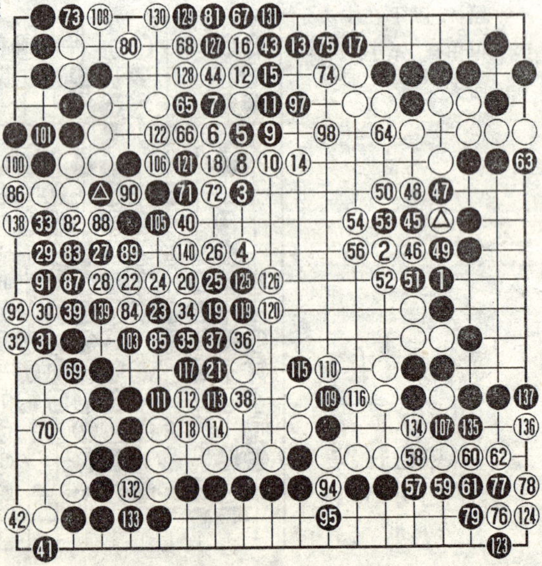

进入本谱双方围绕中央定型展开战斗，得失相当，官子白稍占优，终以$\frac{1}{4}$子获胜。

55＝△　93 99 104＝▲

96 102＝90

黑出$2\frac{3}{4}$子

共240手

白胜$\frac{1}{4}$子

1997年3月27日

于杭州

全国段位赛

黑	白
周鹤洋	华学明
六段	七段

第 1 谱　1—100

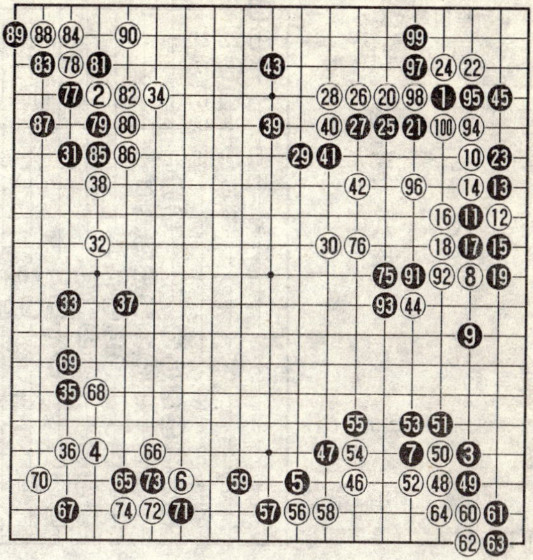

这是周鹤洋升段谱。

布局至黑 11，是黑方常用布局。

白 46 打入不得已，至 65 时白薄。

黑 97 强手。以下白棋难下。

第 2 谱　101—181

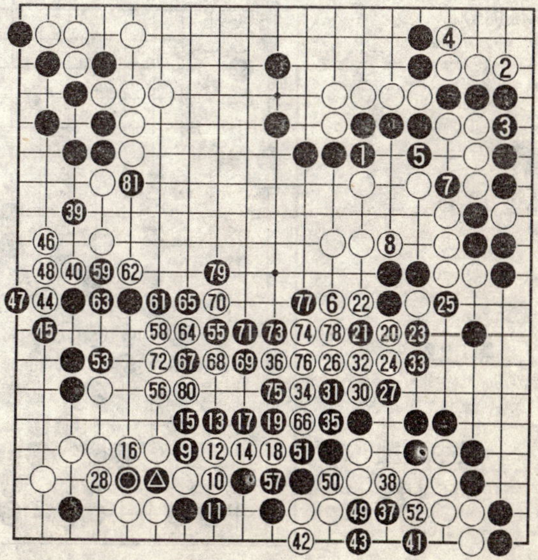

㉙⑥⓪＝△　54＝◉

黑出 $2\frac{3}{4}$ 子

共 181 手

黑中盘胜

1997 年 3 月 28 日

于杭州

全国段位赛

黑	白
丰云	杨士海
八段	八段

第1谱 1—100

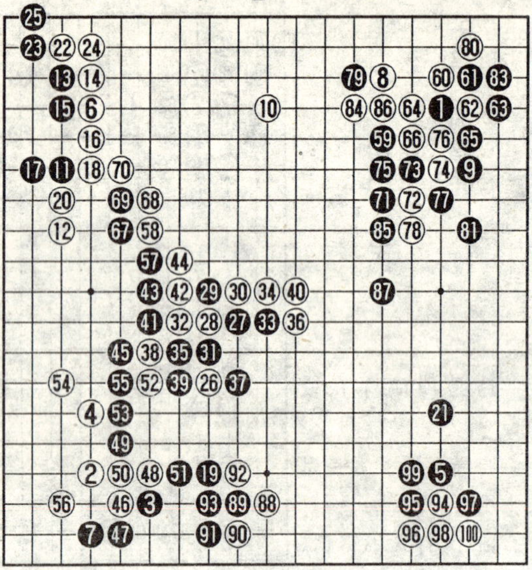

⑧②＝⑥②

这是丰云的升段谱。

白26疑问手。普通下在59位关，此局面难解。

黑27、29以下一举取得优势。

第2谱 101—159

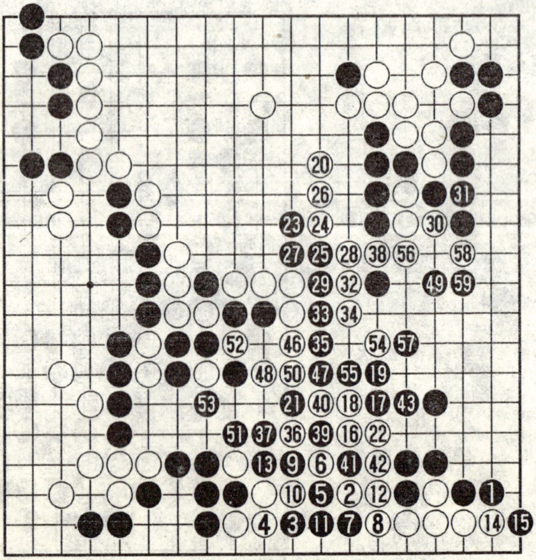

④④＝⑥ ④⑤＝③⑥

黑出$2\frac{3}{4}$子

共159手

黑中盘胜

1997年4月4日

于杭州

第 1 届俊英杯超快棋围棋赛

第 1 届“俊英杯”超快棋围棋赛，于 1997 年 3 月 13 日开始，24 位 24 岁以下，职业八段以下的年青新秀选手参加了比赛。为了与日本相同比赛冠军对抗，特举办此项比赛。比赛时间限制为每手棋 10 秒，每局棋可以十次超过 30 秒，比赛可谓“飞”快。

经过一轮选拔之后，产生出 12 位选手参加本赛。本赛为单败淘汰制，根据最新等级分顺位，确定了四位种子选手。本赛的第一轮 4 月 28 日在成都举行，第二、三轮于 12 月 9 日分上下午在中国棋院举行，决赛于 1998 年 1 月 17 日和第三届 NEC 杯快棋赛同时举行，中央电视台对此作了现场直播。

女选手叶桂五段表现不俗，分别战胜黎春华、王磊和周鹤洋而取得决赛权。最后叶桂在决赛中战胜罗洗河捧杯。

第 1 届“俊英杯”超快棋赛成绩表

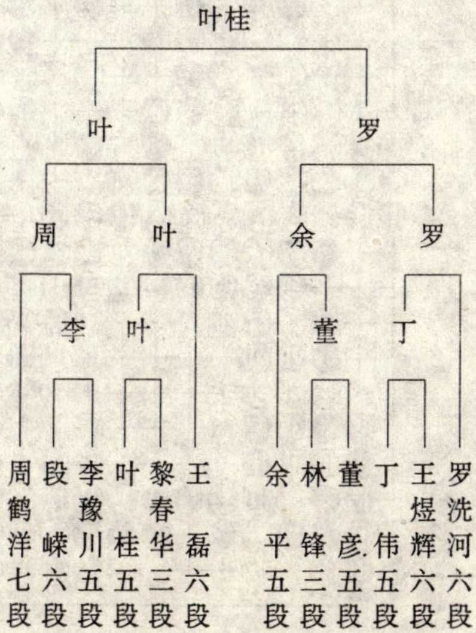

俊英杯决赛

黑 叶桂 五段

白 罗洗河 六段

第1谱 1—100

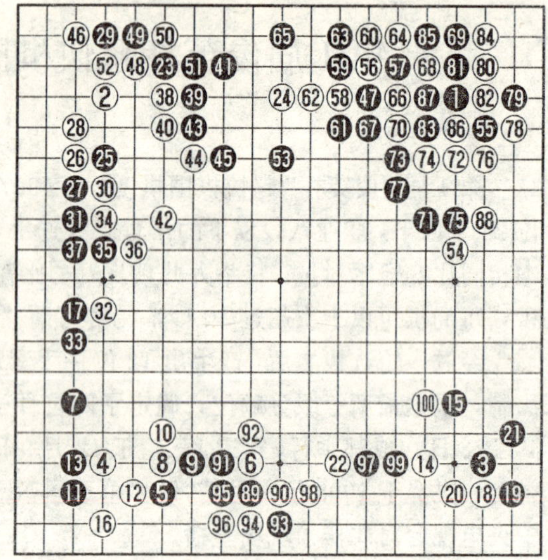

第2谱 101—260

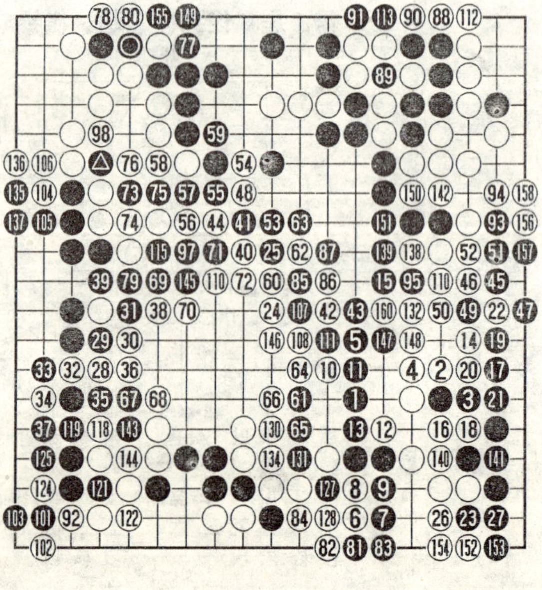

⑯⑭⑳⑯🄌=㉒ ❾⑰⑬⑫=㊾ ⑩⑨=62 ⑯=▲ ⑲=◉

黑出 $2\frac{3}{4}$子

共260手

黑胜 $1\frac{3}{4}$子

1998年1月17日

于北京

俊英杯半决赛

黑	白
周鹤洋	叶桂
七段	五段

第1谱 1—100

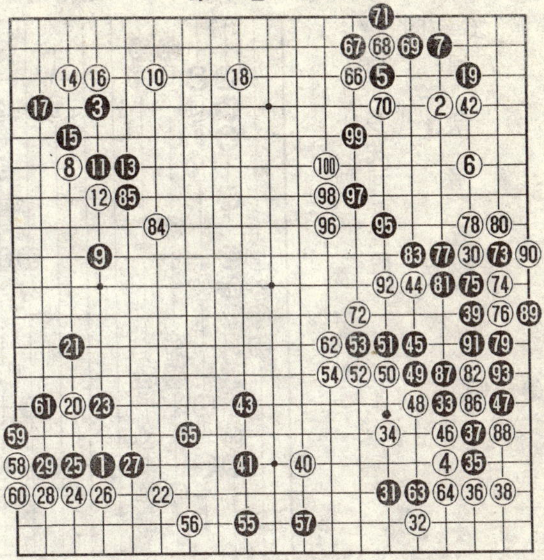

⑭=⑯

第2谱 101—256

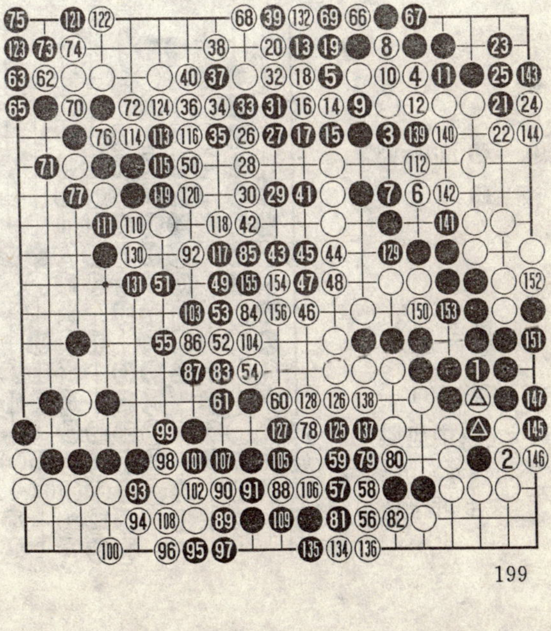

❸=⑥⑥ ⑭⑧=△

⑭⑨=▲

黑出2$\frac{3}{4}$子

共256手

白胜1$\frac{1}{4}$子

1997年12月9日

于中国棋院

俊英杯半决赛

黑	白
余平	罗洗河
五段	六段

第1谱　1—100

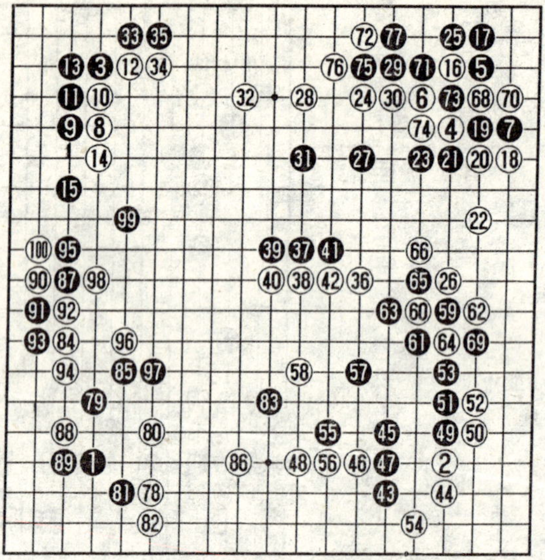

❻❼＝❺❾

第2谱　101—194

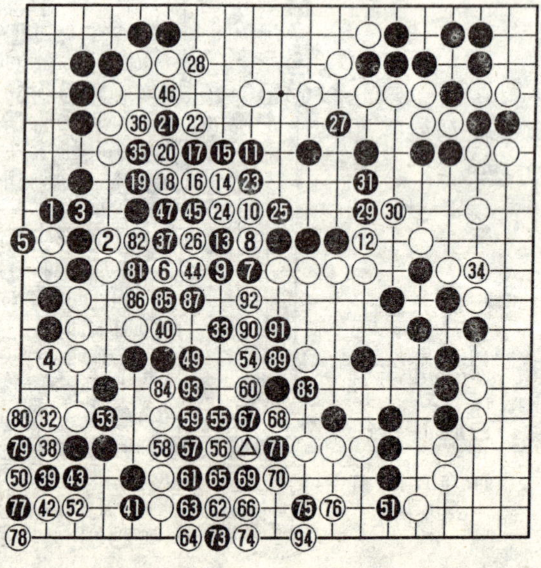

㊽＝❷❶　⑦②＝△

⑧⑧＝❽❶

黑出 $2\frac{3}{4}$ 子

共194手

白中盘胜

1997年12月9日

于中国棋院

第10届全国晚报杯业余围棋锦标赛

第10届全国“晚报杯”业余围棋锦标赛，于1997年1月7日至13日在沈阳市北辰大酒店举行。参加这次比赛的共有28支代表队，88名业余棋手。比赛由中国围棋协会、全国晚报体育记协共同主办，沈阳晚报承办。晚报杯赛均通过各地层层选拔，棋手都是各省市、自治区的业余顶尖代表。由于这次是十届比赛，承办者极为重视，邀请了前九届承办单位的晚报总编，举行了隆重的庆典活动。

本届比赛仍沿袭上届竞赛办法分为A、B两个组，每组44人进行九轮积分编排制比赛，最后进行两组同名次决赛产生个人名次。团体名次以每队三名棋手的名次得分排定。

经过九轮角逐，无一人保持不败。上届冠军新民晚报刘钧7段再次蝉联，钱江晚报老将孙国梁6段居第二名。这样刘钧第二次获得参加世界业余围棋锦标赛的资格。获得三至十名的选手是：孙远（钱江）、韩启宇（杨子）、赵文东（太原）、冯涌（成都）、孙宜国（北京）、唐伟明（扬子）、王存（沈阳）、李建兵（成都）。

获得本届团体前六名的分别是：钱江晚报队、扬子晚报队、新民晚报队、沈阳晚报队、重庆晚报队、武汉晚报队。

在结束后举行的专业业余让二子棋对抗赛中，韩启宇胜马晓春、刘钧胜刘小光、赵文东胜陈临新、聂卫平胜孙远、曹大元胜孙国梁，吴肇毅胜冯涌，双方再次以三比三战平。

晚报杯业余赛决赛

黑	白
刘钧	孙国粱
7段	6段
（新民）	（钱江）

第1谱 1—100

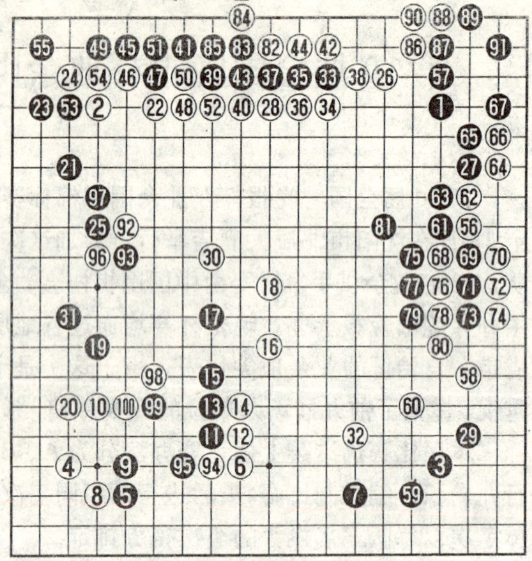

第2谱 101—215

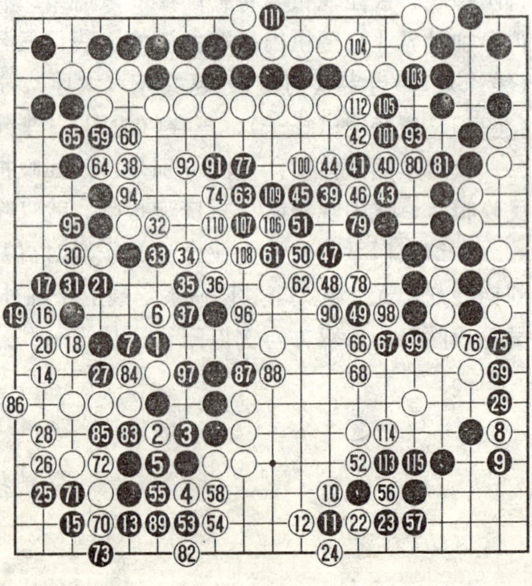

⑩②＝㊶

黑出 $2\frac{3}{4}$ 子

共215手

黑中盘胜

1997年1月12日

于沈阳

晚报杯业余赛

黑 白

韩启宇 王存

6段 7段

（扬子） （沈阳）

❹⑤＝㉜ ⑨⑧＝㉖

第1谱 1—100

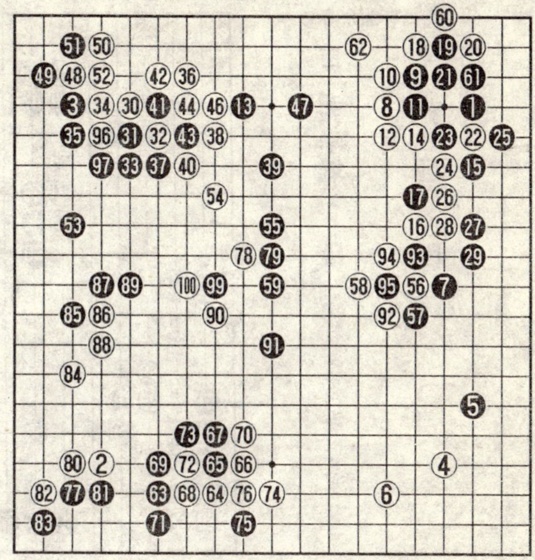

❸＝△

第2谱 101—173

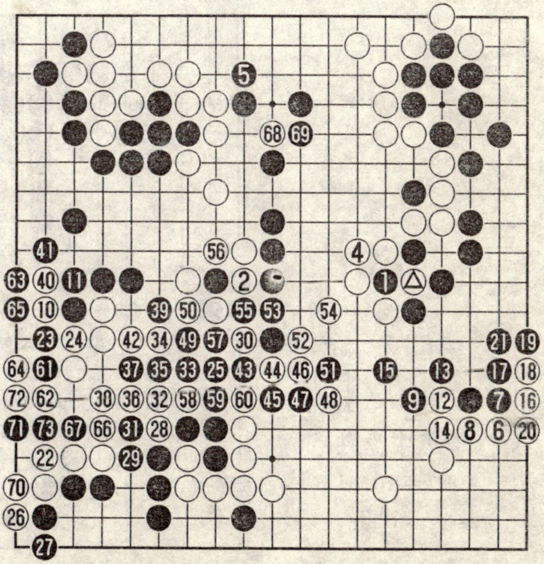

黑出2$\frac{3}{4}$子

共173手

黑中盘胜

1997年1月7日

于沈阳

晚报杯业余赛

黑 孙远 5段（钱江）

白 张学斌 5段（今晚）

第1谱 1—100

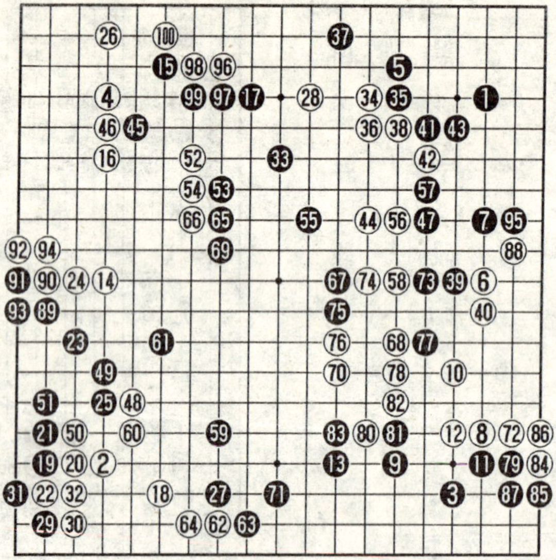

第2谱 101—157

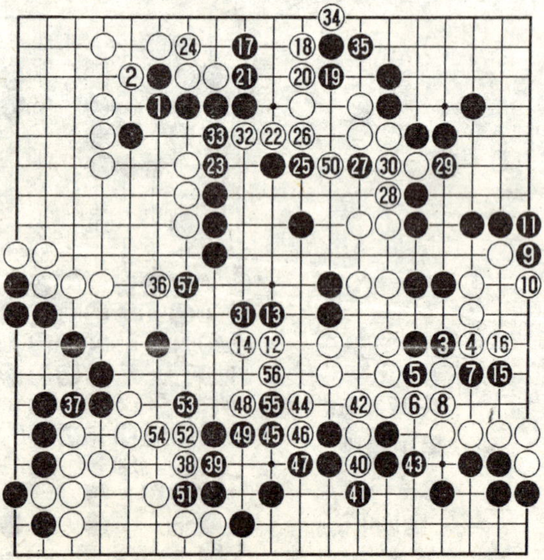

黑出 $2\frac{3}{4}$ 子

共157手

黑中盘胜

1997年1月11日

于沈阳

晚报杯业余赛

黑	白
孙国梁	孙宜国
6段	7段
（钱江）	（北江）

54＝48　89＝45

90＝47　119＝17

150＝99

黑出 $2\frac{3}{4}$ 子

共 250 手

白胜 $\frac{1}{4}$ 子

1997 年 1 月 11 日

于沈阳

第1谱　1—100

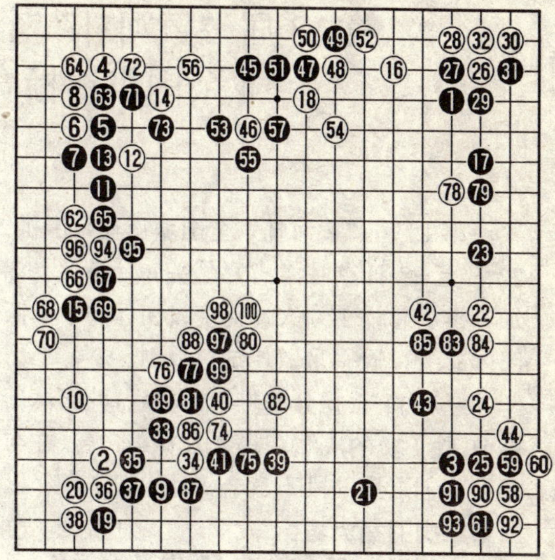

第2谱　101—250

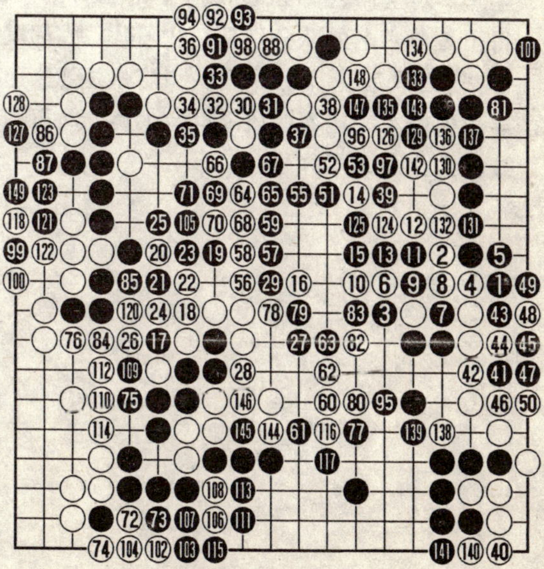

第12届“黄河杯”全国城市业余围棋锦标赛

第12届“黄河杯”全国城市业余围棋锦标赛，于1997年7月22日至27日在甘肃省嘉峪关市举行。比赛共有32个单位报名参加，棋手总计110人。比赛设团体和个人两项，以个人赛形式录取团体成绩，冠军采取传统挑战制。

经过11轮积分编排制比赛后，沈阳队新秀金永焕5段异军突起以10胜1负的成绩获得个人赛第一名。在与上届冠军孙宜国的挑战赛中，金永焕5段不敌老将孙宜国7段，以0比3败下阵来，孙宜国第三次卫冕成功。

获得本赛个人前12名的分别是：金永焕、唐晓宏、周刃、王存、兰军、刘正伟、潘峰、刘轶一、刘亚莉、李海鸥、李建兵和龙霖。获得团体前六名的队分别是：沈阳队、成都棋协队、重庆队、成都棋协“泰颐”队、北京中信队和郑州兰德修建队。

根据本次比赛的成绩，金永焕、周刃、刘正伟、潘峰和刘亚莉被授为业余6段称号。

黄河杯业余赛挑战决赛第1局

黑 金永焕 挑战者

白 孙宜国 杯主

第1谱 1—100

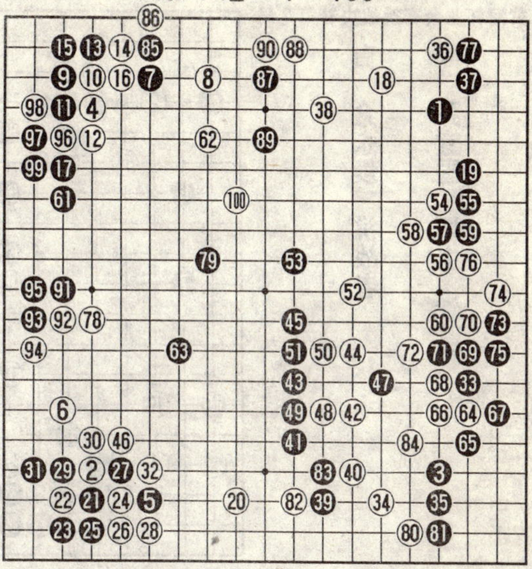

第2谱 101—230

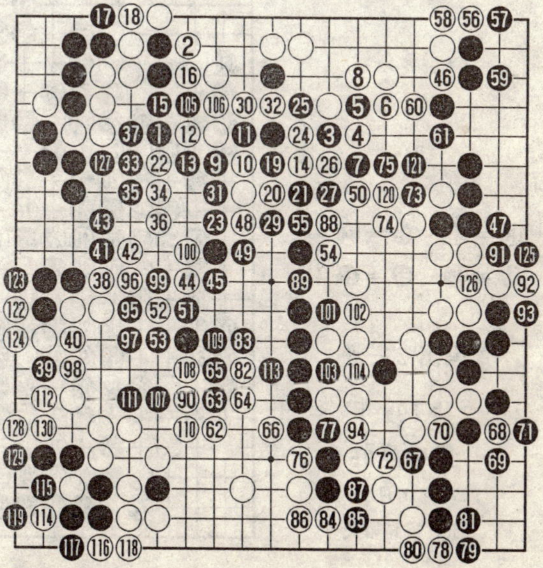

㉘=❸

黑出 2 $\frac{3}{4}$ 子

共 230 手

白中盘胜

1997 年 7 月 26 日

于甘肃嘉峪关

黄河杯业余赛挑战决赛第2局

黑　白

孙宜国　金永焕

杯主　挑战者

㉘＝⑳

第1谱　1—100

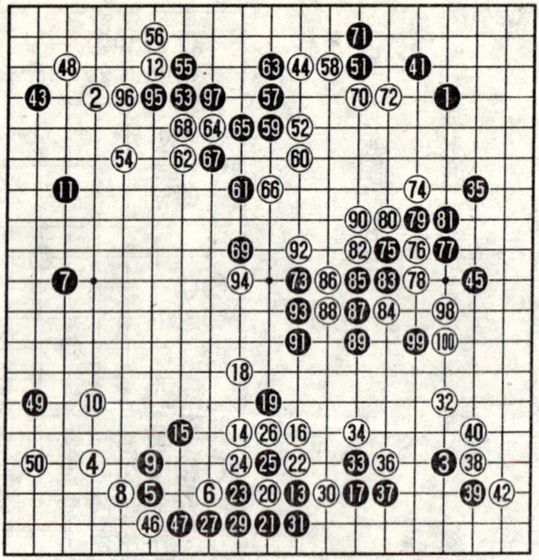

第2谱　101—191

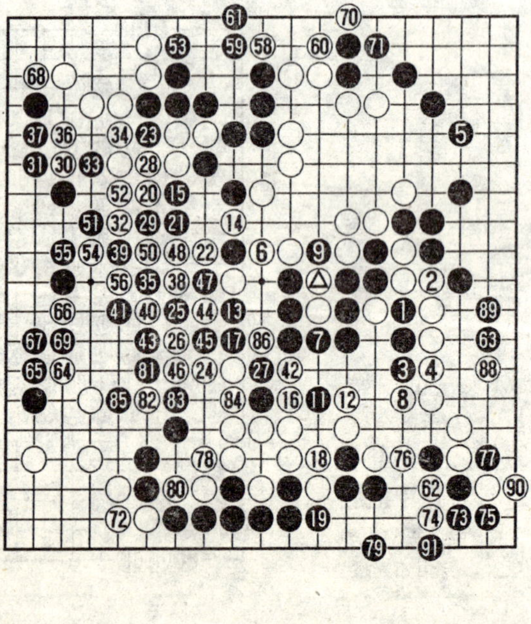

⑩＝△　㊾＝㊹

57＝40　87＝27

黑出 $2\frac{3}{4}$ 子

共191手

黑中盘胜

1997年7月27日

于甘肃嘉峪关

1997年全国围棋少儿集训赛

1997年全国围棋少年儿童集训赛，于8月17日至22日在天津市举行。根据规程规定，必须是参加全国团体赛的单位才有参赛权。实际报名的有41个单位，棋手120名。为了严肃竞赛规程，但又要保护地方参赛热情，不符合报名条件的另外编组比赛，并给予六个奖励明年参加少年赛的正式名额。

比赛共分A、B、C和友情参与一组、友情参与二组共五个大组分别进行，九轮积分编排制比赛。各年龄段组争夺激烈，一直到最后一轮各组才最后区分出优胜者。

A组前六名分别是：胡耀宇四段、古力二段、孔杰四段、王尧三段、邱峻三段和李劼初段（以上均为国少队）。

B组前六名分别是：牛雨田二段（国少队）、刘星三段（中信队）、张学斌（天津队）、王檄初段（煤矿队）、彭荃二段（国少队）和吴锴（云南队）。

C组前六名分别是：李康（天津）、曹恒旭初段（上海）、周振宇（江苏）、王雷（中信）、赵威（湖北）和马笑冰（广西）。

友情一组前三名分别是：于飞（沈阳）、赵犇（大庆）、席燕（河南）。

友情二组前三名分别是：梁春晨（宁夏）、彭鸿礼（重庆）、薛磊（天津）。

比赛中严格执行竞赛规程和规则，对热情参赛的地方棋手给予适当的机会，受到与会者的支持和好评。

全国少年赛A组

黑	白
孔杰	胡耀宇
四段	四段
（国少）	（国少）

第1谱 1—100

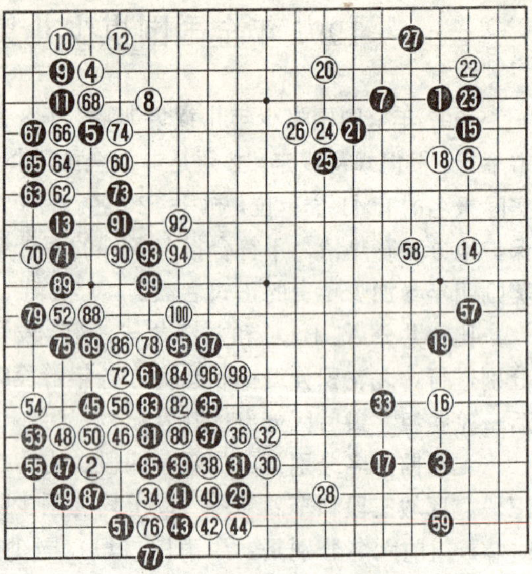

第2谱 101—216

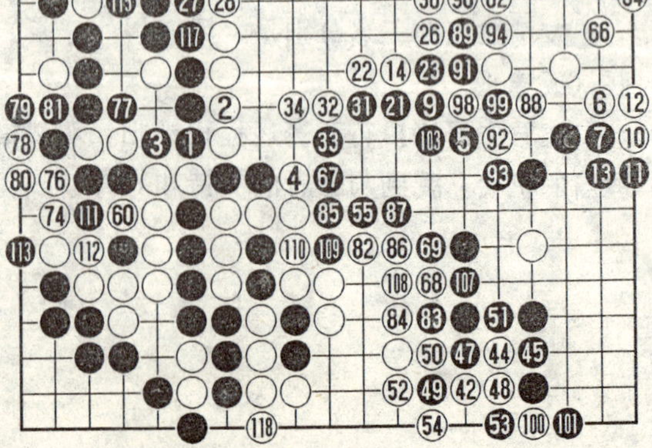

102＝98　105＝58

106＝99

黑出 $2\frac{3}{4}$ 子

共216手

黑胜 $3\frac{3}{4}$ 子

1997年8月19日

于天津

全国少年赛B组

黑	白
彭荃	牛雨田
二段	二段
（国少）	（国少）

黑出 $2\frac{3}{4}$ 子

共162手

白中盘胜

1997年8月21日

于天津

第1谱 1—100

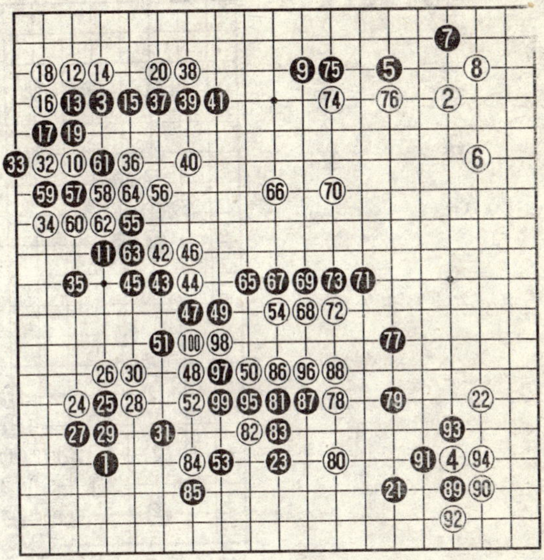

第2谱 101—162

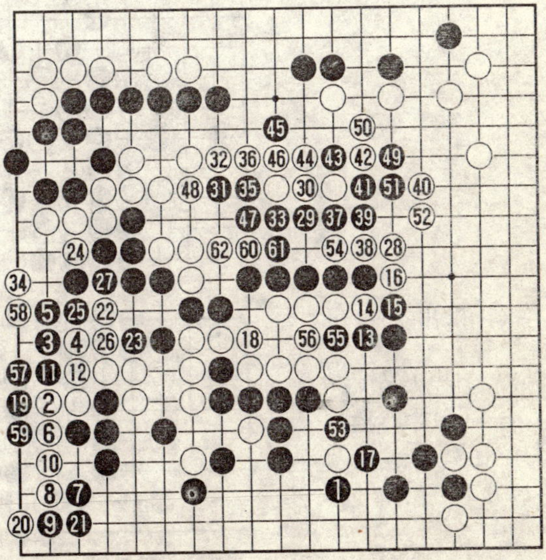

全国少年赛C组

黑	白
李康（天津）	张立（甘肃）

⑩⓪＝93

黑出 $2\frac{3}{4}$ 子

共187手

黑中盘胜

1997年8月19日

于天津

第1谱 1—100

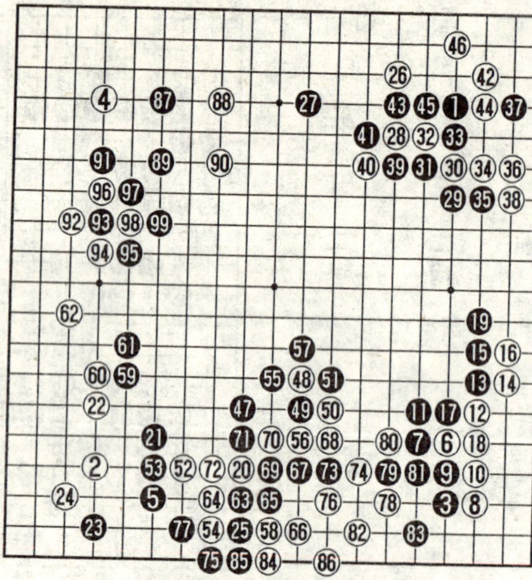

第2谱 101—187

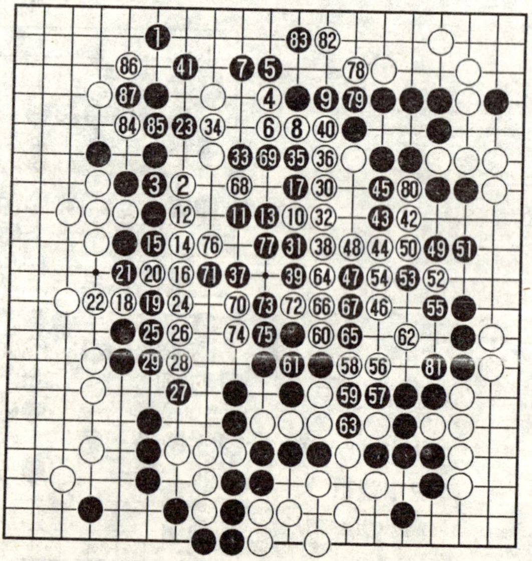

国际比赛和交流

1997年中国棋手参加国际比赛成绩表

第2届世界围棋公开赛：马晓春九段进入半决赛，常昊八段进入八强

第2届世界围棋棋王赛：马晓春九段进入八强

第10届富士通杯赛：马晓春九段获第三名，周鹤洋七段获第四名，常昊八段进入八强

第8届东洋证券杯赛：马晓春九段、王磊六段进入八强

第5届真露杯世界最强赛（三国擂台赛）：中国队居次席

第9届亚洲杯快棋赛：俞斌九段获冠军，聂卫平九段进入半决赛

第4届中韩围棋对抗赛：中国队9比5胜韩国队

第10届中日围棋天元战：中国常昊八段2比0胜日本柳时熏八段

第1届中韩围棋天元战：韩国李昌镐九段2比1胜中国常昊八段

第12届中日围棋对抗赛即：新秀女子对抗赛中国黎春华三段2比0胜日本中泽彩子四段；新秀对抗赛中国周鹤洋七段2比1胜日本杨嘉源八段；NEC杯对抗赛日本加藤正夫九段2比1胜中国邵炜刚八段。

第4届宝海杯世界女子围棋赛：美国芮乃伟九段2比0胜中国

丰云九段。

第1届贺龙杯中日围棋电脑网络赛：日本小林觉九段胜中国俞斌九段

第14届世界青少年围棋赛：刘熙二段获青年组冠军，王强获少年组第三名

第1届国际网络围棋赛：职业组中国丰云九段胜日本青木喜久代七段；日本小松英树九段胜中国张文东九段；业余组中国5比1获胜

第19届世界业余围棋赛：刘钧7段获得冠军

第1届世界业余女子围棋赛：海雅楠获得亚军

1997年亚洲大学生围棋赛：中国复旦大学队获得冠军

第5届亚洲四城市少年围棋赛：北京队获得冠军

第2届中日韩业余围棋对抗赛：中国队获得冠军

第3届FOST杯世界电脑围棋赛：陈志行获得冠军

第13届应氏杯国际电脑围棋赛：陈志行获得冠军

第 2 届世界围棋公开赛

第 2 届“三星火灾杯”世界围棋公开赛，于 1997 年 6 月 16 日开始第一阶段的公开预选赛，仅参加公开预选赛的棋手就有 108 名之多，经过三轮单败淘汰赛产生十四名棋手与上届优胜者和围棋职业国家的分配名额共 32 人进入第二阶段的本赛。

本赛于 8 月 13 日开始，我国除分配名额马晓春九段、聂卫平九段、常昊八段、周鹤洋七段外，团长陈祖德九段也被邀请参加。加上预选赛出线的俞斌九段、王磊六段和罗洗河六段，我国共有八名棋手参加比赛。在首轮比赛中，我八位选手全面告捷，创造有史以来世界职业围棋比赛一国棋手参赛的全胜纪录，这一胜利引起了国际、国内的轰动。在进入前八名的比赛中，我国棋手求胜心切发挥欠佳，只有马晓春和常昊进入前八名。而韩国棋手最终在这一比赛中，表现出了潜在的优势，在李昌镐和刘昌赫的带动下，李圣宰四段和金承俊五段杀入了前八名。

9 月 19 日，八强赛移师北京举行马晓春九段执白中盘战胜刘昌赫，而常昊负于金承俊。在 10 月 9 日的半决赛中，马晓春九段在极度优势的情况下半目负于李昌镐九段，失去决赛资格。决赛是在韩国李昌镐九段和日本小林觉九段之间进行，结果李昌镐九段技高一筹以 3 比 0 战胜小林觉九段获得冠军。

第2届世界围棋公开赛成绩表

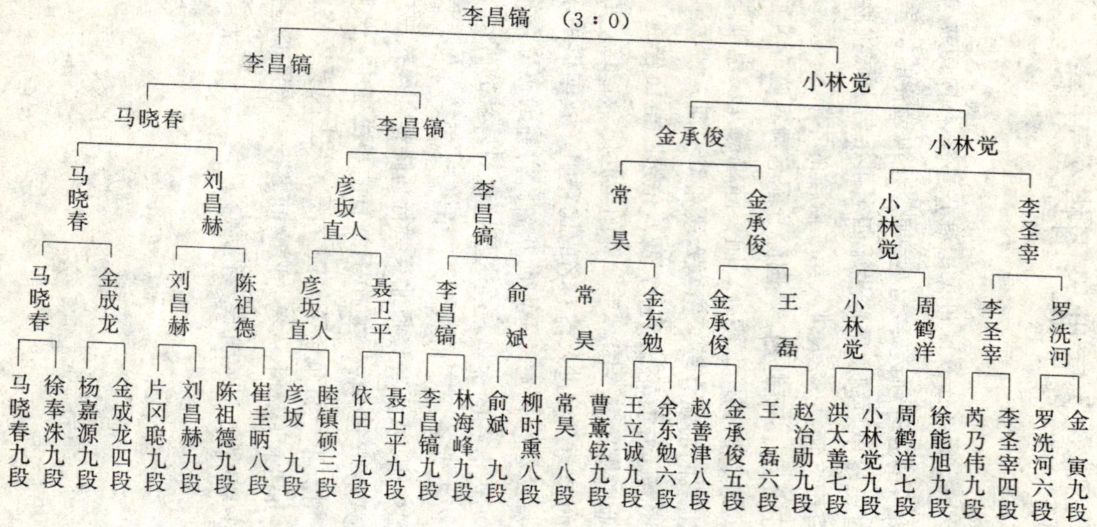

世界公开赛决赛

第1局

黑	白
李昌镐	小林觉
九段	九段
（韩国）	（日本）

第1谱　1—100

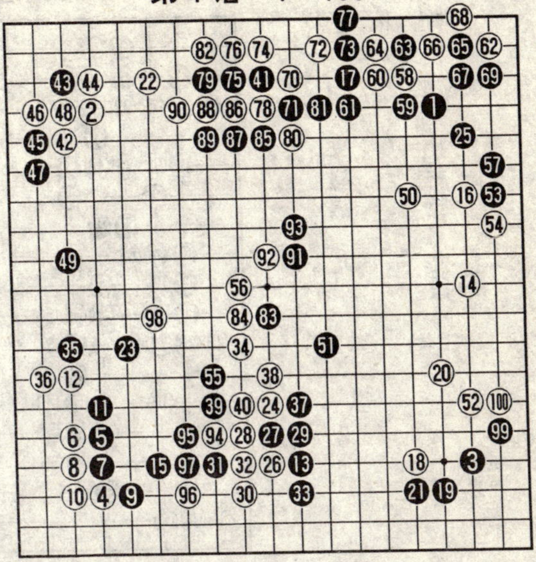

第2谱　101—234

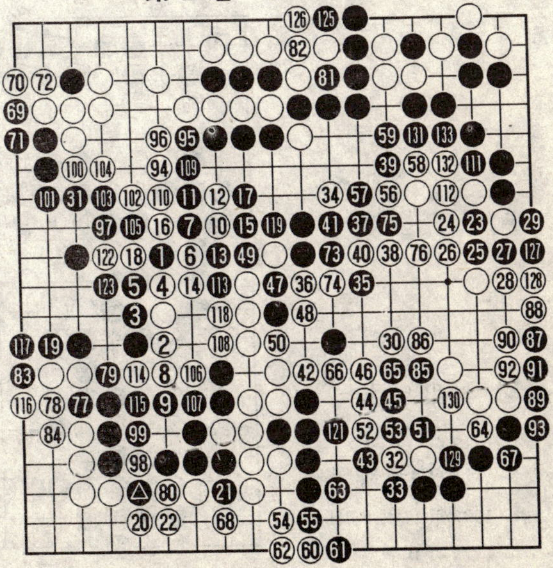

120＝47　124＝1

134＝△

黑出5目半

共234手

黑胜5目半

1997年10月31日

于汉城

世界公开赛决赛

第 2 局

黑	白
小林觉	李昌镐
九段	九段
（日本）	（韩国）

第1谱 1—100

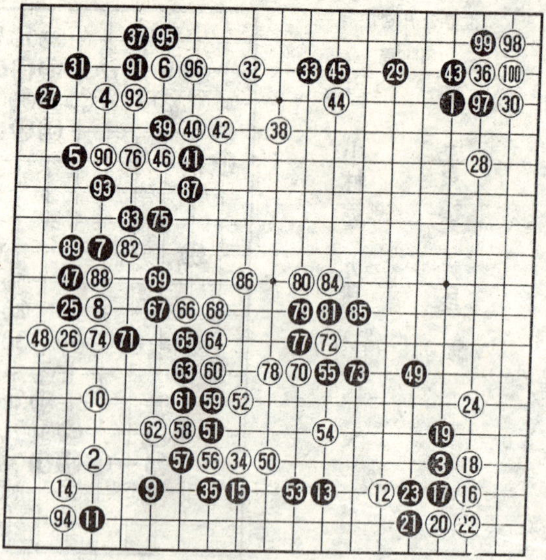

第2谱 101—172

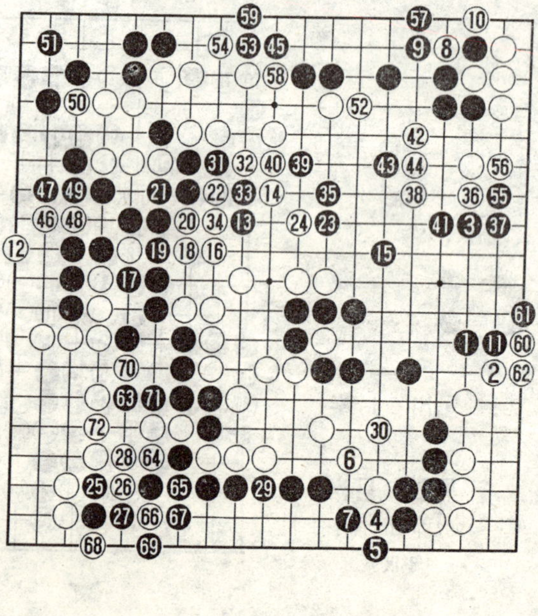

黑出 5 目半

共 172 手

白中盘胜

1997 年 11 月 26 日

于汉城

世界公开赛决赛

第3局

黑	白
李昌镐	小林觉
九段	九段
（韩国）	（日本）

第1谱 1—100

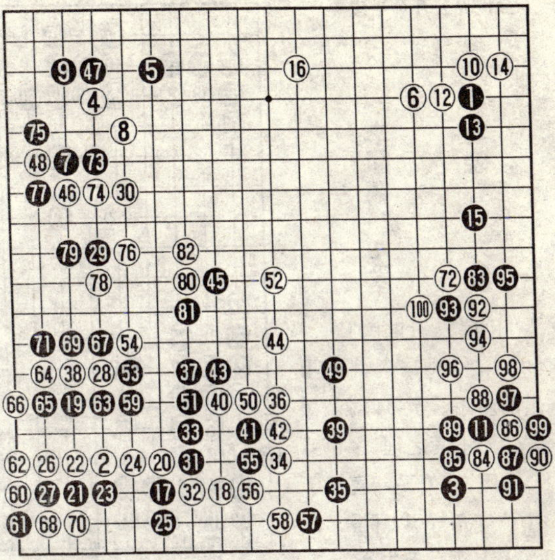

第2谱 101—197

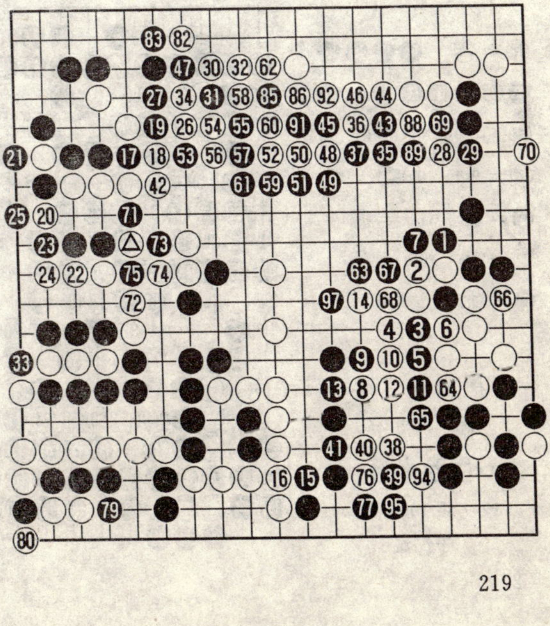

⑦⑧④⑨⓪⑨⑥＝△

❽❶❽❼❾❸＝❼❺

78 84 90 96 = △

81 87 93 = 75

黑出5目半

共197手

黑中盘胜

1997年11月28日

于汉城

世界公开赛半决赛

黑	白
马晓春	李昌镐
九段	九段
（中国）	（韩国）

白 26 是李首先下出的新手。至 34 时，黑方并无不满之理。

黑 59 欠妥，直接于 61 位守角好。以下黑 61、67 均表现心理失衡。

第1谱　1—100

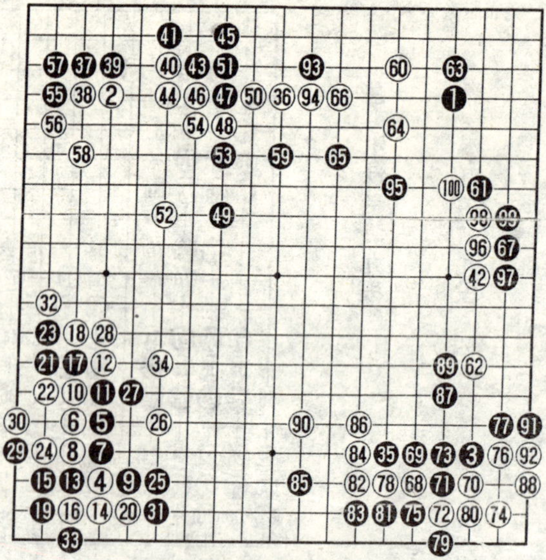

第2谱　101—313

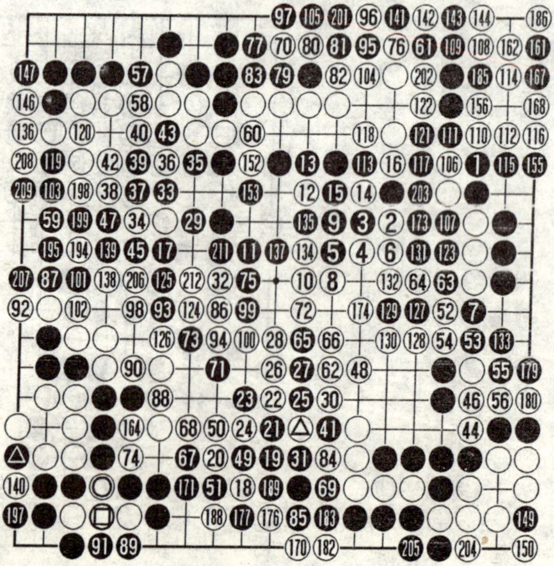

78＝△　145 151 157 163 169 175 181 187 193 200＝141

148 154 160 166 172 178 184 190

196＝142　158 165＝◎

159＝□　191＝167

192＝161　210＝△

213＝36

黑出 5 目半

共 313 手

白胜半目

1997 年 10 月 9 日

于汉城

世界公开赛半决赛

黑 白

小林觉 九段 （日本）

金承俊 五段 （韩国）

第1谱 1—100

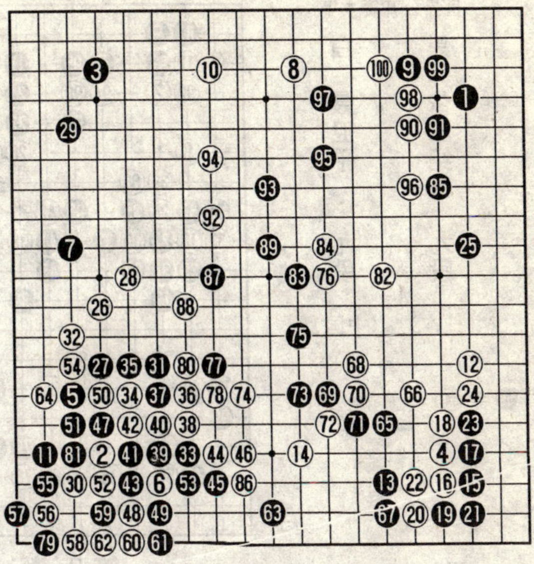

第2谱 101—209

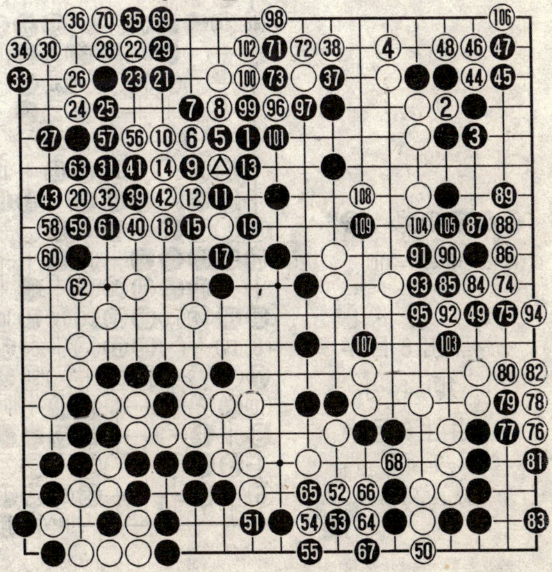

⑯＝△

黑出5目半

共209手

黑中盘胜

1997年10月9日

于汉城

世界公开赛本赛

黑	白
依田纪基	聂卫平
九段	九段
（日本）	（中国）

59＝54

15 21 29 37 42＝7

18 26 34 40＝10

黑出 5 目半

共 244 手

白胜 6 目半

1997 年 8 月 13 日

于汉城

第1谱　1—100

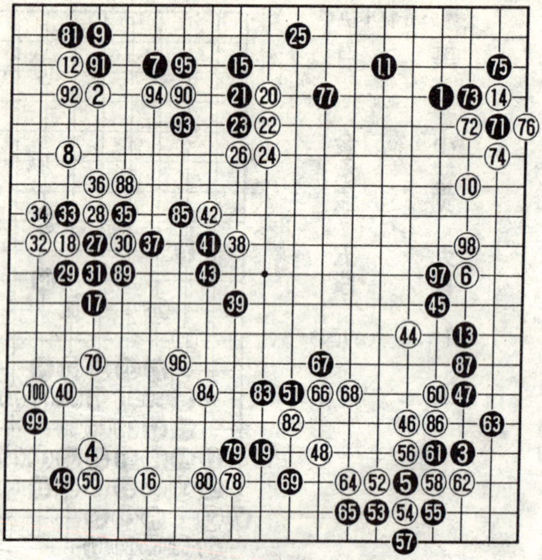

第2谱　101—244

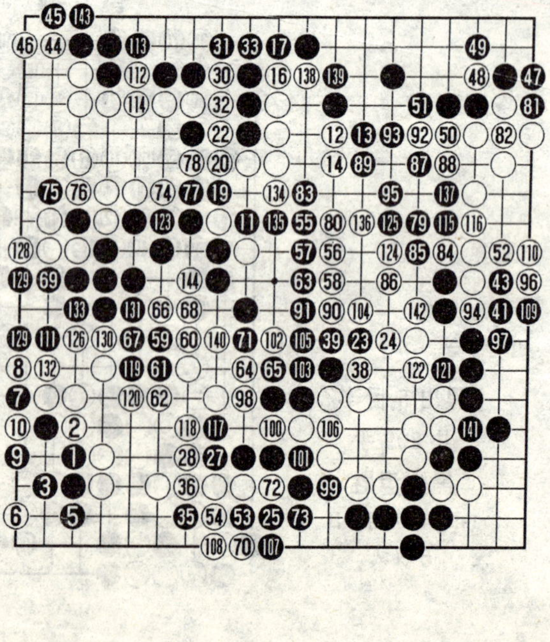

世界公开赛本赛

黑	白
罗洗河	金寅
六段	九段
（中国）	（韩国）

第1谱 1—100

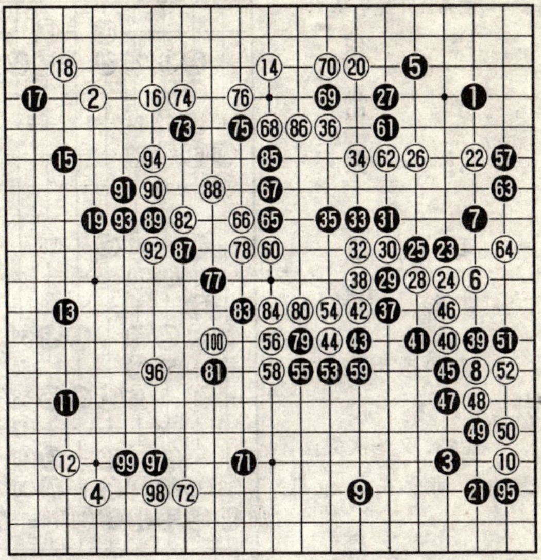

第2谱 101—161

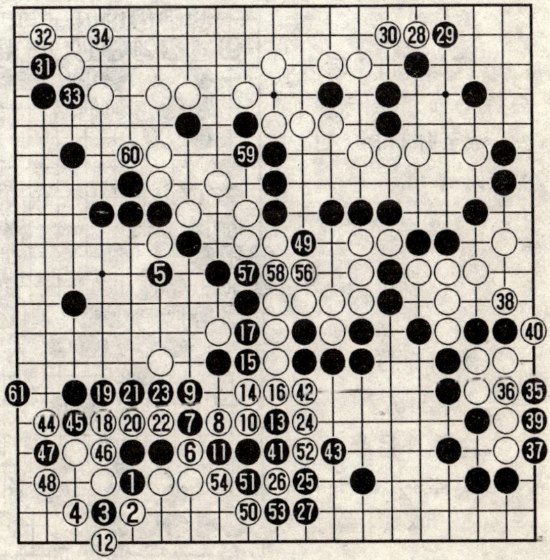

55＝26

黑出5目半

共161手

黑中盘胜

1997年8月13日

于汉城

世界公开赛本赛

黑	白
曹薰铉	常昊
九段	八段
（韩国）	（中国）

黑 19 改为 23 位高挂为好。

黑 73，又一次失误，无论如何要在 A 位抵抗。

第 1 谱 1—100

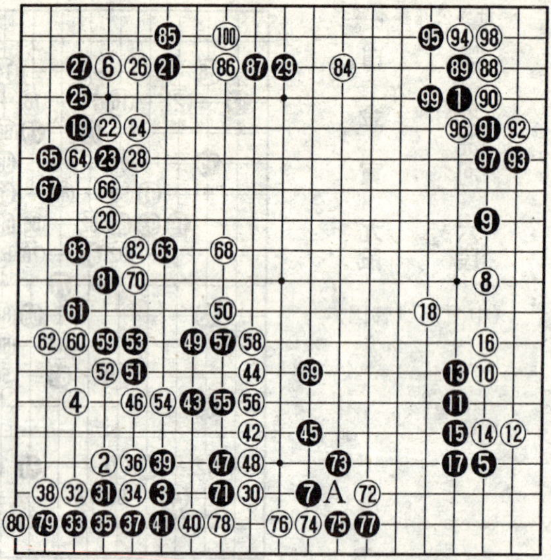

第 2 谱 101—245

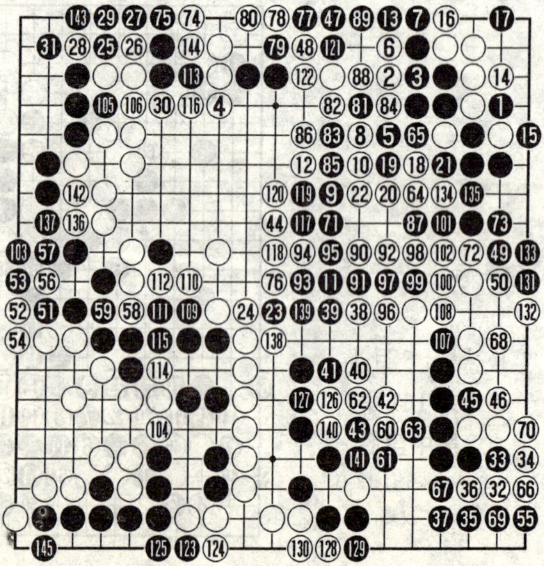

实战至白 4 挺头，白胜局面已是一目了然。战至白 44 时，白方胜定。

黑出 5 目半

共 245 手

白胜 9 目半

1997 年 8 月 13 日

于汉城

世界公开赛本赛

黑　　白

徐奉洙　　马晓春

九段　　九段

（韩国）　（中国）

第1谱　1—100

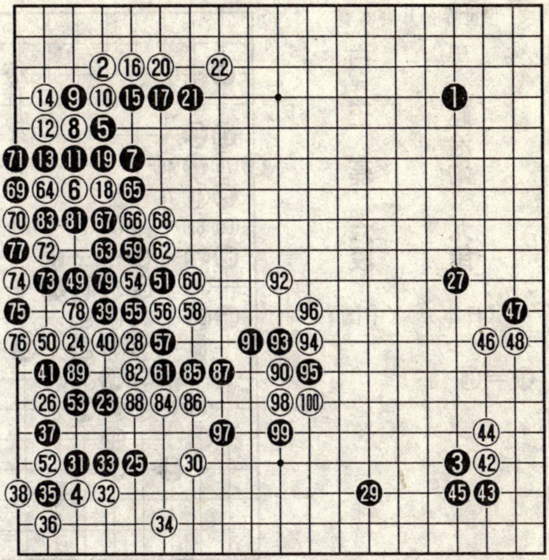

⑧⓪＝⑦④

第2谱　101—194

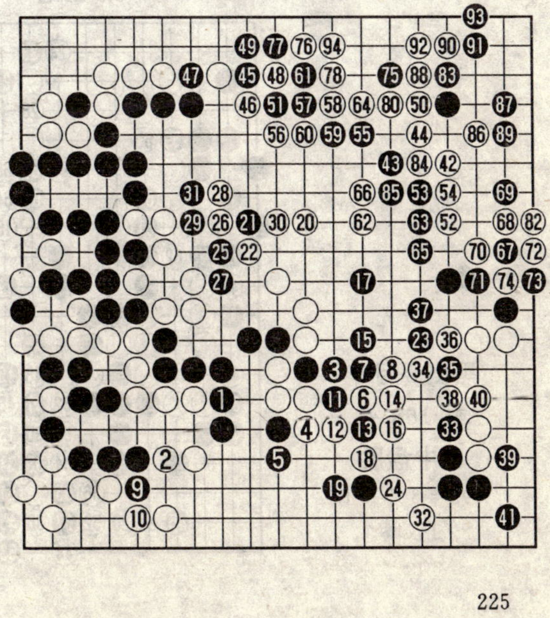

❼❾＝④⑧　❽❶＝❻❼

黑出5目半

共194手

白中盘胜

1997年8月13日

于汉城

世界公开赛本赛

黑	白
赵治勋	王磊
九段	六段
（日本）	（中国）

第1谱　1－100

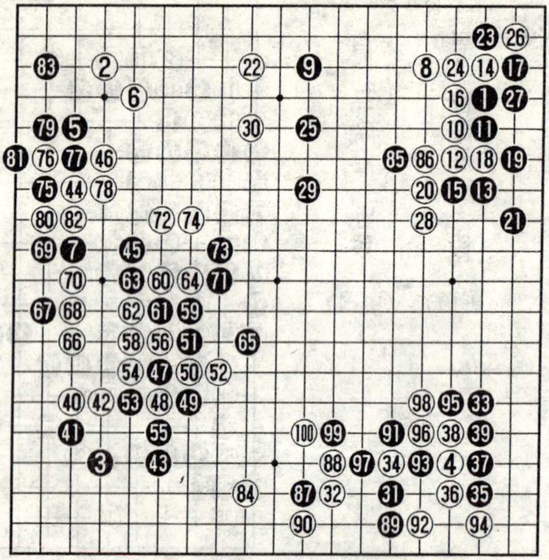

❺❼＝㊽

第2谱　101－168

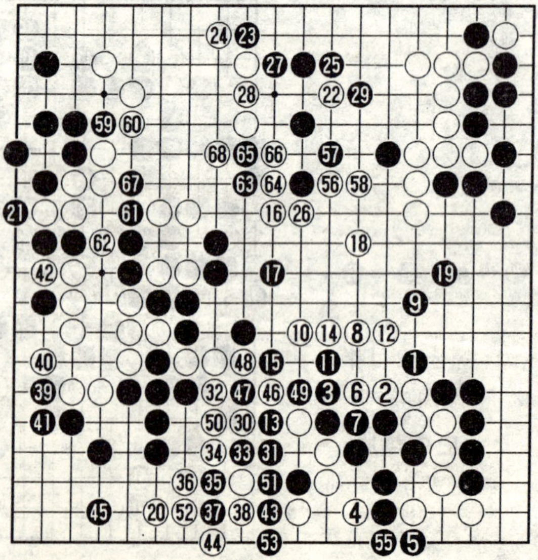

㊹＝❹❼

黑出5目半

共168手

白中盘胜

1997年8月13日

于汉城

世界公开赛本赛

黑	白
陈祖德	崔圭昞
九段	八段
（中国）	（韩国）

黑 25 飞欠妥，当在 A 位扳积极发展右上重要。

白 86、88 虽然将黑分断实为败着。此时当于 91 位拆二，可以争胜负。

第 2 谱黑 91 扳至 95 是最强的反击手段，至 121 冲白棋差气。

77 83 ＝ △

80 88 ＝ 74

105 111 117 ＝ 85

108 114 120 ＝ 96

116 ＝ 109

黑出 5 目半

共 223 手

黑中盘胜

1997 年 8 月 13 日

于汉城

第 1 谱　1—100

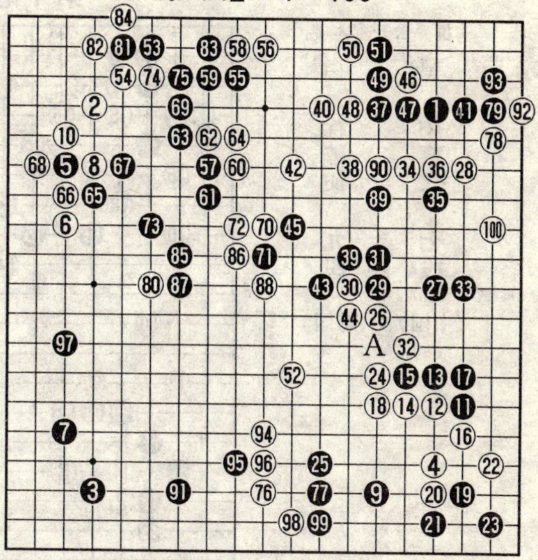

第 2 谱　101—223

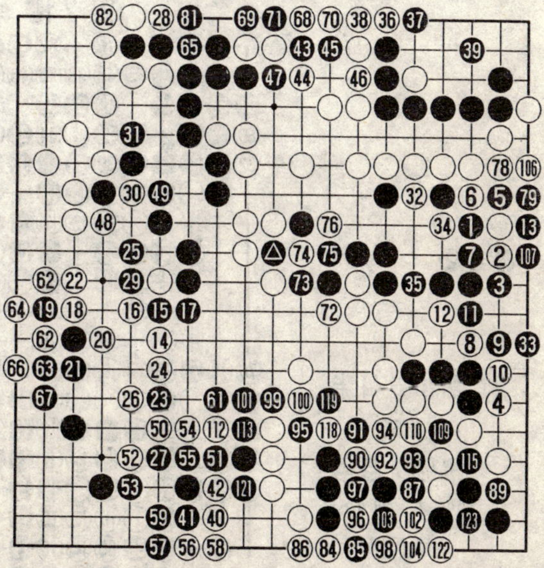

世界公开赛本赛

黑 周鹤洋 七段（中国）

白 徐能旭 九段（韩国）

第 1 谱 1—100

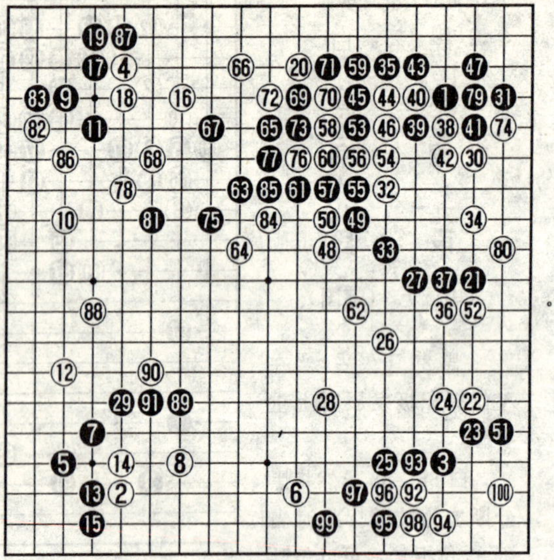

第 2 谱 101—265

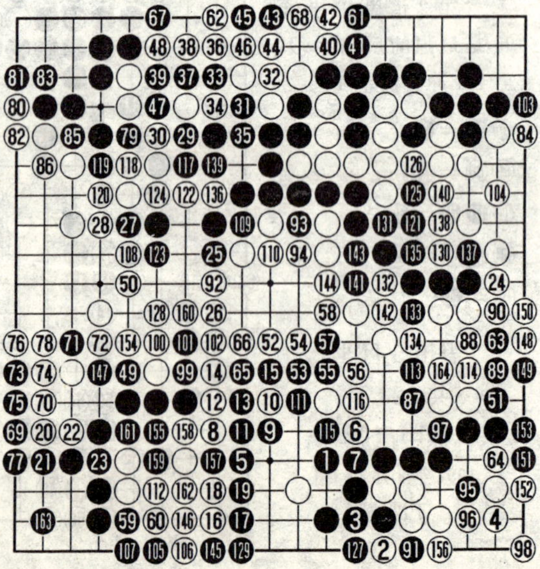

165＝②

黑出 5 目半

共 265 手

黑胜 7 目半

1997 年 8 月 13 日

于汉城

世界公开赛本赛

黑	白
俞斌	柳时熏
九段	八段
（中国）	（日本）

93＝41　98＝84

第1谱　1—100

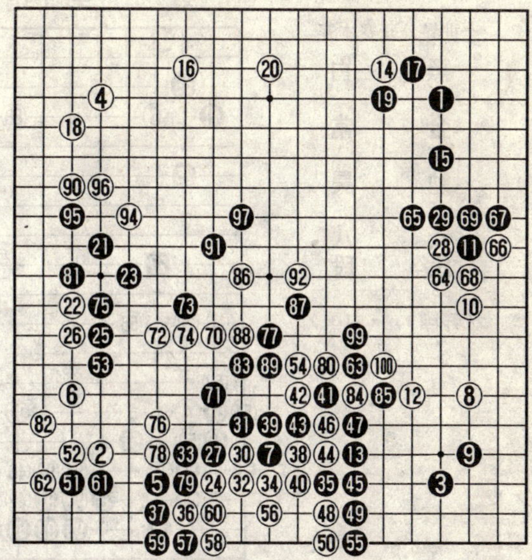

第2谱　101—319

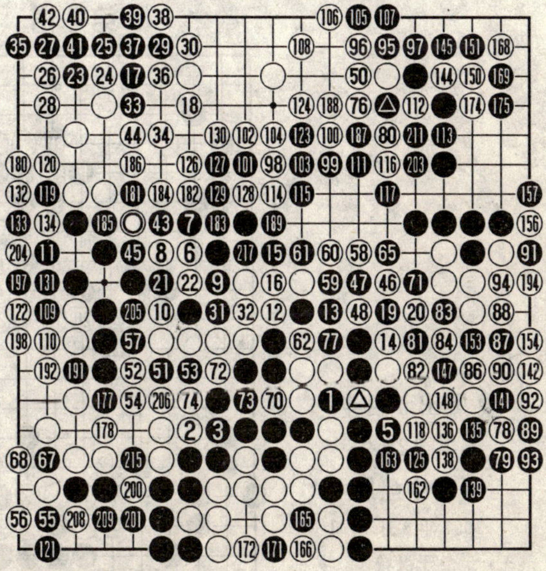

4 64＝△　49 75＝1

63 69＝19　66＝48

85＝20

137 143 149 155 161 167 173 179 193 199 214＝119

140 146 152 158 164 170 176 190 196 202＝134

159＝153　160＝87

195＝156　207 213＝133

210 219＝204　212＝▲

216＝◎　218＝181

黑出5目半

共319手

黑胜6目半

1997年8月13日

于汉城

世界公开赛本赛

黑	白
金东勉	常昊
六段	八段
（韩国）	（中国）

第1谱 1—100

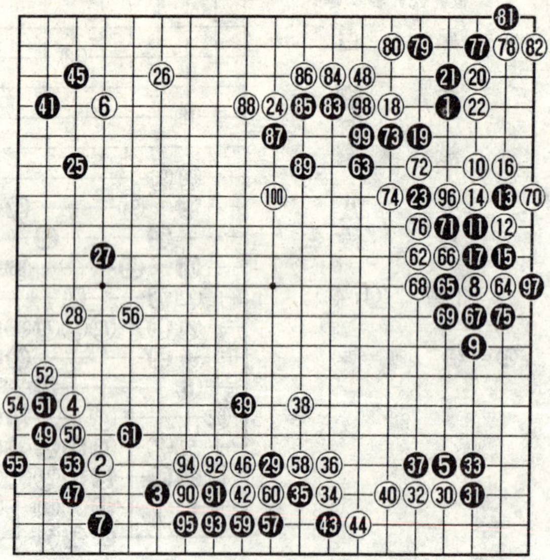

第2谱 101—124

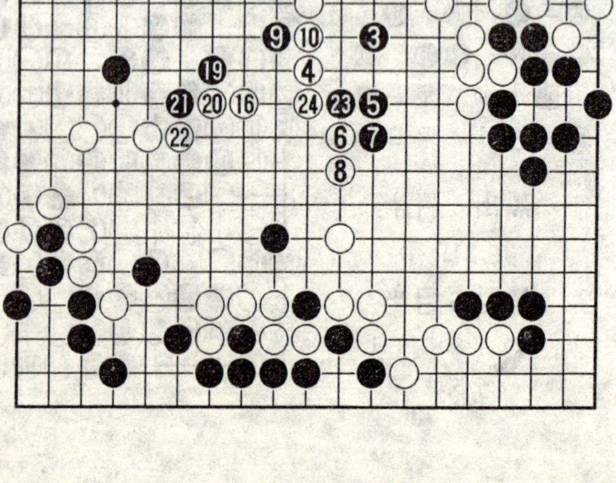

黑出5目半

共124手

白中盘胜

1997年8月15日

于汉城

世界公开赛本赛

黑	白
李昌镐	**俞斌**
九段	**九段**
（韩国）	（中国）

51＝34　98＝90

100＝89

至白50时，局部虽是一种下法，但黑实地甚丰厚。

黑81、83挑起了复杂的战斗。之后黑87缓手，被白88碰，作战主动权落入白手。

白46是最后的败着，若于A位做活、尽管局势落后尚可等待机会。

74＝70　87＝68

黑出5目半

共191手

黑中盘胜

1997年8月15日

于汉城

第1谱　1—100

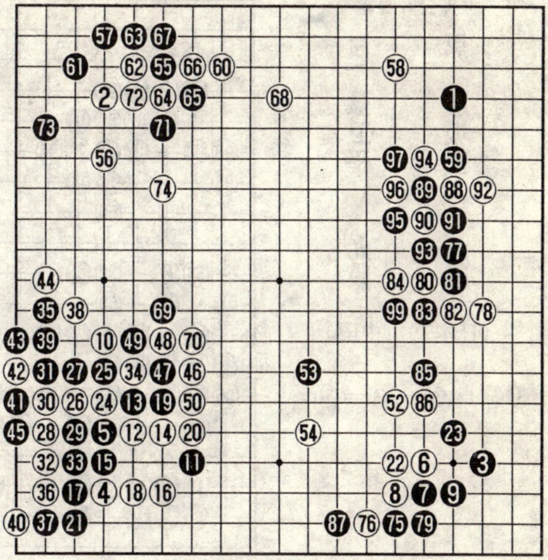

第2谱　101—191

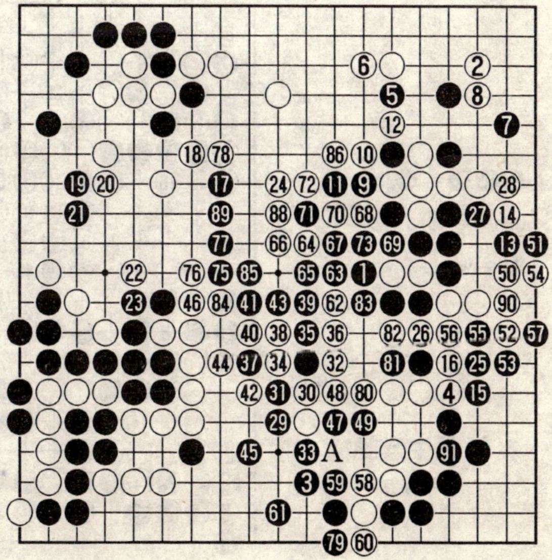

世界公开赛本赛

黑	白
彦坂直人	聂卫平
九段	九段
（日本）	（中国）

㊺㊾＝❼　㊽＝㉞

第1谱　1—100

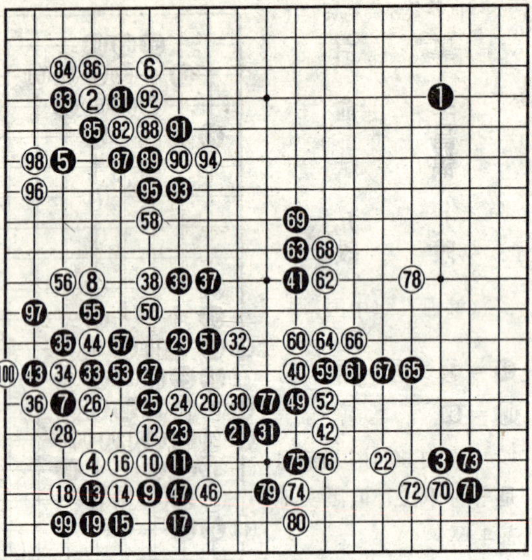

第2谱　101—217

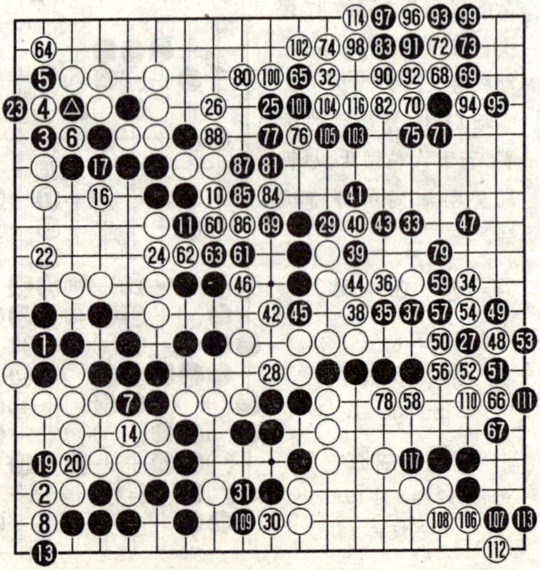

❾⓯㉑＝△

⑫⑱＝⑥　㊺＝㊽

⑮＝96

黑出5目半

共217手

黑中盘胜

1997年8月15日

于汉城

世界公开赛本赛

黑	白
金承俊	王磊
五段	六段
（韩国）	（中国）

❺❸⑦④＝❹❸　⑤⑥＝④⓪

第1谱　1—100

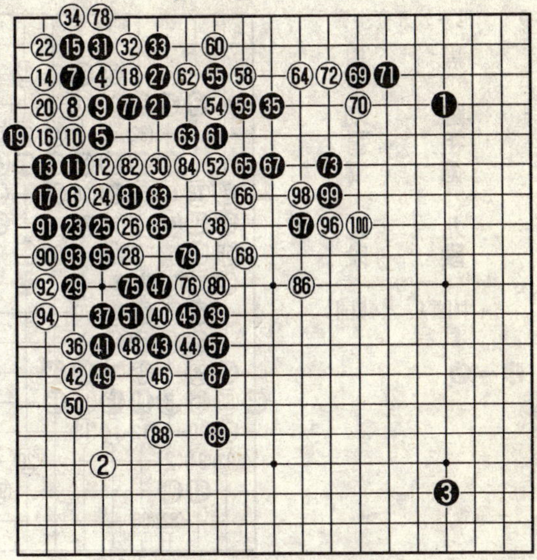

第2谱　101—274

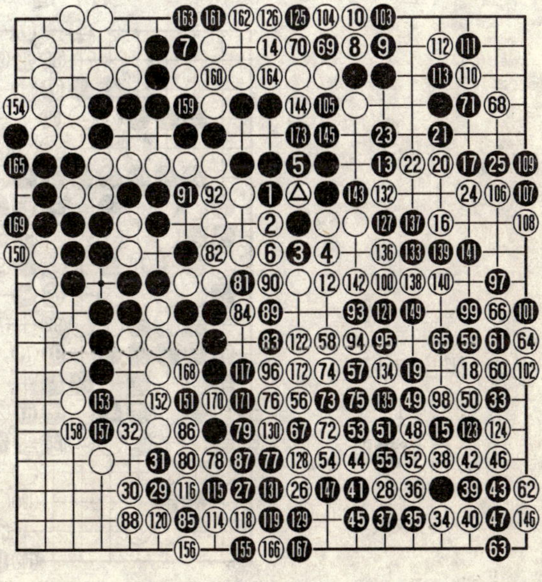

⓫＝△　⑭⑧＝❻❼

⑰④＝⓯⓵

黑出5目半

共274手

黑胜2目半

1997年8月15日

于汉城

世界公开赛本赛

黑	白
陈祖德	刘昌赫
九段	九段
（中国）	（韩国）

93＝5

第1谱　1—100

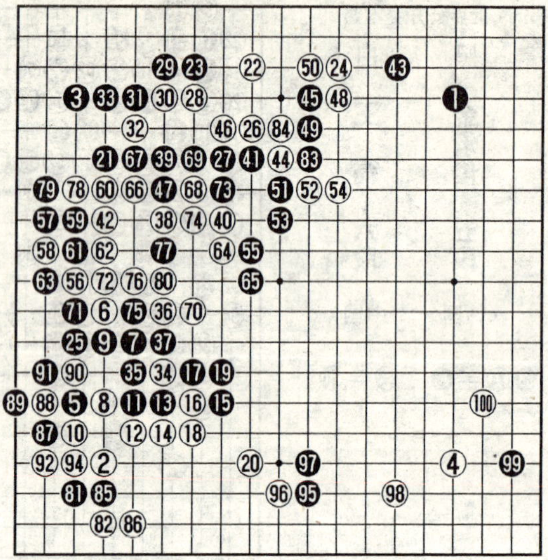

第2谱　101—212

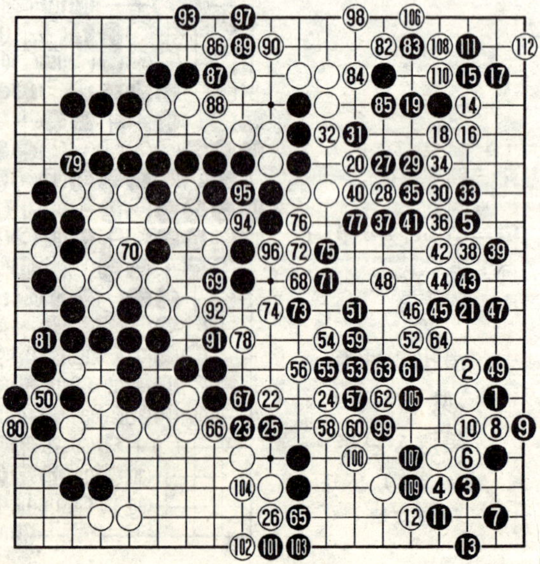

黑出5目半

共212手

白中盘胜

1997年8月15日

于汉城

第1谱　1—100

世界公开赛本赛

黑　白

周鹤洋　小林觉

七段　九段

（中国）（日本）

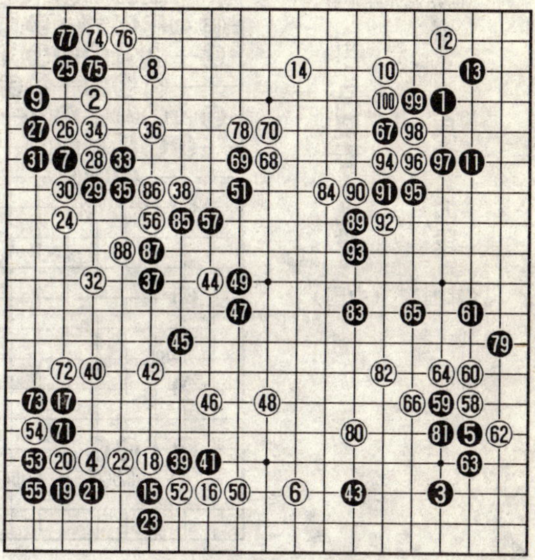

第2谱　101—276

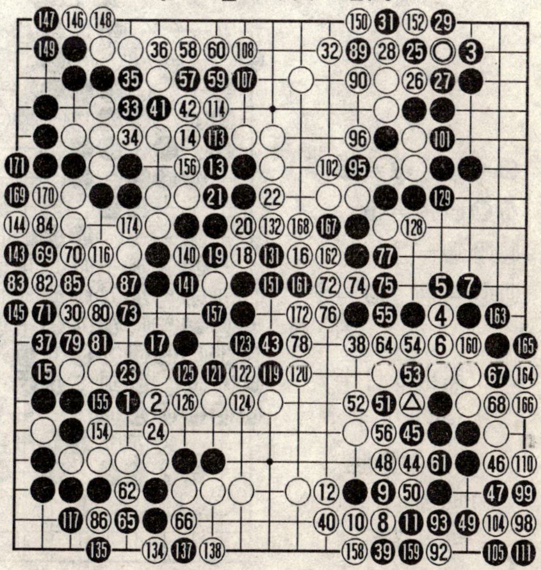

63＝△

88 94 100 106 112 118 130 136 142 ＝82

91 97 103 109 115 127 133 139 176 ＝85

153＝◎　173＝31

175＝152

黑出5目半

共276手

白胜3目半

1997年8月15日

于汉城

世界公开赛本赛

黑　　白

金成龙　马晓春

四段　　九段

（韩国）　（中国）

第1谱　1—100

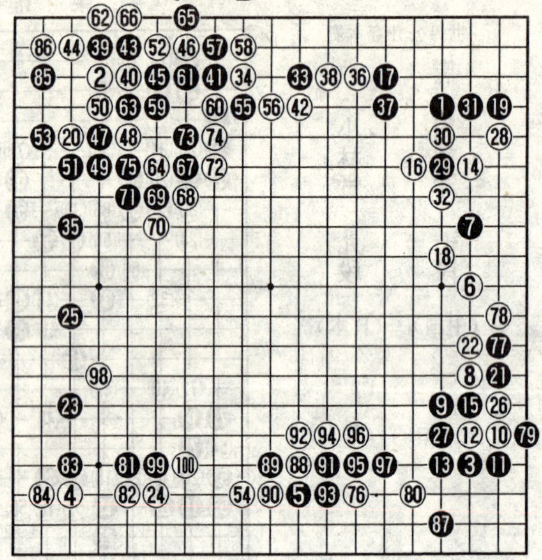

第2谱　101—228

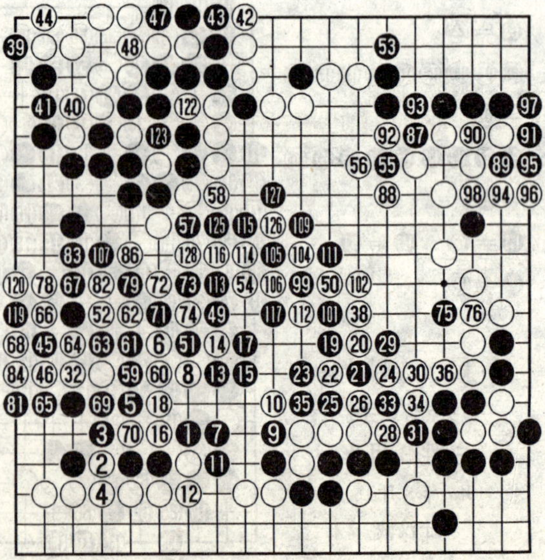

27＝22　37＝33

77 85 103 110＝71

80 100 108＝74

118 124＝104　121＝99

黑出5目半

共228手

白中盘胜

1997年8月15日

于汉城

世界公开赛本赛

黑	白
李圣宰	罗洗河
四段	六段
（韩国）	（中国）

❺❶＝㊹　❽❶＝②

白 22 至黑 33 的下法得失不明。

黑 77、79 在实地方面大有收获。白棋的失误在 68，让黑 69 位点所至。

白 88 是败着。此时白已劣势，当下得顽强些才可以进行顽强抵抗。

黑 89、91 是决定本局胜利的妙手。

黑出 5 目半

共 195 手

黑中盘胜

1997 年 8 月 15 日

于汉城

第 1 谱　1—100

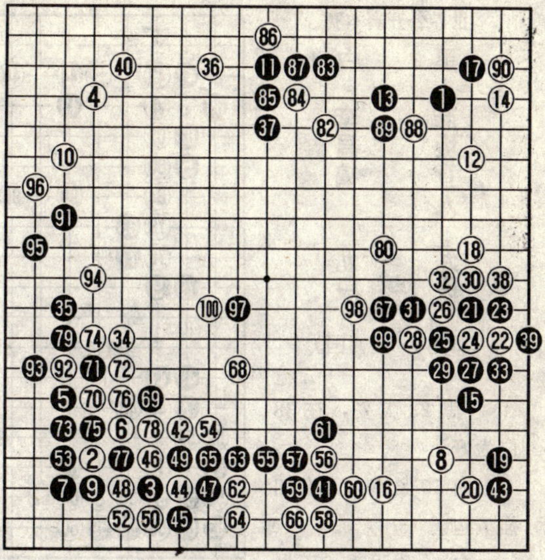

第 2 谱　101—195

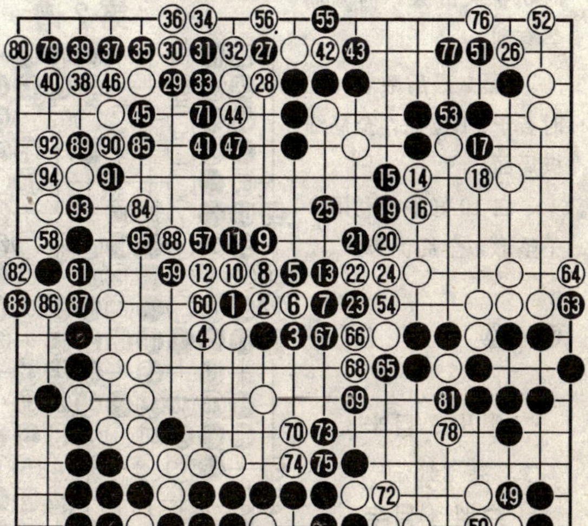

世界公开赛本赛

黑	白
彦坂直人	李昌镐
九段	九段
（日本）	（韩国）

黑 23 欠妥，在 38 位为好。

白 50 紧凑，意在加强下边。

白 76 碰强手，不失时机扩大战果，白方局势有利。

黑 9 最后败着，此时若于 71 位托，全局细棋局面。

白 10 好手，利用弃子整形，全局优势。

第1谱 1—100

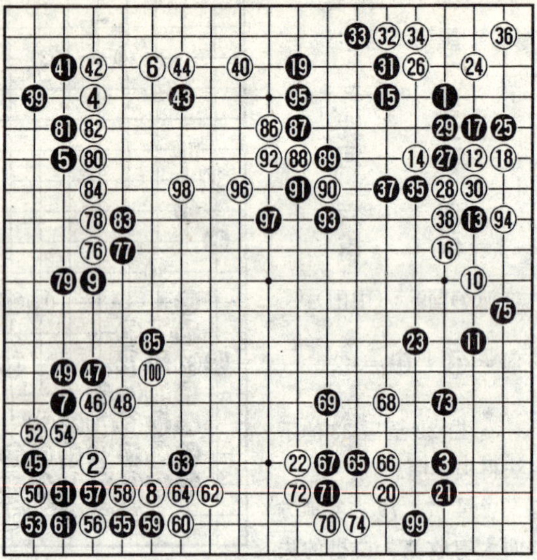

第2谱 101—246

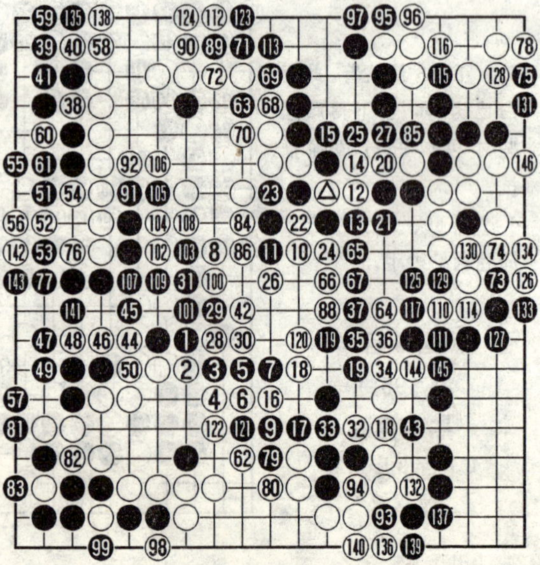

❽⑦＝△

黑出 5 目半

共 246 手

白胜 4 目半

1997 年 9 月 19 日

于北京

世界公开赛本赛

黑	白
李圣宰	小林觉
四段	九段
（韩国）	（日本）

57＝45

白 32 尖冲及时的好手，之后 34 跳果断，白棋是不易攻杀之形。

黑 79、81 积极、局势双方接近。

白 30 胜着。迫使黑下 33 位，局部白棋得利，最终小胜。

128＝△　129＝52

黑出 5 目半

共 229 手

白胜 2 目半

1997 年 9 月 19 日

于北京

第1谱　1—100

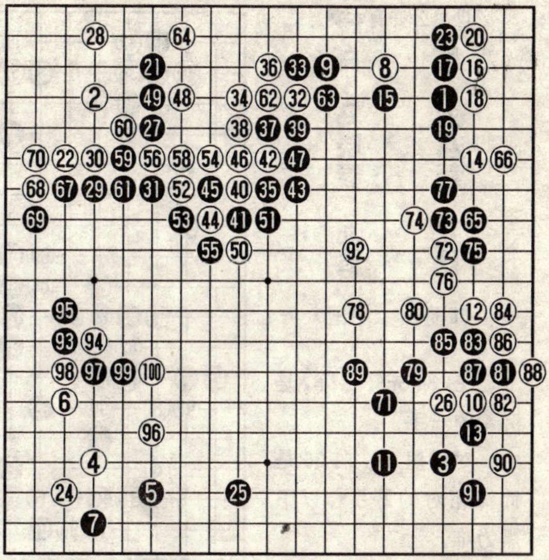

第2谱　101—229

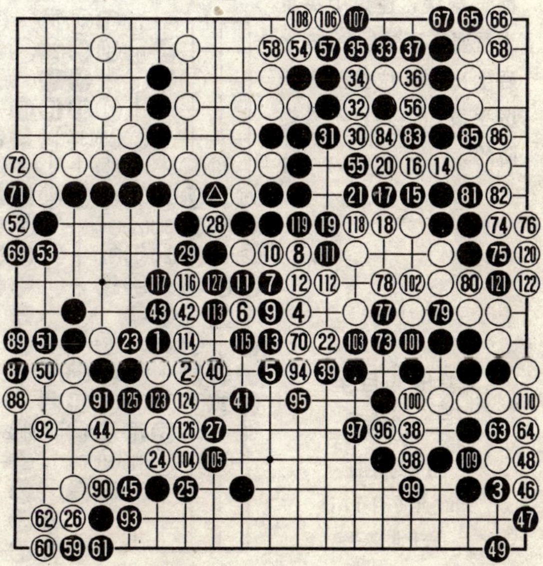

世界公开赛本赛

黑 白

刘昌赫 马晓春

九段 九段

（韩国） （中国）

白 34 先守已阵，是沉着的一手。

对付黑 35，白 36 是针锋相对的好手，以下黑为难。

对白 56 的提，观者都觉嫌缓，建议中央更为重要。可是，白 56 之后生出 100 位拐头之严厉手段，是黑方不曾提防的。

黑出 5 目半

共 208 手

白中盘胜

1997 年 9 月 19 日

于北京

第 1 谱 1—100

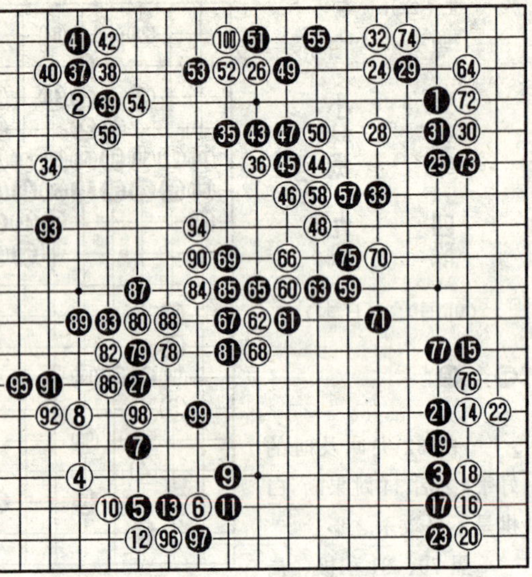

第 2 谱 101—208

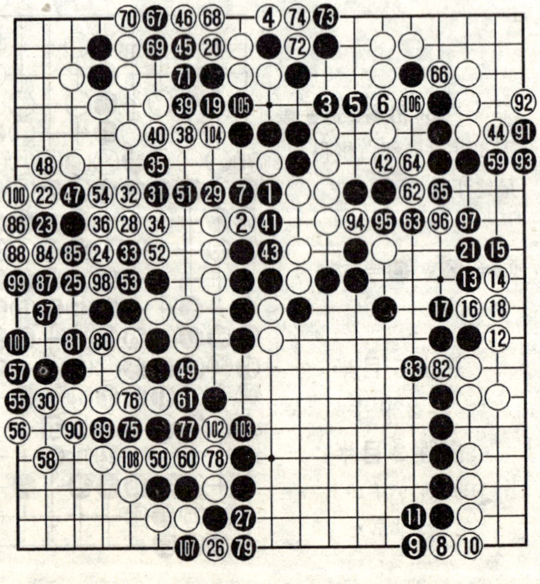

世界公开赛本赛

黑	白
金承俊	常昊
五段	八段
（韩国）	（中国）

黑 15 的下法激烈，20 位扳也是可行的下法。

白 22 问题手，于 A 位断吃，实利充分。

白 60 好手，迫使黑在 63、65 吃白四子，而白方 64、68 在外连下两手，全局白棋优势。

白 16、18 失误，之后 30 是败着，以至大龙被杀。

51＝48

黑出 5 目半

共 171 手

黑中盘胜

1997 年 9 月 19 日

于北京

第 1 谱　1—100

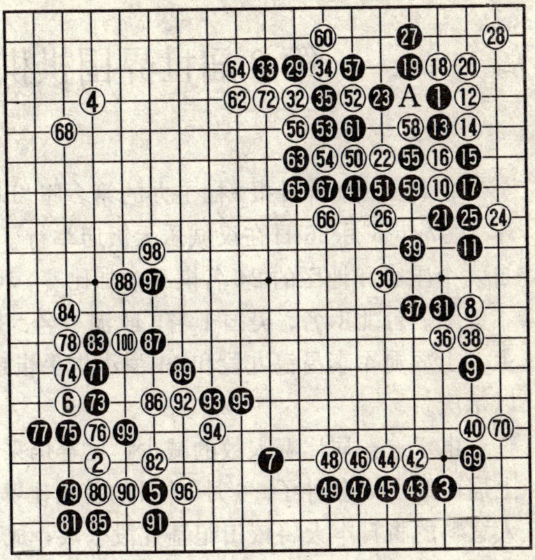

第 2 谱　101—171

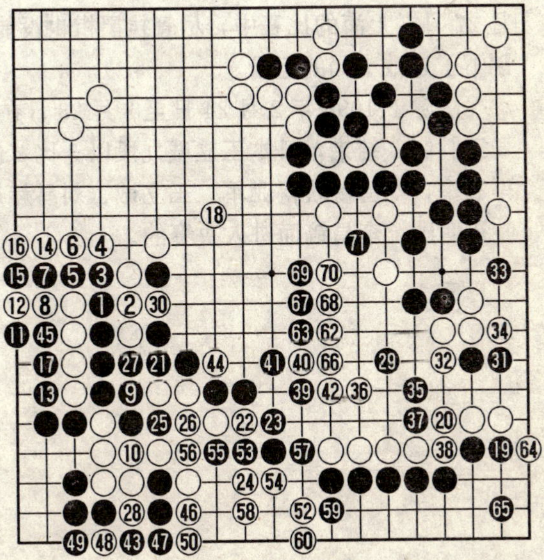

第2届世界围棋棋王赛

由韩国《朝鲜日报》社主办的第2届“LG杯”世界围棋棋王赛，于1997年6月26日在汉城乐天饭店举行了隆重的开幕式。共有来自六个国家和地区的24名棋手参加比赛，我国有5名选手参加，日本5名、台北1名、美国1名、欧洲1名、东道主11名。在开幕式上，上届冠军李昌镐九段和11岁小棋手崔哲瀚下了一盘纪念快棋，以示庆贺。

由于这一届比赛人数的减少，比赛仍采用单败淘汰，首轮依据上届成绩设8名种子。6月27日的首轮比赛，欧洲代表汉斯初段出人意料的将日本大将依田纪基九段杀败，成为本届比赛的新闻热点话题。我国选手发挥欠佳，除马晓春九段一人进入八强外，其他无人有建树。而马晓春在八强赛中又遇到冤家对头韩国李昌镐九段，10月27日在上海的比赛中，尽管执黑棋也没能闯过李昌镐的这一关，创下了连败十局的纪录。

决赛于1998年2月24日至3月23日在汉城举行，比赛采用五局三胜制。结果，日本王立诚九段以3比2击败韩国刘昌赫九段夺得冠军，刘昌赫获得亚军。王立诚、刘昌赫是在半决赛中，分别战胜崔明勋、李昌镐而进入决赛的。

第2届世界围棋棋王赛成绩表

- 王立诚(3：2)
  - 刘昌赫
    - 刘昌赫
      - 刘
        - 柳时熏
          - 梁宰豪九段
          - 柳时熏八段
        - 刘昌赫九段
      - 小林
        - 汉　斯
          - 汉　斯初段
          - 依田纪基九段
        - 小林觉九段
    - 李昌镐
      - 李
        - 邵炜刚
          - 邵炜刚八段
          - 周俊勋三品
        - 李昌镐九段
      - 马
        - 李圣宰
          - 曹大元九段
          - 李圣宰四段
        - 马晓春九段
  - 王立诚
    - 崔明勋
      - 崔
        - 俞　斌
          - 金　原六段
          - 俞　斌九段
        - 崔明勋五段
      - 徐
        - 常　昊
          - 常　昊八段
          - 李世乭初段
        - 徐奉洙九段
    - 王立诚
      - 曹
        - 赵治勋
          - 尹圣铉五段
          - 赵治勋九段
        - 曹薰铉九段
      - 王
        - 王立诚
          - 李贤旭二段
          - 王立诚九段
        - 芮乃伟九段

世界棋王赛决赛

第1局

黑	白
刘昌赫	王立诚
九段	九段
（韩国）	（日本）

白34可以考虑于A位长，实战被黑39至45的下法极为舒畅。

第1谱 1—100

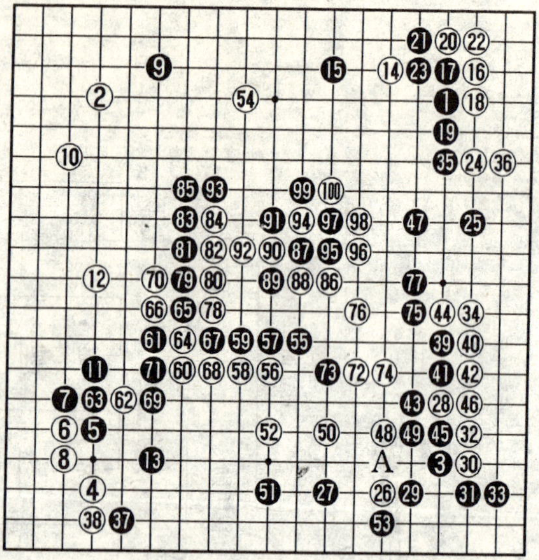

黑21以下至33妙手成劫，体现了黑方精确的计算能力。至54形成转换，全局黑优。

第2谱 101—298

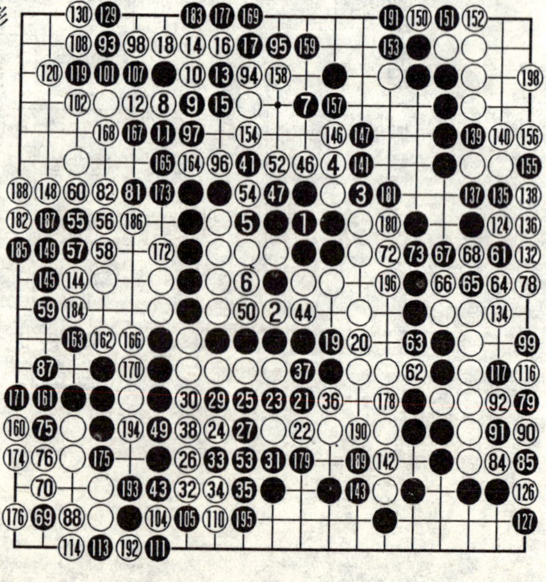

39 45 51 = 33

42 48 = 53

71 77 83 89 125 131 = 65

74 80 86 122 128 133 = 68

100 106 112 118 123 = 90

103 109 115 121 = 91

197 = 151

黑出5目半

共298手

黑胜7目半

1998年2月24日

于汉城

世界棋王赛决赛

第2局

黑	白
王立诚	刘昌赫
九段	九段
（日本）	（韩国）

黑29起的攻防是本局焦点。至白76形成转换，由于黑方得先手，争到77位镇，全局黑简明有利。由此看来，白52至58分断黑棋的下法有疑问。

白94败着。被黑99断吃两子，大势已去。

第1谱 1—100

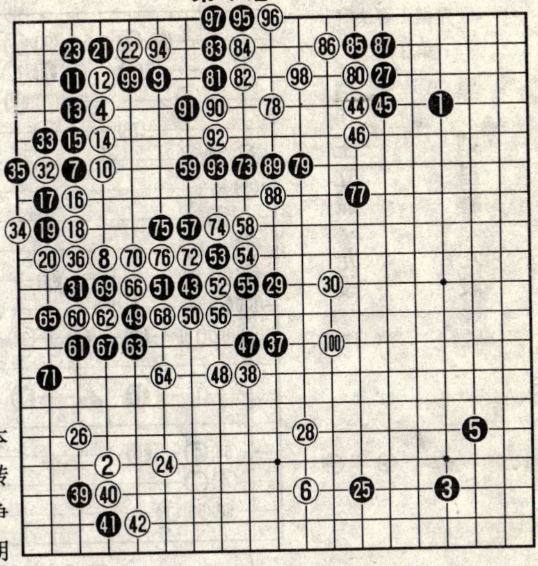

第2谱 101—125

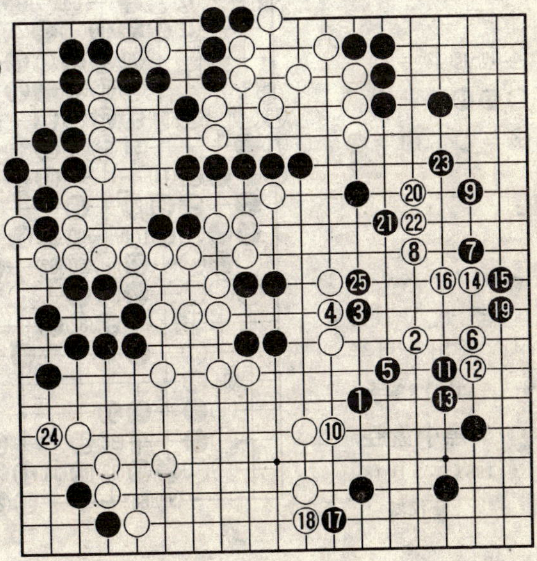

黑出5目半

共125手

黑中盘胜

1998年2月26日

于汉城

世界棋王赛决赛

第3局

黑　　白

刘昌赫　　王立诚

九段　　九段

（韩国）　（日本）

第1谱　1—100

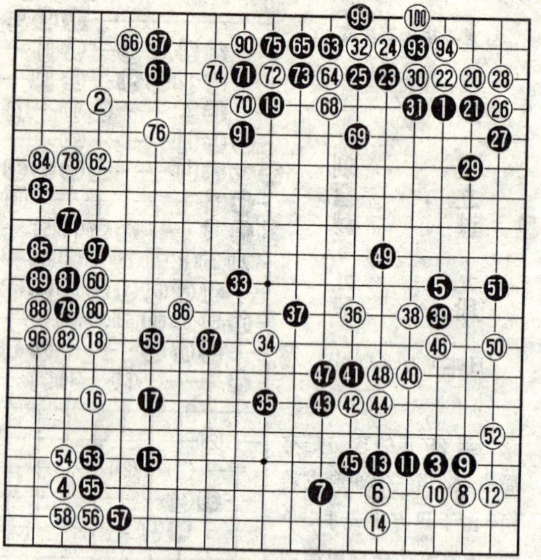

92 98＝72　95＝71

第2谱 101—183

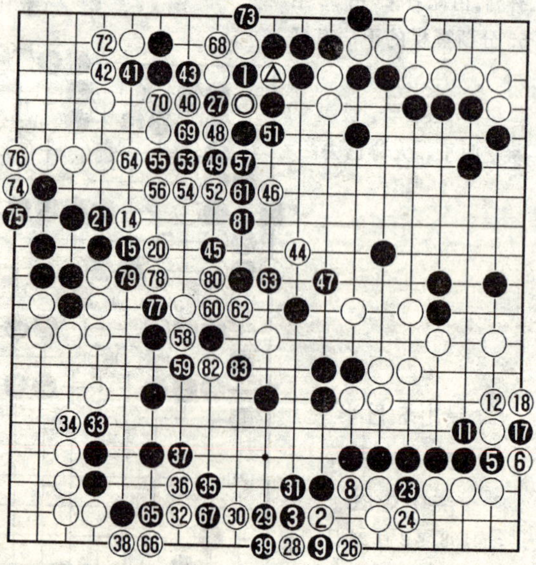

4 10 16 22＝△

7 13 19 25＝1

50＝◎　71＝27

黑出5目半

共183手

黑中盘胜

1998年3月18日

于汉城

世界棋王赛决赛

第4局

黑	白
王立诚	刘昌赫
九段	九段
（日本）	（韩国）

第1谱 1—100

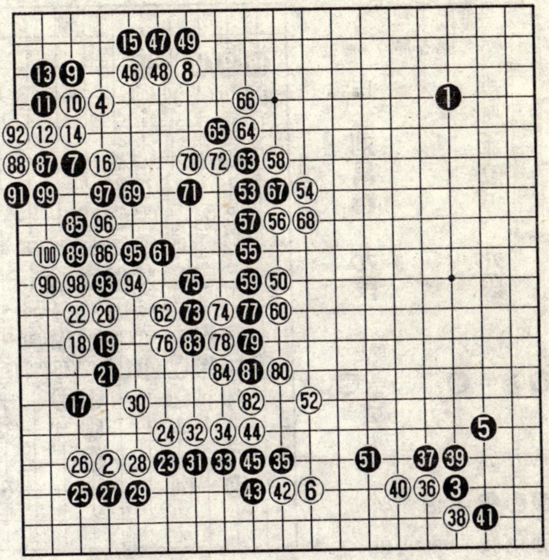

第2谱 101—245

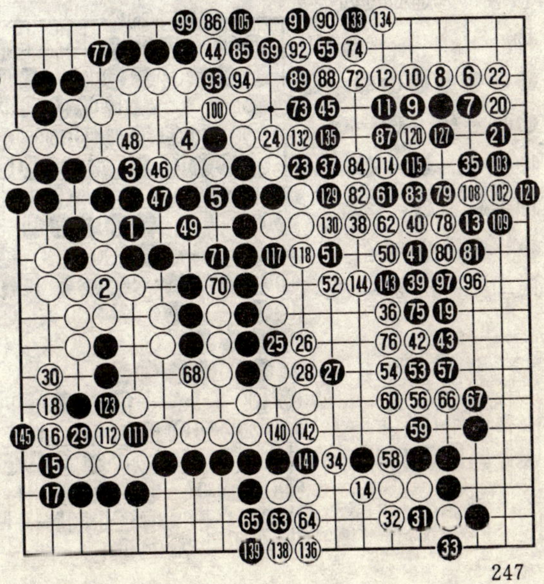

95 101 107 113 119 125 131＝55

98 104 110 116 122 128＝92

106＝93　124＝111

126＝108　137＝90

黑出5目半

共245手

黑中盘胜

1998年3月20日

于汉城

世界棋王赛决赛

第5局

黑	白
王立诚	**刘昌赫**
九段	**九段**
（日本）	（韩国）

81 84 = 39　　82 = 45

16 22 28 = 6

19 25 31 = 13

60 112 146 152 194 = 46

93 143 149 155 = 57

98 104 110 160 166 172 178 192 = 56

101 107 157 163 169 175 181 = 95

141 198 = 48　　167 = △

168 = ◎　　171 = 15

176 = 170　　177 = 26

183 = □　　195 = △

196 = 114　　222 = 105

黑出5目半

共322手

黑胜8目半

1998年3月23日

于汉城

第1谱　1—100

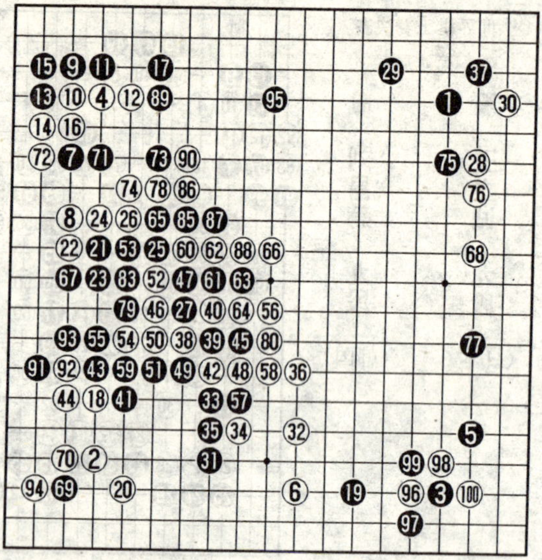

第2谱 101—322

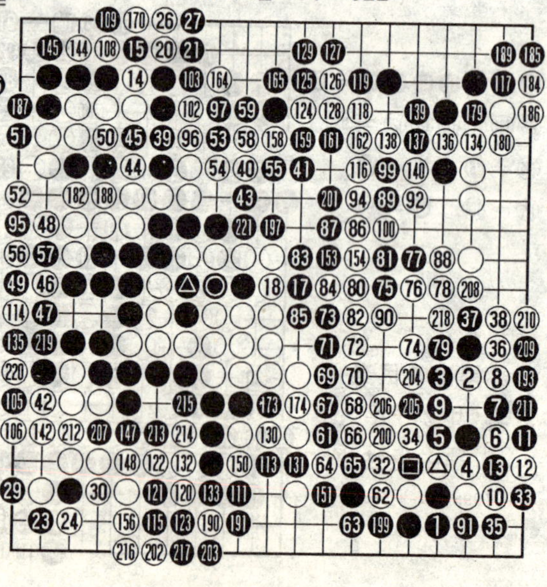

世界棋王赛半决赛

黑 刘昌赫 九段 （韩国）

白 李昌镐 九段 （韩国）

这是争夺决赛权的一局。中盘之战晴天霹雳般的激烈，全由黑 97，白 98 所导致。黑 97 可于 167 位飞；白 98 也可在 A 位关。

白方最后的败着是 152，若于 A 位爬，胜负漫长。

44＝39　76＝△

79＝73　100＝80

102＝97

黑出 5 目半

共 203 手

黑中盘胜

1998 年 2 月 5 日

于釜山市

第 1 谱 1—100

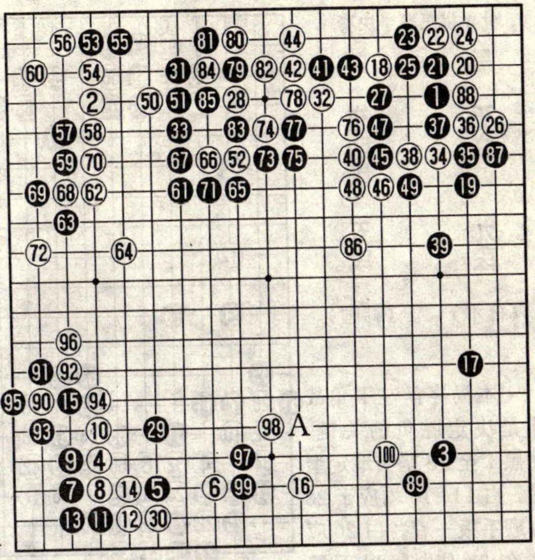

第 2 谱 101—203

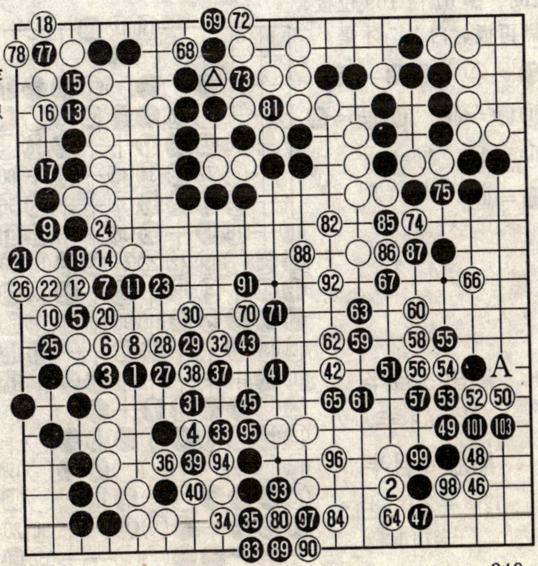

世界棋王赛半决赛

黑　　白

王立诚　崔明勋

九段　五段

（日本）　（韩国）

本局序盘左下角战斗是决定胜负的关键。在黑 7 至 13 坚实地定型后，白 14、16 均应于 28 位顺手扳一着。白 20 应该在 23 位挡，以下黑 52、白 34、黑断吃、白 108、黑 61 白 109 位扳、黑再扳、白 107 才是。

❼❾＝△　⑩⑦⑪③＝❾❸

⑪⓪⑯❸＝⑩④　⑭❸⑯②＝▲

⑭④＝⑭②　⑮⑥＝⑩⓪

⑯❶＝⑬⓪

黑出 5 目半

共 263 手

黑胜 6 目半

1998 年 2 月 5 日

于釜山市

第 1 谱　1—100

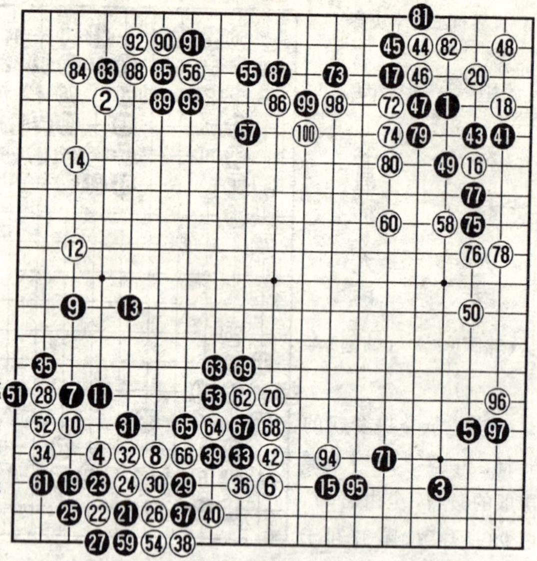

第 2 谱 101—263

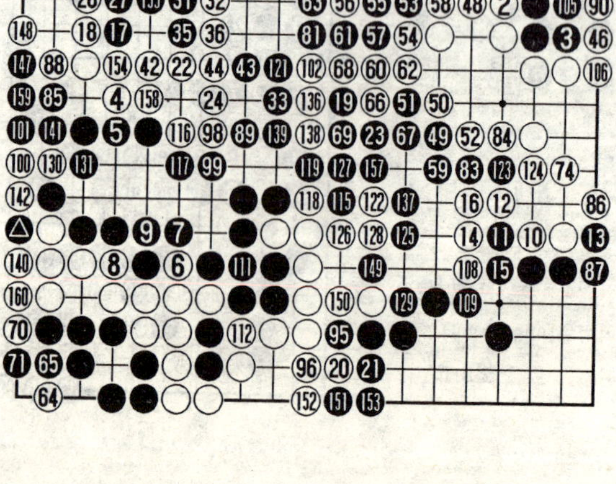

世界棋王赛预选赛

黑	白
周俊勋	邵炜刚
三品	八段
（台湾）	（中国）

第1谱 1—100

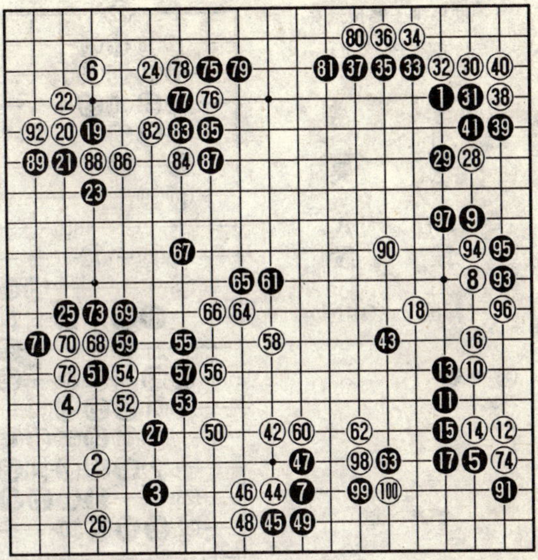

第2谱 101—174

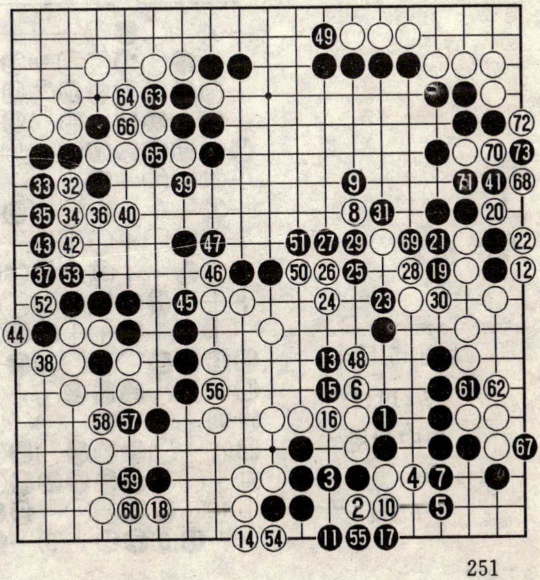

⑭=⑩

黑出5目半

共174手

白中盘胜

1997年6月27日

于汉城

世界棋王赛预选赛

黑	白
李世乭	常昊
初段	八段
（韩国）	（中国）

㊿8＝51

第1谱 1—100

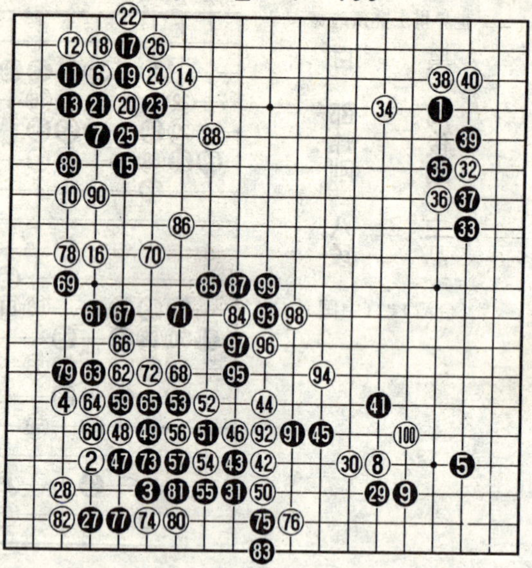

第2谱 101—214

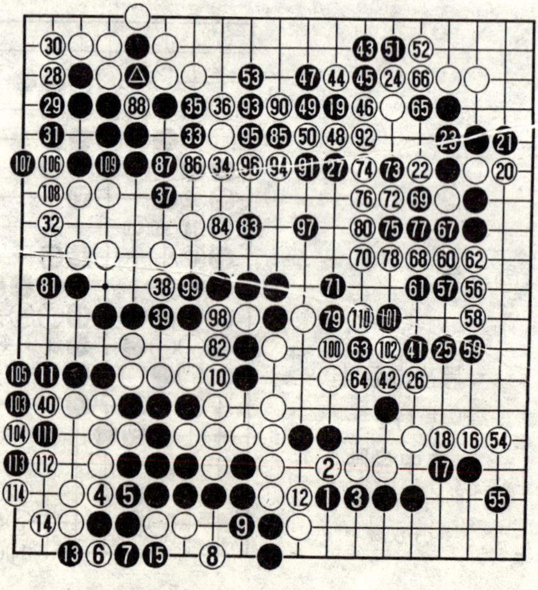

89＝△

黑出5目半

共214手

白中盘胜

1997年6月27日

于汉城

世界棋王赛预选赛

黑	白
俞斌九段（中国）	金原六段（韩国）

第1谱 1—100

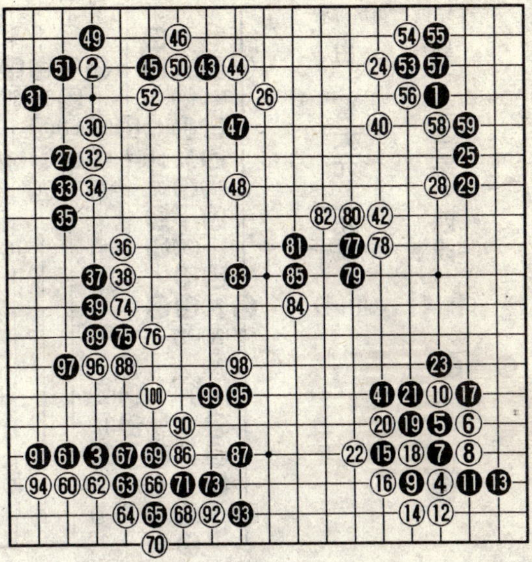

⑫＝❻❺

第2谱 101—147

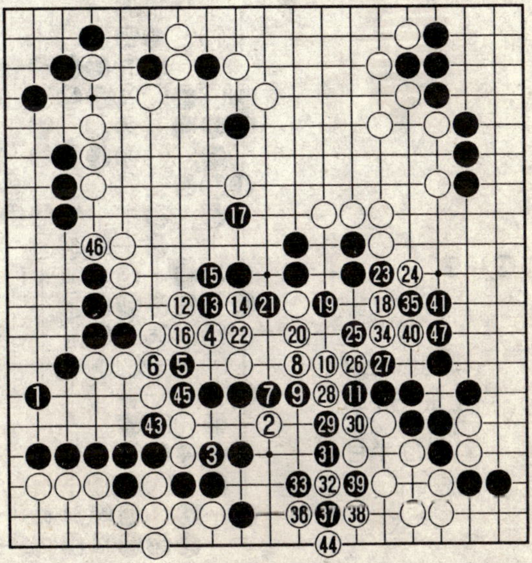

㊷＝㉜

黑出5目半

共147手

黑中盘胜

1997年6月27日

于汉城

世界棋王赛预选赛

黑	白
李圣宰	曹大元
四段	九段
（韩国）	（中国）

99＝79

第1谱　1—100

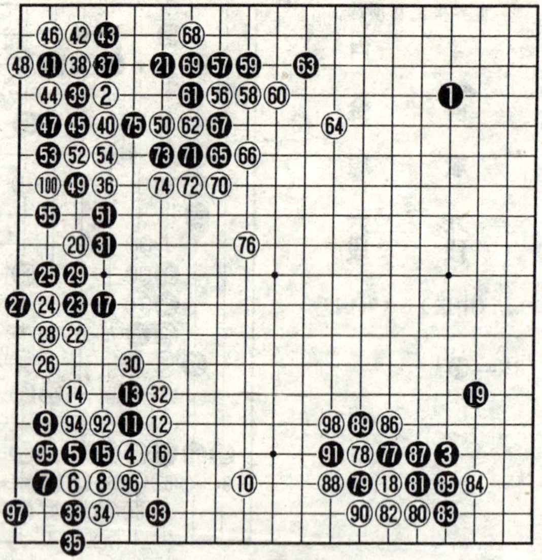

第2谱　101—229

33＝23

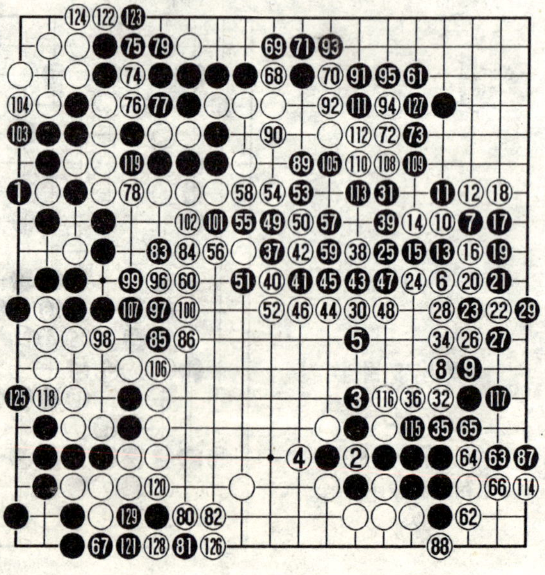

黑出5目半

共229手

黑胜半目

1997年6月27日

于汉城

世界棋王赛预选赛

黑 汉斯 初段 （欧洲）

白 依田纪基九段 （日本）

63＝29　66＝58

第1谱 1—100

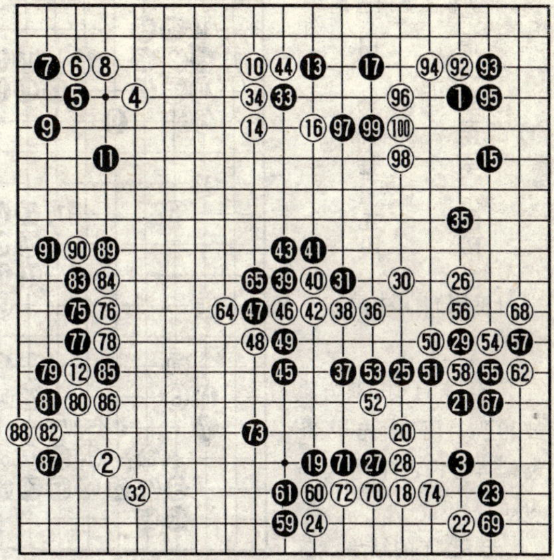

124 130 140 146 152 158＝△

127 137 143 149 155 161＝121

160＝125　167＝◎

180＝91

第2谱 101—280

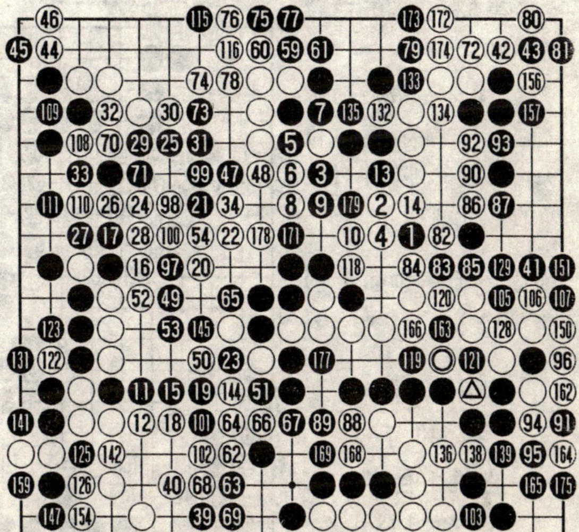

黑出5目半

共280手

黑胜半目

1997年6月27日

于汉城

世界棋王赛预选赛

黑	白
李圣宰	马晓春
四段	九段
（韩国）	（中国）

至白 34 时，双方旗鼓相当。黑 35 先于 38 位，再考虑占下边大场为好。

至黑 41 的结果，白方表示满意。

黑 53 欠妥，于 73 位靠才好。

黑 3 是最后的败着。先于 4 位尖，再 97 位尖，劫材有利是半目胜负的棋局。

79 83＝29　80 111＝△
81＝◎

黑出 5 目半

共 211 手

白胜 1 目半

1997 年 6 月 29 日

于汉城

第 1 谱　1—100

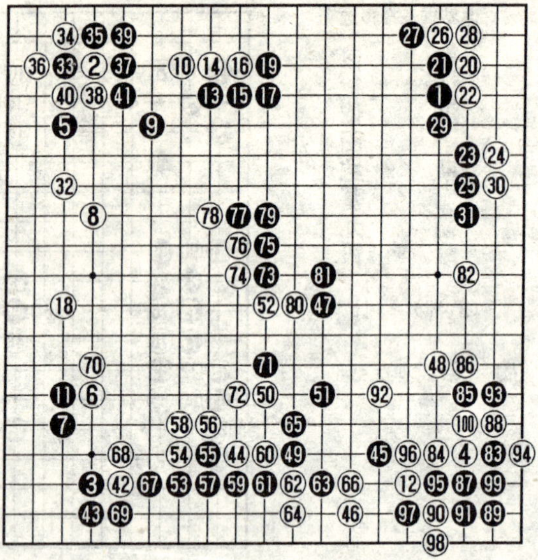

第 2 谱　101—211

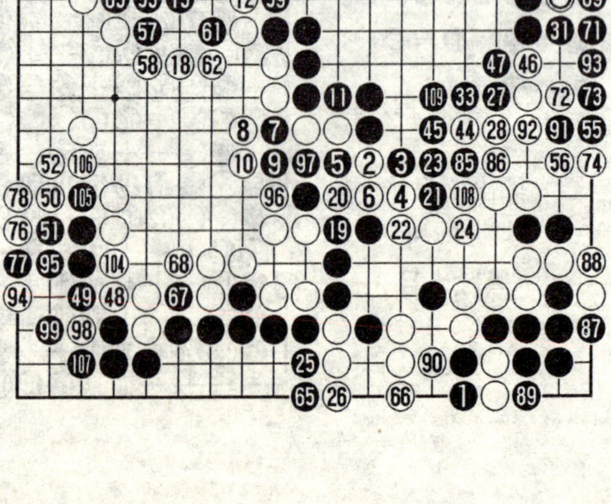

世界棋王赛预选赛

黑 白

曹薰铉 赵治勋

九段 九段

（韩国） （日本）

第1谱 1—100

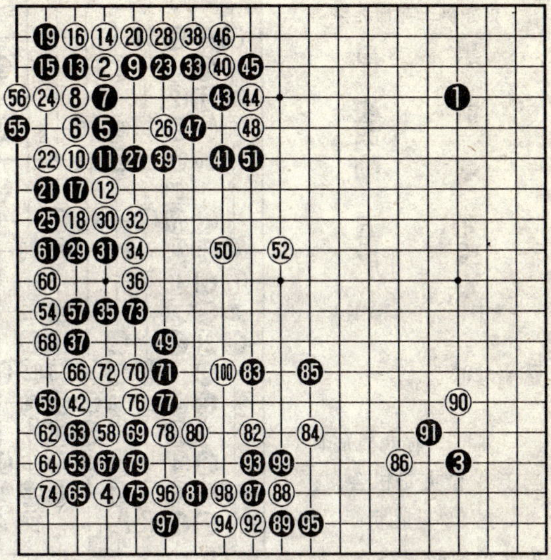

第2谱 101—205

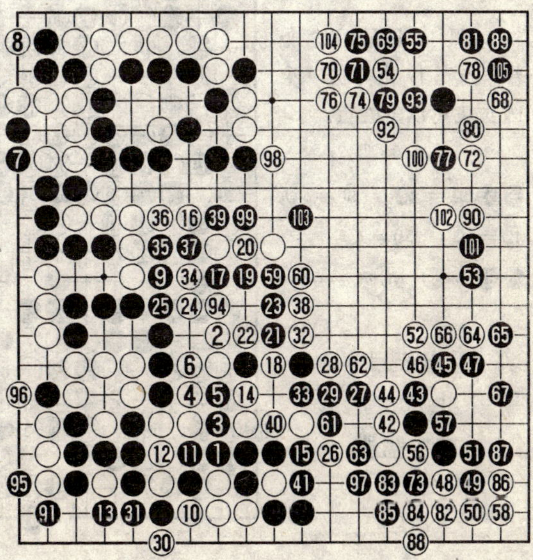

黑出5目半

共205手

黑中盘胜

1997年6月29日

于汉城

世界棋王赛预选赛

黑	白
俞斌	崔明勋
九段	五段
（中国）	（韩国）

73＝24

黑 39 俞九段后悔，当于 A 位夹是机会。

黑 93 是胜负手，不如此难挽回局势。

第1谱 1—100

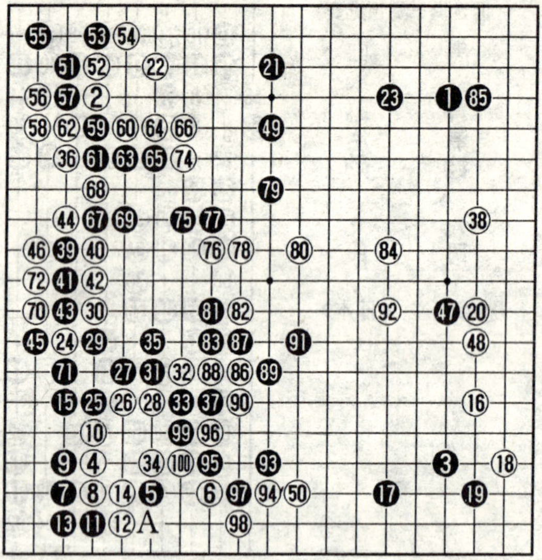

第2谱 101—208

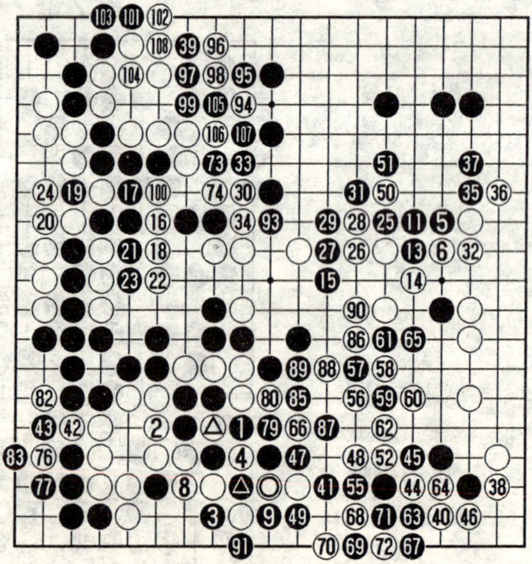

黑 15 是最后的败着，当先 17 位打吃，再 15 位飞可以争胜负。

7 53 92＝▲　10＝4

12＝△　54＝◎

75 81＝69　78 84＝72

黑出 5 目半

共 208 手

白中盘胜

1997 年 6 月 29 日

于汉城

世界棋王赛预选赛

黑	白
芮乃伟	王立诚
九段	九段
（美国）	（日本）

第1谱　1—100

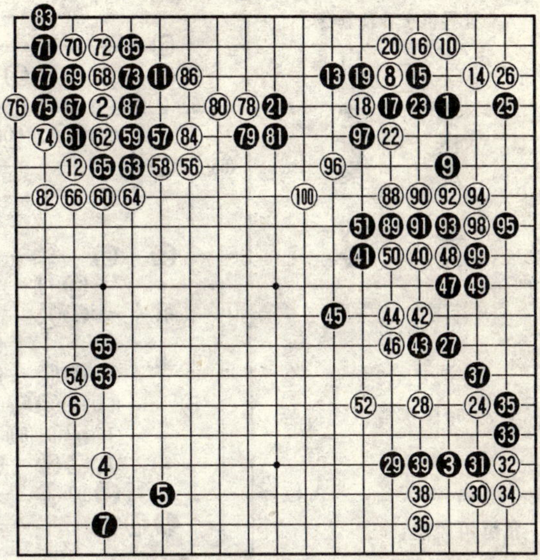

第2谱　101—264

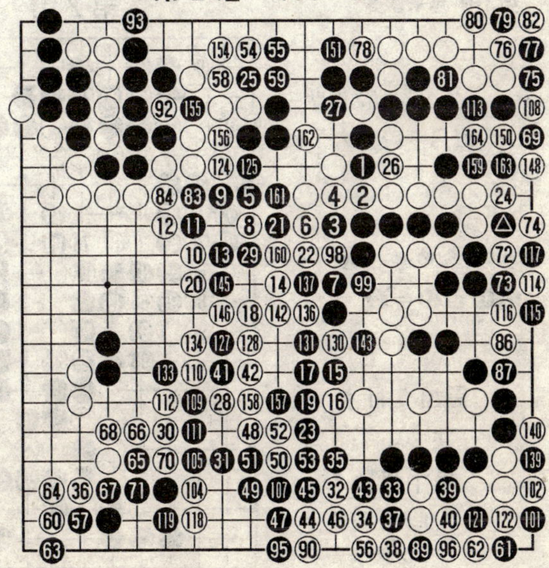

85 91 97 103 = 79

88 94 100 106 = 82

120 126 132 138 144 153 = 114

123 129 135 141 147 = 117

149 = △　152 = 72

黑出5目半

共264手

白中盘胜

1997年6月29日

于汉城

世界棋王赛预选赛

黑	白
徐奉洙	常昊
九段	八段
（韩国）	（中国）

白 20、22 勉强，至黑 39 时黑棋成以逸待劳之势。

黑 69 欠妥，当 A 位靠黑可脱险。

实战本谱 92 时，局势不明起来。

白 2 当 6 位再贴一手，遭黑 5 跨陷入了困境。

⑳㉚㊱㊷㊽＝⑱

㉗㉝㊴㊺＝△

黑出 5 目半

共 201 手

黑中盘胜

1997 年 6 月 29 日

于汉城

第 1 谱 1—100

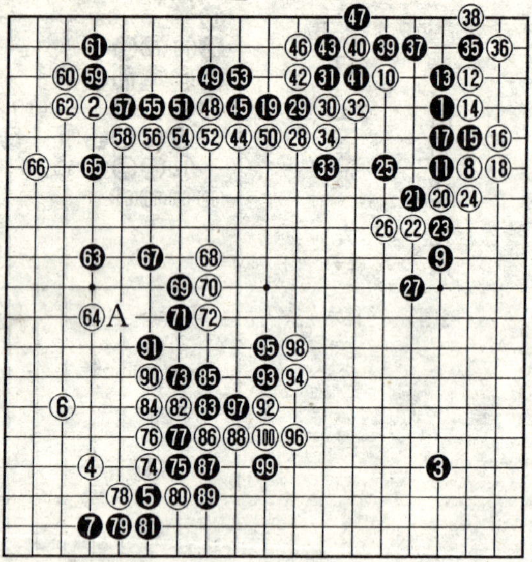

第 2 谱 101—201

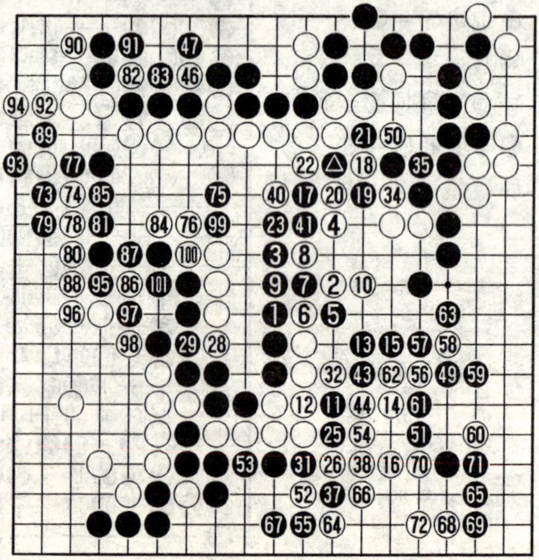

第1谱　1—100

世界棋王赛预选赛

黑	白
邵炜刚	李昌镐
八段	九段
（中国）	（韩国）

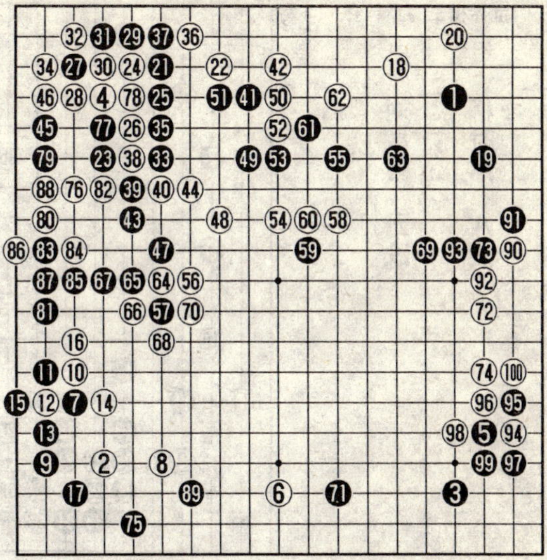

第2谱　101—126

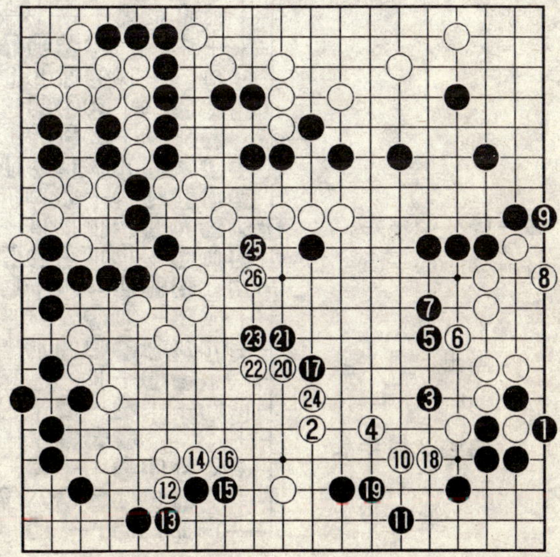

黑出5目半

共126手

白中盘胜

1997年6月29日

于汉城

世界棋王赛预选赛

黑	白
柳时熏	刘昌赫
八段	九段

第1谱 1—100

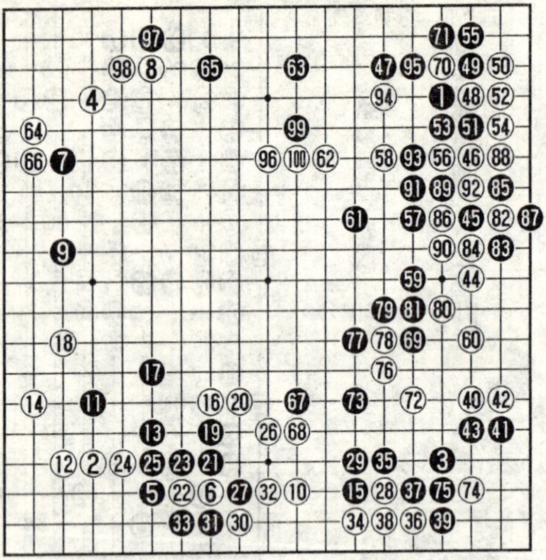

第2谱 101—275

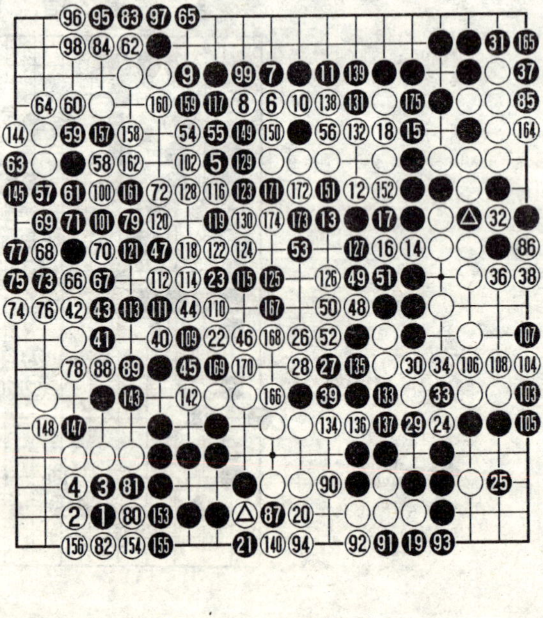

35＝▲　141＝△

146＝32　163＝24

黑出5目半

共275手

白胜3目半

1997年6月29日

于汉城

世界棋王赛预选赛

黑	白
崔明勋	徐奉洙
五段	九段
（韩国）	（韩国）

第1谱　1－100

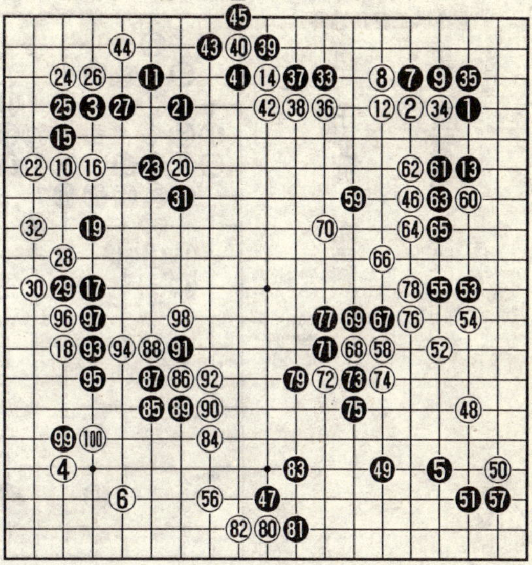

第2谱　101－251

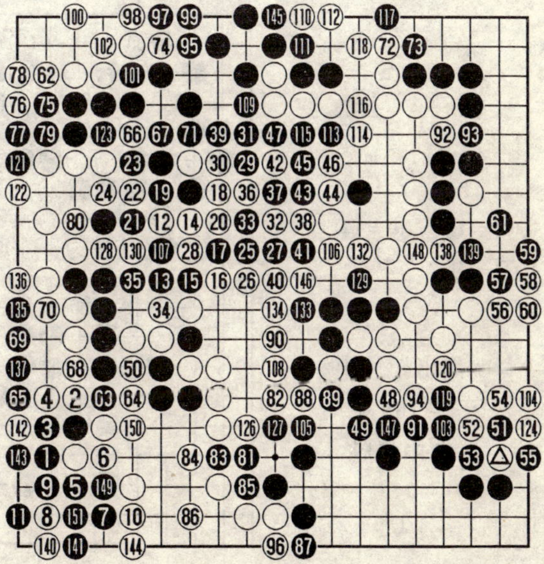

❶㉕＝△　❶㉛＝⑫

黑出5目半

共251手

黑胜21目半

1997年10月27日

于上海

世界棋王赛预选赛

黑	白
曹薰铉	王立诚
九段	九段
（韩国）	（日本）

第1谱 1—100

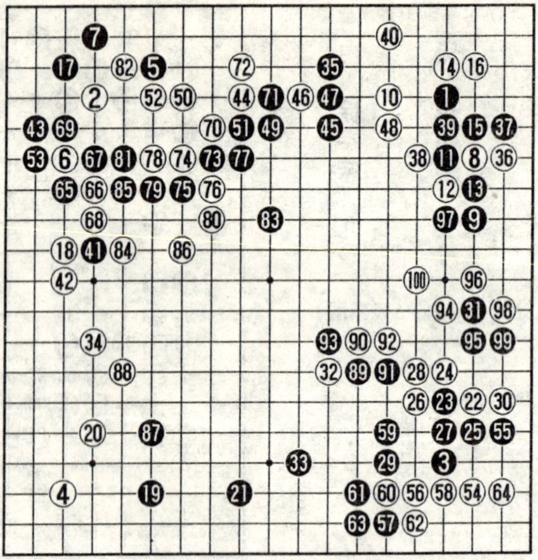

第2谱 101—160

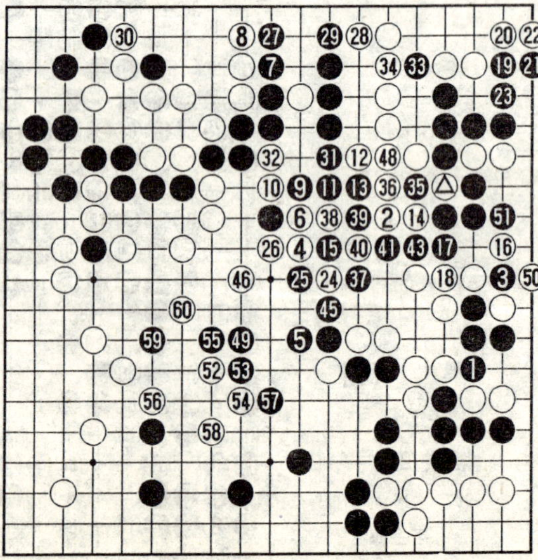

㊷＝⓯　㊹＝△

㊼＝㉟

黑出5目半

共160手

白中盘胜

1997年10月27日

于上海

世界棋王赛预选赛

黑 白

小林觉 刘昌赫

九段 九段

（日本） （韩国）

第1谱 1—100

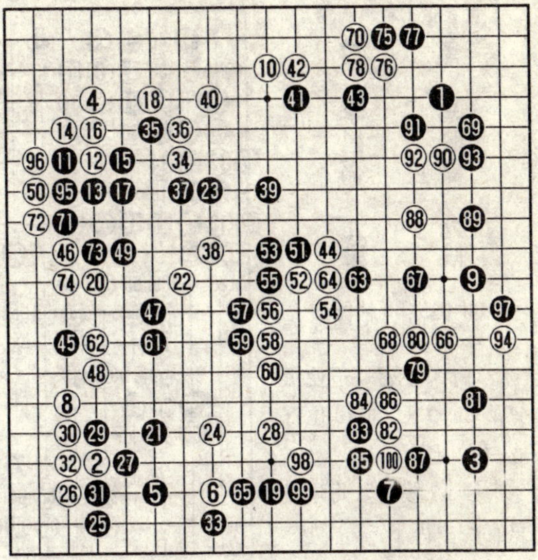

第2谱 101—192

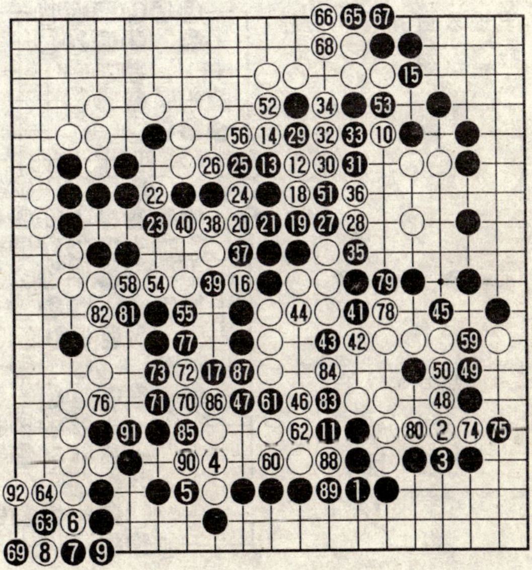

57＝16

黑出5目半

共192手

白胜7目半

1997年10月27日

于上海

世界棋王赛预选赛

黑	白
马晓春	李昌镐
九段	九段
（中国）	（韩国）

白 38 好手，迫使黑只能 39 位长，再 40 位打吃白方便宜了。

黑 43 缓手，此际黑只宜在中央下 子，防白成势方为上策。

白 58 反击严厉，以下进入白方有利的作战。

第 1 谱 1—100

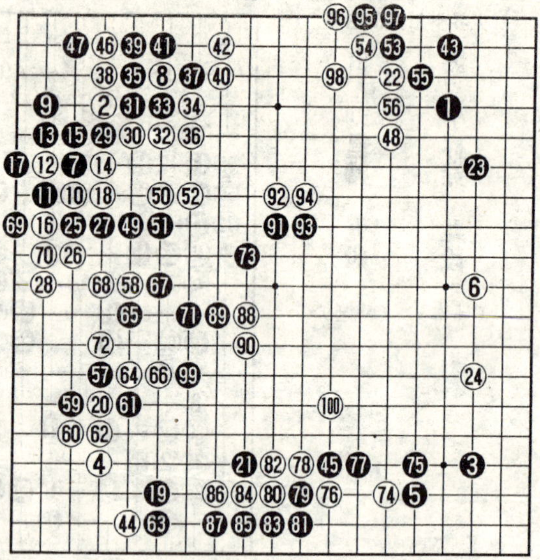

第 2 谱 101—227

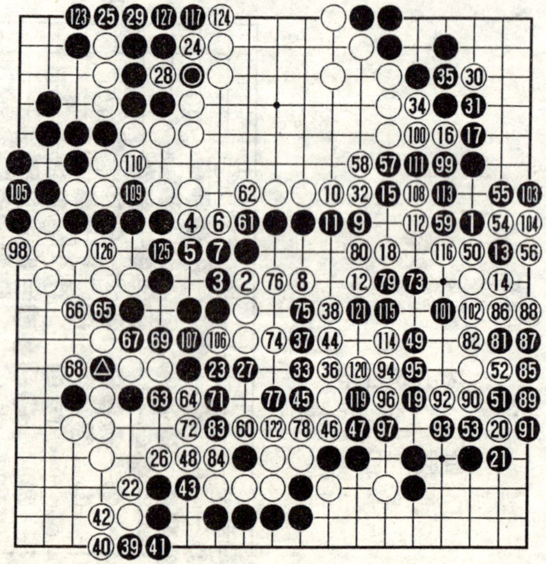

70＝▲ 118＝◉

黑出 5 目半

共 227 手

白胜 1 目半

1997 年 10 月 27 日

于上海

第10届富士通杯世界围棋锦标赛

第10届“富士通杯”世界围棋锦标赛，于1997年4月12日在东京日本棋院举行了首轮比赛。赛制仍为24人的单败淘汰制，采用日本围棋规则，每方用时各3小时。参赛的24个名额是这样分配的：上届前三名，台北一名、欧洲一名、南美洲一名、北美洲一名、中国和韩国代表各五名，日本代表七名。

我国除马晓春九段外，刘小光九段、周鹤洋七段、俞斌九段、常昊八段和王磊六段代表我国参加。

首次参加本届比赛的我国去年全国男子个人赛冠军周鹤洋七段，爆出了“富士通杯”中国棋手继车泽武七段之后的又一大冷门。首轮战胜韩国新星崔明勋五段之后，第二轮又淘汰了李昌镐九段，第三轮移师北京比赛时又将两届冠军武宫正树九段斩于马下，充分体现我国新一代棋手已在逐渐走向成熟。

马晓春也分别战胜王铭琬和林海峰之后进入半决赛，半决赛中，马晓春、周鹤洋发挥不甚理想双双未能进入决赛。决赛在日本小林光一九段和王立诚九段之间进行。小林光一九段是日本著名的超一流棋手，参加了十届“富士通杯”的比赛，前九届第二名、第三名取得多次但都与冠军无缘，在这届比赛中小林九段终于圆了冠军梦。

第10届“富士通杯”世界围棋锦标赛成绩表

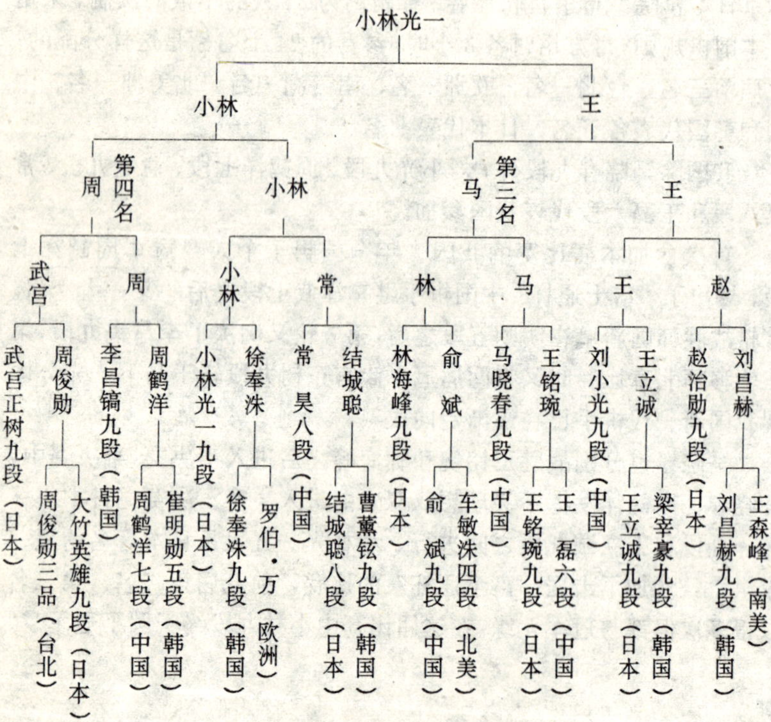

富士通杯冠军决赛

黑	白
王立诚	小林光一
九段	九段
（日本）	（日本）

⑨②⑨⑧＝④⑧　⑨⑤⑩⓪＝⑤⑤

黑 23、27 是王立诚独特下法。

白 40 稍缓，可以考虑下在 48 位。

白 66 松，当下在 A 位黑无反击手段。

黑 67 以下至 79 是非常严历的手段，一举成功。之后，黑 83 败着，遭到白 84 反击形势逆转。

⑪③＝⑩④　⑬⑤＝⑬②

黑出 5 目半

共 264 手

白胜 4 目半

1997 年 8 月 2 日

于东京

第 1 谱　1—100

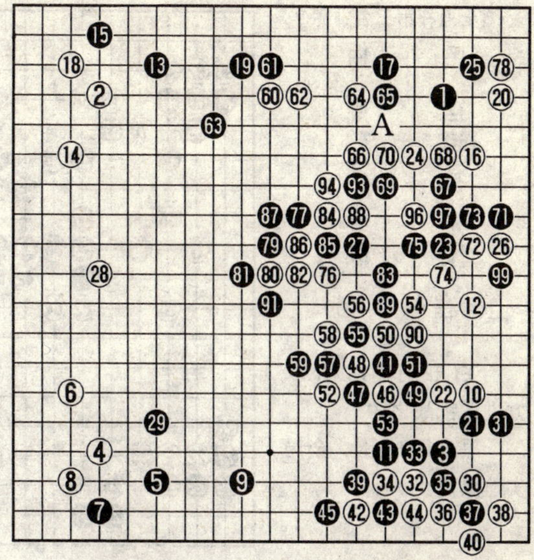

第 2 谱　101—264

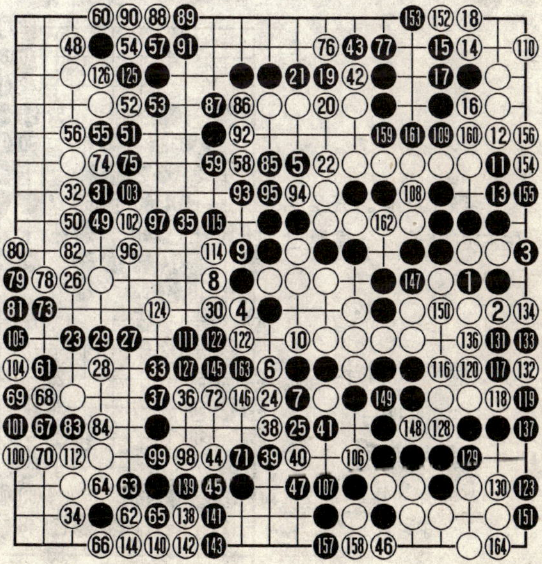

富士通杯第三名决赛

黑　　白

马晓春　周鹤洋

九段　　七段

（中国）（中国）

白 52 有趣，以下双方进入乱战之中。

黑争得 65 围，全局实地黑优。

黑 1 好手。完全吃住右边白子，全局黑已优势。

黑出 5 目半

共 191 手

黑中盘胜

1997 年 8 月 2 日

于东京

第 1 谱　1—100

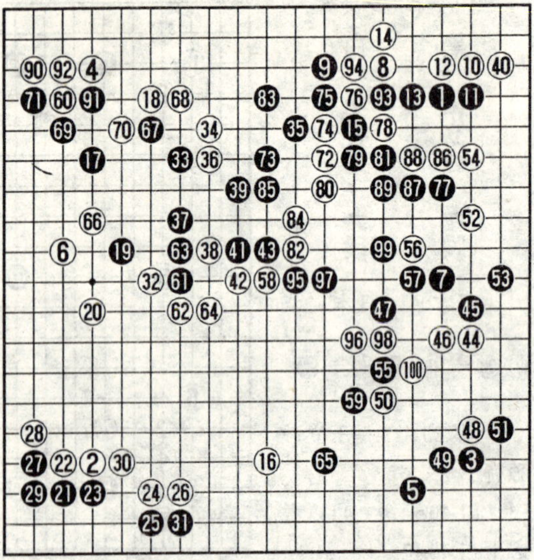

第 2 谱　101—191

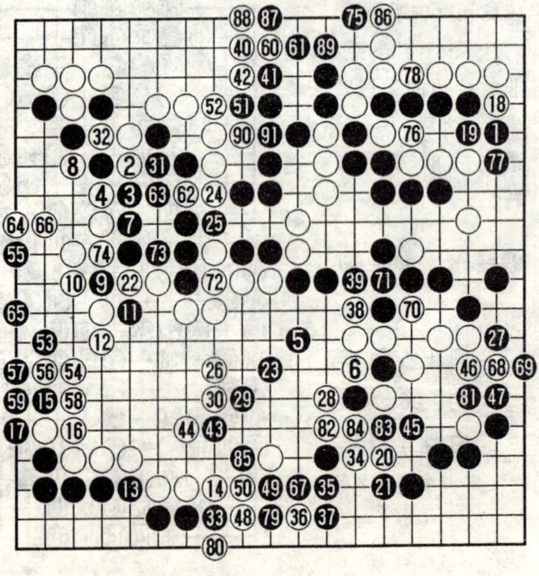

富士通杯半决赛

黑	白
马晓春	王立诚
九段	九段
（中国）	（日本）

黑 21 也可以考虑 22 关，实战黑左边薄弱。47 尖冲落空，当考虑对上方白棋攻击。

白 50 以下至 58 时，已成细棋局面。

第1谱 1—100

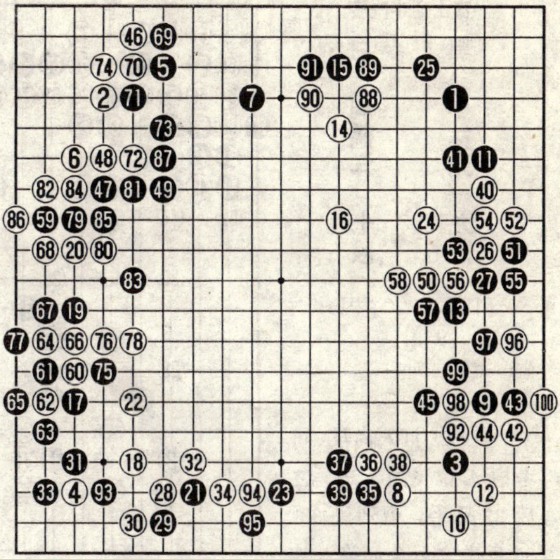

第2谱 101—258

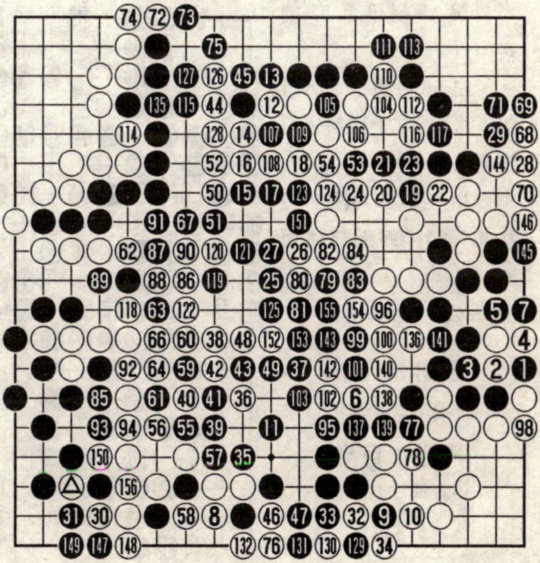

65＝40　97＝1

133＝129　134＝9

157＝△　158＝130

黑出 5 目半

共 258 手

白胜 2 目半

1997 年 7 月 5 日

于大阪

富士通半决赛

黑　　白

小林光一九段　　周鹤洋七段

（日本）　（中国）

⑤⓪＝❹❸

白 22 打入尚早，可考虑 A 位飞的下法。之后 32 恶手，遭到黑 33、35 反击之后全局陷入被动中。

黑 43 以下至 51 的定型好。

白 66 胜负手。黑最善下法单于 71 位粘，白棋无借用。

由于小林九段功力扎实，鹤洋终无建树而归。

㊱＝△　⑫⑥＝❶❸

黑出 5 目半

共 226 手

黑胜 1 目半

1997 年 7 月 5 日

于大阪

第 1 谱　1—100

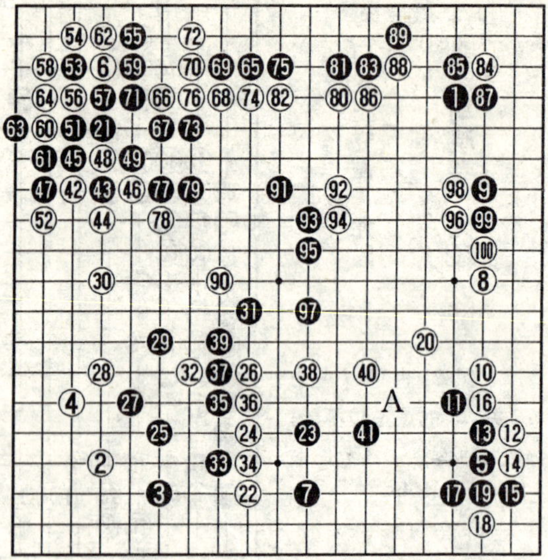

第 2 谱　101—226

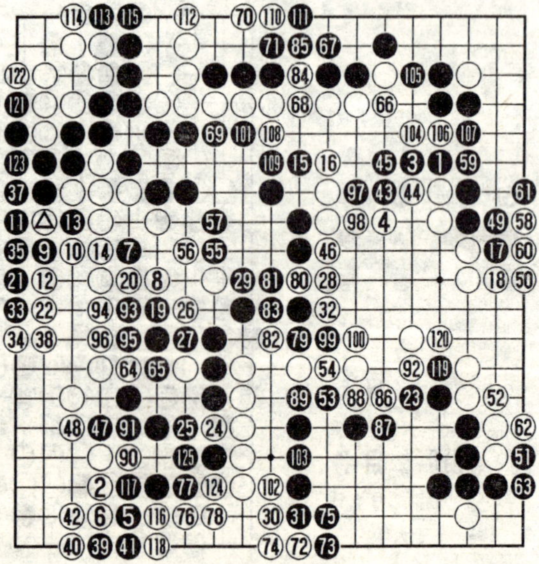

富士通杯预选赛

黑　　白

崔明勋　　周鹤洋

五段　　七段

（韩国）　（中国）

第1谱　1—100

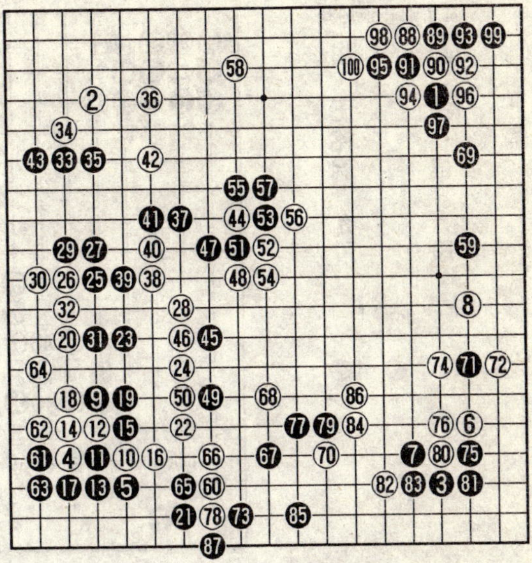

第2谱　101—284

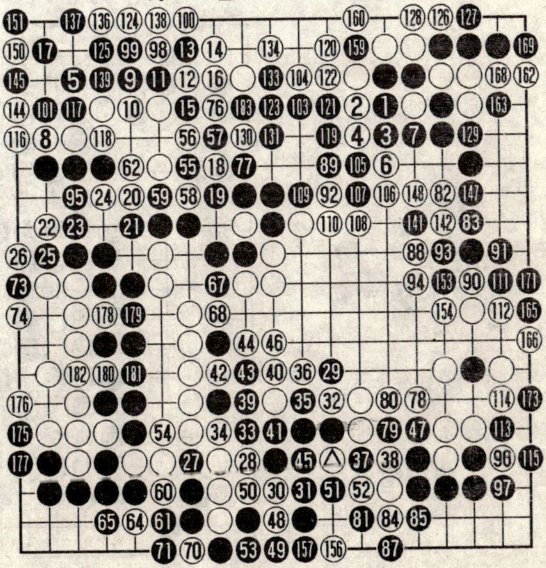

63 69 75 174 = 55

66 72 172 = 58

86 = △　　102 = 37

132 140 146 152 158 164 170 = 18

135 143 149 155 161 167 184 = 57

黑出5目半

共284手

白胜半目

1997年4月12日

于日本棋院

富士通杯预选赛

黑 白

王磊 王铭琬

六段 九段

（中国） （日本）

69＝49 71＝35

第1谱 1—100

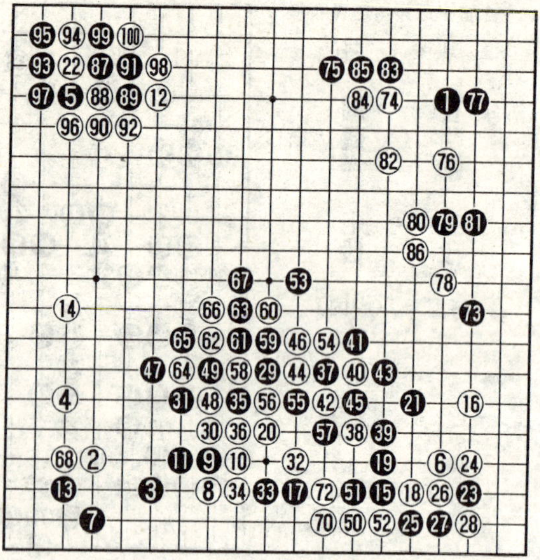

第2谱 101—198

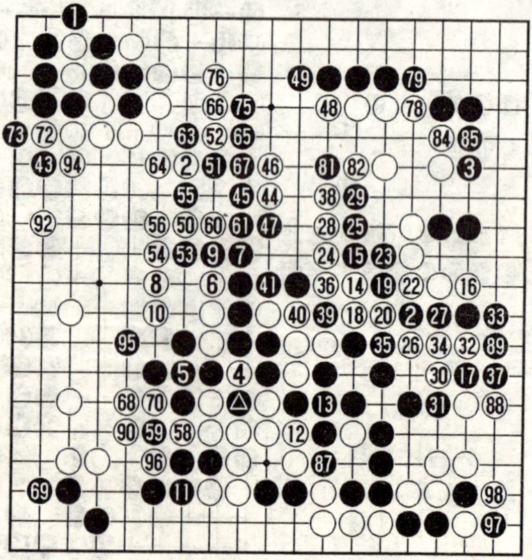

42＝39

57 71 77 83 91＝△

62 74 80 86 93＝4

黑出5目半

共198手

白中盘胜

1997年4月12日

于日本棋院

富士通杯预选赛

黑　　白

车敏洙　　俞斌

四段　　九段

（北美）（中国）

㊾＝㉟

第1谱　1—100

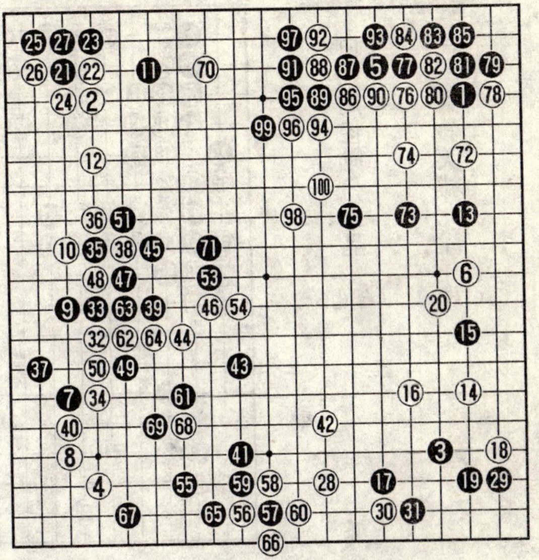

❺❾＝⑫

第2谱　101—218

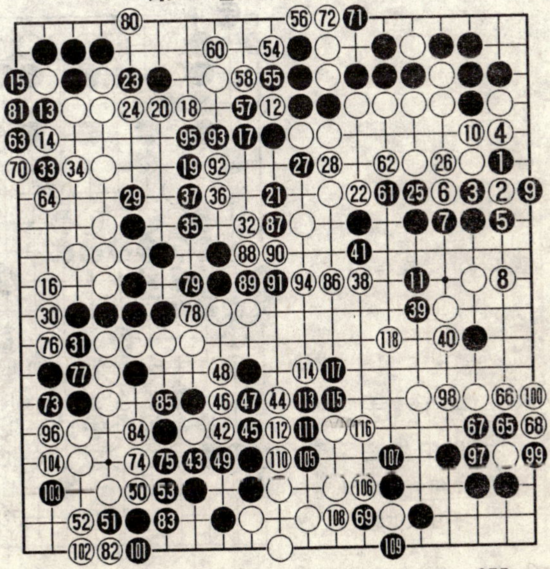

黑出5目半

共218手

白中盘胜

1997年4月12日

于日本棋院

富士通杯预选赛

黑 白

大竹英雄九段 周俊勋三品

（日本） （台北）

第1谱 1－100

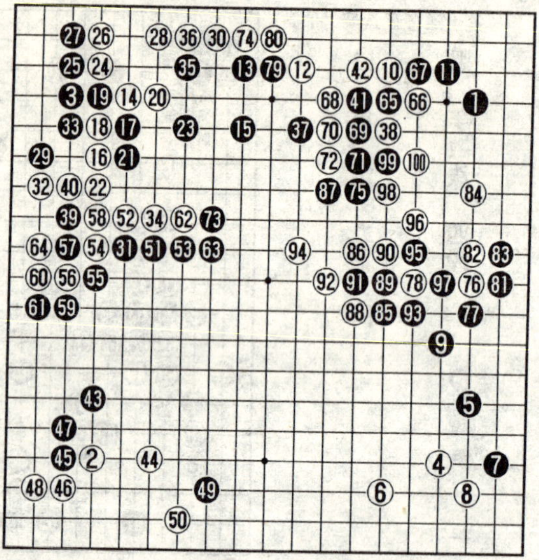

第2谱 101－194

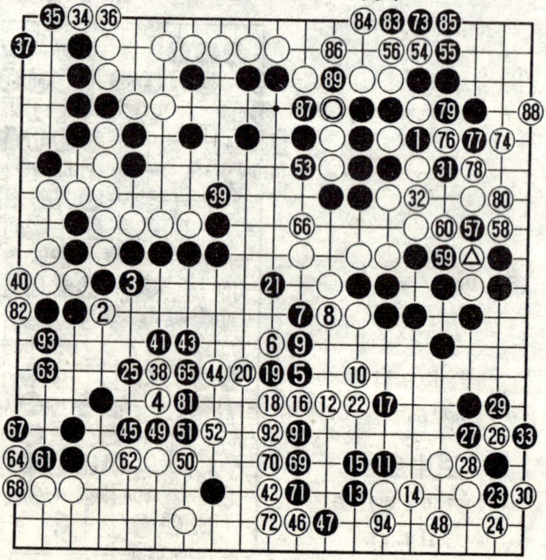

⑮＝△ ⑩＝◎

黑出5目半

共194手

白中盘胜

1997年4月12日

于日本棋院

富士通杯预选赛

黑	白
周鹤洋	李昌镐
七段	九段
（中国）	（韩国）

第1谱　1—100

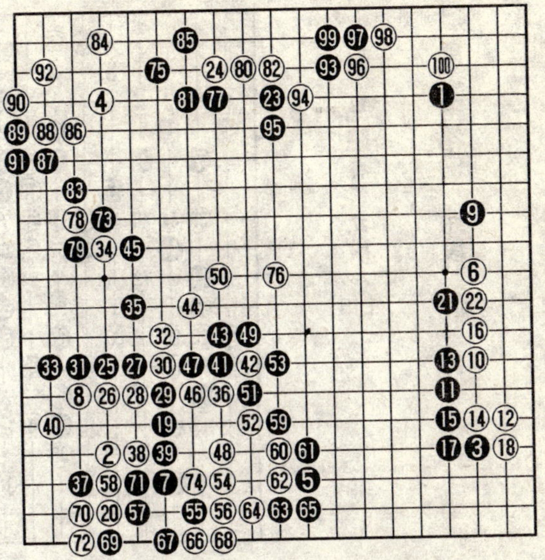

第2谱　101—244

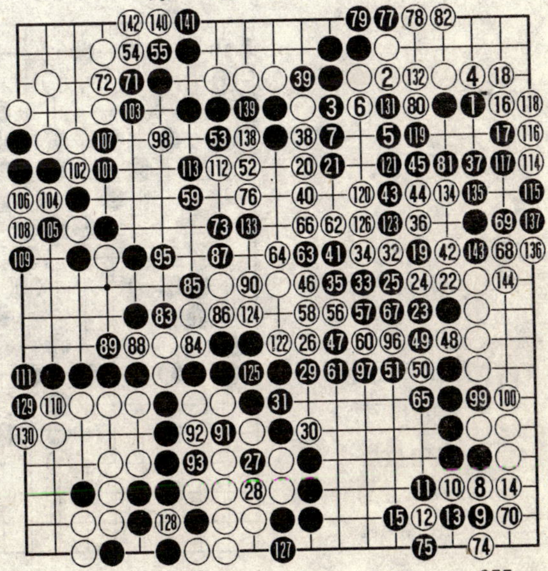

⑭=❾

黑出5目半

共244手

黑胜半目

1997年4月14日

于日本棋院

富士通杯预选赛

黑	白
王铭琬	马晓春
九段	九段
（日本）	（中国）

第1谱 1—100

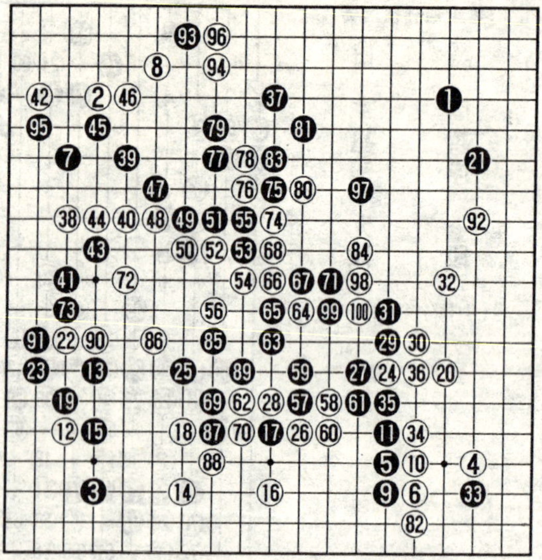

第2谱 101—144

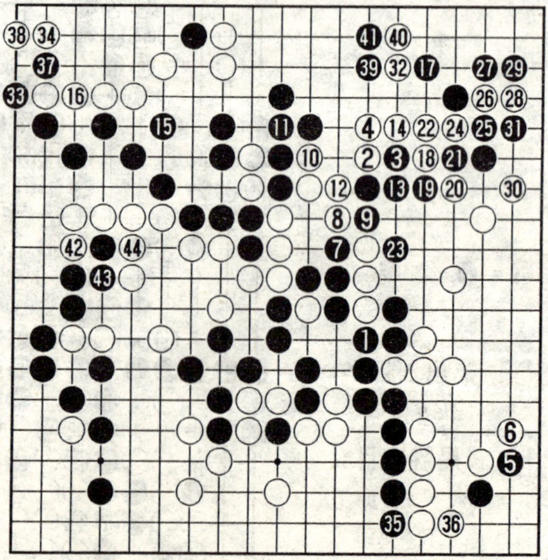

黑出5目半

共144手

白中盘胜

1997年4月14日

于日本棋院

富士通杯预选赛

黑 刘小光 九段（中国）

白 王立诚 九段（日本）

第1谱　1—100

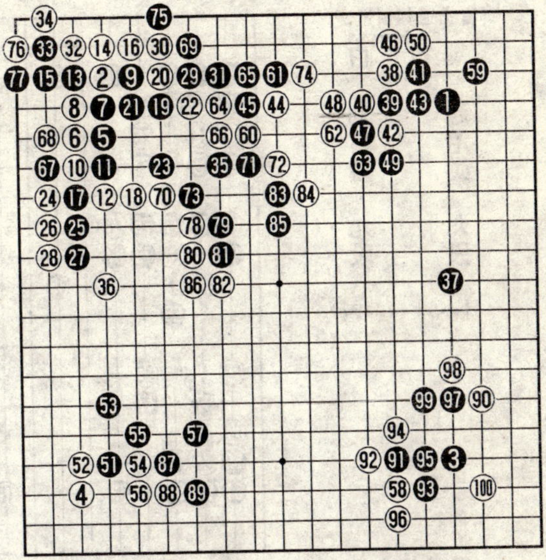

第2谱　101—282

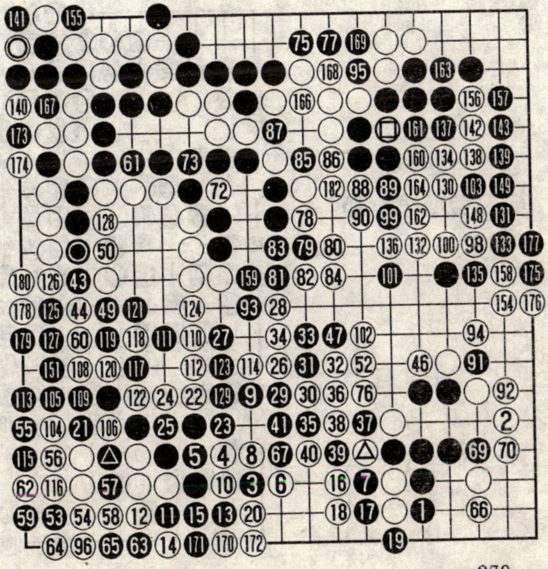

42 48 68 74 ＝ △

45 51 71 ＝ 39

97 ＝ 63　　107 ＝ ▲

144 150 ＝ ◎　　145 152 ＝ 43

146 ＝ ◉　　147 153 ＝ 141

165 ＝ ▣　　181 ＝ 140

黑出5目半

共282手

白胜17目半

1997年4月14日

于日本棋院

富士通杯预选赛

黑 白

赵治勋 刘昌赫

九段 九段

（日本） （韩国）

第1谱 1—100

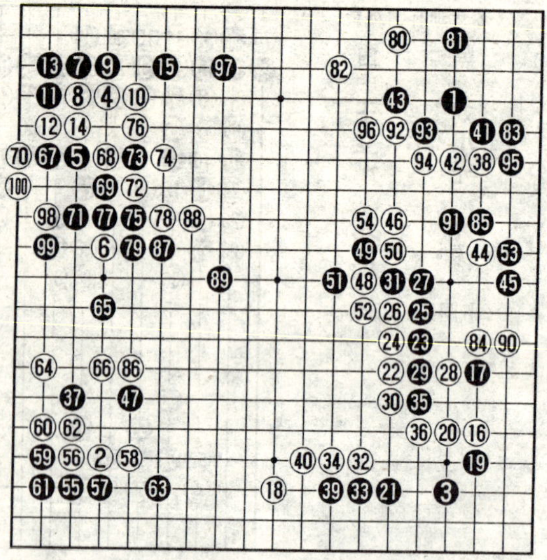

第2谱 101—268

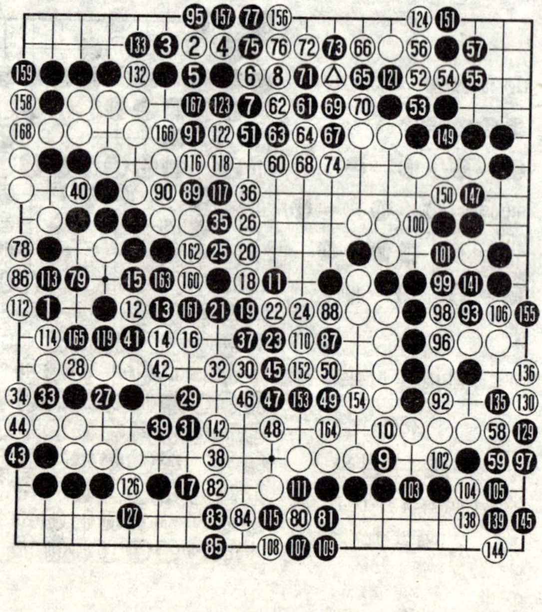

⑭＝△

⑳⑱㉞㊵㊻＝㊿

❷⑤❸①❸⑦❹③⑭⑧＝❶⑮

黑出5目半

共268手

黑胜5目半

1997年4月14日

于日本棋院

富士通杯预选赛

黑 俞斌 九段 （中国）

白 林海峰 九段 （日本）

95＝73　98＝90

第1谱　1—100

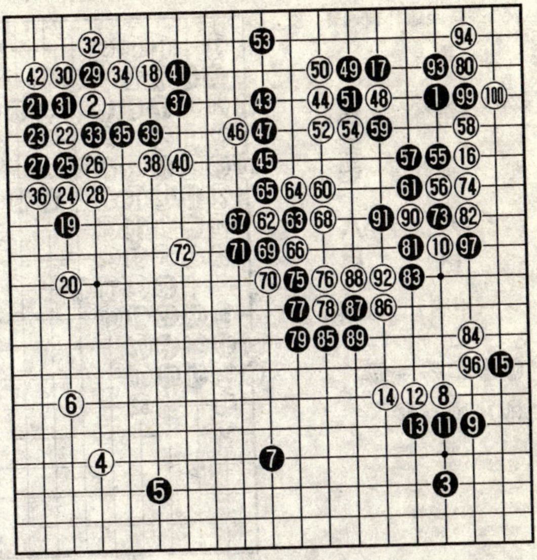

第2谱　101—266

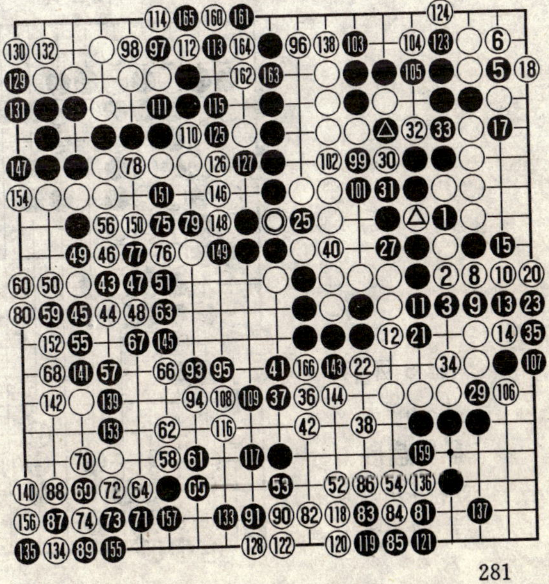

4 16 24＝△

7 19 26＝1

28＝○　39＝25

92＝69　100＝▲

158＝134

黑出5目半

共266手

白中盘胜

1997年4月14日

于日本棋院

富士通杯预选赛

黑　白

常　结城聪
昊

八段　八段

（中国）　（日本）

❻❺❼❶❼❼❽❸＝❺❼

⑥⑧⑦④⑧⓪＝⑤⑥

第1谱　1—100

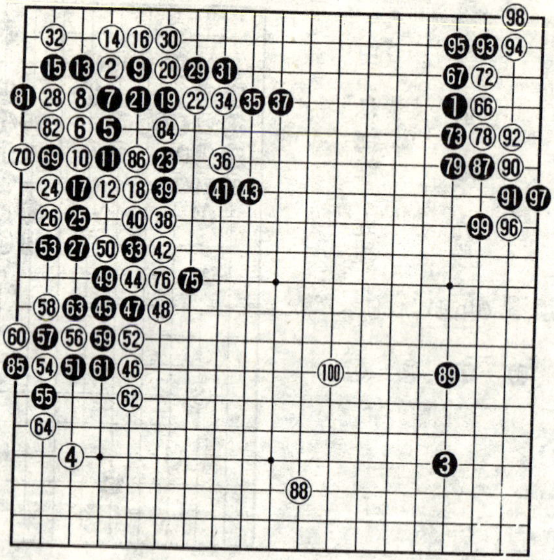

第2谱　101—169

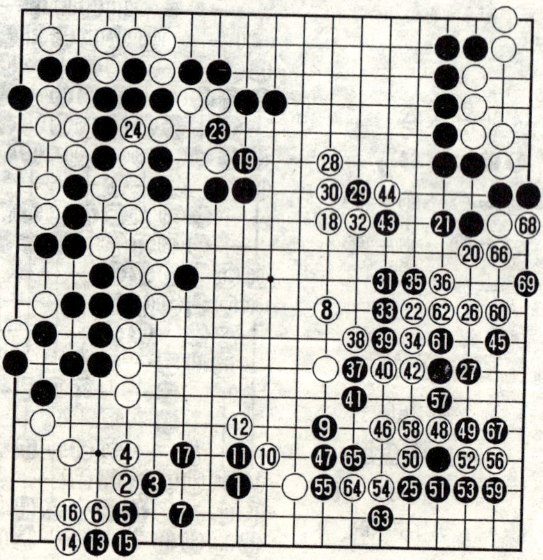

黑出5目半

共169手

黑中盘胜

1997年4月14日

于日本棋院

富士通杯预选赛

黑	白
小林光一九段	徐奉洙九段
（日本）	（韩国）

⑨②＝⑧④

第1谱　1—100

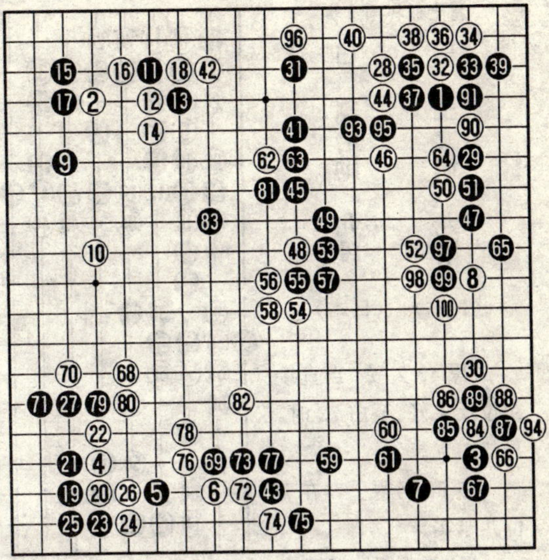

第2谱　101—195

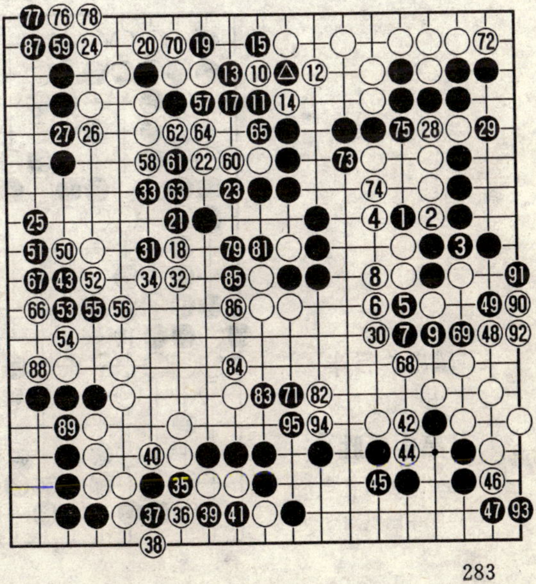

⑯＝△　⑧⓪＝㉟

黑出5目半

共195手

黑中盘胜

1997年4月14日

于日本棋院

富士通杯预选赛

黑　　白

王立诚　　**赵治勋**

九段　　**九段**

（日本）　（日本）

第1谱　1—100

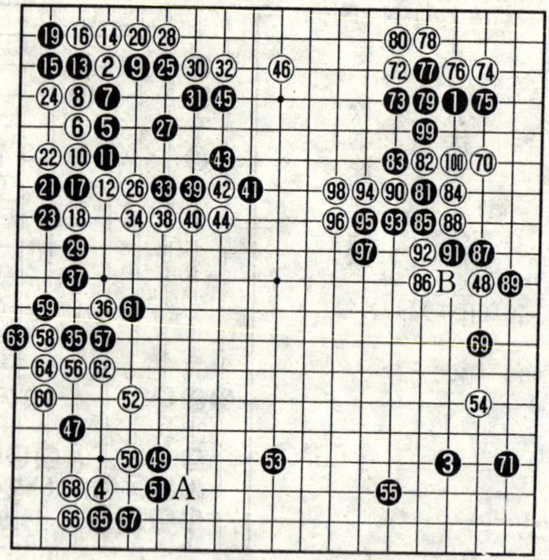

黑 49 欠妥，当直接 A 位反夹好。至白 72 时，局势白优。

白 86 问题手，在 B 位并厚实。

黑 87 严历，以下形成大转换。

第2谱　101—165

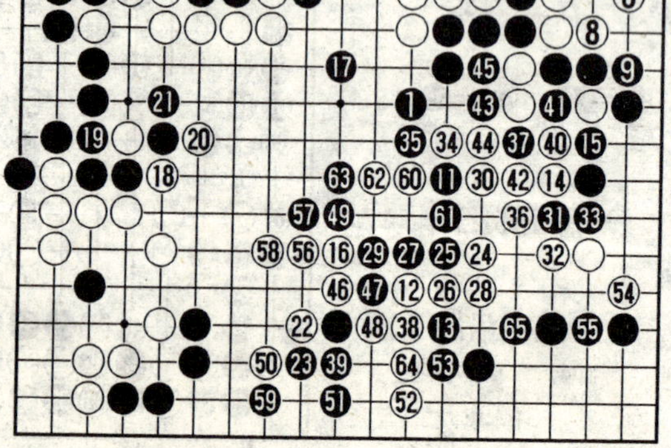

黑出 5 目半

共 165 手

黑中盘胜

1997 年 6 月 7 日

于中国棋院

富士通杯预选赛

黑　　白

林海峰　　马晓春

九段　　九段

（日本）　（中国）

㊳＝❸

白 20 当先于 26 与黑 28 做交换，再 20 镇为好。

白 70 急燥，当于 88 位拆边稳重。

黑 81 严厉，以至 100 时，黑大优。

白 28 胜负手。

黑 29 单于 113 位冲断便优势，实战反帮了白棋的忙。

56、58 先手定型后，局势逆转。

98＝93　　109＝105

152＝△　　153＝106

186＝111

黑出 5 目半

共 286 手

白胜 1 目半

1997 年 6 月 7 日

于中国棋院

第 1 谱　1—100

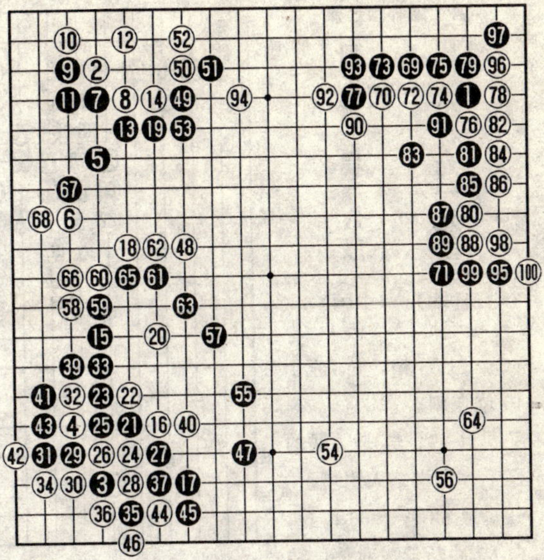

第 2 谱　101—286

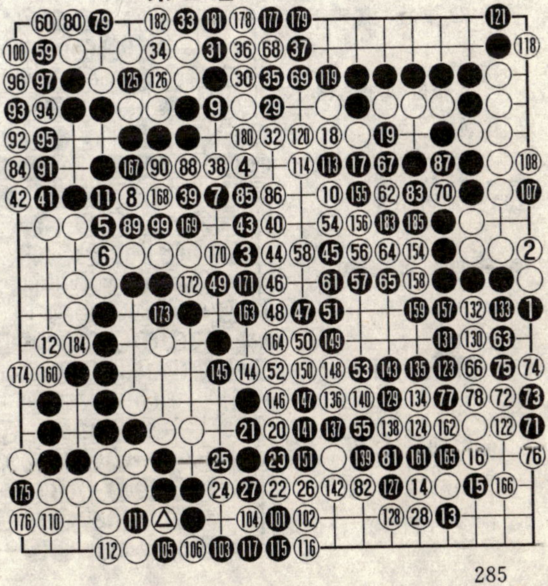

富士通杯预选赛

黑	白
小林光一九段	常昊八段
（日本）	（中国）

白 38 粘，重。应于 40 位点刺。

黑 49、51 是关联的好手，白棋陷入困境。

黑 63 若于 66 位封，白 63 冲断形成对杀，结果双活，黑方优的结果。被白 72 罩后，黑难下。

黑 1 胜负手。白 10 严重缓手。

白 108 最后败着，于 109 位顶可小胜。

⑯=❶㊺ ⑰②=❶②⑤

黑出 5 目半

共 272 手

黑胜 1 目半

1997 年 6 月 7 日

于中国棋院

第 1 谱 1—100

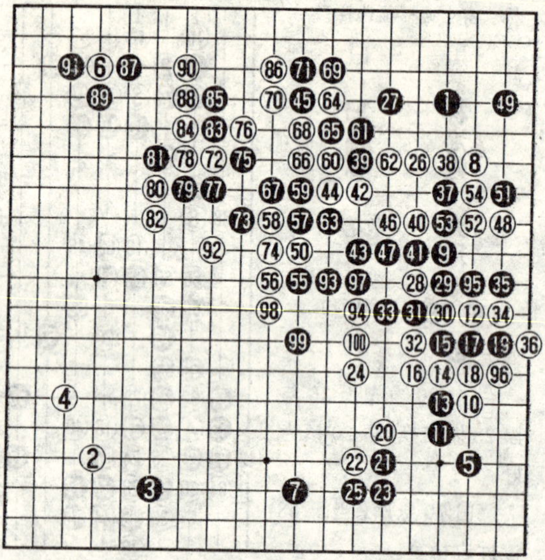

第 2 谱 101—272

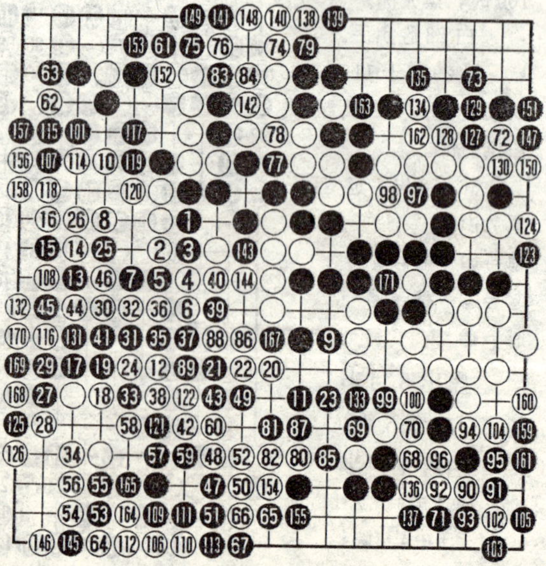

富士通杯预选赛

黑	白
武宫正树九段	周鹤洋七段
（日本）	（中国）

白 36 当于 53 位靠压，中腹畅。被黑 37 飞攻，白陷于被动中。

黑 79 缓手，当先 85，再 83 位扳才是积极的下法。

第1谱 1—100

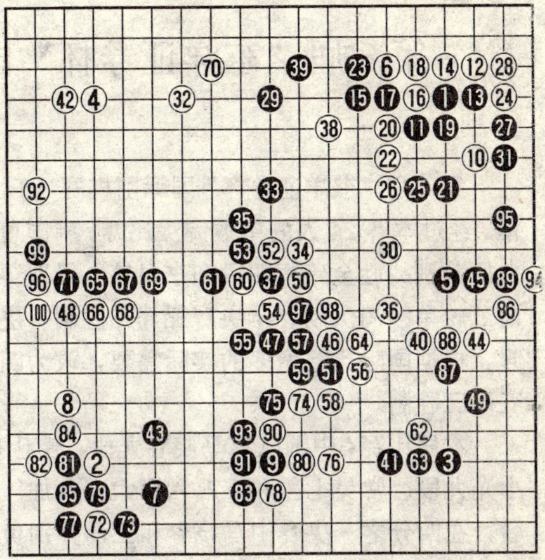

黑 13 是本局败着，当于 14 位挡，白 106 位打时，再 13 位打吃做劫，黑棋稍有利。

97＝△　124 129＝82

127＝105　136＝▲

黑出 5 目半

共 236 手

白胜 2 目半

1997 年 6 月 7 日

于中国棋院

第2谱 101—236

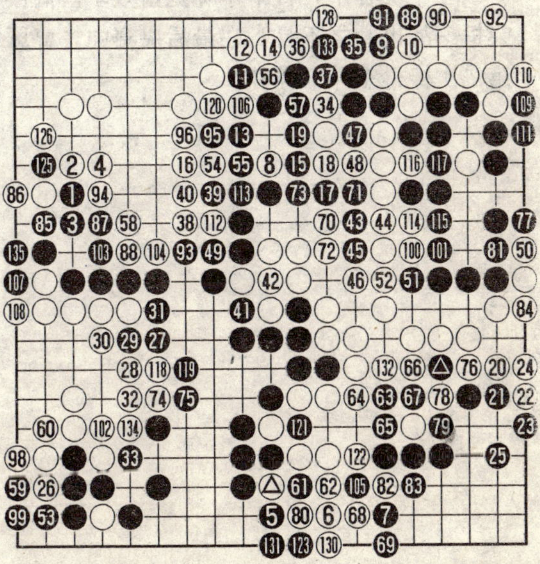

第8届“东洋证券杯”国际围棋赛

第8届“东洋证券杯”国际围棋赛，于1997年1月7日揭开战幕，经过本赛24人的单败淘汰比赛，韩国曹薰铉九段和日本小林觉九段分别战胜金荣桓四段和李昌镐九段取得决赛权。本项比赛原为前三轮单败淘汰制，半决赛三局二胜制，决赛五局三胜制，自本届起，根据国际比赛增多的实际需要，改为四轮单败淘汰，决赛仍为五局三胜制。

本届比赛，中国队有马晓春九段、聂卫平九段、曹大元九段、刘小光九段、常昊七段和王磊六段六人参加。马晓春和王磊闯入前八名，在四分之一决赛中马晓春和王磊分别负于李昌镐与曹薰铉而未能进入半决赛。

在半决赛中，日本小林觉击败李昌镐被世人关注，曹薰铉与金荣桓一战也胜之不易。在最后决赛中，曹薰铉以三比〇战胜小林觉第二次棒得东洋证券杯。

第8届东洋证券杯国际围棋赛成绩表

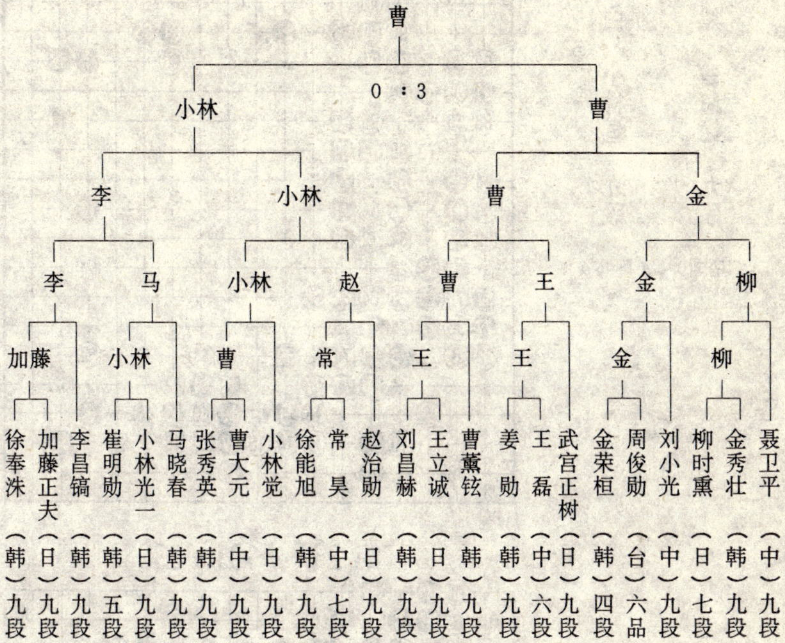

历届“东洋证券杯”冠亚军获得者：

第1届：梁宰豪（3—1）张秀英（1989年）

第2届：徐奉洙（3—1）李昌镐（1990年）

第3届：李昌镐（3—2）林海峰（1992年）

第4届：李昌镐（3—0）赵治勋（1993年）

第5届：曹薰铉（3—1）依田纪基（1994年）

第6届：马晓春（3—1）聂卫平（1995年）

第7届：李昌镐（3—1）马晓春（1996年）

第8届：曹薰铉（3—0）小林觉（1997年）

注：从第3届起，成为正式的世界职业大赛。

主办单位：汉城经济新闻社　　　韩国棋院。

赞助单位：韩国东洋集团。

冠军奖金：12万美元。

东洋证券杯决赛第1局

黑	白
曹薰铉	小林觉
九段	九段
（韩国）	（日本）

第1谱 1—100

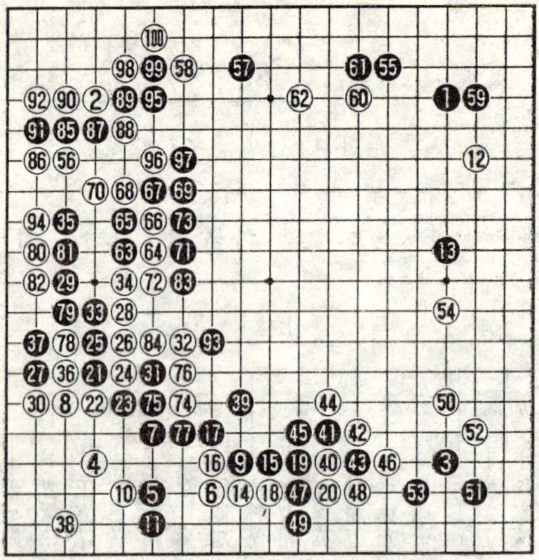

第2谱 101—230

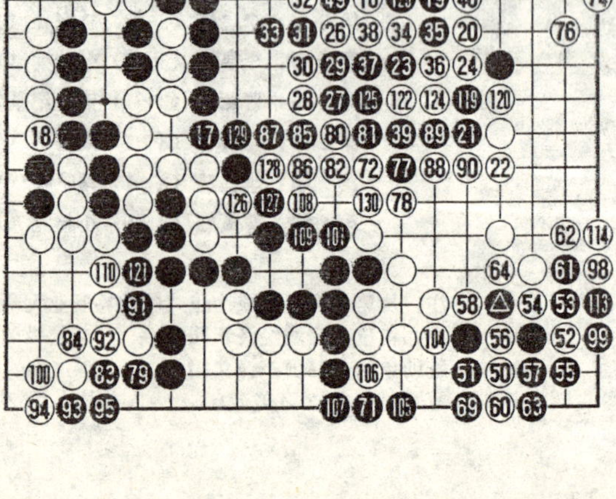

⑦＝△　⑦⓪＝▲

黑出5目半

共230手

黑胜6目半

1997年3月31日

于汉城

东洋证券杯决赛第2局

黑　小林觉　九段（日本）

白　曹薰铉　九段（韩国）

第1谱　1—100

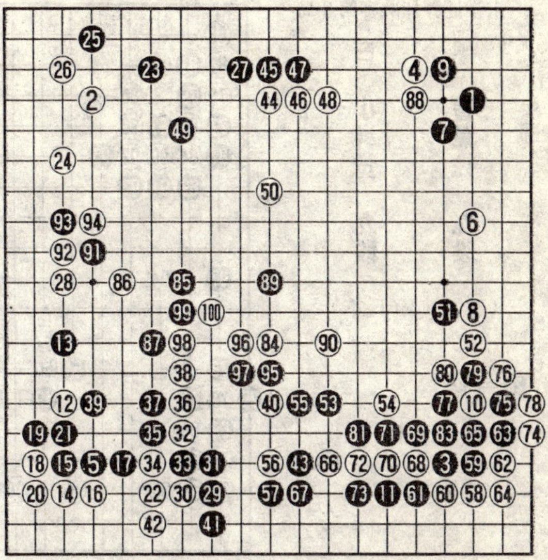

⑧②＝⑩

第2谱　101—236

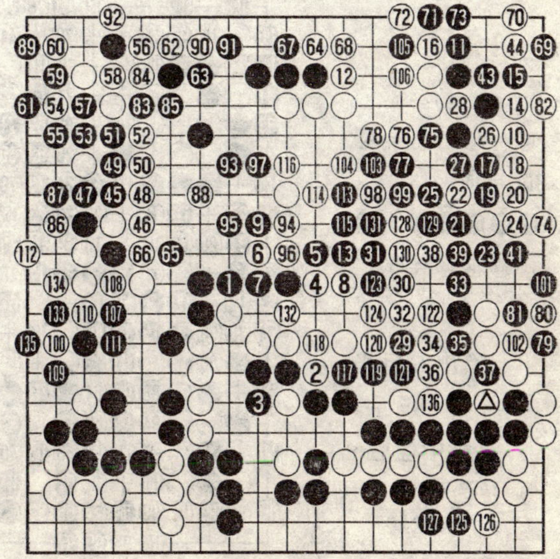

④⓪＝△　④②＝❸❼

黑出5目半

共236手

白中盘胜

1997年4月2日

于汉城

东洋证券杯决赛第3局

黑 白

曹薰铉 小林觉

九段 九段

（韩国） （日本）

❷❾＝㉒

第1谱 1—100

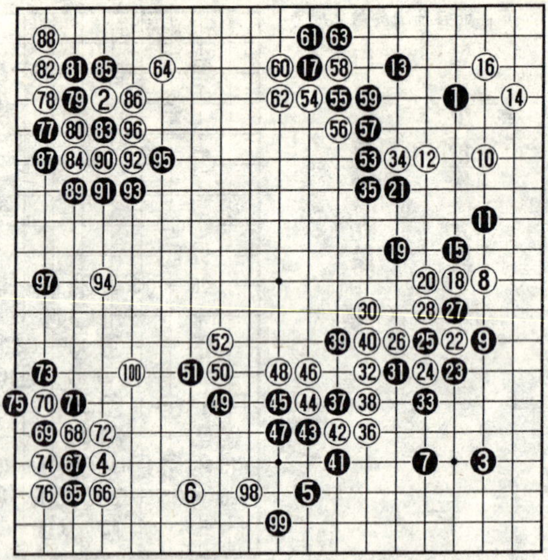

第2谱 101—285

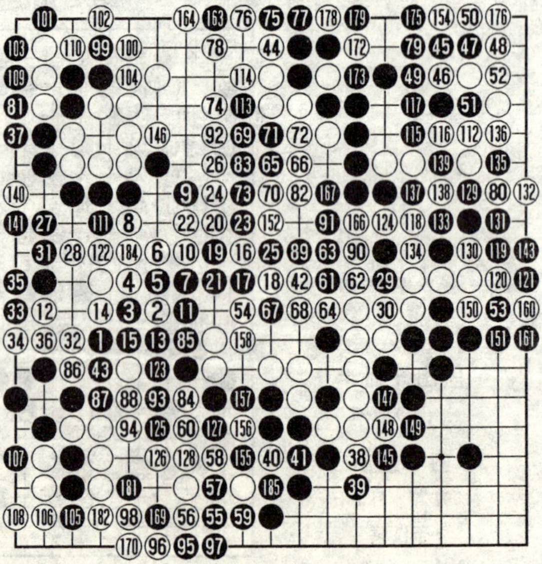

⑭②＝⑬⑧ ⑭④＝❶❸❾

❶❺❸＝⑯

❶❺❾❶❻❺❶❼❶❶❼❼❶❽❸＝❶❺❺

⑯②⑯⑧⑰④⑱⓪＝⑮⑥

黑出5目半

共285手

黑中盘胜

1997年4月18日

于汉城

东洋证券杯半决赛

黑	白
李昌镐	小林觉
九段	九段
（韩国）	（日本）

第1谱 1—100

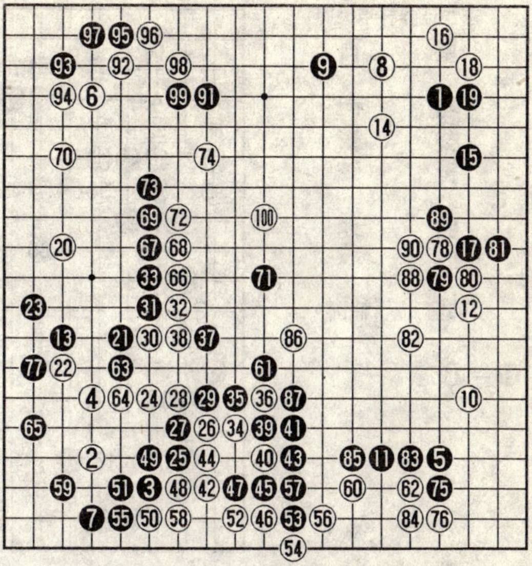

第2谱 101—202

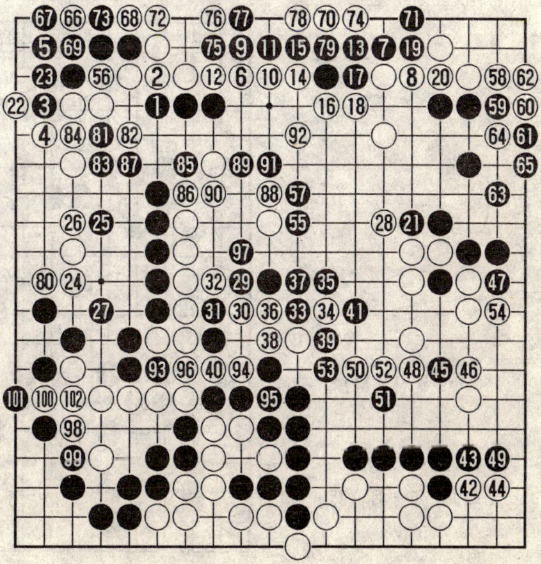

黑出5目半

共202手

白中盘胜

1997年3月9日

于汉城

东洋证券杯半决赛

黑　白

金荣桓　曹薰铉

四段　九段

（韩国）（韩国）

❻❼＝㊽

第1谱　1—100

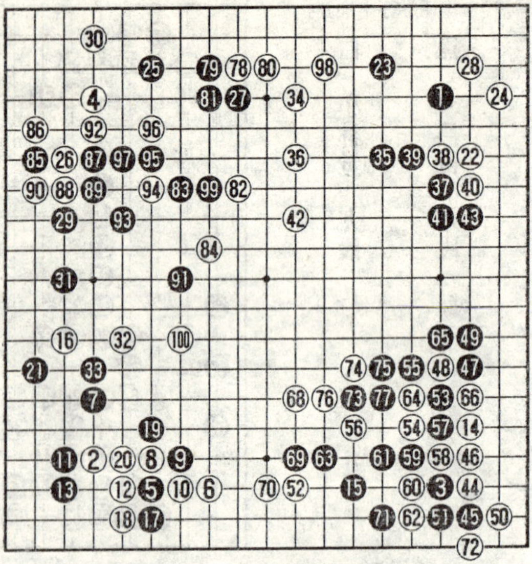

第2谱　101—144

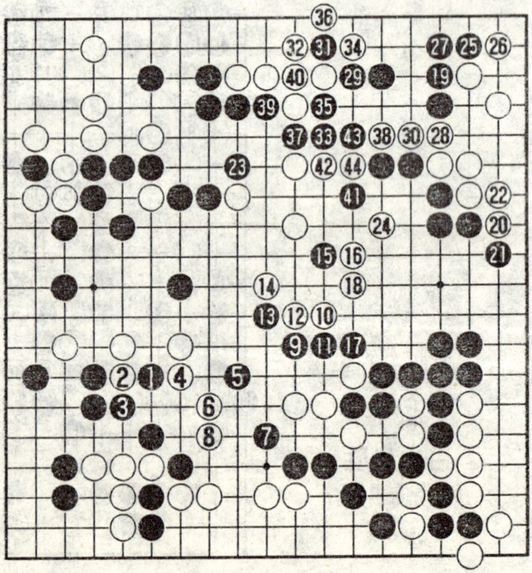

黑出5目半

共144手

白中盘胜

1997年3月9日

于汉城

东洋证券杯预选赛

黑	白
常昊	徐能旭
七段	九段
（中国）	（韩国）

第1谱 1—100

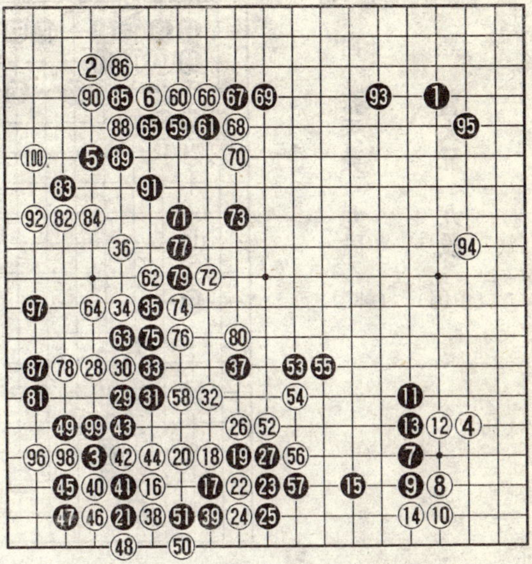

第2谱 101—283

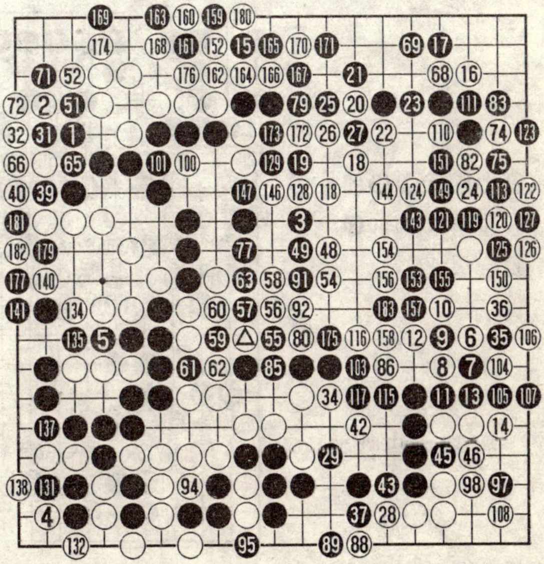

30 38 44 50 78 = 20

33 41 47 53 = 27

64 70 76 84 90 96 102 112 = △

67 73 81 87 93 99 109 114 = 59

130 136 142 148 = 120

133 139 145 = 127　178 = 160

黑出5目半

共283手

黑中盘胜

1997年1月7日

于汉城

东洋证券杯预选赛

黑	白
曹大元	张秀英
九段	九段
（中国）	（韩国）

第1谱 1—100

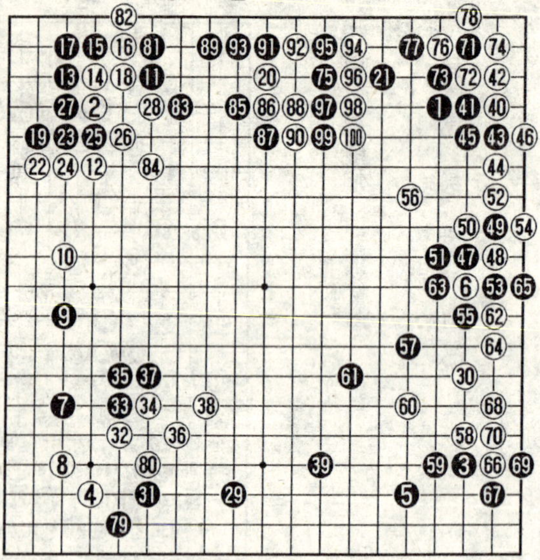

第2谱 101—213

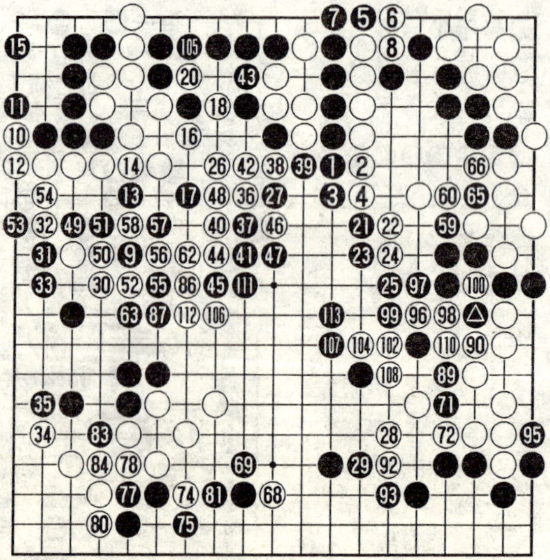

61 67 73 79 85 91 101＝9

64 70 76 82 88 94 103＝58

109＝△

黑出5目半

共213手

黑中盘胜

1997年1月7日

于汉城

东洋证券杯预选赛

黑	白
姜	王
勋	磊
九段	六段
（韩国）	（中国）

第1谱　1—100

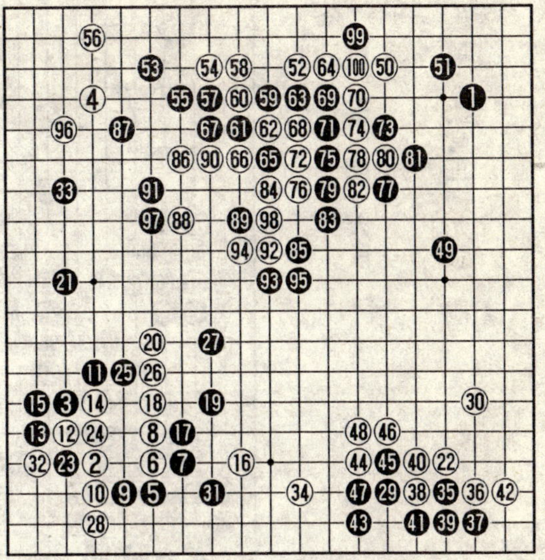

第2谱　101—168

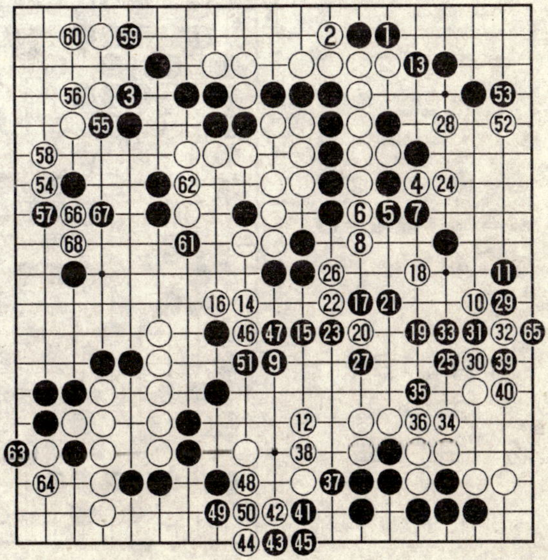

黑出5目半

共168手

白中盘胜

1997年1月7日

于汉城

东洋证券杯预选赛

黑　武宫正树九段（日本）

白　王磊六段（中国）

第1谱　1—100

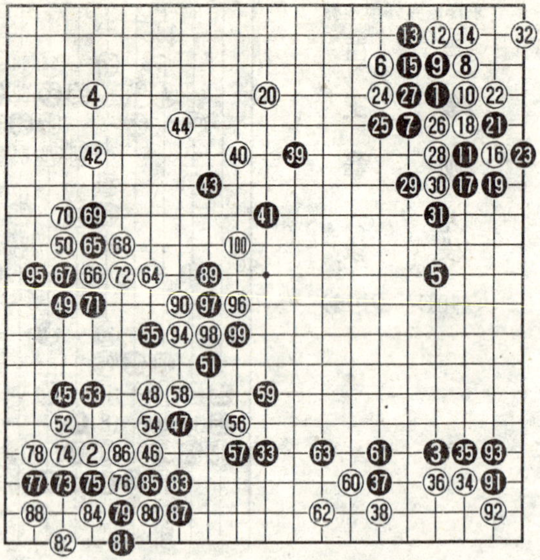

第2谱　101—246

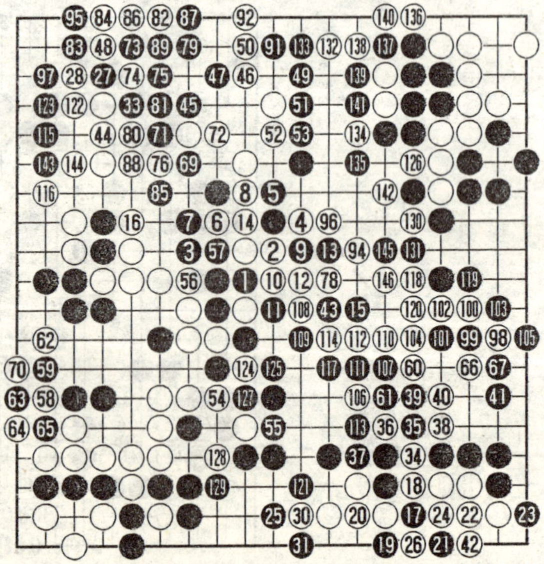

29＝17　32＝26

68＝58　77 93＝27

90＝74

黑出5目半

共246手

白中盘胜

1997年1月9日

于汉城

东洋证券杯预选赛

黑	白
常昊	赵治勋
七段	九段
（中国）	（日本）

黑出5目半

共150手

白中盘胜

1997年1月9日

于汉城

第1谱　1—100

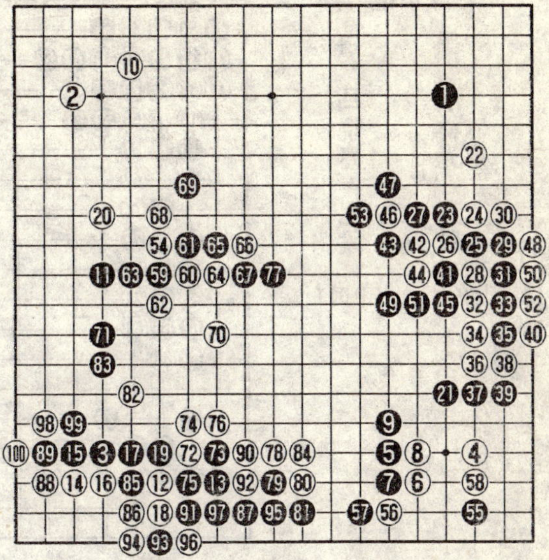

第2谱　101—150

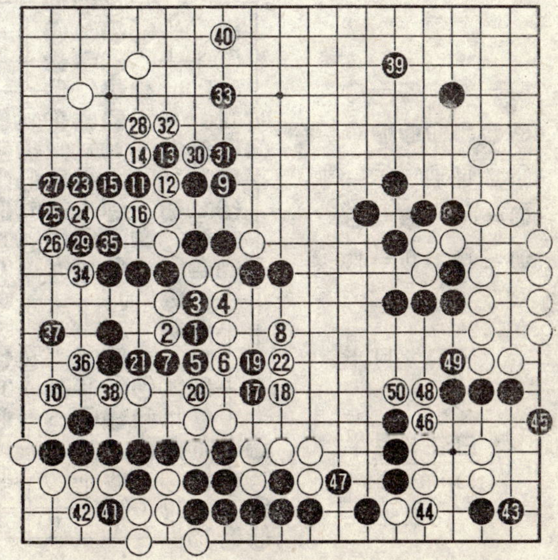

东洋证券杯预选赛

黑	白
小林光一九段	马晓春九段
（日本）	（中国）

第1谱 1—100

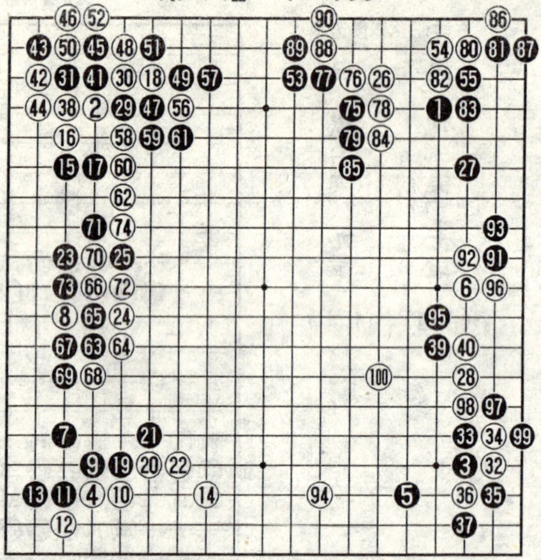

第2谱 101—286

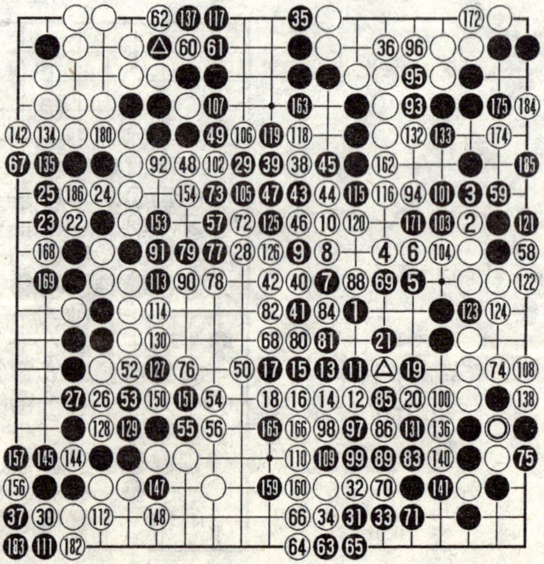

87＝△　139＝◎

143 149 155 161 167 173 178＝△

146 152 158 164 170 176＝60

151＝144　177＝127

179＝150　181＝156

黑出5目半

共286手

白胜2目半

1997年1月9日

于汉城

东洋证券杯预选赛

黑	白
金荣桓	刘小光
四段	九段
（韩国）	（中国）

37 42 = 19　39 = 33

40 = △

136 142 148 154 160 166 172 178 184

190 207 = 16

139 145 151 157 163 169 175 181 187

193 = 13

168 = 161　192 = 129

205 = 164

黑出 5 目半

共 308 手

黑胜 3 目半

1997 年 1 月 9 日

于汉城

第 1 谱　1—100

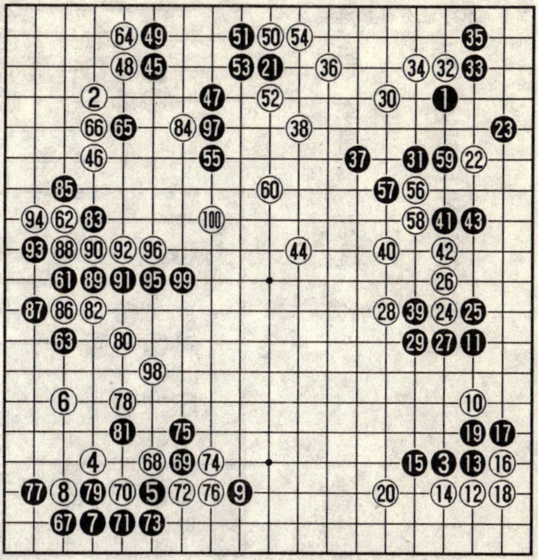

第 2 谱　101—308

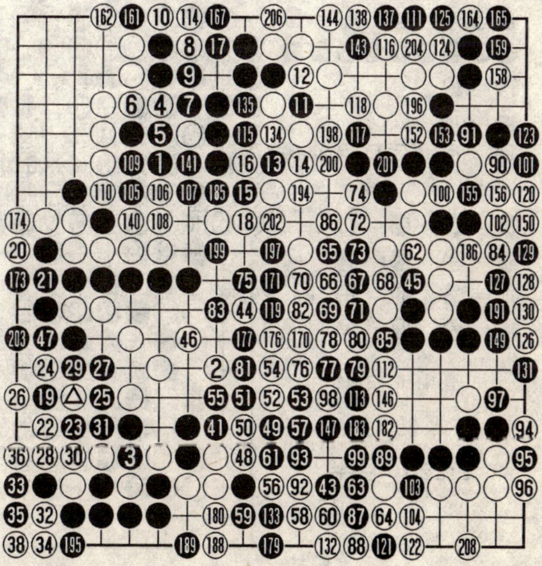

东洋证券杯预选赛

黑	白
加藤正夫九段	李昌镐九段
（日本）	（韩国）

第1谱 1—100

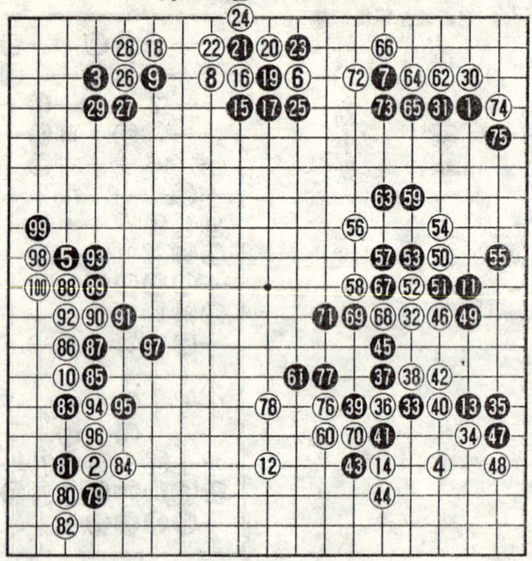

第2谱 101—290

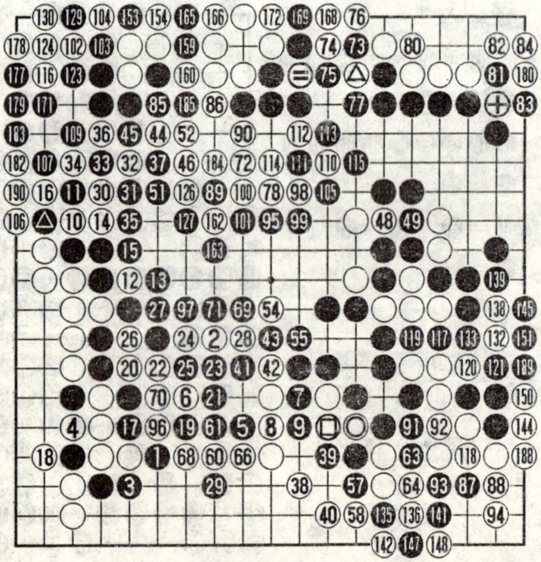

47 53 59 65＝33

50 56 62＝32　67＝11

79 125 131 137 143 149 155 161 167

174＝73

108＝10

122 128 134 140 146 152 158 164 170

＝△

156＝◎　157＝□

173＝⊜　175＝14

176＝▲　181＝⊕

186＝111　187＝162

黑出5目半

共290手

白胜10目半

1997年1月9日

于汉城

东洋证券杯预选赛

黑	白
曹大元	小林觉
九段	九段
（中国）	（日本）

第1谱 1—100

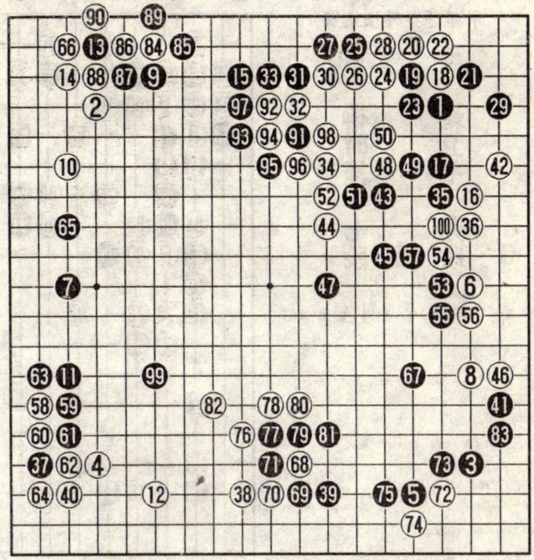

第2谱 101—236

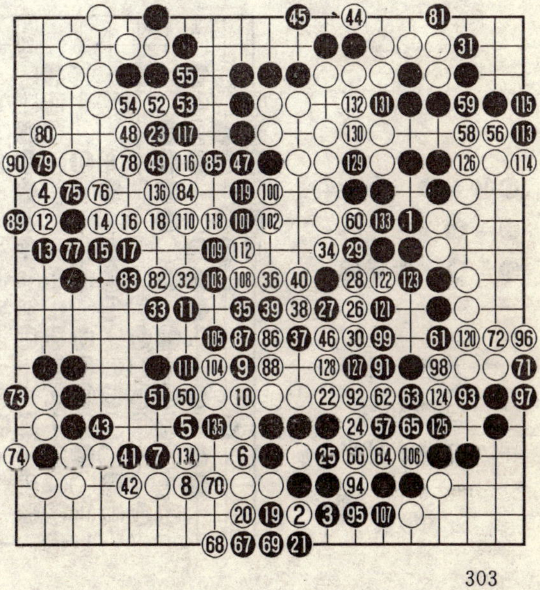

黑出5目半

共236手

白胜2目半

1997年1月9日

于汉城

东洋证券杯预选赛

黑 聂卫平 九段（中国）

白 柳时熏 七段（日本）

第1谱 1—100

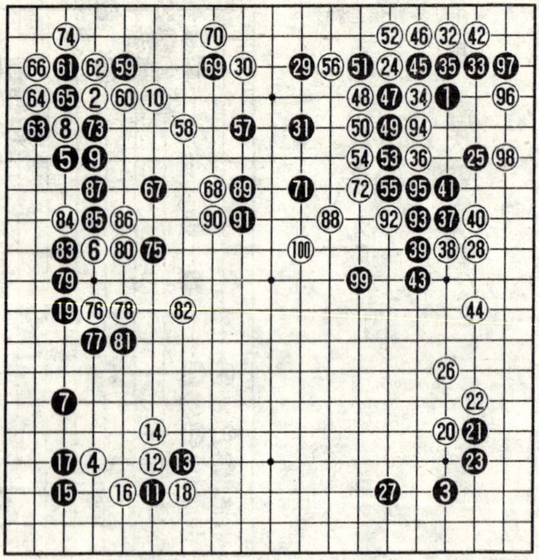

第2谱 101—235

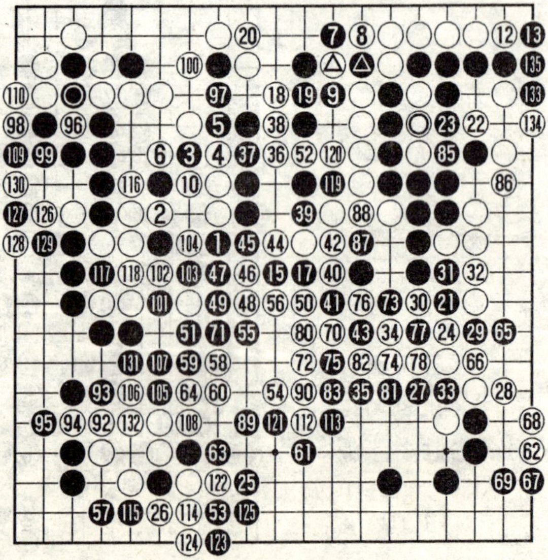

⑪⑯＝▲　⑭＝△

⑲＝㊶　㊹＝⑯

㉑＝◎　⑪＝◉

黑出5目半

共235手

白胜5目半

1997年1月9日

于汉城

东洋证券杯预选赛

黑　　白

王　　曹薰铉

磊

六段　　九段

（中国）（韩国）

第1谱　1—100

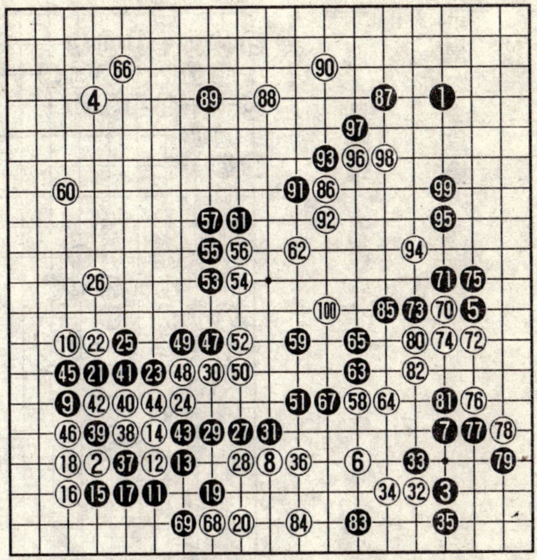

第2谱　101—320

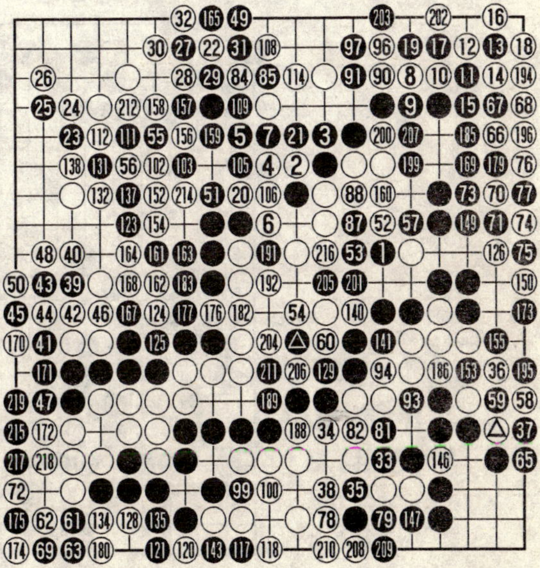

64＝△

80 86 92 98 104 110 116 122 130 136 142 148＝74

83 89 95 101 107 113 119 127 133 139 145 181 187 193＝77

115＝84　144＝120

151＝59　166＝27

178＝174　184 190 197＝70

198＝143　213＝156

220＝▲

黑出5目半

共320手

白胜4目半

1997年2月13日

于汉城

东洋证券杯预选赛

黑	白
李昌镐	马晓春
九段	九段
（韩国）	（中国）

第1谱 1—100

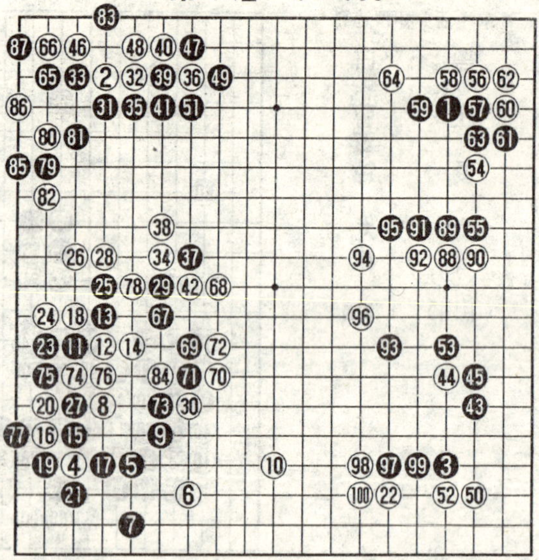

第2谱 101—167

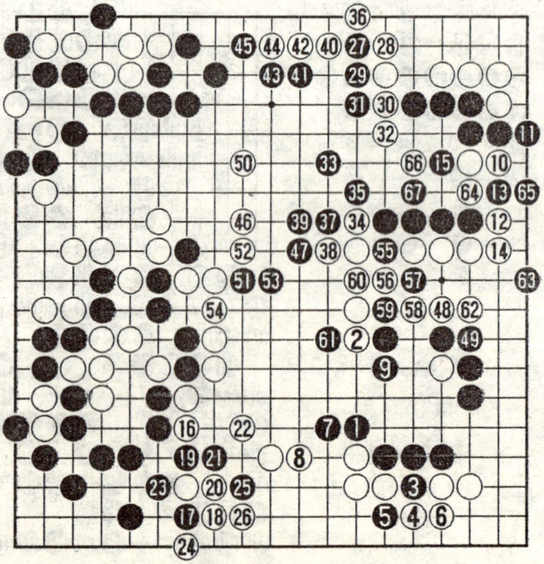

黑出5目半

共167手

黑中盘胜

1997年2月13日

于汉城

第5届“真露杯”世界围棋最强赛

第5届“真露杯”世界围棋最强赛，于1996年12月9日至1997年2月27日分别在汉城、北京举行。“真露杯”比赛由韩国棋院主办，韩国“真露”集团赞助。中、日、韩三国每方由五名棋手出场，以擂台赛方式进行比赛。对局每方限为1小时，之后为1分钟读秒延时制，黑方出5目半。

本届比赛韩国棋手徐奉洙九段爆出了有史以来的最大冷门，自第三场攻擂战胜中国俞斌九段之后，以九连胜结束全部比赛。韩国队不仅再次赢得了20万美元的优胜奖，徐奉洙本人也获得7万美元的连胜奖。

第5届“真露杯”世界围棋最强赛成绩表

场　次	胜方棋手姓名	负方棋手姓名
第1场	中国：俞　斌　九段	韩国：金荣桓　四段
第2场	中国：俞　斌　九段	日本：淡路修三　九段
第3场	韩国：徐奉洙　九段	中国：俞　斌　九段
第4场	韩国：徐奉洙　九段	日本：彦坂直人　九段
第5场	韩国：徐奉洙　九段	中国：常　昊　七段
第6场	韩国：徐奉洙　九段	日本：山田规三生　七段
第7场	韩国：徐奉洙　九段	中国：陈临新　九段
第8场	韩国：徐奉洙　九段	日本：王立诚　九段
第9场	韩国：徐奉洙　九段	中国：曹大元　九段
第10场	韩国：徐奉洙　九段	日本：依田纪基　九段
第11场	韩国：徐奉洙　九段	中国：马晓春　九段
韩国队优胜		

真露杯赛第1场

黑 俞斌 九段（中国）

白 金荣桓 四段（韩国）

第1谱 1—100

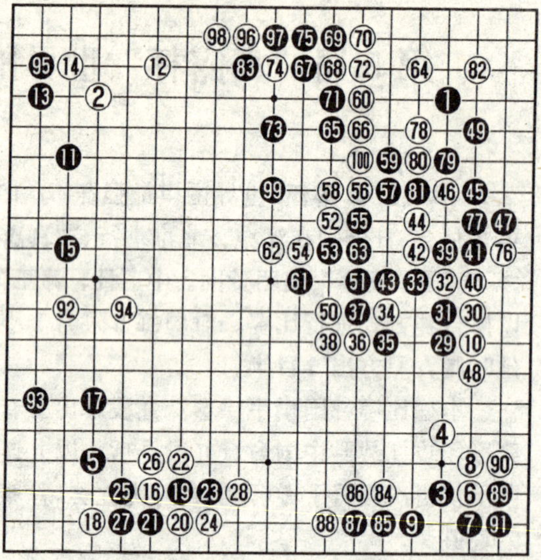

第2谱 101—274

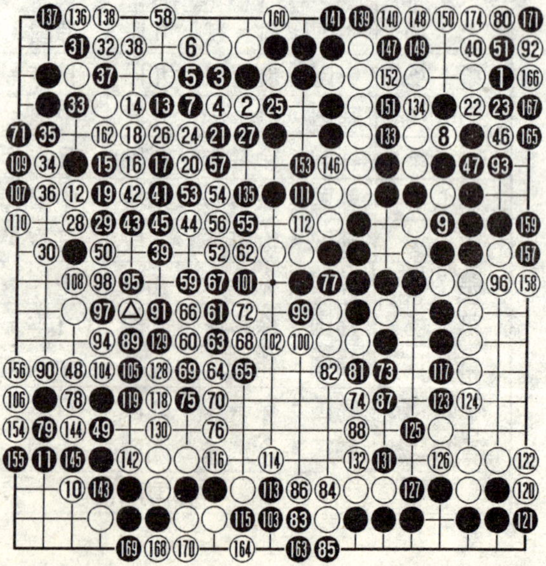

161＝△ 172＝92

173＝166

黑出5目半

共274手

黑胜3目半

1996年12月10日

于汉城

真露杯赛第2场

黑	白
俞斌	淡路修三
九段	九段
（中国）	（日本）

第1谱 1—100

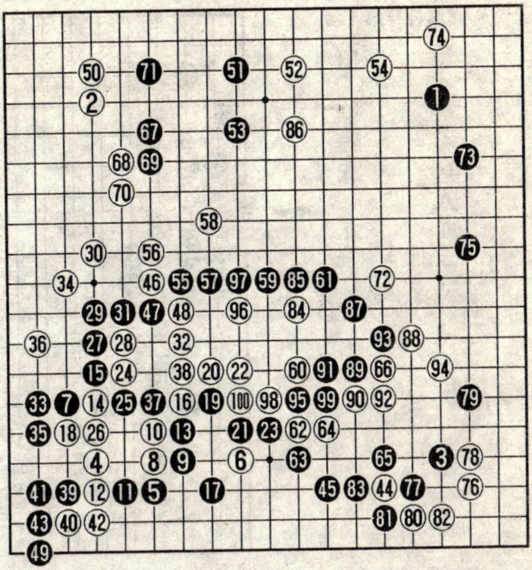

第2谱 101—246

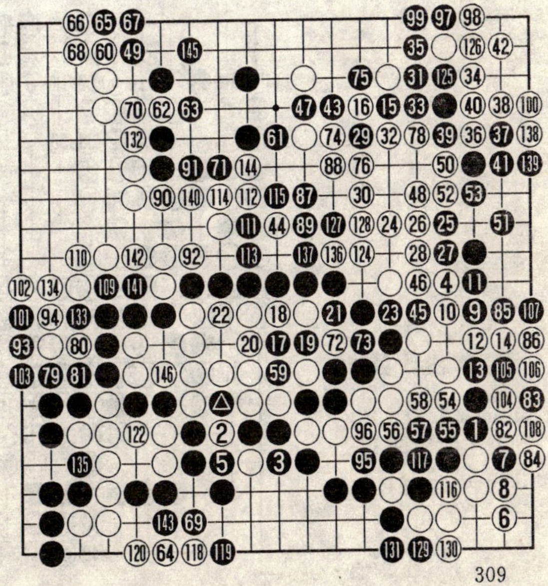

77＝16　121＝△

123＝2

黑出5目半

共246手

黑胜9目半

1996年12月11日

于汉城

真露杯赛第4场

黑 白

彦坂直人九段 徐奉洙九段

（日本） （韩国）

❹❼＝❸❾

第1谱 1—100

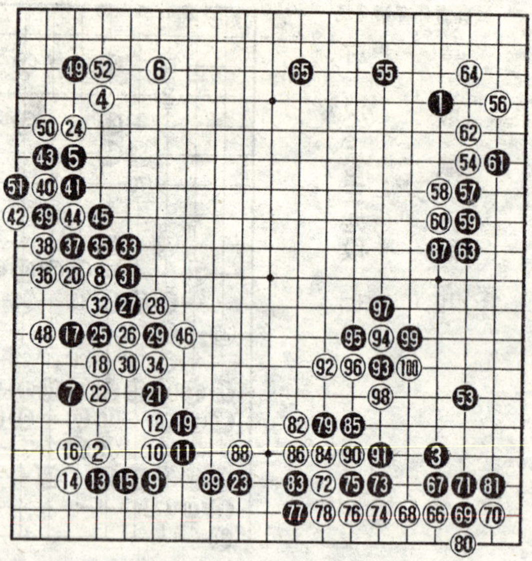

第2谱 101—240

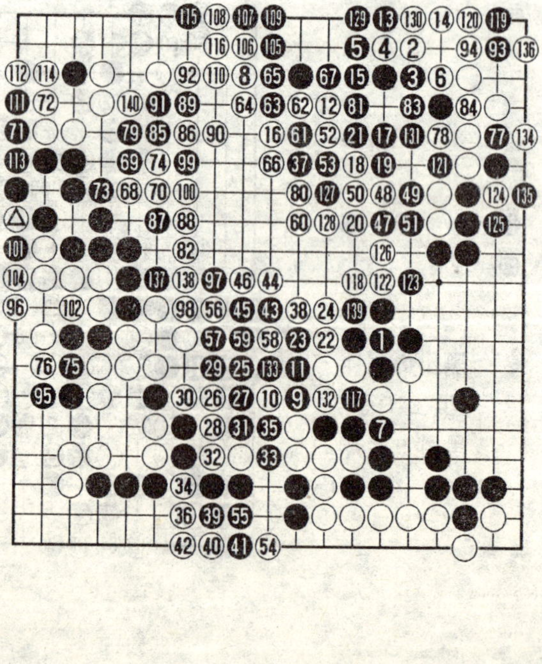

⑩③＝△

黑出5目半

共240手

白胜半目

1996年12月14日

于汉城

真露杯赛第5场

黑	白
徐奉洙	常昊
九段	七段
（韩国）	（中国）

75＝66　83＝58

第1谱　1—100

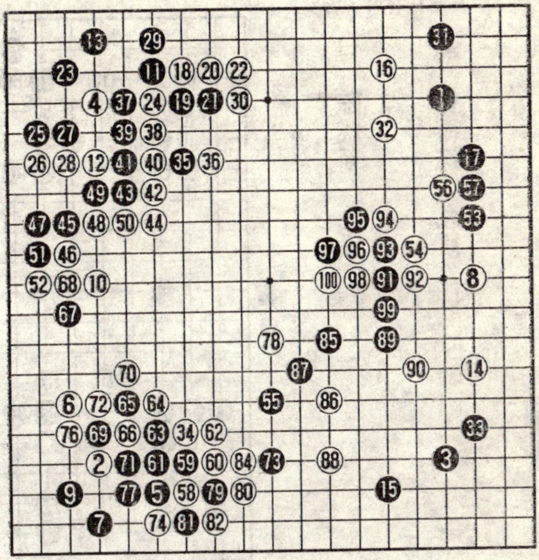

140 168 174＝86

115 161 181＝151

158 178＝152　163 183＝95

165 171 216＝93

176 185＝144　186＝17

208＝131　214 220 225＝106

217 223＝211　224＝115

第2谱　101—325

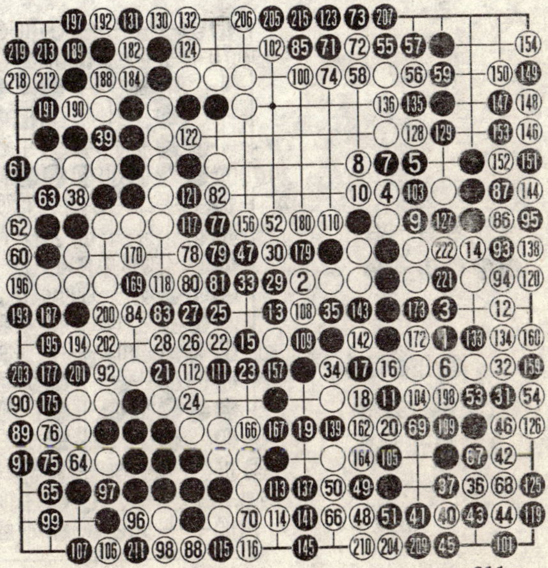

黑出5目半

共325手

黑胜半目

1996年12月15日

于汉城

真露杯赛第7场

黑	白
徐奉洙	陈临新
九段	九段
（韩国）	（中国）

⑳㉖㉜㊳＝△

㉓㉙㉟㊶＝▲

黑出5目半

共251手

黑中盘胜

1997年1月27日

于汉城

第1谱　1—100

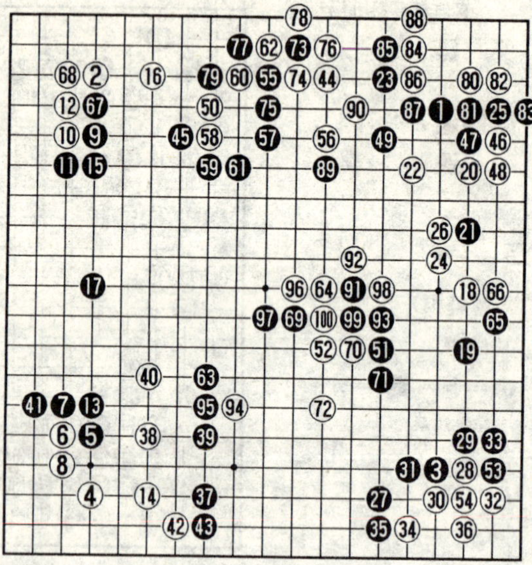

第2谱　101—251

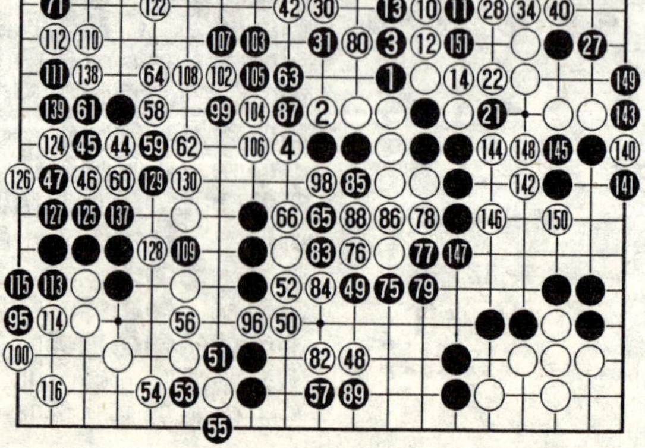

真露杯赛第8场

黑	白
徐奉洙	王立诚
九段	九段
（韩国）	（日本）

第1谱 1—100

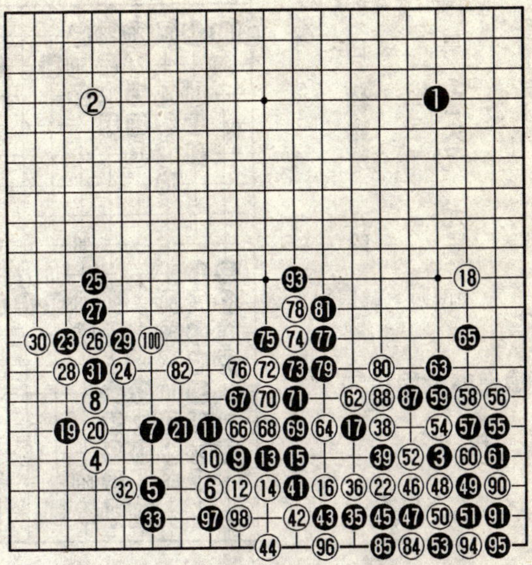

㉞㊵㊻㊷＝㉖

❸❼❽❸❽❾❾❾＝❸❶

第2谱 101—193

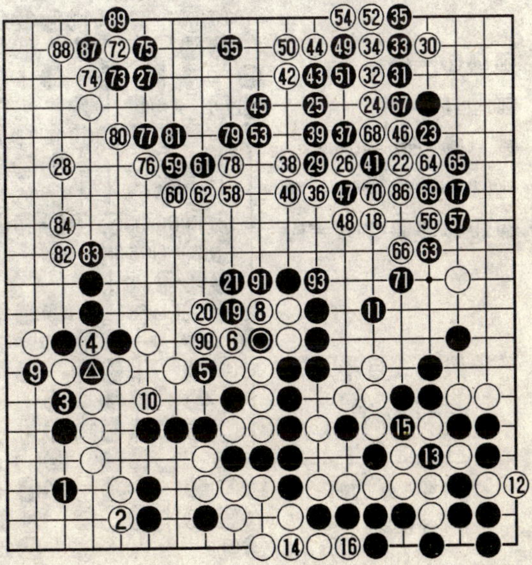

❼＝▲　❻❺＝㉖

㊷＝◉

黑出5目半

共193手

黑中盘胜

1997年1月28日

于汉城

真露杯赛第9场

黑	白
曹大元	徐奉洙
九段	九段
（中国）	（韩国）

⑦⑤＝❼　⑧⑨＝⑤②

第1谱　1—100

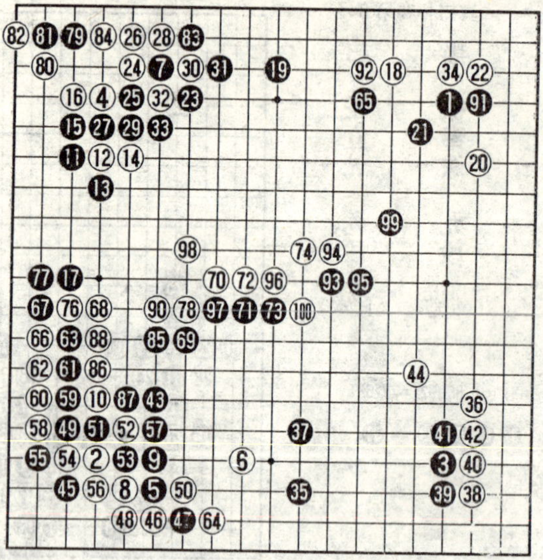

第2谱　101—294

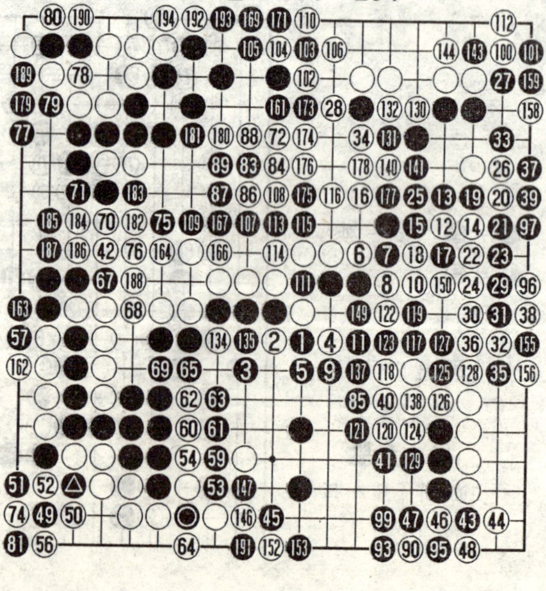

❺❺❼❸❾❶＝▲

⑤⑧⑧②⑨④＝⑤②

⑥⑥＝◉　⑨②＝⑦④

⑨⑧⑬⑥⑭②⑭⑧⑮④⑯⓪⑯⑧＝⑨⓪

⑬③⑬⑨⑭⑤⑮①⑮⑦⑯⑤⑰⓪＝⑨⑤

⑰②＝⑩③

黑出5目半

共294手

白胜3目半

1997年1月30日

于汉城

真露杯赛第10场

黑	白
徐奉洙	依田纪基
九段	九段
（韩国）	（日本）

⑧②＝❺❸

第1谱 1—100

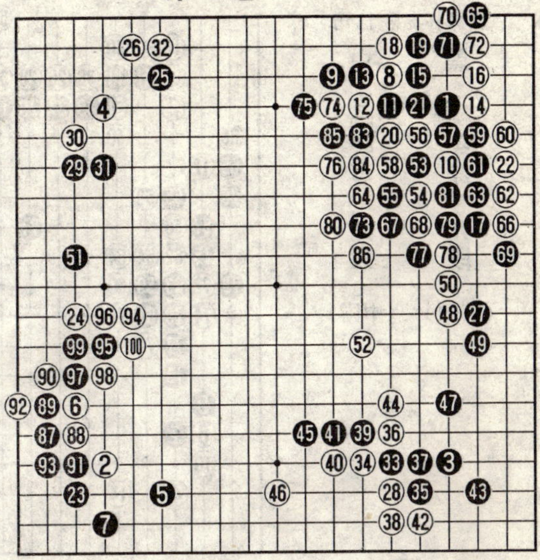

⑥②＝▲ ⑰②＝❶❸❺

第2谱 101—274

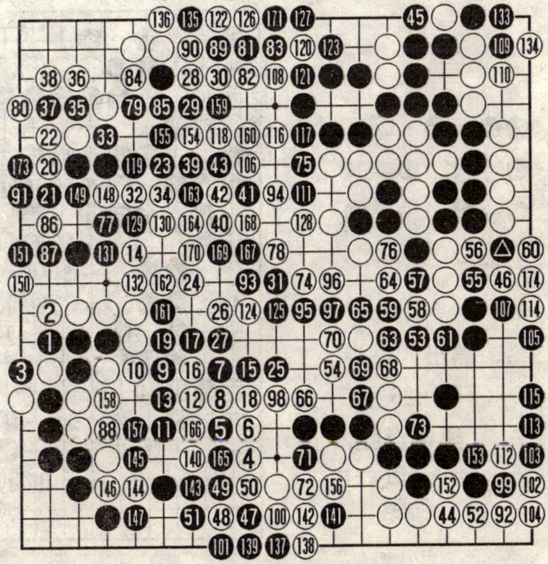

黑出5目半

共274手

黑胜半目

1997年1月31日

于汉城

真露杯赛第 11 场

黑	白
徐奉洙	马晓春
九段	九段
（韩国）	（中国）

第 1 谱　1—100

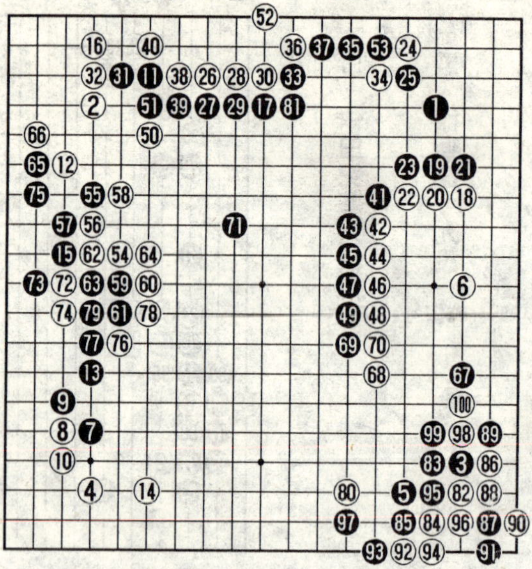

第 2 谱　101—225

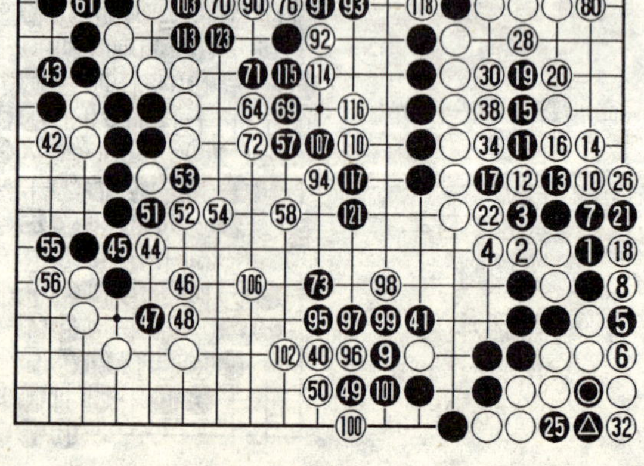

㉓㉛＝❺　㉔㊱＝⑧

㉗＝⑫　㉙＝⑱

㉝＝△　㉟＝◉

黑出 5 目半

共 225 手

黑中盘胜

1997 年 2 月 23 日

于北京

第 9 届亚洲杯电视围棋快棋赛

第 9 届“亚洲杯”电视围棋快棋赛，于 1997 年 5 月 12 日至 15 日在韩国庆州市举行。中日韩三国各有两名代表参加，加上届冠军李昌镐九段，共七名棋手参加了角逐。

我国 30 岁的俞斌九段在本届比赛中分别战胜小林光一、李昌镐、王立诚首次为我国在此项比赛中夺得冠军。这三局比赛，俞斌九段发挥出了较高水平，在 30 秒一手棋的比赛中基本无大差错标志着中国棋手的快棋水平，也上了一个新台阶。

聂卫平九段在首轮比赛中战胜老对手，韩国曹薰铉九段，但在争夺决赛权的比赛中负于日本王立诚九段而未能实现与俞斌会师决赛。中国选手在快棋上的突破，不仅是首次获得二万美元的奖金，更重要的说明中国围棋水平的整体提高。

第 9 届亚洲杯电视围棋快棋赛成绩表

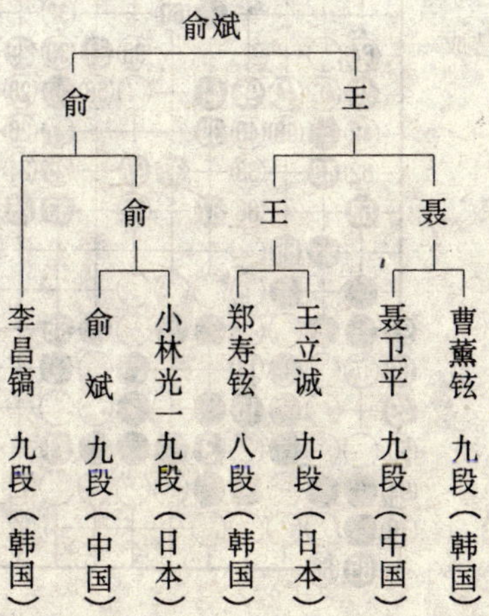

亚洲杯决赛

黑	白
俞斌	王立诚
九段	九段
（中国）	（日本）

白 34 稍损，44 当 72 位跳、48 断无必要，定式下来白棋吃亏。

黑 73 坏棋，直接于 75 位逼，白将无反击手段。

第1谱 1—100

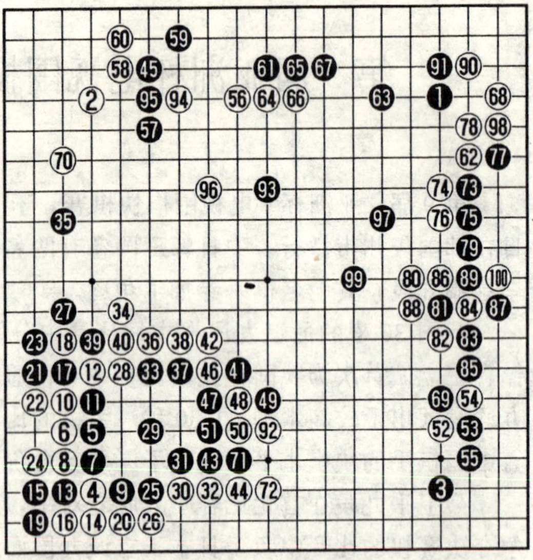

白 8 最后败着，若于 9 位接，尚可拼搏。

黑 17 吃通两子已成为必胜局面。

④⑩⑯＝△

❼⓭＝❶

第2谱 101—209

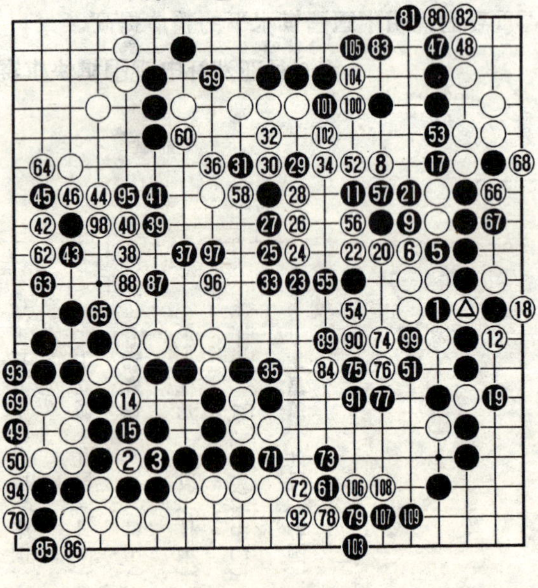

黑出 5 目半

共 209 手

黑中盘胜

1997 年 5 月 15 日

于韩国庆州

亚洲杯半决赛

黑	白
俞斌	李昌镐
九段	九段
（中国）	（韩国）

❻❾＝㉚　⑩⓪＝㉓

白 34 过强，被黑 35 之后难下。

黑 45 好手。若于 70 位扳，则白 46、48 冲断就成功了。

黑争到 73、全局大优。

第 1 谱　1—100

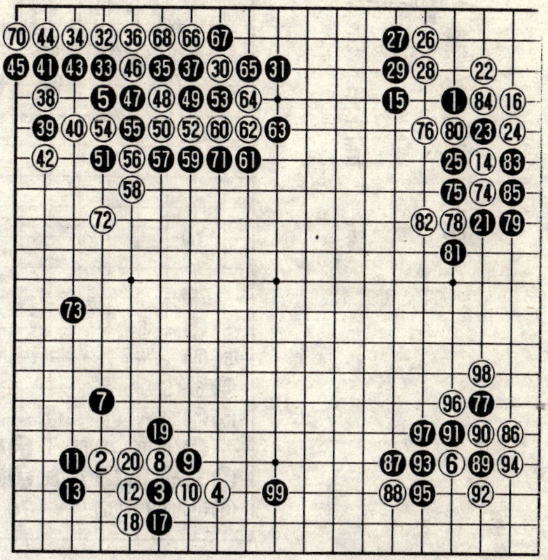

第 2 谱　101—185

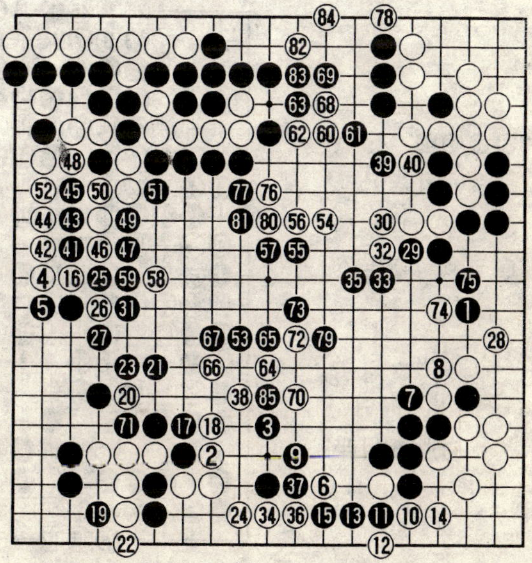

黑出 5 目半

共 185 手

黑中盘胜

1997 年 5 月 13 日

于韩国庆州市

亚洲杯半决赛

黑　　白

聂卫平　　王立诚

九段　　九段

（中国）　（日本）

第1谱　1—100

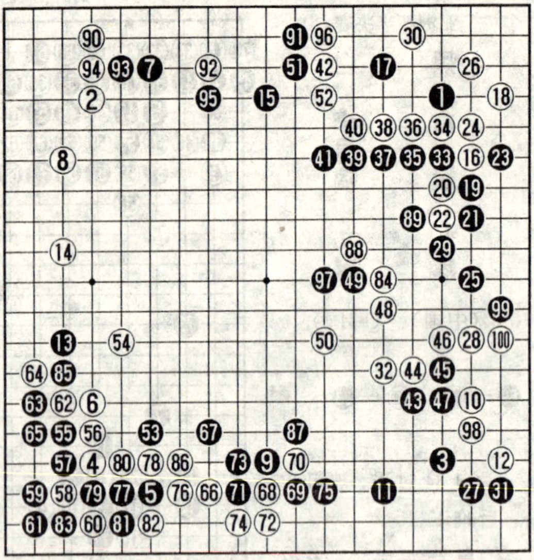

第2谱　101—274

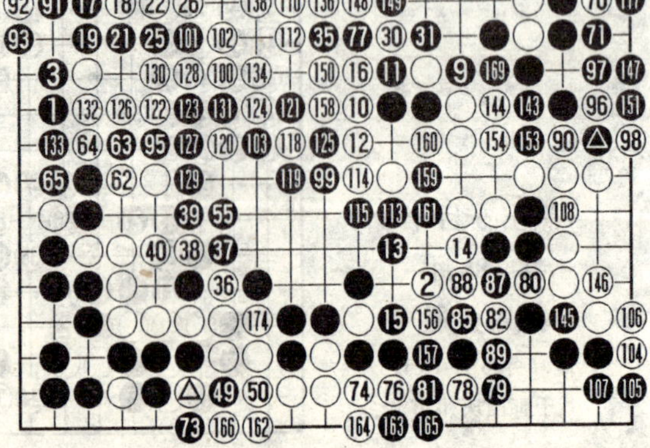

151 159 169 175 = 141

154 166 172 184 = 148

209 = 182　　252 = △

255 = 230　　267 = △

黑出5目半

共274手

白胜6目半

1997年5月14日

于韩国庆州

亚洲杯预赛

黑	白
小林光一九段	俞斌九段
（日本）	（中国）

白 44 问题手，当于 A 位封。

黑 61、63 损失 8 目之巨，是主要败因。

第 1 谱　1—100

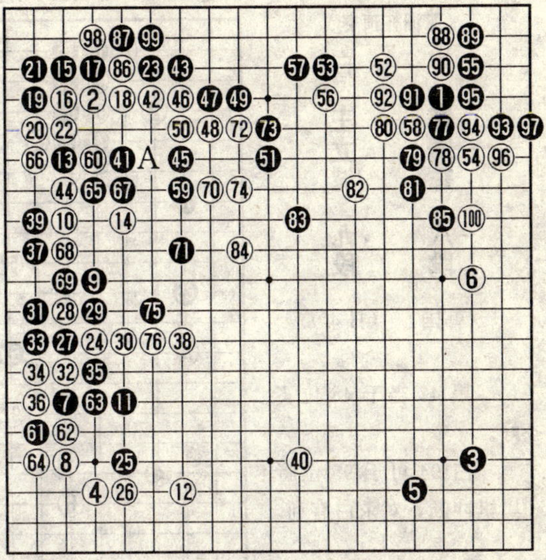

第 2 谱　101—266

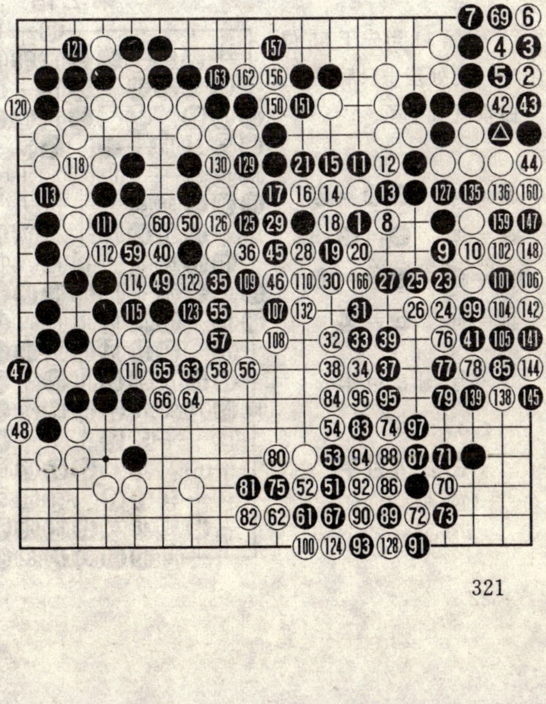

22＝1　68＝42

98＝83　103＝3

117＝59　119＝43

131 137 143 149 155 161＝93

133＝△

134 140 146 152 158 164＝128

153＝63　154＝65

165＝72

黑出 5 目半

共 266 手

白胜 5 目半

1997 年 5 月 12 日

于韩国庆州

亚洲杯预赛

黑	白
郑寿铉	王立诚
八段	九段
（韩国）	（日本）

黑 47 当于 48 位飞好。

白 94 可于 95 位将黑棋冲断，对杀白有利。

黑 11 当先于 55 位冲，此处差一只后手眼，白棋就难下了。

67＝42　85 91＝79

88＝82　105＝45

116＝15　165 186＝111

168＝144　185＝80

黑出 5 目半

共 286 手

白胜 7 目半

1997 年 5 月 12 日

于韩国庆州

第 1 谱　1—100

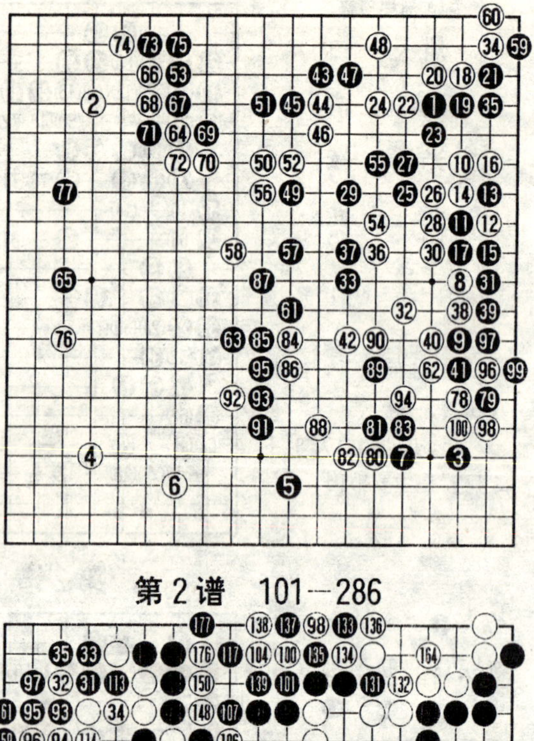

第 2 谱　101—286

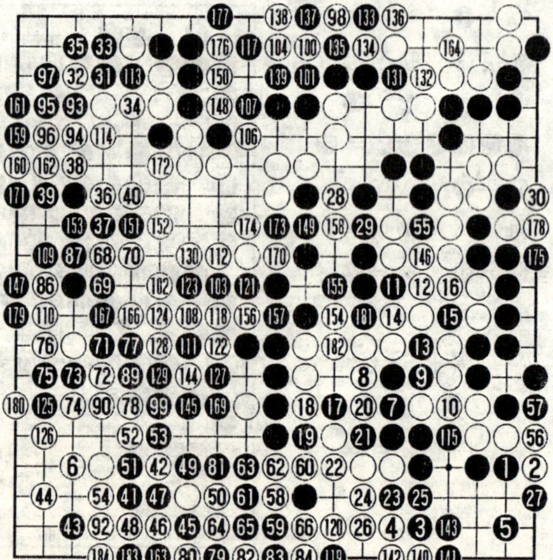

亚洲杯预赛

黑	白
聂卫平	曹薰铉
九段	九段

第1谱 1—100

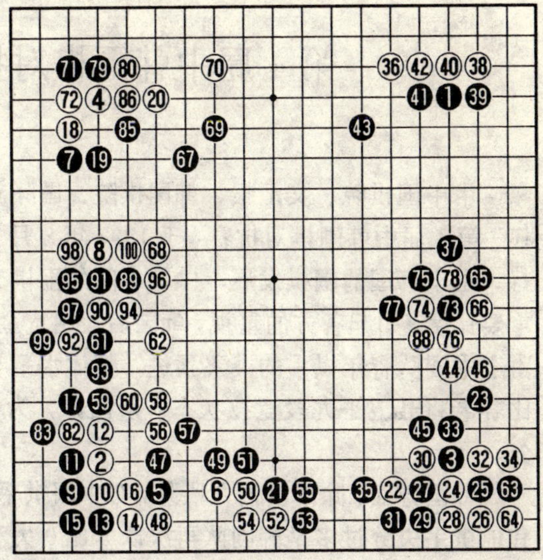

81 87＝73 84＝78

白 24、26 问题手，实战被黑转换至 35 局部黑优。

黑 71 以下开劫，奠定黑优势局面。

第2谱 101—227

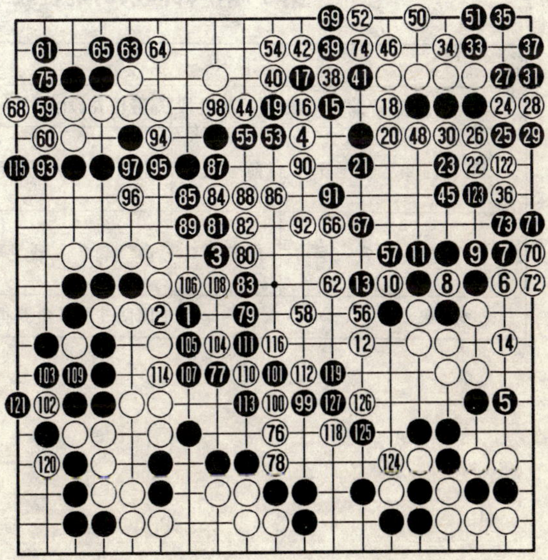

32 49＝24 43＝38

47＝28 117＝110

黑出 5 目半

共 227 手

黑中盘胜

1997 年 5 月 13 日

于韩国庆州

第4届中韩围棋对抗赛

由中国棋院、文汇报、韩国棋院、国际新闻共同举办的“乐天杯”第4届中韩围棋对抗赛，于1997年8月24日至29日在上海举行。由于韩国的围棋发展，中韩之间的围棋交流也成为国际之间的重要比赛，引起各方的重视，韩国后援出重金奖励获胜的韩国棋手。由于中国队青年棋手的突飞猛进，整体水平有了很大的加强。本届比赛老将聂卫平九段竞技状态有所回升，为中国取胜夺得重要的2分。

韩国方面，除李昌镐九段外，对中国棋手已无绝对得分的把握，其他棋手失分过多是韩国队再次以5比9失利的原因。

第4届中韩围棋对抗赛成绩表

场次	客队棋手名单						
	李昌镐九段	曹薰铉九段	刘昌赫九段	郑寿铉九段	洪钟贤八段	崔圭昞八段	睦镇硕三段
一	王　磊 2	聂卫平 0	俞　斌 2	周鹤洋 0	罗洗河 0	常　昊 0	马晓春 0
二	马晓春 2	常　昊 2	周鹤洋 0	俞　斌 0	聂卫平 0	王　磊 0	罗洗河 2
比赛结果	中国队9胜5负获得优胜						

中韩对抗赛第1场

黑　白

马晓春　睦镇硕

九段　三段

（中国）（韩国）

37＝30

第1谱　1—100

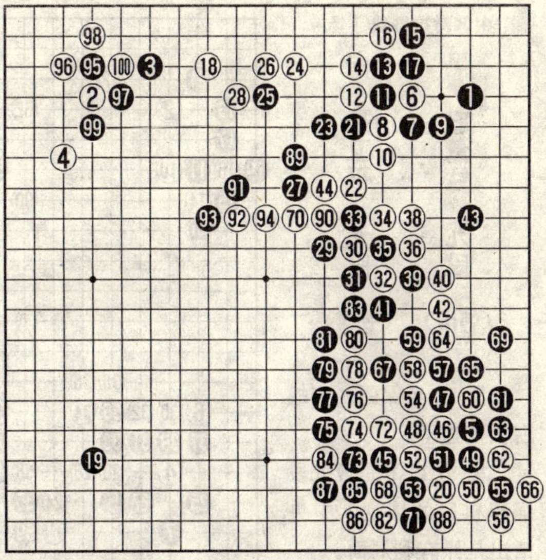

43＝11　46＝12

63＝52

第2谱　101—165

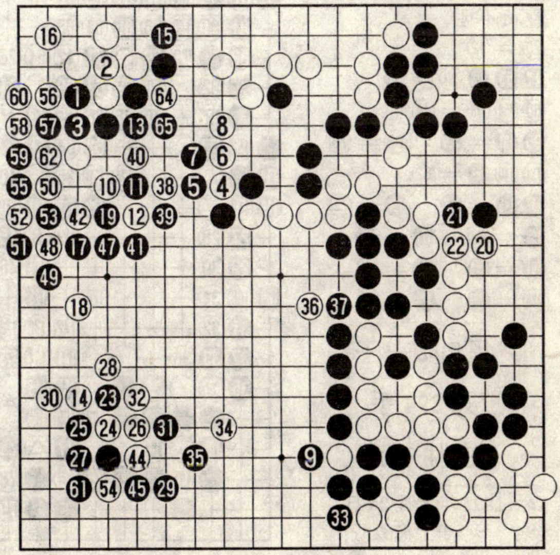

黑出 $2\frac{3}{4}$ 子

共165手

黑中盘胜

1997年8月26日

于上海

中韩对抗赛第1场

黑	白
曹薰铉	聂卫平
九段	九段
（韩国）	（中国）

黑29当保留，实战白棋变强了。

黑57以下是曹九段强悍棋风的体现，中央活出是黑有利局面。

黑63失误，导至黑71再误，若于72位挡，胜负不明。

20＝12

47 53 173 194＝21

50 158 176＝44

95 101＝△　98＝78

134 140 189＝52

137 143＝57　167＝△

169＝62　171＝○

181＝◉　185＝174

186＝▣　193＝76

黑出 $2\frac{3}{4}$ 子

共294手

白胜 $\frac{1}{4}$ 子

1997年8月26日

于上海

第1谱　1—100

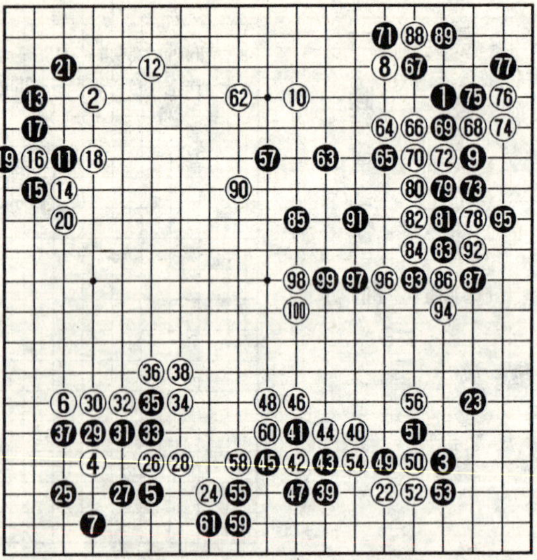

第2谱　101—294

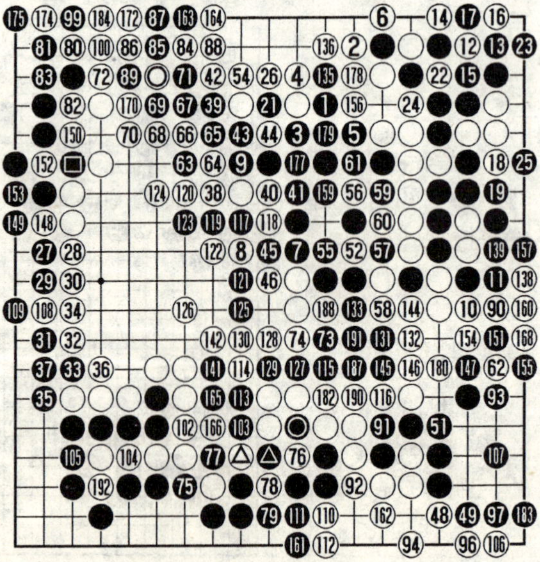

中韩对抗赛第1场

黑	白
俞斌	刘昌赫
九段	九段
（中国）	（韩国）

第1谱 1—100

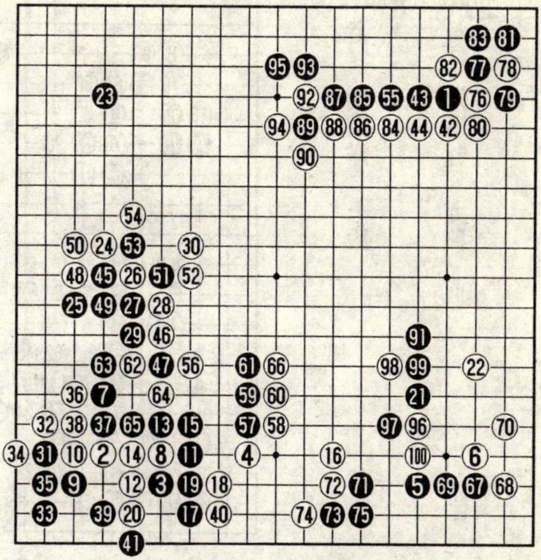

第2谱 101—198

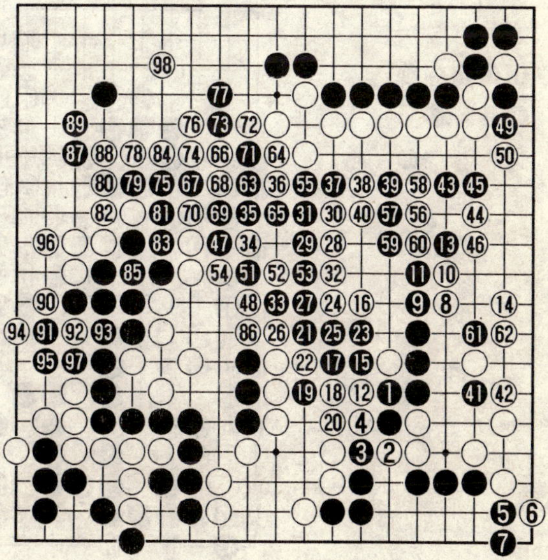

黑出 $2\frac{3}{4}$ 子

共198手

白中盘胜

1997年8月26日

于上海

中韩对抗赛第1场

黑	白
郑寿铉	周鹤洋
九段	七段
（韩国）	（中国）

第1谱　1—100

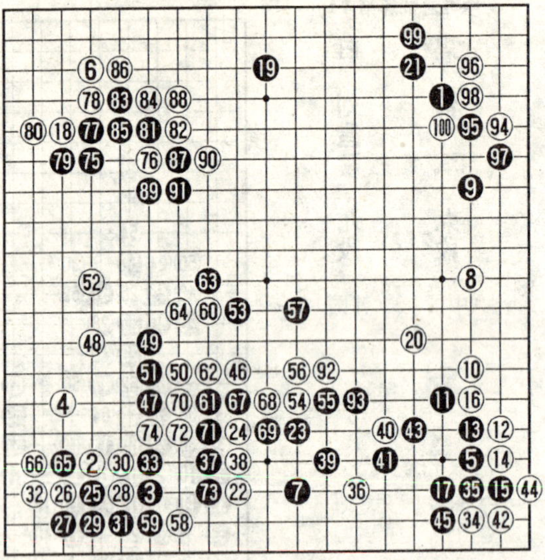

第2谱　101—269

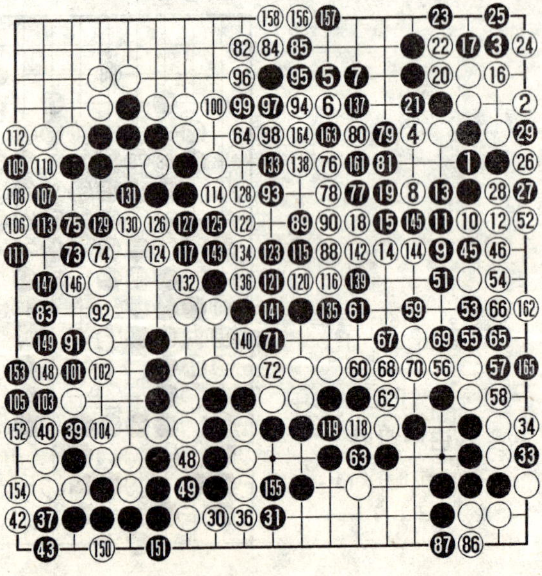

㉜㊳㊹㊿＝㉖

㉟㊶㊼＝㉙

159 169＝109　160＝108

166＝80　167＝106

168＝163

黑出$2\frac{3}{4}$子

共269手

白胜$\frac{1}{4}$子

1997年8月26日

于上海

中韩对抗赛第1场

黑	白
罗洗河	洪钟贤
六段	八段
（中国）	（韩国）

62＝56

第1谱　1—100

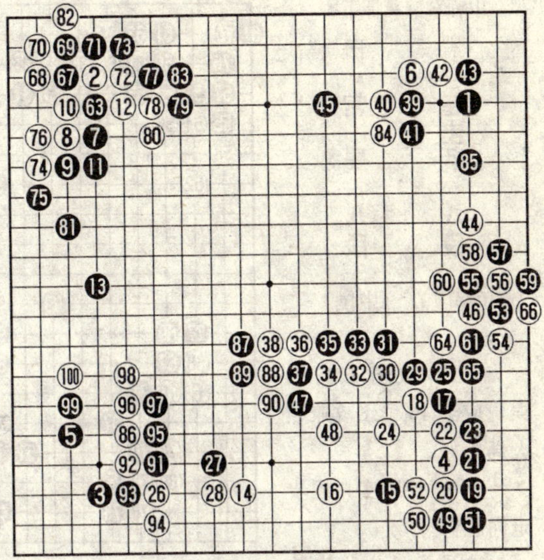

第2谱　101—203

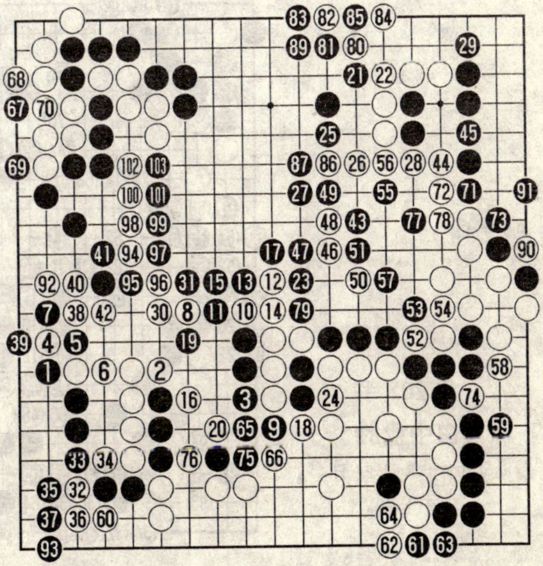

88＝82

黑出2 $\frac{3}{4}$子

共203手

黑中盘胜

1997年8月26日

于上海

中韩对抗赛第1场

黑	白
崔圭昞	常昊
八段	八段
（韩国）	（中国）

黑43攻击方向失误，应于46位飞攻兼顾大局为好。

白76补厚实，逐步走向胜势。

这是常昊八段完胜之局。

第1谱 1—100

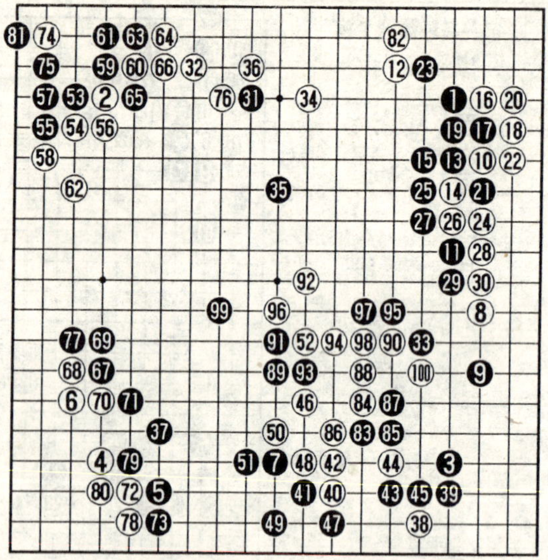

第2谱 101—202

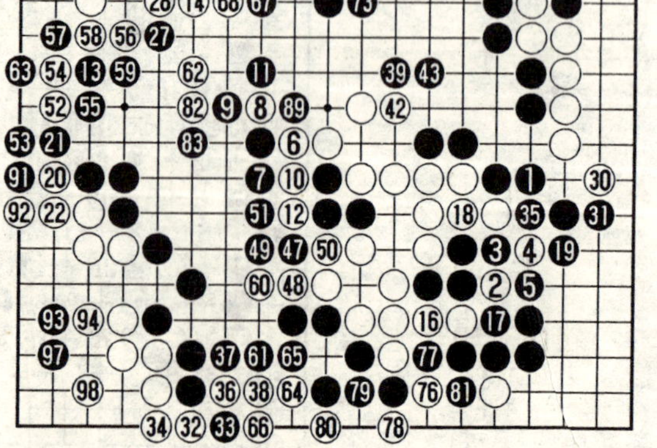

99＝87

黑出 $2\frac{3}{4}$ 子

共202手

白中盘胜

1997年8月26日

于上海

中韩对抗赛第1场

黑	白
王磊	李昌镐
六段	九段
（中国）	（韩国）

㉓＝⑯　㉚＝⑭

㉝＝⑬　61 69＝47

66＝52

第1谱　1—100

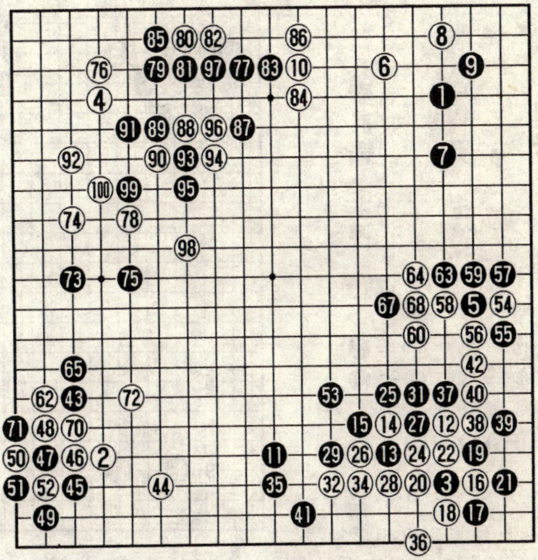

第2谱　101—323

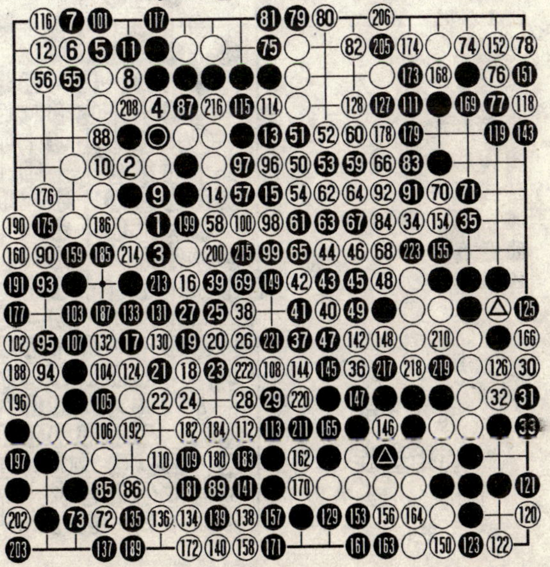

167＝△　193＝118

194＝▲

195 201 207＝21

198 204 209＝130　212＝◉

黑出 $2\frac{3}{4}$ 子

共 323 手

白胜 $1\frac{3}{4}$ 子

1997年8月26日

于上海

中韩对抗赛第2场

黑	白
马晓春	李昌镐
主将	主将
（中国）	（韩国）

42＝30　44＝7
48＝38　57＝39
78 86 92 98＝72
81 89 95＝75

黑37以下做劫露骨，结果黑棋明显亏损。因此，黑37只宜忍耐在30位粘方可慢慢下。至白100时，黑方劣势明显。

6 12 17＝△
9 15＝1
67 77 83 89＝△
74 80 86＝44
90＝3　133＝22
175 183 189＝93
180 186 192＝172

黑出 $2\frac{3}{4}$ 子

共292手

白中盘胜

1997年8月28日

于上海

第1谱 1—100

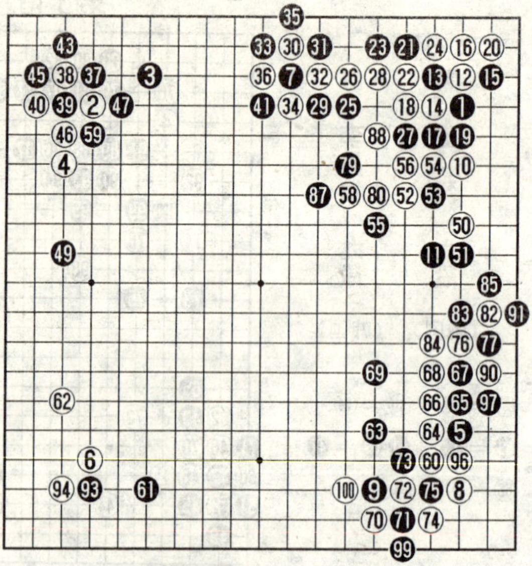

第2谱 101—292

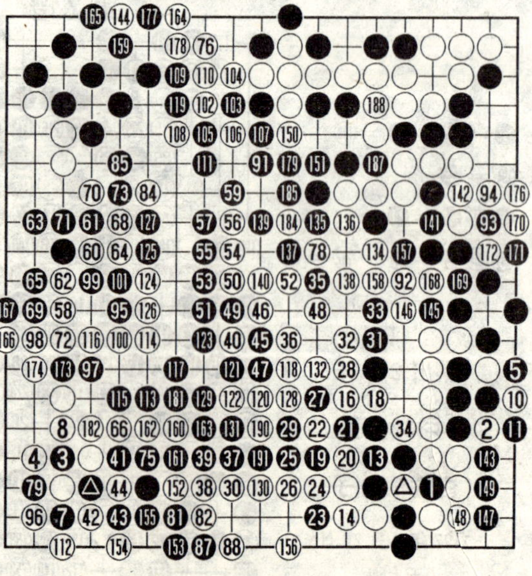

中韩对抗赛第2场

黑	白
曹薰铉	常昊
九段	九段
（韩国）	（中国）

99＝92

第1谱 1—100

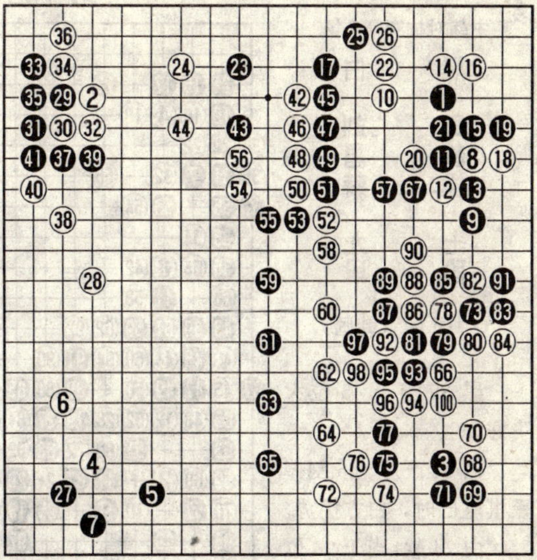

第2谱 101—278

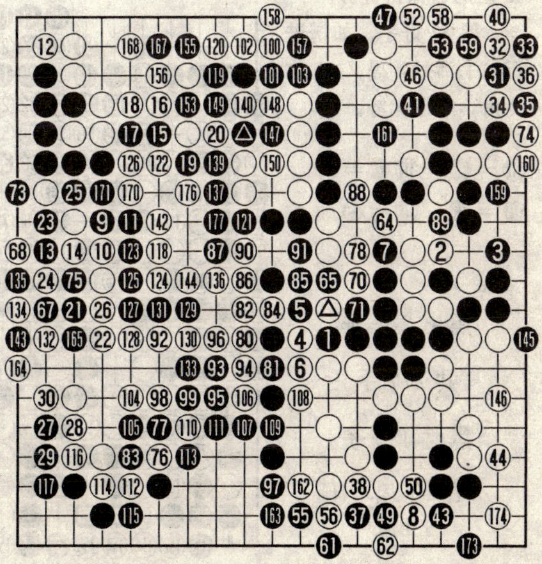

39 45 51 57 63 69＝31
42 48 54 60 66 72＝36
79＝△　138＝24
141＝135　151＝△
152＝147　154＝15
166 172 178＝134
169 175＝143

黑出 $2\frac{3}{4}$ 子

共278手

黑胜 $1\frac{3}{4}$ 子

1997年8月28日

于上海

中韩对抗赛第2场

黑	白
周鹤洋	刘昌赫
七段	九段
（中国）	（韩国）

黑 39 当于 45 位大飞好。

白 64 严厉、66 割掉黑棋尾巴时，白方优势。

白 74 软，当于 96 位扳、黑若 75 位夹、白再 78 位退可保持优势。

黑 81 好手。如谱进行先手活后，黑又 95 位飞角，黑已优势。

⑰²=93　⑰④⑰⑦=22

⑰⑤=23　⑰⑥=25

黑出 $2\frac{3}{4}$ 子

共 277 手

黑胜 $4\frac{3}{4}$ 子

1997 年 8 月 28 日

于上海

第 1 谱　1—100

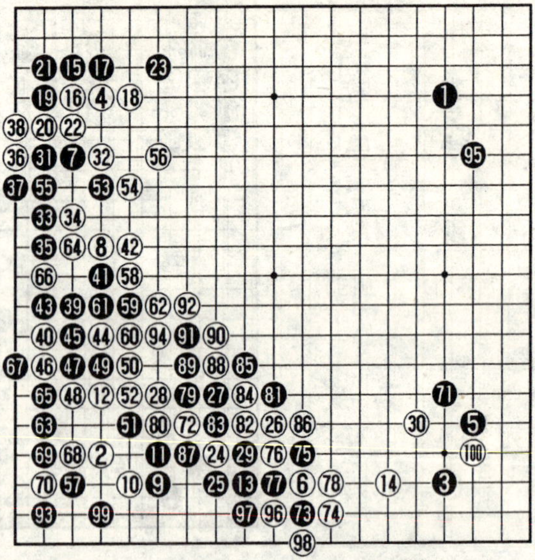

第 2 谱　101—277

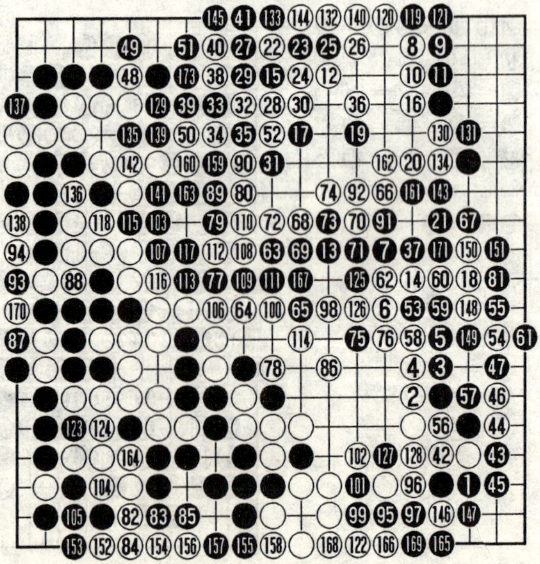

中韩对抗赛第2场

黑	白
郑寿铉	俞斌
九段	九段
（韩国）	（中国）

76＝65　91＝79

黑37刺问题手。应于39位单尖，再59位关补为好。

黑65扳失误。正确应走82位一路倒虎，可以净杀黑棋。

38 44 58＝△

41 55＝35　132＝53

138＝33

151 159 165 171 177＝103

156 162 168 174 179＝146

黑出2 $\frac{3}{4}$ 子

共279手

白胜6 $\frac{1}{4}$ 子

1997年8月28日

于上海

第1谱　1—100

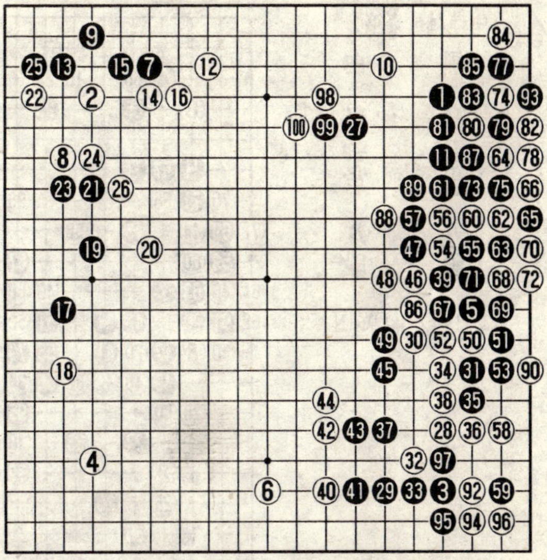

第2谱　101—279

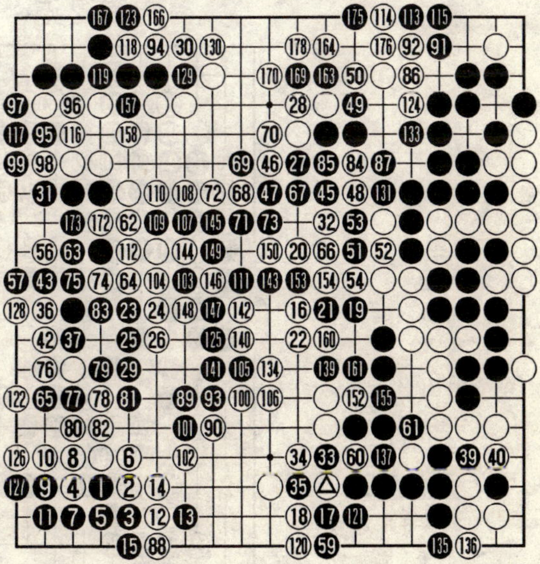

中韩对抗赛第2场

黑	白
聂卫平	**洪钟贤**
九段	**八段**
（中国）	（韩国）

黑出 $2\frac{3}{4}$ 子

共211手

黑中盘胜

1997年8月28日

于上海

第1谱 1—100

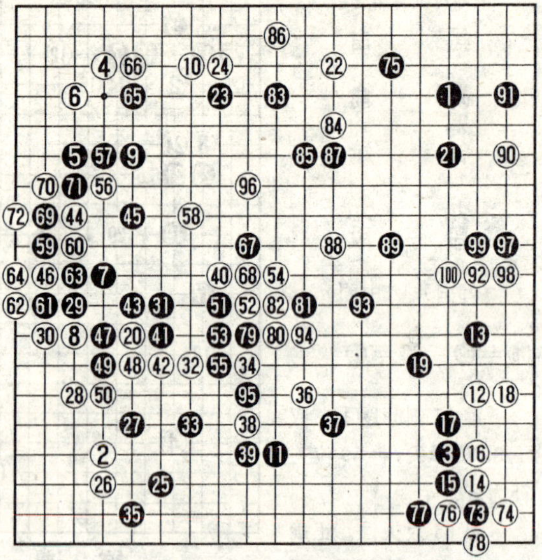

第2谱 101—211

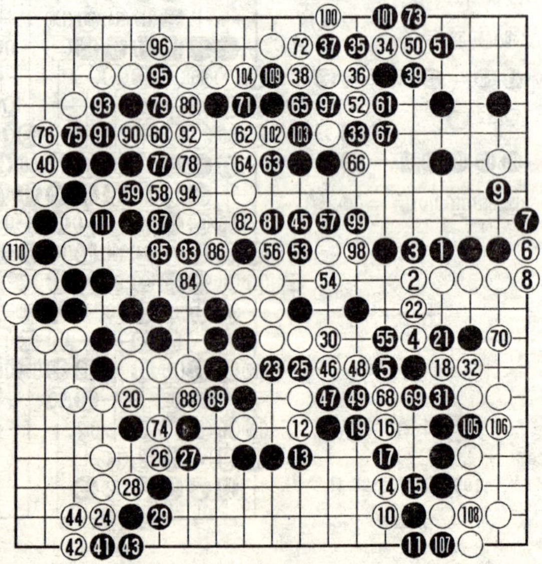

中韩对抗赛第2场

黑	白
崔圭昞	王磊
八段	六段
（韩国）	（中国）

第1谱　1—100

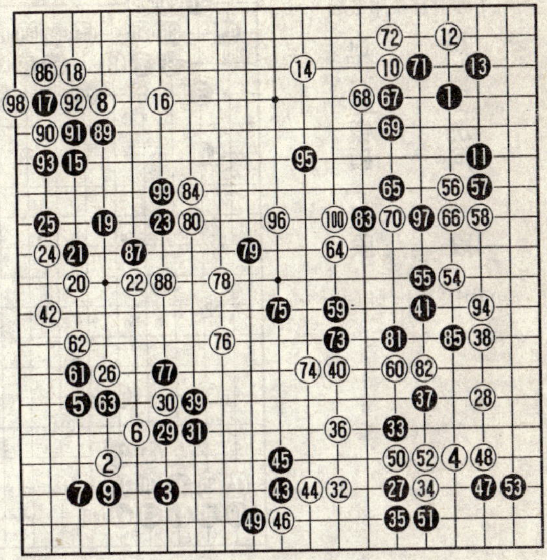

第2谱　101—248

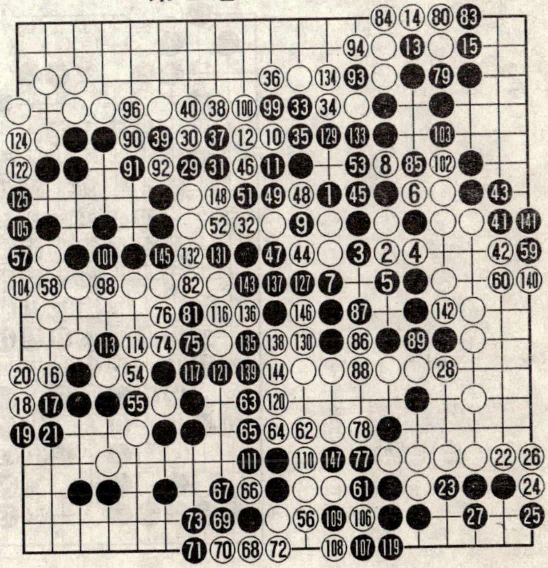

⑤⓪＝❾　❾❺＝❸❾

❾❼＝⑨②

⑪②⑪⑧⑫⑥＝⑩⑥

⓫❺⓬❸⑫⑧＝⓾❾

黑出 2 $\frac{3}{4}$ 子

共 248 手

白胜 4 $\frac{1}{4}$ 子

1997 年 8 月 28 日

于上海

中韩对抗赛第2场

黑	白
罗洗河	睦镇硕
六段	三段
（中国）	（韩国）

第1谱 1—100

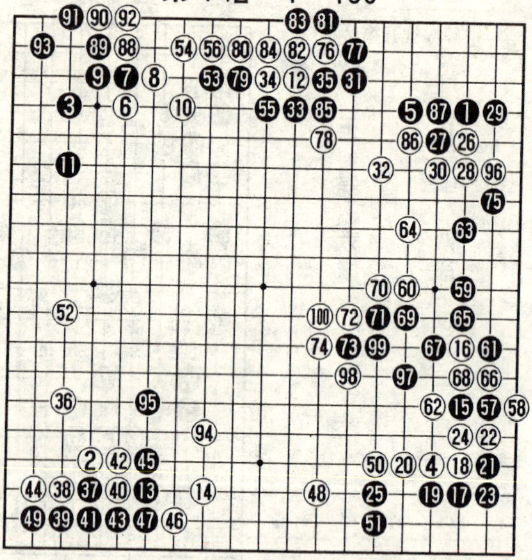

第2谱 101—215

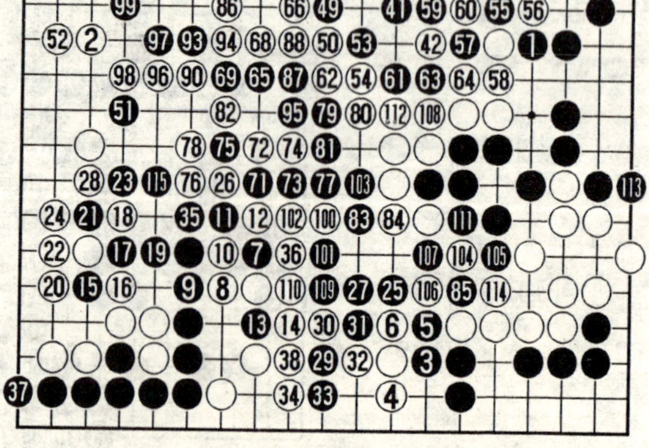

黑出2 $\frac{3}{4}$ 子

共215手

白中盘胜

1997年8月28日

于上海

第10届中日围棋天元战

第10届中日围棋天元对抗赛，于1997年5月19日至22日在上海新民大酒店举行。今年中国出场的选手是刚刚在第11届中国围棋天元战挑战赛中，以3比1战胜上届天元马晓春九段而首次登上“天元”的常昊八段。而日方今度的天元仍然是柳时熏八段。

为把第10届中日围棋天元对抗赛办得更有意义，主办者新民晚报社和中国围棋协会共同印发了精美的“第10届中日围棋天元战”纪念套封，并举办了有奖竞猜和现场大盘讲解的一系列活动。

进入1997年，常昊已成为我国新生力量的代表人物，他不仅在短短的五个月中获得了“天元”，升了八段，继而在中日天元对抗赛中又以2比0的成绩战胜柳时熏而在1997年度的等级分上已上升到第一位。

柳时熏天元也是日本棋坛颇具实力的棋手，他能连续三年在日本天元战中夺冠，足以说明他的棋力。

本次比赛两局棋，常昊胜得并不轻松，首战在极度不利的情况下只因对方失误才得以小胜。再战，在决定胜负的关键时刻常昊下出了缓手，之后柳时熏在优势的情况下表现失常，终以$\frac{3}{4}$子再败于常昊而结束战斗。

中日围棋天元战在全部十届比赛中，以日方先胜四届后却连输六届，使中国暂时处于领先地位。

中日天元战第1局

黑 白

柳时熏 常昊

八段 八段

（日本） （中国）

63＝31

第1谱 1—100

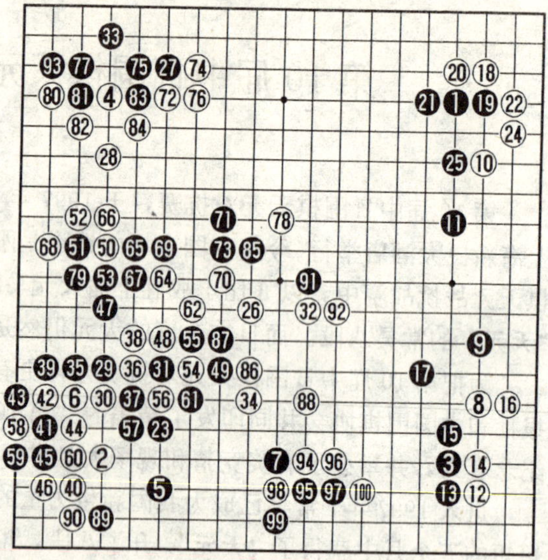

第2谱 101—259

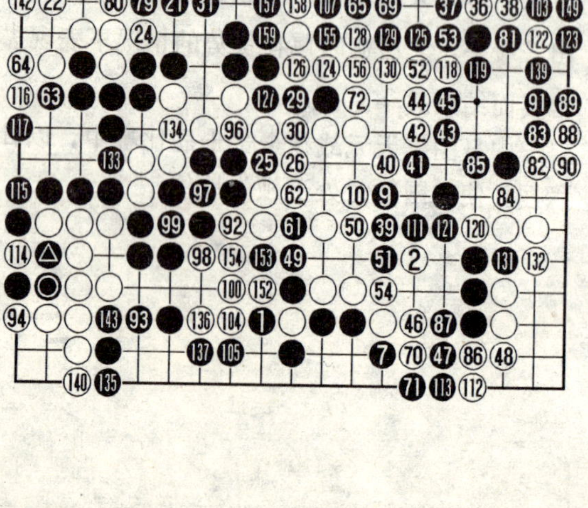

145＝△ 146＝◉

147＝141 151＝144

黑出 $2\frac{3}{4}$ 子

共 259 手

白胜 $1\frac{1}{4}$ 子

1997 年 5 月 19 日

于上海

中日天元战第2局

黑	白
常昊	柳时熏
八段	八段
（中国）	（日本）

第1谱　1—100

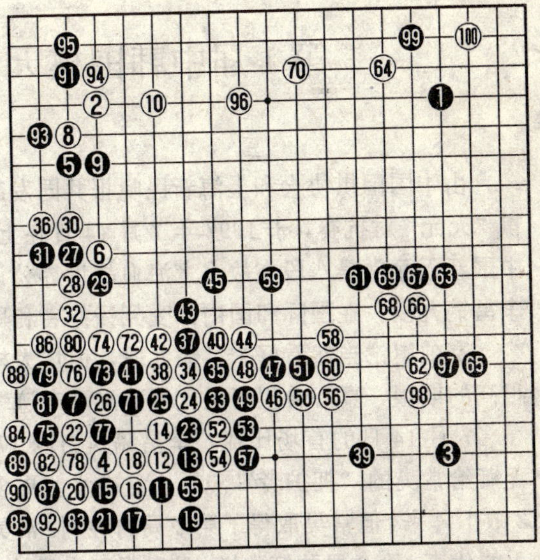

第2谱　101—274

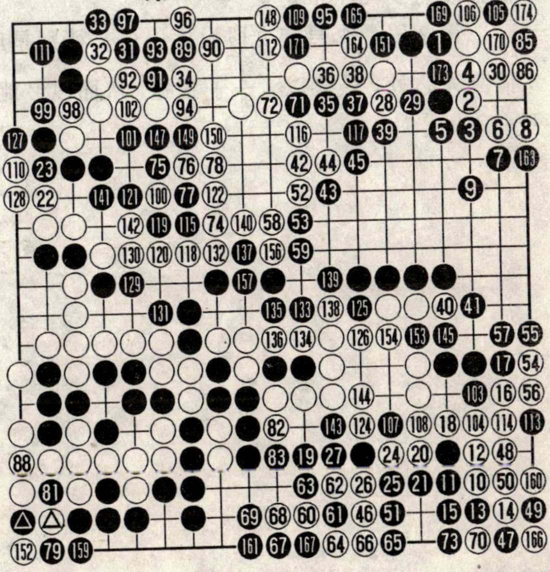

84 146 = △　　87 = 81

123 = 100　　155 162 = ▲

158 = 152　　168 = 70

172 = 47

黑出 $2\frac{3}{4}$ 子

共 274 手

黑胜 $\frac{3}{4}$ 子

1997 年 5 月 21 日

于上海

第1届中韩围棋天元战

由中国围棋协会和上海新民晚报共同发起举办的，首届中韩围棋“天元”对抗赛，于1997年7月14日在上海建国宾馆揭开战幕。中国新天元常昊八段在故乡上海血战世界公认排名第一的韩国天元李昌镐九段，在国际和国内都受到爱好者和舆论界的强烈关注。

赛前舆论当然看好李昌镐九段，但广大棋迷却对常昊八段报有很高的期望，真心希望新天元创造出“奇迹”来。

7月14日的首场比赛，李昌镐执白以176手就中盘轻取常昊，无疑给常昊的“拥护者”浇了一盆冷水。更多的人担心常昊会0比2败下阵来，但常昊取得了第2局的胜利。常昊不愧当今中国青年棋手的代表，第2局敢打敢拼，最后强歼李昌镐的大棋而中盘获胜，将比分改为1比1平。

第3局，李昌镐九段发挥出色，特别是后半盘确实反映出李昌镐高人之处，最终以1 $\frac{1}{4}$子获胜，从而以2比1结束了本届的比赛。

中韩天元战第1局

黑	白
常昊	**李昌镐**
八段	**九段**
（中国）	（韩国）

第1谱 1—100

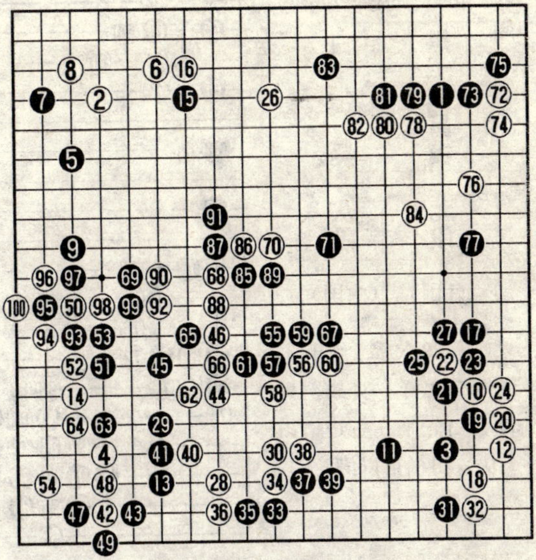

黑51落空，不如下在54尖角好。

白54是双方的要点。

白78象眼飞压好手，全局白有利。

第2谱 101—176

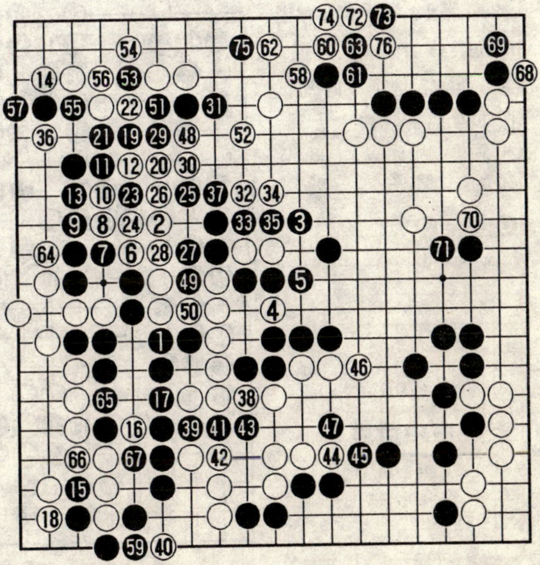

黑51粘、白52连回后白方胜局已定。

黑出2 $\frac{3}{4}$子

共176手

白中盘胜

1997年7月14日

于上海

中韩天元战第2局

黑	白
李昌镐	常昊
九段	八段
（韩国）	（中国）

黑23欠妥、当于37位拆二才好。实战至黑59让白先手在右边话出一块，白棋可以满意。

第1谱 1—100

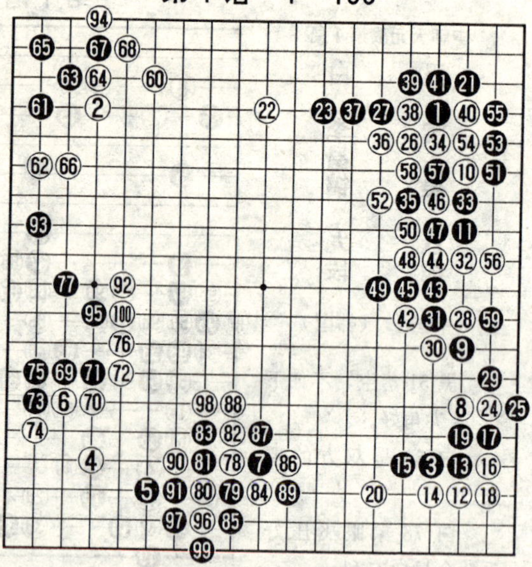

黑19缓手，可考虑A位夹好。

黑77是个“瞎劫”，以下全局败势已定。

㉖㊻＝⑳

㊸㊽＝㉓

黑出 $2\frac{3}{4}$ 子

共196手

白中盘胜

1997年7月16日

于上海

第2谱 101—196

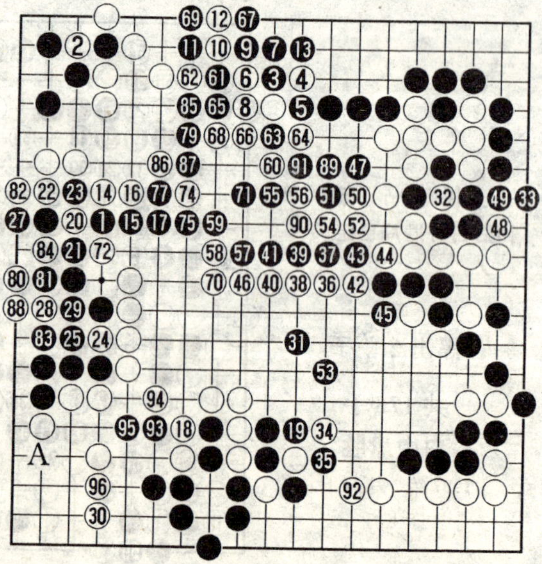

中韩天元战第 3 局

黑	白
常昊	李昌镐
八段	九段
（中国）	（韩国）

黑 27 压欠妥，当于 30 位镇好。

黑 39、白 40 双方争夺中央制空权。至白 56 扳头，白先一步得势局势稍优。

黑 89 碰入是本局胜负手。

第二谱黑 65 最后败着。

⑩=51　123=△　129=94　132=▲　146=119

黑出 $2\frac{3}{4}$ 子

共 246 手

白胜 $1\frac{1}{4}$ 子

1997 年 7 月 17 日

于上海

第 1 谱　1—100

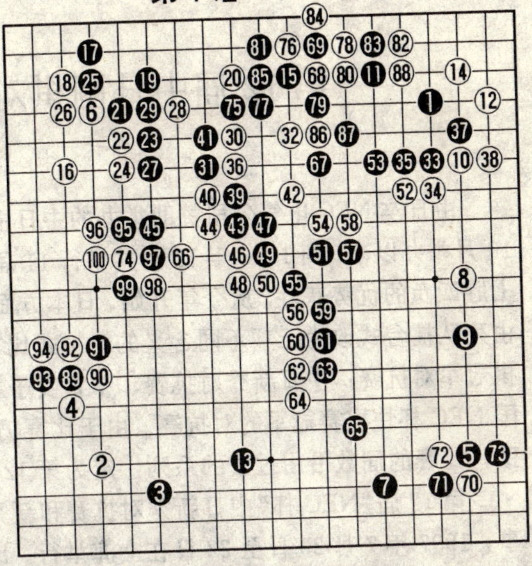

第 2 谱　101—246

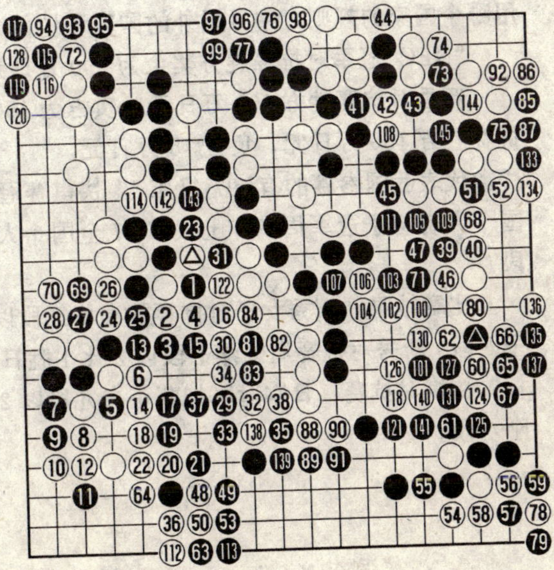

第12届中日围棋对抗赛

由日本NEC电气公司赞助举办的中日围棋擂台赛，自1984年10月举办以来，到1996年12月共举行11届比赛。总成绩：中国以七胜四负的优势获胜。从今年开始，日本方面提出改变比赛的形式，由列队擂台式改为三项不同含义的对抗式比赛，即中日“NEC杯”围棋冠军对抗赛：中日新秀对抗赛、中日女子新秀对抗赛和由中日两国NEC杯快棋赛冠军的对抗赛。由于比赛仍然由NEC电气公司赞助，比赛的届数沿用过去的系列，定为第12届。

第12届“NEC杯”中日新秀对抗赛和新秀女子对抗赛的两项赛事，1997年7月20日至22日在上海举行。比赛均为三番棋的决赛形式，限时为每方1小时，1分钟读秒制，比赛在哪个国家举行就采用哪个国家的规则，中日以外的国家和地区，使用日本规则。

“NEC”冠军对抗赛胜方奖金为500万日元，负方为250万日元。

新秀对抗赛胜方300万日元，负方为150万日元。女子新秀对抗赛胜方150万日元，负方75万日元。

代表我国参赛的有’97“NEC”快棋赛冠军邵炜刚八段、’97全国个人赛男子冠军周鹤洋七段，’97全国个人赛女子冠军黎春华三段。

比赛结果，新秀女子对抗赛黎春华三段以2比0胜日本中泽彩子四段，新秀对抗赛周鹤洋七段以2比1胜日本杨嘉源八段，“NEC杯”快棋对抗赛，日本冠军加藤正夫九段以2比1胜中国冠军邵炜刚八段。

NEC杯中日对抗赛第1局

黑	白
邵炜刚	加藤正夫
八段	九段
（中国）	（日本）

第1谱 1—100

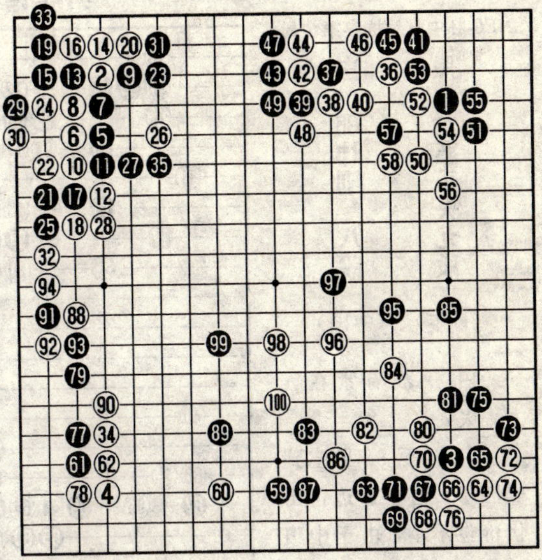

黑59占得最后大场，布局成功。

白90只能在此发动攻势，否则是黑有利局面。

第2谱 101—189

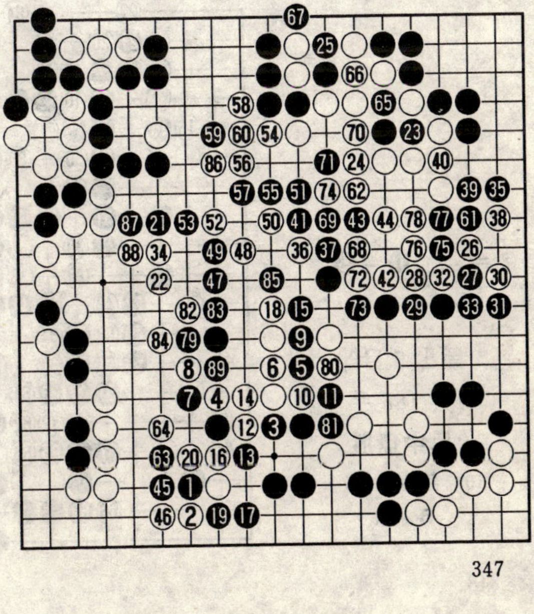

黑5针锋相对也抓住了白棋形的缺陷。

黑9冲果断。至黑15时，吃掉六个白子黑棋胜定。

黑出5目半

共189手

黑中盘胜

1997年10月29日

于东京

NEC 杯中日对抗赛第 2 局

黑	白
加藤正夫九段	邵炜刚八段
（日本）	（中国）

白 42 没有紧在气上，欠妥。

白 74 至 84 虽吃到黑五子，但在下边付出代价也不小，由于中腹一带薄弱，最终导至了全局的崩溃。

第 1 谱　1—100

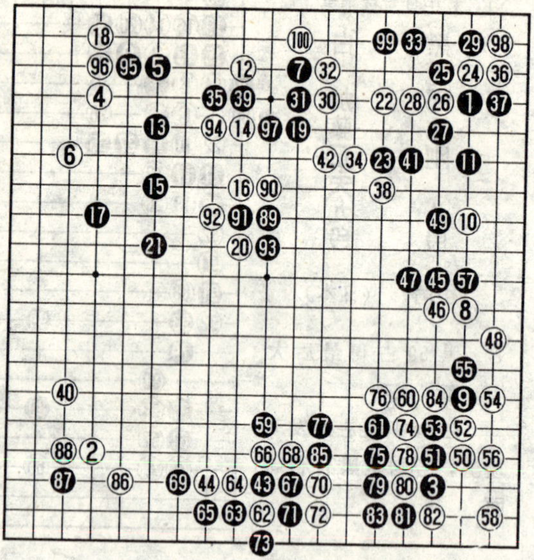

第 2 谱　101—185

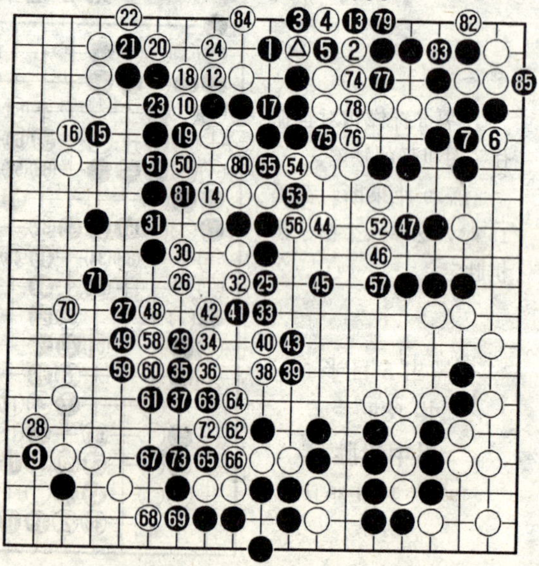

⑧＝△　⓫＝❺

黑出 5 目半

共 185 手

黑中盘胜

1997 年 10 月 30 日

于东京

NEC 杯中日对抗赛第 3 局

黑　　白

加藤正夫九段　　邵炜刚八段

（日本）　（中国）

面对白 10 的挑战，经黑 11 位应后虽有几分委曲，白方反而乱了方寸，四处出击而毫无战果。这是本局最大的败因，也许心理因素的教训比技术因素的教训更加重要。

第 1 谱　1—100

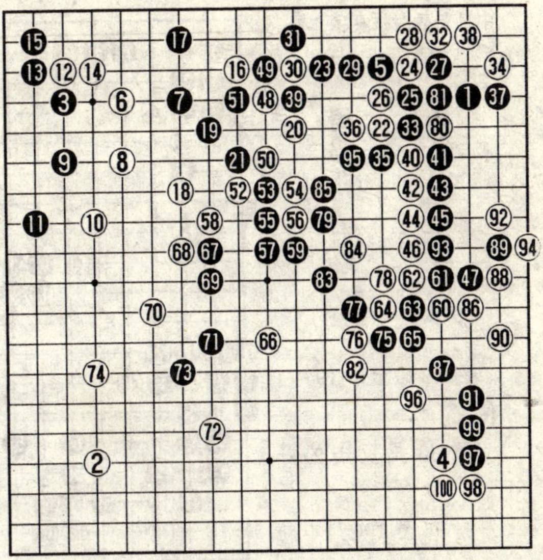

第 2 谱　101—137

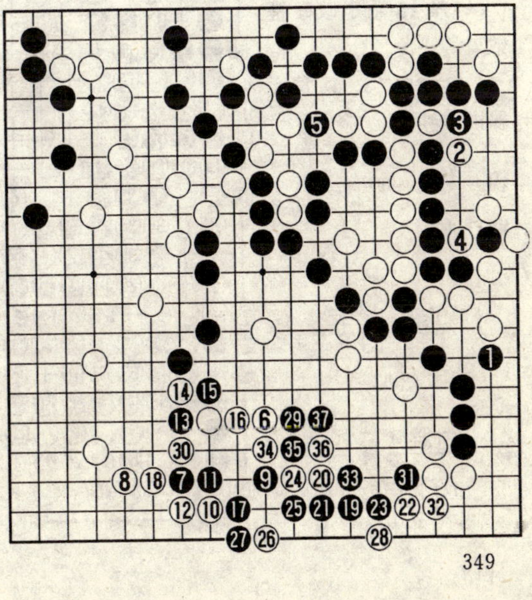

黑出 5 目半

共 137 手

黑中盘胜

1997 年 10 月 31 日

于东京

中日新秀对抗赛第1局

黑　　白

杨嘉源　　周鹤洋

八段　　七段

（日本）　（中国）

白12碰至黑19，白稍便宜。

黑83是反击的好手。

白96至100是本局胜负手。

黑15急于破眼是败着。

实战白16、18连回弱棋，胜定。

71＝33　118＝△

143＝68

黑出2$\frac{3}{4}$子

共243手

白胜1$\frac{1}{4}$子

1997年7月20日

于上海

第1谱　1—100

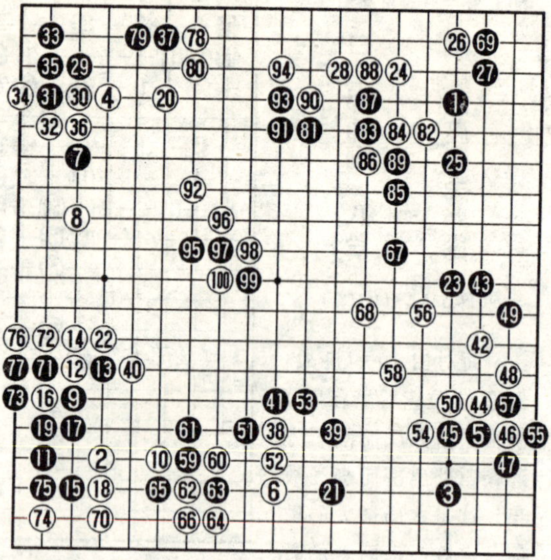

第2谱　101—243

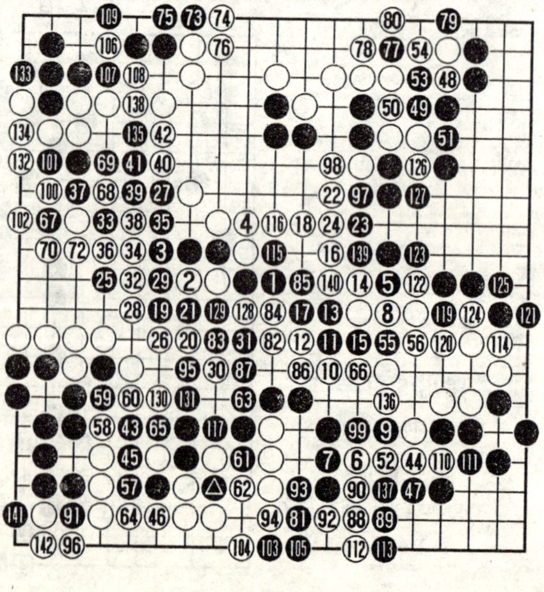

中日新秀对抗赛第2局

黑	白
周鹤洋	杨嘉源
七段	八段
（中国）	（日本）

黑25稍缓、可先在A位尖顶试白应手好。

黑35以下双方展开激战。

黑75、77冲断有力量。91是本局的败着，正着当于95位补。

第1谱　1—100

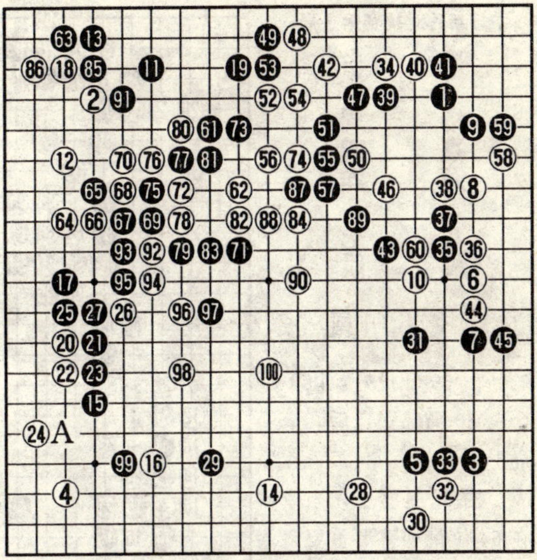

第2谱　101—132

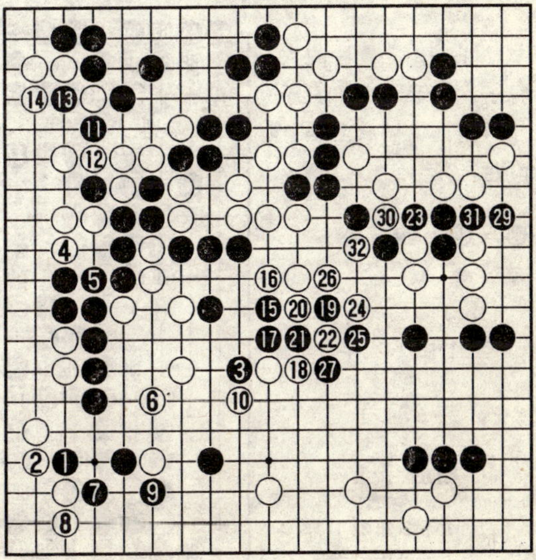

㉘＝⓳

黑出 $2\frac{3}{4}$ 子

共132手

白中盘胜

1997年7月21日

于上海

中日新秀对抗赛第3局

黑	白
杨嘉源	周鹤洋
八段	七段
（日本）	（中国）

白30分投好，以下至白50局部安定后，全局形势有望。

白62是缓手，当改在64位跳补整形重要。

第1谱 1—100

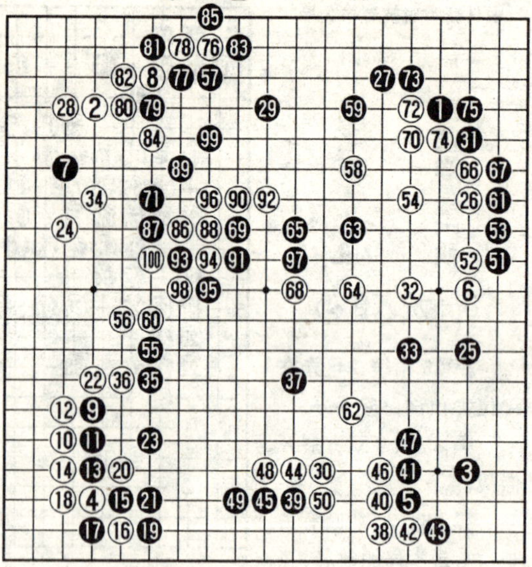

第2谱 101—234

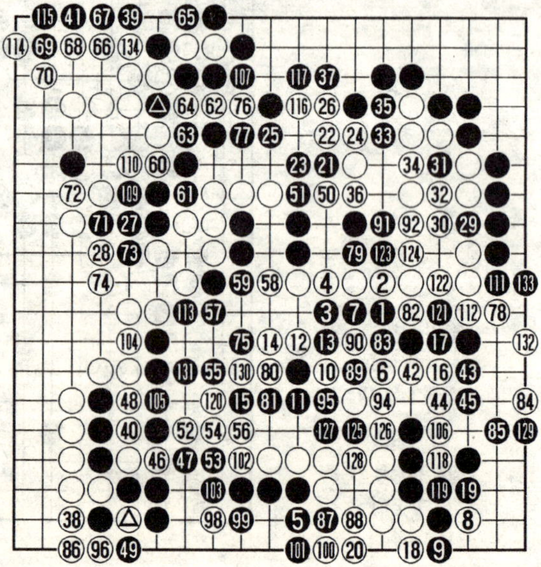

白78是最后的大官子，尽管双方小官子互有出入，最后白半目险胜。

❾③=❽⑨　❾⑦=△

⑩⑧=▲

黑出 $2\frac{3}{4}$ 子

共234手

白胜 $\frac{1}{4}$ 子

1997年7月22日

于上海

中日新秀女子对抗赛第1局

黑	白
黎春华	中泽彩子
三段	四段
（中国）	（日本）

67＝55

黑 47 不如在 48 位跳，让白争到 48 位黑上边一带无棋好下。全局白方稍占先。

黑 91 以下利用中腹再次发起冲击。

黑 43 先手吃掉白二子，全局确立优势。

黑 71 以后，白棋越下越糟糕。至黑 97 大龙居然都要死了。

17＝△ 92 97＝82

95＝89

黑出 $2\frac{3}{4}$ 子

共 197 手

黑中盘胜

1997 年 7 月 20 日

于上海

第1谱 1—100

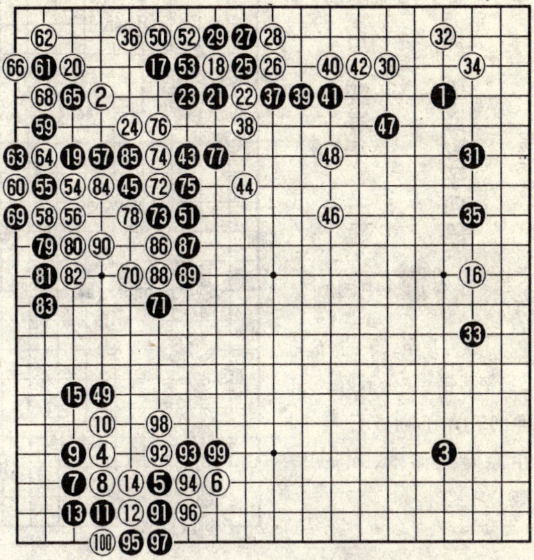

第2谱 101—197

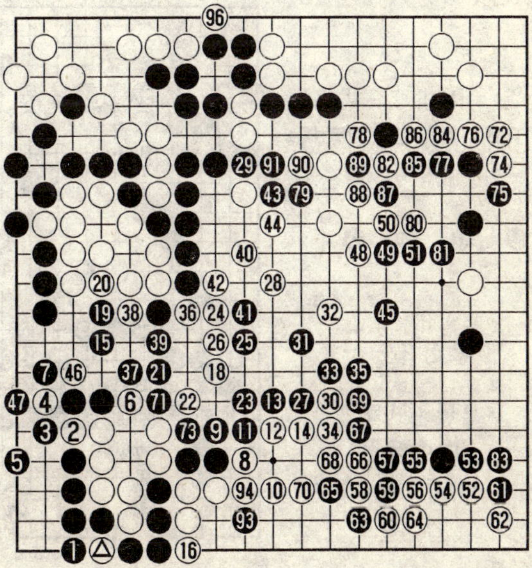

中日新秀女子对抗赛第2局

黑	白
中泽彩子四段	黎春华三段
（日本）	（中国）

黑11至15的布局思路不错。59不好，61至65的守空方针与59用意背道而驰，作战失败。

第1谱 1—100

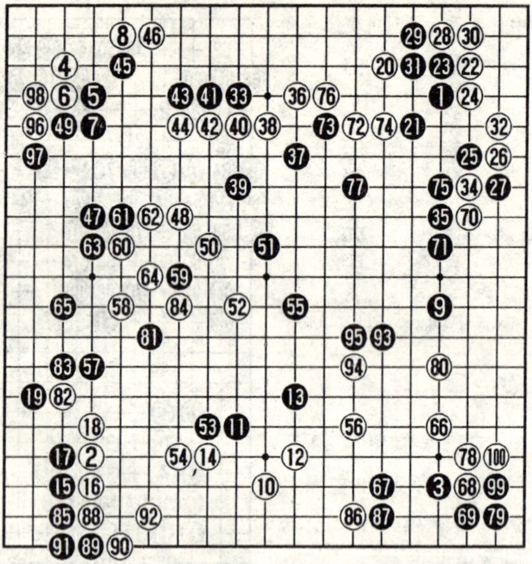

白46吃住黑棋四子后，胜局已不可动摇。

第2谱 101—194

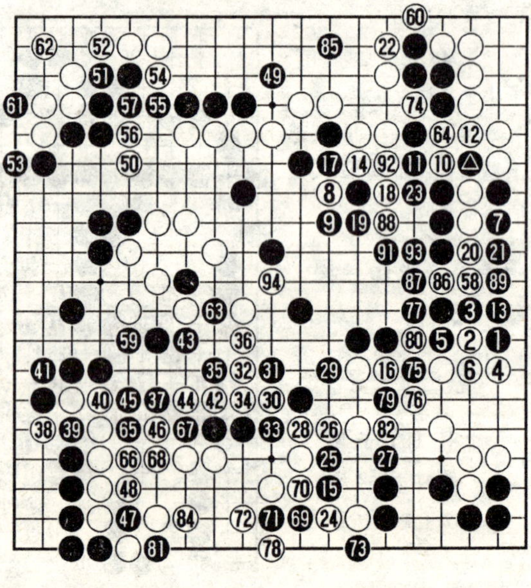

83＝47　90＝△

黑出$2\frac{3}{4}$子

共194手

白中盘胜

1997年7月21日

于上海

第1届“贺龙杯”中日围棋电脑网络赛

由中国围棋协会与中软英特公司联合主办的“贺龙杯”中日围棋电脑网络比赛，于1997年3月2日在北京举行。中国棋手俞斌九段与日本棋手小林觉九段，通过电脑工作人员分别在北京和东京进行正式比赛。原定比赛每方2小时包干，由于通讯系统的原因无法按时举行，最后不得不改为每方1个半小时包干。鉴于两地间通讯联络的误差，比赛竟历时三个多小时才告结束，最终小林觉以1 $\frac{3}{4}$子获胜。在网络上比赛是一个新生事物，如果电脑进一步的普及与联网，网络比赛将是最经济最快捷的形式。

中日电脑网络赛

黑 小林觉 九段（日本）

白 俞斌 九段（中国）

115 162＝109　136＝93

146＝111

188 194 200 206 212 218＝182

191 197 203 209 215 221＝185

黑出2 $\frac{3}{4}$子

245手后略

黑胜1 $\frac{3}{4}$子

1997年3月2日

于北京·东京

总谱 1—245

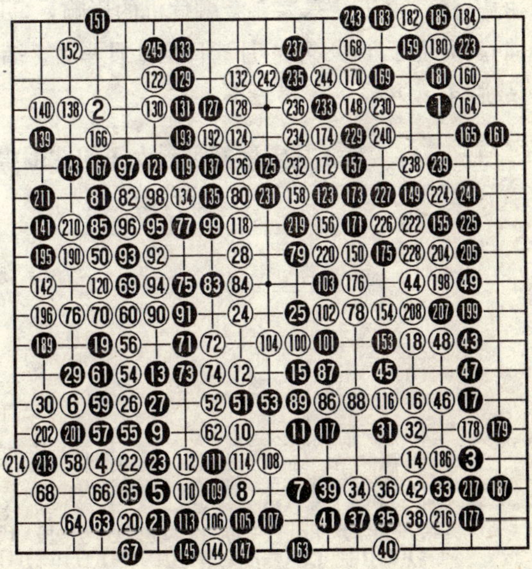

第4届“宝海杯”世界女子职业围棋赛

第4届“宝海杯”世界女子职业围棋锦标赛，于1997年11月10日至1998年1月16日在韩国举行。来自中国、日本、美国、欧洲和韩国的16名职业女棋手参加了角逐。比赛分为两个阶段进行。第一阶段为三轮单败淘汰赛，第二阶段为三番棋的决赛，冠军将获得三万美元的奖金，亚军的奖金也升至七千美元。

我国的参赛选手，除上届“宝海杯”亚军丰云九段外，1997年全国个人赛女子前三名：徐莹三段、张璇八段和华学明七段共四人参加了本届比赛。经过三轮预赛，代表美国参赛的芮乃伟九段在A区分别战胜张璇八段和华学明七段获得决赛权；而丰云九段在B区也顺利取胜徐莹三段和青木喜久代七段再次获得与芮乃伟九段决赛的资格。由于受东南亚金融危机的影响，韩国主办者推迟了决赛日期。决赛于1998年4月6日至8日举行。结果芮乃伟九段以2比0战胜丰云九段，获得冠军。

第4届宝海杯世界女子职业围棋赛成绩表

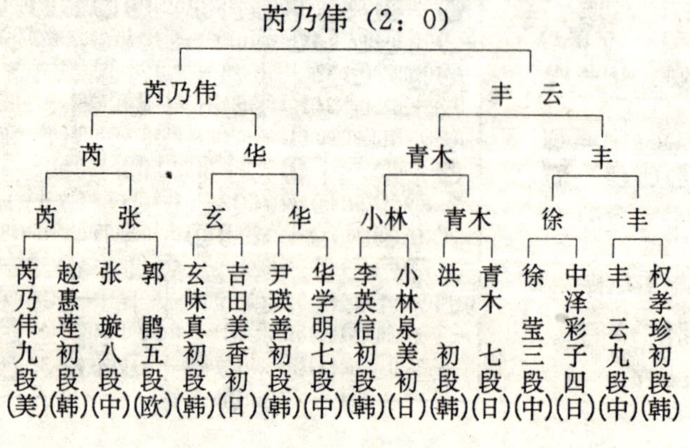

世界女子赛决赛

第1局

黑	白
芮乃伟	丰云
九段	九段
（美国）	（中国）

第1谱 1—100

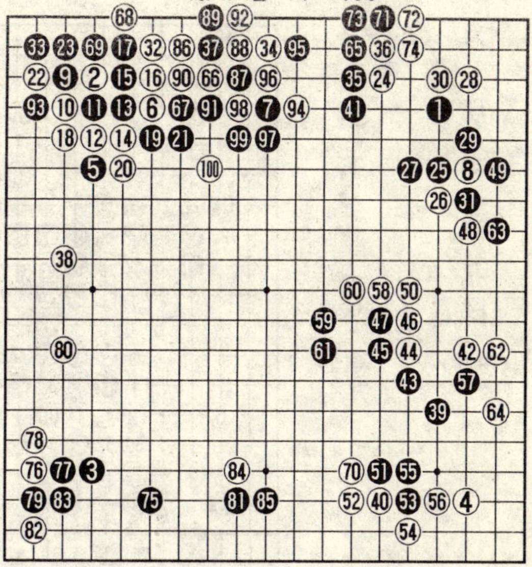

第2谱 101—207

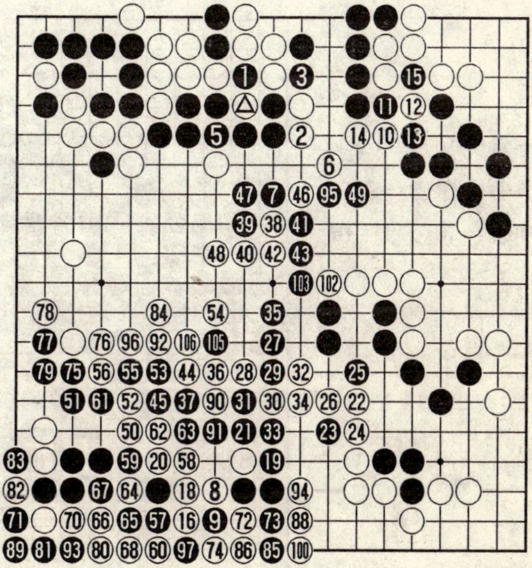

④＝△　⑰＝⑫

69＝64　87＝82

98 104＝60　99＝68

101 107＝97

黑出5目半

共207手

黑中盘胜

1998年4月6日

于汉城

世界女子赛决赛

第2局

黑	白
丰云	芮乃伟
九段	九段
（中国）	（美国）

黑出5目半

出214手

白中盘胜

1998年4月8日

于汉城

第1谱 1—100

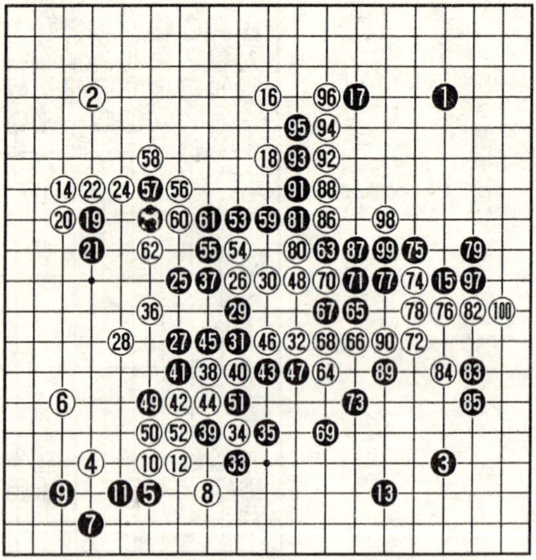

第2谱 101—214

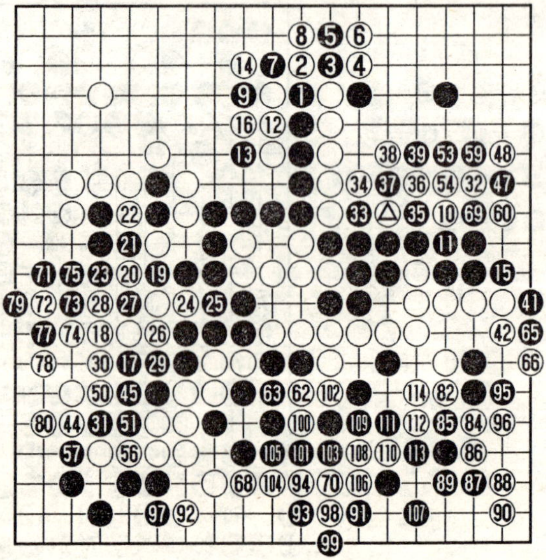

40 46 52 58 64 = △

43 49 55 61 67 = 37

76 83 = 20　81 = 27

世界女子赛半决赛

黑　　白

芮乃伟　　华学明

九段　　七段

（美国）　（中国）

53＝14

第1谱　1—100

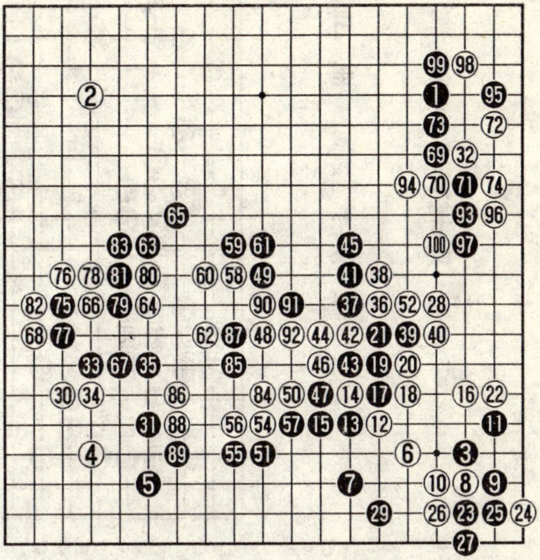

第2谱　101—183

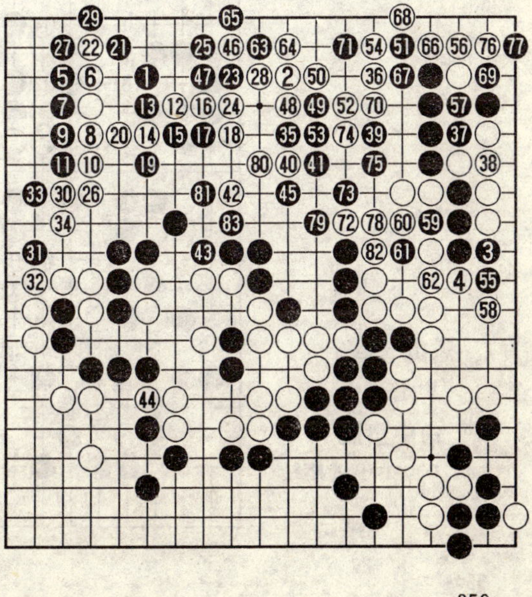

黑出5目半

共183手

黑中盘胜

1997年11月15日

于汉城

世界女子赛半决赛

黑	白
青木喜久代七段	**丰云九段**
（日本）	（中国）

第1谱 1—100

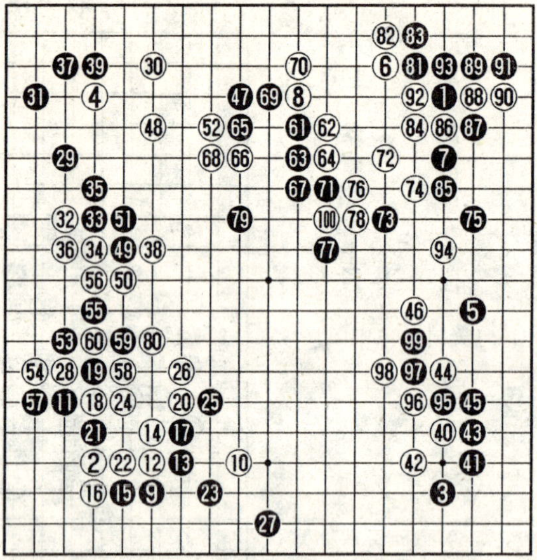

第2谱 101—154

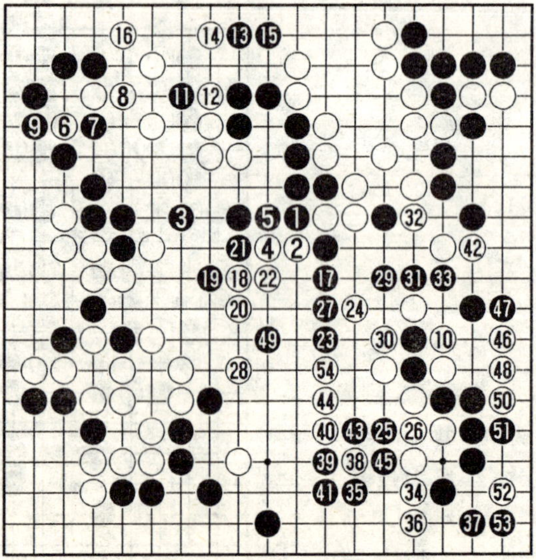

黑出5目半

共154手

白中盘胜

1997年11月15日

于汉城

世界女子赛预赛

黑	白
张璇	芮乃伟
八段	九段
（中国）	（美国）

⑥⑥⑦②⑦⑧⑩⓪＝⑥②

❻❾❼❺❽❶＝❺❸

第1谱　1—100

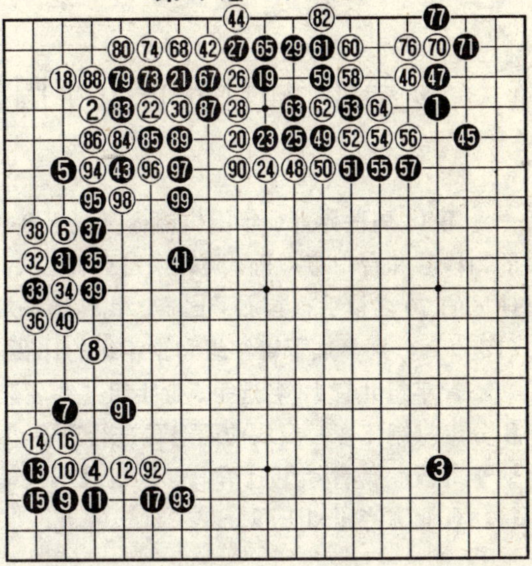

⑫＝△　❷❶＝⓫

③⓪＝❸

第2谱　101—216

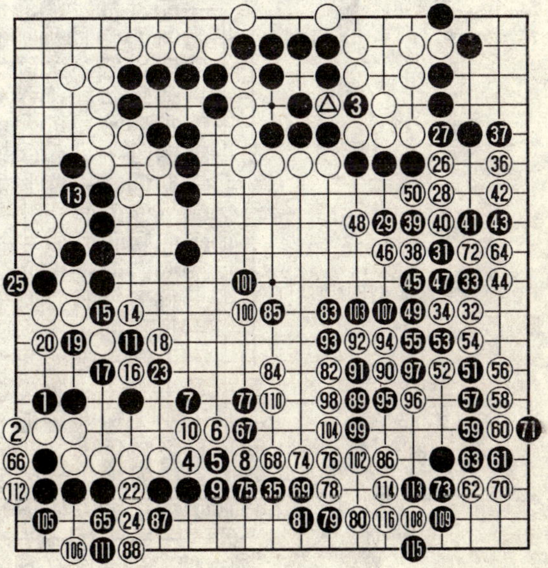

黑出5目半

共216手

白中盘胜

1997年11月13日

于汉城

第14届世界青少年围棋锦标赛

第14届世界青少年围棋锦标赛，于8月8日至14日在台湾省的南段县和台中市举行。共有来自亚洲、欧洲及美洲的12个国家和地区的20名棋手，参加了比赛。我国选手刘熙二段（15岁），王强（12岁）分别参加了青年组和少年组的比赛。

青年组共有12名选手、少年组共8名选手参赛，分别采取五轮积分编排制比赛，录取前两名再进行决赛。决赛中刘熙战胜韩国朴炳圭5段获得青年组冠军，少年组冠军被韩国10岁小将李映九夺得，台北陈诗渊和王强分获二至三名。

世界青少年围棋赛

青年组决赛

黑	白
朴炳圭	刘熙
5段	二段
（韩国）	（中国）

黑出8点

共251手

白胜3点

1997年8月13日

于台中市

总谱　1—251

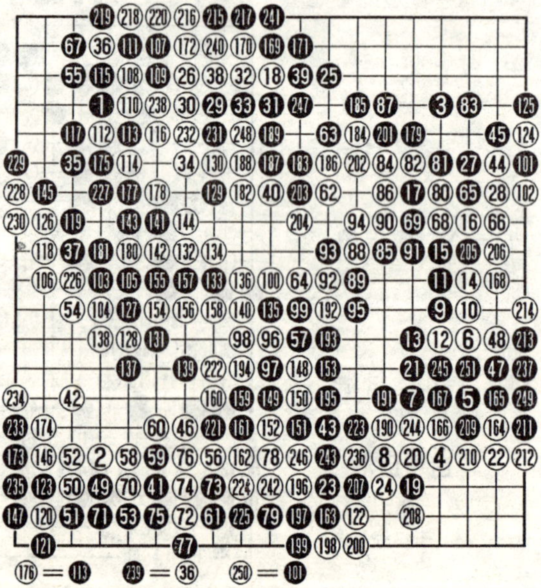

第1届国际网络围棋赛

为庆祝中日邦交正常化25周年，中国社会经济文化交流协会、中国围棋协会、日本国际围棋友好协会、日本棋院等联合举办首届“中国电信杯”国际网络围棋比赛，于1997年12月13日分别在中国的北京、上海，日本的东京和名古屋同时举行。

这次比赛有男、女职业棋手，还有两国业余高手和普通的围棋爱好者参加。结果：职业比赛日本小松英树九段胜我国张文东九段，青木喜久代七段负于丰云九段。在这次业余友好比赛中，日本百岁老人本多静雄参加了比赛，这充分体现电脑网络不可替代的优势。

总谱 1—121

国际网络围棋赛

黑	白
丰云九段	青木喜久代七段
（中国）	（日本）

黑出 $2\frac{3}{4}$ 子

共121手

黑中盘胜

1997年12月13日

于北京·东京

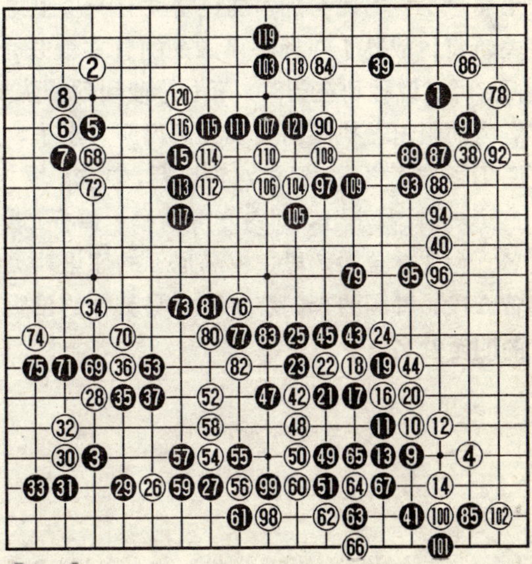

㊻＝⓳

第19届世界业余围棋锦标赛

第19届世界业余围棋锦标赛，于1997年5月10日至13日在日本的札愰市举行。来自五大洲46个国家和地区的业余围棋选手，欢聚一堂切磋棋艺。以棋会友是中国围棋文化走向世界最为显著的一种标志。

本届比赛的名额是这样分配的：亚洲10名、中东1名、欧洲24名、非洲1名、美洲8名、澳洲2名共计46名。比赛采用瑞士制办法，赛八轮决定名次。时限每方90分钟，之后采用10分钟走15步的办法（被称作加拿大办法）。

我国出场的仍是今年全国晚报杯比赛的冠军刘钧7段，他也是上届冠军，因此参加本届比赛就有一个卫冕的问题。前六轮刘钧过关斩将，战胜了夺标呼声颇高的日本坂井秀至7段、韩国李鹤容7段。可以说胜利在望时，第七轮遭到朝鲜队18岁小将文荣三7段强有力的阻击，执黑的文荣三下得颇具水平，迫使刘钧仅以181手便签下了城下之盟。经过八轮比赛，刘钧、坂井秀至、文荣三同为7胜1负，经计算小分，刘钧才得以幸运捧杯。坂井、文荣三分获二至三名。台北林至涵7段、罗马尼亚的库里斯奥6段、克罗的亚的阿依希6段、韩国的李鹤容7段、马其顿的田腾6段分别获得本届比赛的四至八名。

世界业余围棋赛

黑　　白

坂井秀至 7段（日本）

刘钧 7段（中国）

第1谱　1—100

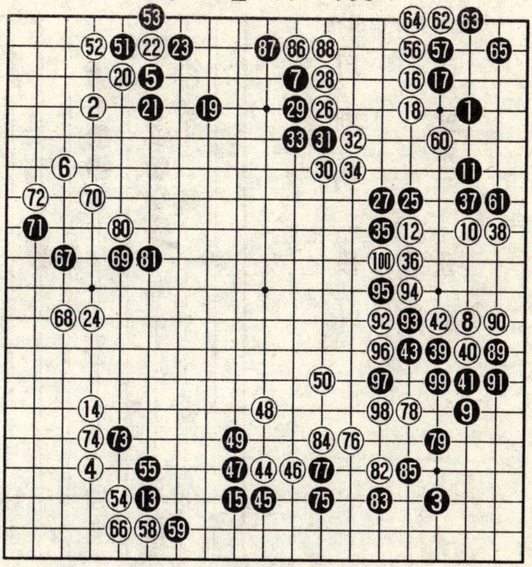

第2谱　101—208

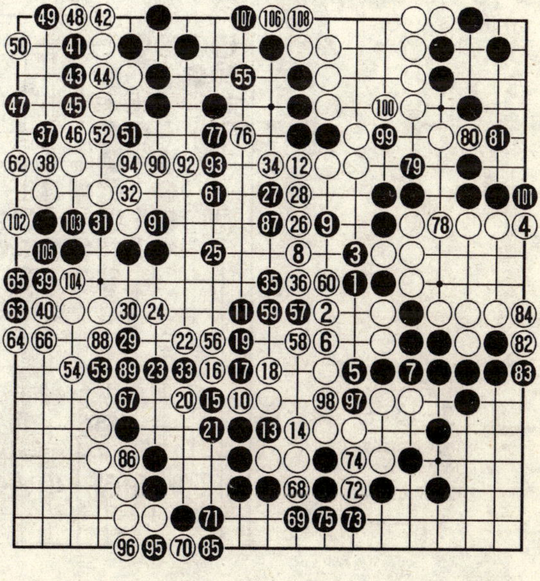

黑出5目半

共208手

黑超时判负

1997年5月12日

于日本札幌

世界业余围棋赛

黑 白

文荣三 刘钧

7段 7段

（朝鲜） （中国）

第1谱 1—100

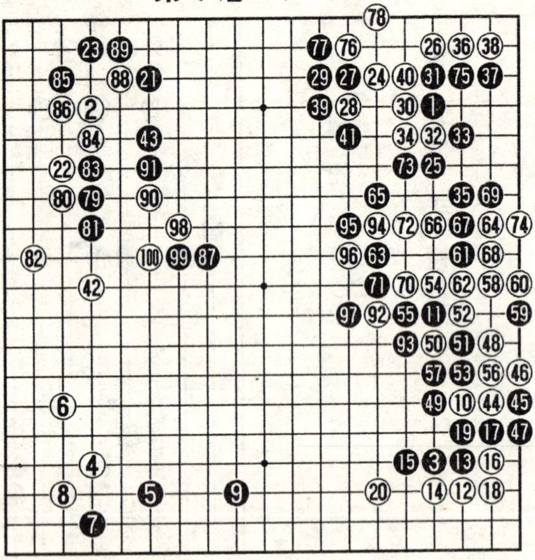

第2谱 101—181

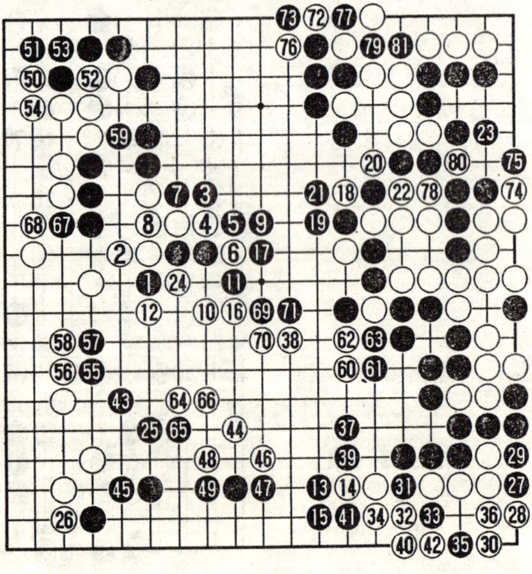

黑出5目半

共181手

黑中盘胜

1997年6月13日

于日本札幌

第 1 届世界业余女子围棋锦标赛

第 1 届“大韩生命杯”世界业余女子围棋锦标赛，于 1997 年 9 月 1 日至 5 日在汉城举行，来自 28 个国家和地区的业余女子围棋选手参加了这次比赛。比赛的宗旨是，在世界范围内普及推广围棋，在弘扬围棋文化的同时，推进女子围棋职业化的进程。比赛共分两个阶段进行。第一阶段进行六轮积分编排赛，录取前四名进入第二阶段淘汰赛。最后：中国棋手海雅楠 6 段在决赛中负于韩国都恩教 5 段，获得亚军，都恩教获得冠军。奖金：第一名 5000 美元，第二名 3000 美元。另外还特设了选美奖和最佳仪态奖。

101＝88　153＝14　173＝118　186＝59　188 194＝10　191 197＝21　192＝74

总谱 1—219

世界业余女子赛决赛

黑	白
都恩教	海雅楠
5 段	6 段
（韩国）	（中国）

黑出 5 目半

共 219 手

黑中盘胜

1997 年 9 月 5 日

于汉城

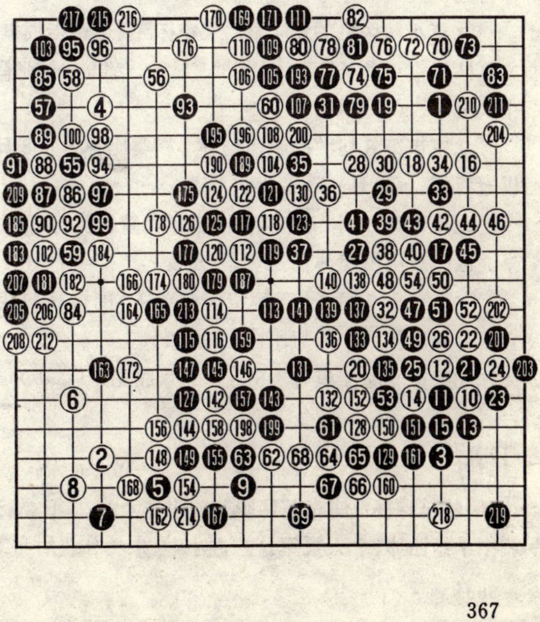

地方围棋活动

（1997 年）

北京

北京市第二炮兵围棋赛 5 月初收枰。朱大明、杨保明、张学军分获个人前三名。（明婷）

北京市丰台区首届全民健身体育节围棋比赛 9 月 26 日收枰。叶凌云、丁国辉、陈刚分获个人前三名。（任洪清）

北京市蓝波衬衫杯业余“天元”围棋大奖赛 10 月 5 日收枰。刘睿荣获北京市首届“天元”称号。（京棋）

北京八城区机关第 4 届“京弈杯”暨金融街围棋邀请赛 5 月 24 日收盘。崇文区队棒走“京弈杯”。刘世哲、冯熙、邹立松、张尚卿、梁京、张维分获各组个人冠军。（马学辉）

北京市第 8 届“民族团结杯”棋类比赛 8 月 8 日收盘。田野、张伟分获围棋冠亚军。（周影）

北京市第 3 届“启明星杯”少年儿童棋类比赛 8 月 27 日收盘。东城、海淀、崇文区分获围棋团体前三名。（殷波）

北京市第 8 届“十三陵特区振兴杯”围棋赛 11 月收盘，燕化集团公司和孙宜国分获团体及个人冠军。（王孔兴）

北京市“海淀棋院”8 月在北京成立。（维新）

上海

“牧羊神杯”浦东新区少儿围棋赛 4 月 25 日举行。牧羊神学校及孙梦厦分获中学组团体、个人冠军。东进小学、朱旻分获幼儿组团体、个人冠军。（郑福）

5月25日上海市举行中、日、韩三资企业围棋邀请赛。上海一队、日本在沪企业家队、韩国在沪企业家队分获第一、二、三名。（郑福）

浦东新区“白玉兰杯”第2届幼儿围棋赛5月29日举行。东方幼儿园一队、宗朋旺分获团体、个人冠军。（郑福）

上海市“小龙人杯”'97围棋夏令营7月10日收营。共200多人参加，同时举办了围棋入门知识讲座，围棋知识竞赛。（郑福）

上海市闵行区第1届围棋定段定级赛6月29日收盘。莘庄一队、昆阳小学分获团体冠、亚军。吴喜斌、孙如庆分获个人冠、亚军。（郑福）

“旭东杯”上海市教师围棋赛9月7日收枰。（郑福）

“清源杯”高等学校围棋邀请赛，7月24日在复旦大学收枰。复旦大学一队捧杯。（建新）

“上海热线杯”京津沪渝网络业余围棋团体赛11月29日分别在四个城市举行。上海队获得冠军。（维新）

“浦东邮政杯”上海市围棋升段升级赛10月4日收盘。共800多人参赛。有200余人晋升或取得段级位。（郑福）

“新梅龙镇杯”'97上海浦东新区围棋赛10月收枰。魏又峰获个人冠军，汇众汽车获团体第一名。（郑福）

日本来华参加中日围棋研讨会的四十余人，11月29日与以浦东新区为主的上海联队进行两场友谊赛，中方以46比24获胜。（郑福）

上海成年围棋赛1月5日收枰。孙梦厦、袁霄分获男女个人冠军。（郑福）

“小龙人杯”上海浦东新区少儿围棋邀请赛1月25日收盘。李时耘获个人冠军。（郑福）

上海浦东新区第1届运动会围棋总决赛11月5日收盘。新区管委会机关队获团体第一名。（郑福）

上海浦东新区第2届“东进杯”少儿围棋邀请赛11月9日收枰。东进小学队、朱旻分获甲组团体及个人冠军。童星围棋幼儿园队、孟梦分获乙组团体及个人冠军。（郑福）

上海市成年围棋赛1997年12月27日至1998年1月3日举行。男女个人冠军分别为胡煜清和陈怡。团体男女冠军分别为静安区和杨浦区。（郑福）

天津

天津津南区围棋名人赛2月下旬收盘。田传卿4段获冠军。（田宝聚）

重庆

重庆棋院6月28日在“庆直辖，迎回归”的喜庆声中落成。陈祖德、聂卫平、胡荣华等到山城祝贺。(刘纪罗)

重庆首届“露凝香杯”围棋“名人”赛12月28日收盘，专业棋手李永刚三段夺得“名人”称号。(刘纪罗)

重庆第8届“钢城杯”围棋赛1月1日收枰。陈学伟、叶德雨、张喻分获个人一至三名。(余朝晖)

重庆市第4届业余冠军赛1月下旬收枰。岳嵩5段再捧金杯。(小泊)

4月21日“富士通杯”重庆市业余围棋赛收枰。成人组冠军为：张天飞，少年组冠军为：彭洪礼，名人A、B组桂冠分别为李英儒、刘豫川。(杨一)

重庆市'97围棋定段级位赛6月22日收枰。李祖伟等10名小朋友获业余初段称号。(刘纪罗)

7月3日，重庆举办重庆业余低段位选手擂台赛。同时聘请业余围棋高手唐晓宏6段现场挂盘讲解。(刘纪罗)

1997年重庆市业余围棋升段赛11月9日收盘。张伟获第一名并晋升业余4段。(刘纪罗)

重庆晚报“白象商城杯”选拔赛11月16日预赛收枰。冷雪峰、李俊尧、方阳功、邱传德、王勇、陈继川分获前六名并进入决赛。(刘纪罗)

浙江

宁波应氏棋具有限公司：专业生产应氏围棋和其他多种棋具；联系地址：宁波市慈城城南东路348号；电话：0574－7592658；邮编：315031；联系人：应昌明。

第5届温州市业余围棋升段赛1月13日收盘。徐雨获4段称号。(乐天)

椒江第10届围棋“天元”赛2月收枰。何日德5段蝉联桂冠。(严端学)

椒江全运会围棋赛2月结束。台州发电厂、蒋良、王龙华分获团体、个人、老年组冠军。(严端学)

嵊州市第2届围棋段位赛3月收盘。傅春晖、郑航、徐冲、郑海峰、史科路、夏笠获4段称号。(竹正军)

温州市第六届名人挑战赛3月3日落幕。王敬获“名人”五连冠。(乐天)

嵊州“工行杯”嵊州、绍兴十强对抗赛，嵊州队7比3获胜。(竹正军)

绍兴市首届“俊丽杯”新秀赛4月收枰。车东海获冠军。(车东升)

温州市首届中老年“金鹰杯”围棋赛4月收盘。赵良、颐连中分获冠、亚军。(王乐天)

诸暨市首届“长城杯”围棋赛4月27日收盘。董晟获冠军。(诸围)

嘉兴'97城区小学生围棋赛5月结束。实验小学获团体冠军。施涌涛、庞翌清分获男、女组冠军。(禾琪)

嘉兴市'97城区段位赛5月收枰。年仅十周岁的范蔚菁荣升3段。(禾琪)

宁波市等11届“明州杯”围棋团体赛5月18日收盘。宁波效实中学队获得冠军。(张永明)

天台县第7届“幼苗”围棋赛“六一”前夕结束。谢欢欢、褚晓伟、徐瑞宇分获'90组、'91组、'92组冠军。(徐子楠)

诸暨市第7届“萌芽杯”围棋赛5月16日收枰。俞汉军获冠军。(河西)

嘉兴市'97迎香港回归小学生围棋赛5月11日收盘。城区队获得男、女团体冠军。施涌涛、庞翌清分获男、女组冠军。(禾琪)

嘉兴市“交行杯”儿童围棋赛6月12日收枰。余维嘉获冠军。(禾琪)

嘉兴市“南湖杯”嘉兴——杭州围棋对抗赛6月14日收盘。杭州队以13比7获胜。(杭棋)

台州市“庆回归建行围棋十强赛”6月22日收盘。临海市获团体冠军。王斌、杨威分获干部组、棋协组冠军。(严端学)

萧山市“中保人寿杯”围棋棋王赛6月25日收盘。吴伟国获'97围棋棋王桂冠。(陶祖法)

嵊州鹿山小学第10届围棋赛7月初收盘。谢锦获第一名。(竹正军)

嵊州市第2届“新苗杯”、“幼苗杯”围棋赛7月6日收盘。鹿山小学、五爱幼儿园喜获“新苗杯”、“幼苗杯”。郑航、徐冲分获儿童甲、乙组冠军。杜雨佳获幼儿组冠军。(竹正军)

嵊州市第4届运动会围棋赛7月15日收盘。董可羽、史亮、叶孟军、杜富强分获系统组和乡镇各组成人个人冠军。(竹正军)

1997年浙江省少年棋类比赛7月25日收盘。李轶、孙文礼分获男、女组冠军。(禾琪)

杭州市第2届肯德基“小棋王”围棋赛8月7日收盘。何欣、谢凡、胡安分获甲、乙、丙组冠军。(罗国泳)

杭州市规模最大的'97富士通杯业余围棋段位赛8月15日收盘。杨建伟和周建华荣升4段。(罗国泳)

杭州市第14届市运会"利群杯"围棋赛8月9日收盘。程征宇、虞旦平分摘男女桂冠。(罗国泳)

浙江省第6届"应氏杯"少儿围棋邀请赛8月26日收盘。蒋巍栋、黄晨、翁文昊分获三个组别的冠军。(严端学)

"浙江通联杯"绍兴市第4届运动会棋类比赛9月23日收盘。嵊州市囊括成人、青少年围棋男女团体、个人冠军。(竹正军)

丽水市丽水——缙云围棋对抗赛9月28日收枰。丽水队以14比10总比分获胜。(丽社)

'97嘉兴市中小学生棋类冠军赛11月15日收盘。沈迪、庞翌清分获男女组冠军。(禾琪)

浙江省嵊州市第10届老年围棋赛11月13日收枰。裘子法、倪雪明、钱业成、张继冠、喻永淦(赵六祥、竹新巢并列)分获六个组冠军。女子组冠军为吴爱华。(陈雪元)

1997年杭州市小学生围棋比赛11月24日收枰。上城区和西湖区分获男女团体冠军。(罗国泳)

绍兴市2月分别举行三棋棋王赛。周建中获得围棋棋王称号。(郭连涛)

杭州市第4届老年人运动会围棋比赛6月8日收盘。西湖区队获团体冠军。张李源获个人冠军。(倪文高)

杭州市第14届运动会(青少年部)围棋比赛7月9日收盘。蒲山市队、西湖区队分获围棋男女团体冠军。李轶、张妍琪分获男女个人冠军。(倪文高)

浙江省第3届老年人运动会围棋比赛,9月23日收盘。省高校钟声队获围棋团体冠军。(倪文高)

首届"税收杯"温州市围棋棋王赛暨专业棋手和温州市棋王·名人对抗赛,4月25日至5月6日在温州举行。(温棋)

温州市首届"庄吉杯"围棋天元赛于12月26日至1998年1月3日在温州市棋牌俱乐部举行。本次比赛盛况空前,有138名棋手参加。王敬夺冠并获天元称号。李本武、陈国勇获二、三名。(温棋)

江苏

苏州市第3届"一百新闻杯"围棋赛1月19日收枰。熊贵营获冠军。(亦然)

镇江市中小学生棋类比赛4月30日收盘，赵亮、汪颖分获少年组男、女冠军，孙拳、王璐分获儿童组男、女冠军。（夏永生）

宿迁市首届“洋河集团杯”围棋精英赛5月18日收盘，沭阳县队、张豹分获团体、个人冠军。（韦荣庆）

’97无锡市围棋比赛5月25日收盘，连元街小学获团体冠军，张炬、石韵青分获男、女个人冠军。（过晓伟等）

扬州市’97迎香港回归老干部围棋赛6月5日收盘，栾宇春获冠军。（康世龙）

南京市1997年围棋升段赛6月29日收盘。何佳、丁叶明、王强由3段升为4段。（仲易）

镇江市“天然宝三甲杯”镇江——扬州象棋、围棋擂台赛8月3日收枰。镇江围棋副擂主巴秋生战胜杨州擂主韩斌。（夏永生）

海安县首届围棋天元赛9月28日收盘。万小军获得天元称号。（陈凯）

常州市首届“德力杯”江苏省业余围棋名人大奖赛10月4日收枰，李岱春获个人冠军及“德力杯”名人称号。（常棋）

响水县“围棋友谊赛”10月2日收枰。陈伟获冠军。（钟强）

“用直杯”第2届苏州、吴县作家记者围棋邀请赛10月19日收盘。谷新、薛亦然分获冠、亚军。（亦然）

杨州“胥浦邮电杯”老干部围棋赛11月11日收盘。陈智获冠军。（康世龙）

安徽

蚌埠市第3届围棋段级位赛元月19日收枰。固镇县队、傅广林分获团体及个人冠军。（周国跃）

安徽省少年围棋赛8月25日收盘。张荣正、刘源分获男甲、乙组冠军，女子组冠军由王珏获得，铜陵市获团体冠军。（刘传礼）

淮南市第3届运动会围棋赛9月18日收盘。熊旭光获个人冠军。（熊黎明）

安徽省棋院——淮南棋院围棋升降对抗赛3月1日在维南开赛。（黎明）

安徽省第11届棋协“淮河杯”围棋赛5月29日收盘。九华山索道公司队、佳境镀镁公司队、合肥吉荣公司队分获团体前三名。（郭世忠）

湖北

荆州市“友情杯”围棋赛2月收枰。李浩白获冠军。（熊继安）

武汉市江城业余高手围棋赛3月30日收盘。雷志刚获第一名。(薛东溟)

“97迎香港回归”石首市运动会围棋赛4月24日收盘。张方明获得冠军。

云梦县“人寿杯”围棋赛5月收盘。王思文、袁天利分获老年组、青年组冠军。(王思文)

蕲春县首届围棋名人赛5月31日收枰。汪贤标获得冠军。(钟儒林)

黄石市“回归杯”围棋赛6月收枰。大冶铁矿队、艾德江分获团体、个人冠军。(徐能文)

黄石市第3届青少年运动会棋类比赛7月15日收盘。有色二中、有色五四小学分获初中组、小学组冠军。(徐能文)

安陆市职工围棋赛7月20日收枰。孙梦忠获第一名。(黄锡印)

荆州市第1届运动会棋类比赛8月14日收枰。李浩白、刘晋文分获个人冠、亚军。(江虹)

襄樊市第2届“宝都酒杯”围棋名人赛8月收枰。龙刚获名人称号。(陈义勇)

’97武汉市少年围棋赛8月24日收枰。王爽、赵航、余瑾分获三个级别组的冠军。(李莉)

湖北省老年围棋段位赛9月15日收盘。黄念平获冠军。(彭流方)

10月1日,鄂钢——鄂州围棋十强对抗赛举行。鄂州市队12比8赢得胜利。(杨志斌)

10月10日,武汉举行“九九重阳节老人与孩子围棋对抗赛”。少儿队以10比8战胜老年队。(定光国)

咸宁市围棋升段赛10月3日收枰。曹庆强获冠军。(吴奇伟)

武汉三镇业余高手擂台赛10月18日收枰。雷志刚5段获优胜,武昌队获团体冠军。(欣然)

“嘉城杯”咸宁地区围棋锦标赛11月22日收盘。阳新县队、雷继忠分获团体及个人冠军。(黄德平)

嘉鱼县’97香港“回归杯”围棋赛6月收枰。县医院、赵忠宏分获团体及个人冠军。(陈凯)

孝感市第4届老年棋类比赛11月29日收枰。云梦县队和常征分获围棋团体及个人冠军。(张胜国)

湖南

’97长沙市少儿围棋赛2月20日收盘，12岁戴伟2段获冠军。（杨志存）

长沙市第10届弈苑杯围棋团体赛5月9日息鼓。甘文棋社队夺冠，获最佳1至5台棋手奖的依次是：易和平5段、廖立明5段、傅冰5段、陈浩溟2段、傅建生。（杨志存）

“简四毛杯”长沙围棋名人战6月17日收兵。唐成辉5段捧杯。（杨志存）

邵阳市围棋团体、个人赛6月22日收枰。邵阳东区队获团体冠军，朱革获个人第1名并获“棋王”称号。

“回归杯”’97长沙围棋最强棋士战7月11日结束。王骞5段获冠军并获“最强棋士”称号。（杨志存）

长沙市第12届少儿围棋赛7月21日落幕。于沪东夺冠。（杨志存）

湖南省株洲市庆香港回归围棋段位赛7月21日息兵，蔡晶夺冠并晋升为4段。（孙晓初）

长沙市第3届友谊围棋擂台赛8月16日收擂，王新宛6段夺得总决赛冠军。（杨志存）

’97湖南围棋名手赛8月31日收子，专业三段棋士朱毅接受四位业余“头衔王”挑战（均为让先），朱毅以3比1获胜。（杨志存）

湖南省棋类协会第四次代表大会10月16日在长沙闭幕。各地、市共有64名代表出席，陈正湘当选为主席，杜吉士为副主席兼秘书长，杨志存等为副秘书长。（智丛）

长沙第12届九星杯围棋赛10月26日收兵，文东其5段捧杯。（杨志存）

湖南省棋类协会老年围棋分会成立大会11月1日在长沙举行，向良宋当选为主席。（杨志存）

第3届湖南省直教工“智慧杯”围棋赛11月9日收盘。湖南大学获团体冠军，魏东彪5段获个人第1名。（杨志存）

桂阳县第5届运动会围棋比赛11月20日收兵。邝伟雄、李永斌分获冠、亚军。（蒋国源）

河南

宜阳县第3届“中行杯”围棋赛3月初收枰。梁向阳、陈新伟分获个人冠、亚军。（陈新宽）

洛阳市第9届围棋段级位赛3月25日收枰。关宏获高段组冠军。万春鹏、

王波、郑昕荣升3段。(周中全等)

郑州市“欧丽杯”围棋公开赛4月30日收盘。富豪酒业有限公司、张蛟分获团体及个人冠军。(李建琪)

首届河南省“福荣杯”固始——商城围棋联谊赛6月22日收枰。固始县以12比14负于商城县队。(熊大春)

庆“香港回归”郑州市6月29日举办一场特别围棋擂台赛，特邀专业棋手马石七段对业余棋手让三子进行多面打，马石11胜4负1和获胜。(李建琪)

洛阳市第11届“贝贝杯”围棋赛6月11日收盘。安徽路小学获团体冠军，李伦、汪涛分获甲乙两组个人冠军。(韩树喜等)

淮阳首届聋人围棋挑战赛7月收枰。严鹏飞、李小军、高海亮、李红兵、王国体分获一至五名。(晓严)

卢氏县“军谊杯”军地业余围棋赛7月18日收盘。部队杨菁获冠军，地方李章平获亚军。(王洪洁)

三门峡市第3届运动会围棋赛7月18日收盘。黄沠、张勇克、关旭阳分获男子成人组一至三名。(张东升等)

固始县第2届围棋名人赛10月3日收枰。蒋刚获“名人”称号。(熊大春)

武陟县第12届围棋段位赛10月4日收盘。关宏5段蝉联冠军。(李建琪)

河北

第五届辛集市围棋大赛4月收盘。张炼、王洪刚、裴运利分获第一、二、三名。(刘新目)

承德市首届育苗杯围棋邀请赛10月收盘，共46人参赛，王宇、樊小溪获男女组冠军。(江家瑜)

承德中小学生围棋赛11月17日收枰。共100多名小选手参加。(杨占山)

廊坊市区中小学生围棋比赛11月23日收盘。共220余人参加。田耘、王思维、刘佳分获中学组和小学甲、乙组冠军。(桦南)

四川

成都市锦江区围棋发展中心2月28日成立。该中心位于成都市中心青年路口。(维新)

“华弈杯”成渝业余围棋对抗赛3月3日在蜀蓉棋艺出版社收枰。结果，成

都队以7比2战胜重庆队。(维新)

"华弈杯"四川新闻记者围棋赛3月3日收盘。《蜀报》程晓灵获得个人冠军。(维新)

成都CDTV业余围棋擂台赛6月至12月在成都华都茶坊举行。李建兵6段获得优胜。(维新)

省棋类协会举办的"深蓝杯"围棋联谊赛9月13日在成都深蓝茶坊举行。程晓灵夺得冠军。(维新)

9月22"成都中日友好民间围棋会馆"在成都隆重开馆。(维新)

成都市第12届"爱得蒙杯"小冠军棋类比赛11月2日收盘。(维新)

首届成都——八王子中日业余围棋对抗赛11月23日在成都中日民间友好围棋会馆落幕。八王子队以23:17的总分获胜。加藤雄也6段和吴战影6段分列个人冠亚军。(维新)

第5届"成都二建杯"专业棋手新老围棋对抗赛10月在成都收枰。新锐队获胜。(维新)

万源市首届"温馨杯"围棋赛2月收盘。万源市一队、吴晓鲁分获团体及个人冠军。(余洋)

叙永县庆回归棋类大赛6月28日收枰。郭诗涛获得围棋冠军。(孟晓全)

宜宾"新思维杯"宜宾围棋棋王赛8月19日收盘。何明荣获"宜宾棋王"称号。(杨秀全)

9月，泸州市第8届名酒节期间，国手陈祖德、刘小光、曹大元、汪见虹对泸州市的业余高手进行了一场指导棋赛。(刘海川)

为参加全国晚报杯业余围棋赛，"四川业余围棋对抗赛"12月11日收枰。"蜀蓉金顶·日兴队"以5比4总比分战胜"成都晚报合力达队"。(杜维新)

广东

连州市第4届中小学生围棋个人赛2月收盘，共32名棋手参赛。胡杰锋、胡剑东、罗斌分获第一、二、三名。(李纪平)

连州市首届围棋段级位赛6月1日收枰，共42人参赛。何顺田荣登榜首并定为3段。(李纪平)

广州首届名城名人运动会于4月28日结束，陈志刚获围棋冠军。(杨小光)

山东

山东胜利油田“庆祝香港回归地质杯”围棋赛6月20日收枰，共40人参赛。王立辉、候朋、张学仁分获第一、二、三名。（王立辉）

1997年山东省老年人围棋比赛10月30日收盘，九支代表队的18名老年棋手参赛。青岛队、姜葆充分获团体、个人冠军。（米现伦）

山东省邮电系统职工围棋比赛12月7日收盘。济南电信局、济宁市、烟台市分获团体前三名，李军、崔洪伟、高路分获个人前三名。（米现伦）

广西

南宁市“百合杯”名人赛1月5日收枰。王永进3段成为南宁市业余围棋界“名人”。（秦臻）

全州县首届“信用合作杯”围棋个人赛1月下旬收盘，共51人参赛。雷修宪、蒋延军分获冠、亚军。（朱芳态）

1997年度广西南宁市围棋“名人战”11月23日收盘，共26人参赛。王立国5段荣获“名人”称号。（卢庆琪）

黑龙江

鹤岗市第2届“幼苗杯”围棋赛7月21日收枰。黄贲、徐本达、武庆林分获一至三名。（陈希鲁）

“街心花园杯”黑龙江省少年儿童围棋赛8月12日收枰。共130余名少儿选手参赛。年龄最小仅4岁。（刘雷洋）

佳木斯市第4届运动会围棋比赛8月15日收盘。赵运宏、于汪洋、黄海分获个人一至三名。（万培君）

黑龙江省第2届桦南“热电杯”围棋比赛9月收枰。李长山、费利民分获个人冠、亚军。（万培君）

桦南县“信合杯”围棋赛12月7日收枰。于翱翊、费利民、张辉获个人前三名。（张辉）

哈尔滨市首届“元老杯”围棋赛2月收盘。曲绝、徐志毅、韩松分获个人一至三名。（万培君）

1997年齐齐哈尔市“华鹤家具杯”围棋赛6月19日收盘。天元华新棋社队、赵军分获团体及个人冠军。（杨兴湖）

辽宁

阜新市“阜新振兴杯”塞北业余围棋棋王暨十强赛元月收盘。阜新6段棋手罗力荣膺“塞北棋王”称号。(罗季雄)

葫芦岛市围棋协会11月15日成立。(姚旭明)

葫芦岛市“人防杯”职工围棋赛11月15日收盘。葫芦岛锌厂一队及张涛分获团体及个人赛冠军。(姚旭明)

辽宁四城市(葫芦岛、锦州、朝阳、盘锦)围棋对抗赛11月9日收盘。葫芦岛队获得冠军。(姚旭明)

沈阳市首届“清乐杯”名人、新闻单位围棋邀请赛12月20日收盘。严云获得冠军。(志刚)

阜新第2届“阜新振兴杯”塞北棋王暨十强团体赛12月28日收盘。阜新棋院获团体冠军，项前获得挑战者称号，徐放获得女子组冠军，孟磊为少年组冠军。(罗季雄)

辽宁省领导干部、企业家及老年业余围棋赛12月21日收盘。辽宁工程技术大学获团体冠军，唐仁忠、尹兴龙、谷中文分别获得老年组、中年组、青年组冠军。(罗季雄)

大连市第8届运动会少年棋类比赛3月23日收盘。金州区、甘井子区获团体男女冠军，彭本和陈辉分获男女个人冠军。(陈延俊)

吉林

吉林市市直机关职工围棋比赛4月收盘。获冠、亚军分别为郑玉华、安中轶。(金学哲)

四平市中丽杯围棋升、定段赛7月18日收盘。刘雪飞获有段组冠军并晋升为5段。(陈棋)

吉林省178围棋俱乐部11月在长春市公安局俱乐部挂牌成立。(吉棋)

吉林省第7届“延生护心液杯”名人赛和1997年吉林省段位赛11月17日收盘。皇甫伟5段获冠军，省段位赛中有四十多名棋手升段(吉棋)

福建

建阳市莒口镇与书坊乡第2届围棋对抗赛7月收盘。书坊乡队以15比3

获胜。(郑常惕)

福建省柘荣县棋牌协会12月在县工商局正式成立。(陈孙华)

'97"回归杯"福州市首届围棋名人战6月19日收盘，共70人参赛。高建章、高永康、祝贺获前三名。(陈平)

江西

上饶地区第3届工人运动会围棋比赛6月27日收盘，共44名棋手参赛。上饶市队及傅宏图分获团体及个人冠军。(蔡基荣)

上饶市"溢洲杯"首届围棋棋王赛8月17日收盘。章斌、郑绍平分获冠、亚军。(蔡基荣)

江西鹰潭、上饶围棋对抗赛12月7日在鹰潭结束。鹰潭队以总分17比11获胜。(蔡基荣)

甘肃

"蓝盾杯"甘肃省围棋赛2月17日收兵。成人组团体及个人冠军为省直机关队、马青川。少年组团体及个人冠军为铁设院小学、高明哲。(伍爵天)

"新悦杯"兰州围棋王位战暨少儿新苗赛7月17日收盘。李海鸥获首届王位称号，王亮、马青川分获二、三名，儿童组高明哲、宋斌、赵冉分获一至三名。(甘棋)

'97定西地区围棋比赛9月21日收盘。王海涛获冠军。(唐恒学)

甘肃省1997年度围棋段位赛11月23日在兰州收盘，共236名棋手参赛，参赛棋手之多、之广，前所未有。有八人晋升为5段。(伍爵天)

陕西

"梦人杯"中国西安、日本奈良友好城市国际围棋友谊赛4月23日收枰。西安市队以16比14小胜。(方次韵)

1997年西安市围棋个人赛8月19日收盘。李道宏、王旭、贾济舟分获一至三名。(方次韵)

陕西省第5届大学生围棋赛10月22日在西安收盘，12所高校56名棋手参赛。西安交通大学，王峰增分获团体、个人赛冠军。(方次韵)

陕西长安棋院经过两年多的筹建，9月16日正式落成。(宇星)

云南

5 月 25 日在云南禄劝县进行禄劝——武定两县围棋友谊赛，禄劝县队获胜。（柳松）

曲靖第 4 届围棋棋王赛 10 月收枰。毛金星 4 段荣获棋王称号。（潘旭明）

第 2 届云南围棋俱乐部“中玉杯”名人赛于 11 月 23 日收盘。韩龙、陈建群分获 A、B 两组冠军。（陈建群）

海南

“康达杯”中韩海南——光州围棋交流会 1 月 1 日在海口落幕。海南队以 31∶25 的比分获得优胜杯。（琼棋）

内蒙古

阿拉善盟第 1 届“苁蓉泰山杯”围棋赛 5 月收枰，共 35 人参赛。马少春、田国栋分获冠、亚军。（田国栋）

赤峰市首届“育苗杯”小学生围棋赛国庆节前夕收盘，共 40 余名小选手参赛。杨志超、张嘉宁分获甲、乙组冠军。（潘云峰）

包钢 3 月 28 日至 4 月 1 日举办内蒙古最大规模棋类比赛，共有 1889 名运动员参加围棋、象棋、国际象棋比赛。线材厂、稀土研究院、白云矿分获围棋团体前三名。（邹剑）

宁夏

石嘴山市第 2 届职工围棋比赛 5 月 4 日收盘。郭玉军获得冠军。（熊石英）

富士通“电信杯”宁夏业余围棋赛 7 月 13 日收枰。施卫民、郭玉军分获冠、亚军。（熊石英）

石嘴山四省（区）八城市职工围棋邀请赛，8 月 8 日收盘。银川市队、郭玉军分获团体、个人冠军。（熊石英）

石嘴山地区职工围棋赛 11 月 11 日收盘，有六支代表队 18 名棋手参赛。石嘴山市发电厂、罗宁军分获团体、个人冠军。（熊石英）

山西　新疆　贵州

忻州地区第2届“邮电杯”国棋邀请赛5月18日收枰，共56名棋手参赛。张利民、梁晓军分获冠、亚军。（余有力）

’97“富士通——新疆邮电杯”业余围棋赛11月收盘。乌鲁本齐队和刘岗荣分获团体及个人冠军，克拉玛依队、孙莽屈分获团体及个人亚军。（舒英）

贵州杜鹃花节第3届围棋邀请赛6月收盘。贵州省队获团体冠军，汪汀获个人冠军。（杨秀全）

上海围棋今昔

自清末民初始，直到解放初期，历代围棋国手频频往来于京沪之间，使上海与北京成为南北呼应的两个围棋中心。从“南王（子晏）北顾（水如）”到“南刘（棣怀）北过（惕生）”，其间沧桑变迁，可见一斑。

在国运衰败的岁月，棋运自然无法兴盛。前辈国手生活清苦，或为达官显贵的门下清客，或供职于银行证交所。据史话记载，顾水如、王子晏、刘棣怀、魏海鸿、陈藻藩、王幼宸等名家，唯有顾水如一人可谓毕生致力于围棋。余者棋艺研究时时中辍，谈何职业生涯。

五代国手

新中国成立后，在当时上海市长陈毅的关怀下，年近花甲的老棋手顾水如、刘棣怀、王幼宸、魏海鸿等被聘为上海文史馆馆员，使之生活安定，得以潜心棋艺，弘扬国粹。

1956年，围棋正式被列为全国体育项目，同年在北京举行“全国围棋表演赛”。

1957年，上海成立围棋协会并举行首届市比赛。同年11月，首届全国围棋比赛在上海进行，北京过惕生、南京陈嘉谋、上海刘棣怀分获前三名。

1959年，第一届全运会设置围棋项目，上海刘棣怀、北京过惕生、安徽黄永吉分获前三名。

1960年，陈毅副总理提出“围棋要赶超日本”的号召。上海棋社宣告成立，顾水如、刘棣怀、王幼宸、魏海鸿等被聘为研究员或副研究员，名正言顺地成为第一代职业棋手。与此同时，创办《围棋》月刊，汪振雄、王志贤、曹钧石、林勉、徐润周等名家担任编辑。

在“国运盛、棋运盛”的大气候下，陈祖德、吴淞笙、赵之华、赵之云等青少年棋手获得悉心指点，棋艺突飞猛进，几年内迅速赶超前辈国手，成长为新中国培养起来的一代国手。1964年至1966年，陈祖德、吴淞笙连续分获全国比赛冠亚军，相继战胜日本八段、九段高手，开创了中国围棋的“陈吴时代”。两代国手新老交替的年龄跨度在四、五十岁以上，预示了中国职业围棋将步入正规化的道路。

然而，由于“文革”的原因，围棋活动中断八年之久，直至1974年才恢复了全国比赛。自60年代学弈的华以刚、曹志林、邱鑫等青年棋手开始脱颖而出，多次在全国比赛中名列前茅，成为与聂卫平同时代的中坚棋士。因受历史条件的限制，这些70年代的国手较快退居二线，先后担任教练、编辑等围棋工作，成为新时期的围棋活动家。

80年代初期，上海先后涌现出王群、曹大元、华伟荣、李青海、钱宇平、杨晖、华学明、芮乃伟等优秀男女棋手，可谓人材济济，层次甚厚。为此，上海队多次夺得全国男女团体冠军与个人冠军。然而，由于同时代的马晓春、刘小光的光芒四射，也因为各种难以尽述的缘由，这一代上海职业棋手最终略显失色。

当年竞赛制度的限制以及优秀选手的“人满为患”，使得一些后起之秀“中途转业”或“人材流动”，也使进入90年代的上海棋坛呈现后继乏人的危机。值得称幸的是，硕果仅存的第五代国手——常昊与邵炜刚终成大器，为世纪之交的上海职业围棋注入了新的活力。

三级训练

60年代初期，为了培养围棋后备力量，上海逐渐形成了三个级别的训练体制。

一级训练即指上海棋院（前上海棋社）的围棋队，属专业性质。60年代入队的有曹志林、邱鑫、华以刚、韩启姚、吕国梁、谢裕国、杨以伦等。70年代后期至80年代中期先后有王群、夏胜浩、马亚兰、华伟荣、李青海、曹大元、杨晖、华学明、芮乃伟、钱宇平、倪林强等，80年代后期起先后有王辉、方捷、邵炜刚、常昊、刘钧、吴祺、祝励立、刘世振、邱峻、胡耀宇等。

二线训练点为半专业性质。1963年至1966年，上海市青少年体育学校开设围棋班，赵之华任教练。1976年，市青少体重新恢复围棋班，由谢裕国、韩启姚等执教。该校为寄宿制，学生上午学文化课，下午参加围棋训练。目前上海的二级训练点为上海市体育俱乐部少体校与静安棋校，分别由邱百瑞、谢裕国、夏胜浩执教。

三线训练完全是业余性质。如60年代的上海棋社附属棋校（亦称304棋校），由顾水如、林勉等执教。70年代的市体育宫训练班，由邱百瑞、孙步田等执教。此外还有各区体委管辖的训练点，如徐汇区二少体、卢湾区体育俱乐部、虹口区精武体育会、南市区体育俱乐部、普陀区体育馆、中福会少年宫、长宁区少年宫、闸北区向东中学等等。

上海优秀棋手的成材，大多经过以上三级训练网的依次选拔输送。因此，随着围棋热的不断升温，十余个训练点已远远不能满足那些“望子成龙”的家长们的需求。目前，除了许多中小学校开设围棋班之外，还出现了一些业余棋手担当“家庭教师”或“内弟子”方式的围棋教学。围棋的职业化与市场经济，由此可见一斑。

四项赛事

从1957年起，除“文革”时期以外，上海每年均举办市围棋比赛。自1973年起，市比赛分为成年组与少年组。作为市体委主办的官方市级比赛，一度是专业或余业棋手唯一检验棋艺高下的盛会。近年来，随着余业赛事的频繁增多，这项比赛却呈每况愈下的趋势，甚至连成年组参赛者亦多为少年儿童，仅将此作为热身训练而已。

自1983年开始，市围棋协会、围棋月刊与中国福利会少年宫联合举办“上海中小学生围棋比赛”，至今已连续举行了15届。当年10岁的邵炜刚曾获第一届的小学男子组冠军。这个比赛目前按学龄设置中学、小学高年级、小学低年级的男女共6个组别。由于各组均取团体与个人的优胜名次，获奖面甚广，吸引了众多孩子前来参赛，提高了许多中小学校开展课余围棋活动的积极性。

1988年全国举行晚报杯业余围棋大赛以来，上海新民晚报为组成最强的阵容，每年均进行选拔比赛。上海业余高手沈光基、张建东、李家庆、夏胜浩、朱泓、沈兴、刘均、刘轶一等分别代表新民晚报队轮番出战全国业余大赛，多次捧回团体和个人的冠军奖杯。其中尤以刘钧7段最为突出，继两度夺得全国冠军之后，又蝉联两届世界业余冠军。1996年与1997年，经中国棋院特准，在上海选拔赛之前，先进行“业余6段赛”，参加者为4段与5段棋手，获冠亚军者则可晋升6段并入围选拔赛。

方兴未艾的上海市围棋段级位赛可说是业余活动的“晴雨表”。1983年，在有识之士的策划下，上海市体育俱乐部率先举办了两次定级比赛，通过笔试与指导对局的测验，定出1级至20级。1984年，中国实行业余段位制，上海的1级至4级分别套改为业余4段至初段，以下的级位则逐步收缩至15级、10级。上海的段级位赛每年举行2—4次，1993年换发全年统一的业余段位证书，最高为5段。近年来，这项群众赛事骤然升温，每次千余名额仍然“供不应求”，远远不能满足爱好者的需求。经不断扩大规模、增加至全年十余次，却又导致升级过快，造成失控。上海市围棋协会已从今年起对段级赛予以整顿，主要措施是控制频率、增加同期比赛网点。(家栋)

《围棋天地》1998年第2期

成都市锦江区围棋发展中心简介

成都市锦江区围棋发展中心，由原成都业余棋艺学校锦江分校改组而成，在中国围棋事业蓬勃发展的背景下应运而生，它立足成都，放眼全国，面向世界，是宣传围棋，发展围棋的阵地，是少年儿童学习围棋的校园，同时也是社会各界人士交流棋艺，以棋会友的场所，它有骄人的昨天，更有充满希望的明天。

成都市锦江区围棋发展中心的前身——成都市业余棋艺学校锦江分校，创办于1992年，由著名围棋活动人士吴战影先生担任校长。分校成立五年来常年不断地坚持对少年儿童的围棋培训，受训人数达一万五千人次，为成都市围棋事业及精神文明建设事业作出优异成绩。学员不仅在省市各级比赛中获得优胜，取得了段位资格，还通过围棋的学习，陶冶了情操，磨练了意志，开发了智力，文化学习也受益匪浅，部分学员考上了大学和各类重点中学，个别学员在高中毕业后被企事业单位特招参加工作，这些品学兼优的学生，在德、智、体各方面得到了全面发展，为长大成材打下了坚实的基础。

随着我国围棋事业不断发展及求学人员的增多，原分校的办学规模，业务范围及组织管理形式等均不能适应更高要求的需要，因此，在锦江区各级领导以及市体委，成都棋院领导的大力支持下，在原分校的基础上，经过重组资金，扩大编制，补充教员，成立了成都市锦江区围棋发展中心。

新型的围棋文化企业

成都市锦江区围棋发展中心，隶属于成都市锦江区文体委，在资金安排，组织机构及人员管理等方面完全按照企业模式运作。董事会是企业的最高决策机构，实行总经理负责制，由原分校校长吴战影先生担任总经理，中心下设办公室、财务室、对外联络部、培训部、开发经营部等职能部门，业务内容为少年儿童初、中、高级围棋培训以及围棋技术咨询及信息储备交流等。1997年上半年，中心新增添了电脑，在围棋电脑化教学方面作出了新的尝试。将目前市面上流行的死活通，定式，手筋等软件用于电脑围棋教学，已收到较好的效果，学生及家长普遍反映良好，中心正尝试将目前的电脑围棋软件和传统围棋教学方式相结合，使之相得益彰。

围棋发展中心地址位于成都市中心，暑袜南街华资大厦三楼，面积八百平方米。布置朴实美观的多功能大厅给人以清新随和的感觉。教室、办公室整洁规范，器材设施完备，具有教学活动的氛围。另外还安排有微机室、资料室和特别对局室等。

在围棋发展中心的全部业务中，少儿培训是龙头，发展中心将继承发扬原分校的优良传统，以崭新的面貌立足于少儿培训，在此基础上求得全面发展。

围棋发展中心总经理直接负责少儿围棋培训工作。训练计划由中心教练组制定实施，并邀请四川省棋队职业棋手黄德勋七段、宋雪林八段、陈安齐六段、李亮四段担任顾问，以保证培训质量，发展中心和教练员们具有强烈的敬业精神和丰富的教学经验，对少年儿童学员充满爱心。

宁波应氏棋具有限公司简介

该公司系国内独一的外商独资公司，创办人是著名围棋活动家、台湾实业家、世界应氏杯赛创办人——应昌期先生。该公司投资一百余万美元，占地25亩。

该公司产品拥有国家专利多项。“应氏围棋”坚固超群、精工细作、永不丢失，为国际赛棋，早于二十年前就远及世界二十多个国家和地区，遍及四大洲。并为多种多次国际大赛采用，是目前出口最广、量最大的棋具。

该公司高质量、高品位地生产多种（近三十种）棋具。尤以拥有专利的国际型棋子、量斗棋盒以及普及型和豪华型多种棋盘、强磁教育大棋盘和棋子、电子语音计时器、多种棋桌、棋几等。

地址：宁波市慈城城南东路 348 号
电话：（0574）7592658
邮　　编：315031
董 事 长：应明皓
副董事长（总经理）：应昌明
业务主办：俞　珏

地方围棋活动积极分子

中国围棋事业能发展到今天这样可喜的局面，是中国围棋界几代人共同努力的结果，地方业余棋界人士亦功不可没。《中国围棋年鉴》从去年起，开辟了“地方围棋活动积极分子”栏目，陆续介绍全国各地在围棋领域中无私奉献，积极组织活动，培育新苗，为围棋事业默默耕耘的地方围棋人士，以表彰他们的功绩——编者

冯永椿同志简介

冯永椿，1946 年 12 月 1 日出生于杭州市。16 岁从师杭州市体委围棋高级教练张李源先生门下，同时得到杭州名宿孙义章先生与原国家围棋队教练竺源芷先生的赐教。仅仅学棋一年，1963 年 6 月 1 日，他获得市少儿围棋赛冠军，同年 8 月他获得在温州市举行的全省首届少年围棋冠军。1966 年他代表浙江省队首次参加在郑州举行的全国围棋锦标赛。1966 年 11 月“上山下乡”。1973 年 7 月浙江省体委组建围棋暑假集训队，全省近 40 名业余精英参加，冯永椿任集训队队长。1974 年浙江省恢复省围棋赛至 1990 年省运会棋赛，他均获得个人前六名，其中 1978 年省运会获个人亚军。1988 年省首届业余段位赛获个人冠军，被授业余 5 段证书。1978 年至 1980 年，他连续获杭州市职工围棋赛个人冠军。

冯永椿从 1991 年举行的第四届全国晚报杯围棋赛至今年共 8 届，均担任钱江晚报围棋队教练，负责选拔、组队、集训，操劳比赛经费，尽心尽责。该队获晚报杯围棋赛团体、个人冠亚军各一次，团体、个人前六名共有八次。

从 1974 年开始，省体委非常重视少儿围棋运动的发展与提高，冯永椿先后在省围棋少儿集训队、市青少年活动中心、杭州棋院担任围棋教练员，带教过的学生中有马晓春、陈临新、朱菊菲、金茜倩、程征宇等专业棋手和郭以明、边志文、李轶等业余好手。

1993年，冯永椿在工作单位办理了提前病退手续，这给他全身心投入少儿围棋运动的普及与提高，提供了大展宏图的机会。同时他更多地与喜弈围棋的企业家加强联系，筹集资金，先后举办了市少儿“太子杯”、“南都花园杯”、“肯德基杯”等十余项围棋赛。冯教练从事围棋35年的生涯在1997年的杭州西湖明珠电视台、杭州经济广播电台、新民围棋月刊、杭州日报均加以宣传和报道。

郭崇宾同志简介

郭崇宾，1954年3月23日生，四川成都人，现任海南省围棋协会常务副主席、秘书长、海南南岛棋牌社社长。

海南岛，中国最年轻的省份，最大的经济特区，也是一个围棋活动十分活跃的地区。建省初期，海南没有围棋组织，围棋活动尚属空白。1990年10月，郭崇宾和一批热心围棋事业的爱好者，发起成立了海南省围棋协会。这是不要上级拨款的民办体育组织，同时他又自筹资金、自租场地、自聘人员，成立了海南南岛棋牌社。八年来，海南省围棋协会和海南南岛棋牌社，在海南省体育局、中国围棋协会的指导帮助和支持下，没有要国家一分钱，艰苦创业，闯出了一条社会办体育的新路子。通过不断努力，自强自力，各方面工作都取得了较大的成绩。到目前为止，已拥有段位棋手近500人，成功地筹办了海南“蜀兴杯”围棋大赛；“习酒杯”全国围棋俱乐部邀请赛；中国女子围棋“名人”赛(第3届)；海南国际椰子节“六合杯”围棋邀请赛等大小比赛近百次。最近两年在海南经济低潮的情况下，他仍克服困难坚持组织了常规性的围棋比赛，如段位赛、团体赛，并帮助一些基层组织开展围棋比赛，如海口、三亚围棋对抗赛；海南省大学生围棋赛；海口市围棋段位赛；省新闻工作者围棋赛；省律师协会围棋赛等。同时多方筹款，积极组队参加全国性围棋赛，并取得较好成绩，如全国“晚报杯”赛曾获得团体第二名；“黄河杯”赛曾获团体第四名等。另外在少儿围棋培训方面还做了很多有益的工作，如在国科园实验学校、海口市华兴学校开办围棋班，并亲自参加讲课。

湖南省围棋事业能有今天，郭崇宾同志功不可没。

吴战影同志简介

吴战影，1959年12月出生，四川成都市人。业余六段。1972年学棋，1972

年7月考入成都市棋校，师从杜君果、陈新全、曾子林、赵成虎、丁开明等老师。代表四川队参加1973年郑州十省市全国比赛获少年前六名，1974年成都全国比赛获少年团体前三名（一台），1976年从成都市体校毕业，从1974年起参加四川省比赛多次获一至五名，1987年开始从事围棋教学工作，1992年创建成都市锦江围棋分校，1996年创建成都市锦江区围棋发展中心，任总经理。训练出刘熙专业二段（初级），郑策业余5段、谢睿、潘琨、胡文松、唐柯、王家昆等大批业余4段棋手。

吴战影同志在长期的围棋基础培训工作中，任劳任怨，默默奉献，积累了丰富的初级培训教学经验，“桃李满蓉城”，最近他出版了《围棋初学错误纠正》一书。他不仅有很强的训练能力，而且还是研究围棋初级教育法的高手，于1996年率先在成都开创了用电脑高科技技术直接用于少年棋手日常训练中，为快速培养优秀棋手打下坚实的基础。吴战影同志除了训练少儿围棋外，还是一个围棋活动的热心人，在他身边，聚集着很多围棋工作者，他们共谋四川、成都围棋的普及与发展。

胡世侠同志简介

胡世侠，业余5段，1949年2月出生于浙江省宁波市，1956年迁至安徽省合肥市。

1962年在合肥市隆岗小学偶然机会接触围棋，学弈两月，首次参加市小学生比赛获第二名。至此，迷于黑白世界。1963年拜王太璞先生为师，连续三年获市中学组冠军。1964年成为合肥市成年甲级棋手，1966年获安徽省少年冠军。多次参加省围棋队集训，得到省队教练黄永吉、朱金兆先生的指导。1966年至1987年在合肥市业余围棋界称雄。影响较大的传统赛事“庐阳杯围棋赛”，获三次冠军，此纪录至今尚无人打破。

1973年，国家体委恢复围棋运动项目，国家围棋集训队南巡至合肥，合肥市组织了30余名业余棋手参加围棋集训两个月，担任队长并负责技术工作。

1974年合肥市工人文化宫组织少年儿童集训班，由黄永吉先生担任教练工作，他每星期日抽出时间义务为集训班的同学们上课，下辅导棋。集训班内的车泽武、陶坚海、黄丽萍等先后进入专业棋手队伍，另有孙乃径等至今驰骋在全国晚报杯业余锦标赛的赛场上。

1986年调入合肥市体委担任围棋教练员。从此，培养少年儿童棋手成为他唯一追求。当时，真可谓一穷二白，无学生，无训练器材，无训练场地。但他没有泄气，走出体委，物色训练苗子，自筹器材。学生的家，自己的家都成了训练室。后来，找到合肥四十五中一间废弃的旧教室作为训练场地，一干就是六年。直到1992年，在体委才有了正式的训练场地。

十年来，培养出沈逢春，获省棋协杯赛冠军，杭州中华棋童杯第8名；沙薇，安徽省少年女子组冠军，广东省第十届运动会女子少年组冠军；张荣正，安徽省少年男子组冠军，1996年全国少年围棋锦标赛C组第二名。

作为合肥市棋类协会秘书长和国家级围棋裁判员，参与组织了全省棋协杯等赛事和合肥市各项围棋活动。他多次担任省级各类比赛的裁判长、全国比赛副裁判长，为安徽省和合肥市围棋普及和提高作出了积极的贡献。

徐志毅同志简介

徐志毅，哈尔滨市人，1953年11月23日生。哈尔滨教育学院美术系毕业，现任哈南直中学美术教师。

1977年接触围棋，1979年参加哈市围棋赛，1983年进入名次。1986年获哈市"无段名人"赛冠军；市职工赛亚军。1989年晋升3段，1990年哈市快棋赛第三名；棋王赛亚军。1993年定为5段；四大天王赛（中年组）亚军。1997年市"元老杯"赛亚军；市职工赛冠军。1987年至1990年日本业余围棋代表团三次访哈比赛，他四次出场获全胜战绩。他还多次代表哈市参加与其他省、市的对抗赛和全国性业余比赛并获得较好成绩。

1981年他在学校领导的支持下办起了围棋兴趣小组。1982年学生姜国严在哈市学生围棋比赛中获小学组冠军，班中参赛同学也都获得不同名次。1983年10岁的姜国严跳级参加哈市学生围棋赛中学组比赛再次夺魁。同年被选送黑龙江棋院。后参加全国段位赛，定为职业初段。

1986年他在家里利用业余时间开设了围棋提高班。当时的大学生马欣（17岁）在1989年哈市举办的首届段位赛中（600多人参赛）夺得冠军，成为哈尔滨市第一位业余5段棋手。

1992年他在众多的幼儿棋手中发现了悟性好又用功的赵守洵（9岁）、杨潜（7岁）、朴文垚（6岁），悉心加以指导，又经常请一些围棋好手当陪练，使这些孩子的棋艺突飞猛进。他们先后在省市各类少儿及成人的比赛中夺冠，参加全国少儿比赛也取得较好的成绩。现在他们既是黑龙江棋院少年班的高才生，又是哈市年龄最小的高段（业余）棋手。

他从1990年开始自费创办"明珠杯"哈市少儿围棋赛，目前该赛已办成传统赛事，数百名少儿棋手在比赛中得到锻炼，对哈市围棋普及工作，起到了推动作用。

1992年经市体委批准，他联合了几位热心围棋事业的教练，成立了“哈市少儿围棋发展中心”，中心成立以来，开展了各类围棋活动。

他在普及围棋的讲台上辛勤耕耘了17年，弟子逾千人，学生们获得每一次成绩，都是对他最好的一份回报。

邢印达同志简介

邢印达，1964年出生于北京，现任北京市少年宫围棋教练。

邢印达1978年底开始拜邻居赫大卫为师学习围棋，1980年4月一个很偶然的机会，被名师瞿燕生教练看中，从此在北京市体校学习围棋，由于那一年大部分学员都面临升学考试，有一段时间每天只有他和上小学的张文东两人去市体校学棋，在瞿老师的精心指导下，当年8月即获得北京市少年围棋比赛冠军。

1980年9月，邢印达考入北京第三师范学校学习，在校期间除了上课，他把所有的业余时间都用来研究围棋。1983年的北京市首次定段赛上定为业余5段，1984年师范毕业被分配到北京市少年宫任围棋教练。

从1986年开始，他在北京市的各种比赛中开始频频获胜，先后获得“华艺杯”、“首都杯”、“京华印刷杯”、“祥云杯”、“忘忧清乐杯”、“业余名人赛”等多项大赛第一名，在1988年北京晚报系列大奖赛上获得总冠军。并获得“北京业余围棋名人”称号。1988年初代表北京参加首届“全国晚报杯”赛取得第三名，并晋升业余6段。此后由于少年宫教学工作繁重，比赛成绩受到影响。1998年邢印达代表北京队参加第11届“全国晚报杯”再次进入业余围棋十强。

他的围棋水平的提高，除了瞿燕生老师的辛勤培养外，早期曾得到了国家队副总教练罗建文老师，及韩念文、王力、薛志诚等各位高手的指导，后来又有幸受到了陈祖德、王汝南、华以刚、马晓春、俞斌、张文东、吴玉林、谭炎武、程晓流等人的指导，从中极为受益。为此，他在难以忘怀的感激之情的作用下，总想为围棋多做些事情。

邢印达在工作中潜心研究围棋的教材教法，从1993年开始在俞斌九段的大力支持下，开始运用电脑教学围棋、组织比赛，并编写了实用的初、中级围棋教材在教学中使用。同时还为围棋教学著书立说，先后出版了《少儿学围棋》、《少年宫特长培养围棋专册》两本书。在少年宫工作的十几年中为在北京普及围棋培训了上千名中小学生，其中有业余段位近百人，达到5段以上者近20人，现在国家队受训的王煜辉六段，就曾是邢印达的学生。

他在学棋时曾大量抄写棋谱，棋风上最佩服吴清源先生的深远和大家风范。其次是藤泽秀行的豪放、大竹英雄的明快、赵治勋的执著、聂卫平的大局观、马晓春的棋感、李昌镐的明察秋毫、刘昌赫的果敢、曹大元的形势判断及其他诸多超一流棋手的风格迥异的棋风。

他平时不爱讲话，除了工作，最喜欢听有阅历的人讲话聊天，从中受益，其次是看电影、电视，借以休息，再无其他嗜好。

围棋育苗工程实施办法（试行）

为弘扬民族文化，振兴围棋事业，贯彻围棋从娃娃抓起的方针，在中国围棋协会的指导下，围棋育苗工程由围棋报社负责具体实施，其办法如下：

1、各地开办少儿围棋培训班的单位和教练均可来函申请，并经理事会批准，可成为围棋育苗工程成员单位。

2、围棋育苗工程成员单位的教练和领导，均可得到围棋报社赠送的《围棋报》和围棋启蒙教材及有关资料。

3、围棋育苗工程成员单位，均可组队参加全国围棋苗苗杯竞赛。

4、围棋育苗工程成员单位，均可参加少儿围棋教学交流活动、围棋夏令营、手拉手围棋学校等活动。

5、围棋育苗工程理事会将选择100所学校、幼儿园成为联系点并命名为围棋育苗工程重点单位。

6、《围棋报》开辟专栏刊发围棋育苗工程成员单位的简介和培养少儿学围棋的经验，选登少儿棋手的棋谱，并请专家评点。

围棋育苗工程理事会　1997年5月1日

围棋育苗工程成员单位名单

1、浙江省武义县履坦小学

2、内蒙古赤峰市平庄矿务局五家煤矿小学

3、北京市复兴门外第一小学

4、北京市朝阳区香河园少年之家围棋班

5、广西田东县百采厂子弟学校

6、江苏张家港市塘桥中心小学

7、浙江天台城关三小
8、四川省泸州师范附属小学
9、湖南长沙业余围棋学校
10、四川叙永县棋协
11、湖南岳阳市体育馆棋牌中心
12、浙江省天台县平桥中心校
13、浙江省诸暨市少儿业余围棋学校
14、河北石家庄市合作路小学围棋班
15、辽宁鞍山市体校围棋队
16、湖北鄂州市西山小学
17、湖北鄂州市第一幼儿园
18、湖北鄂州市实验幼儿园
19、湖北鄂州市新民街小学
20、新疆哈密市围棋协会
21、浙江省诸暨市湄池镇黄家埠学校
22、江苏省兴化市戴密围棋社
23、江西省南昌市少年宫
24、江苏无锡市连元街小学
25、河南洛阳市石油化工总厂小学
26、湖南省湘潭市一中
27、上海东方少年宫
28、上海外高桥保税区实验小学
29、上海东方幼儿园
30、武汉长江水利委员会教育中心少儿围棋班
31、河南洛阳轴承（集团）公司第二小学校
32、甘肃省兰州市少年宫
33、江苏洪泽油田第三小学
34、江苏省南通崇川围棋训练中心
35、黑龙江省鹤岗市育英小学
36、四川省乐山市青少年宫棋训班
37、河南省固始县青春棋社
38、河南省洛阳市中信重机公司第二小学
39、湖南长沙岳麓区石佳冲小学
40、浙江省鹿山业余围棋学校
41、浙江省嵊州市剡山小学
42、福建省夏门市大同小学
43、湖北省武穴市大桥小学
44、湖北省蕲春县星星棋社
45、浙江天台幼松幼儿园
46、陕西省西安市实验小学
47、浙江杭州钢铁第一小学
48、湖北大冶有色金属公司五四学校
49、天津市红桥区少年宫
50、浙江台州市椒江区第二实验小学
51、浙江省长兴县雉城镇第四小学
52、湖北省黄石新下陆大冶有色金属公司小学
53、浙江宁波市中城小学
54、陕西省白河县纸坊九年制学校
55、河北省承德市丽正门小学
56、河北省承德市虹桥小学
57、河北省承德市竹林寺小学
58、江西南昌市人杰围棋俱乐部
59、江苏省大丰市围棋协会
60、河南省洛阳市农校街小学
61、内蒙古丰镇市体委棋牌中心
62、辽宁省本溪市第八中学
63、江苏省徐州市青少年宫围棋班
64、湖南省株洲市棋类协会应源棋馆
65、河南省博爱县天元棋社
66、湖北麻城中驿镇火车头希望小学

67、浙江嘉兴市河西卫生局幼儿园
68、江西省南昌市飞机制造公司洪都体育馆
69、浙江衢州青少年棋牌俱乐部
70、黑龙江省牡丹江市小牡丹艺术实验小学
71、江苏省海安县围棋协会
72、浙江省台州市椒江区商业幼儿园
73、武汉情智（围棋）学校
74、新疆克拉玛依市第一中学
75、浙江省开化县少儿围棋培训中心
76、江苏省金坛市围棋协会
77、黑龙省佳木斯市第二十五小学
78、湖北省荆州市沙市实验小学
79、海南省琼山市红旗中心小学
80、江苏省南京市江宁县实验小学
81、江苏省常熟市古里中心小学
82、湖南省湘潭市雨湖区文西街学校
83、贵州省都匀市少年儿童活动中心
84、辽宁抚顺市树国围棋训练中心
85、新疆克拉玛依市八小

围棋·艺术·文化·科学

围棋希望学校

1997年9月1日，在北京南郊，距离中国棋院约12公里的大兴县西红门，一所民办全日制寄宿学校“北京杏泽围棋学校”正式开学了。来自北京、云南瑞丽、黑龙江大庆、辽宁鞍山、四川成都、山西太原、山东烟台、济南、湖南衡阳、浙江义乌、江苏常州、徐州等17个城市的34名孩子，到这所新开张的学校上学来了。正是这一新生事物引起了很多围棋爱好者的关心，很想了解这所挂牌围棋的学校到底是怎么一回事。为了满足读者的愿望，也为了对学校作客观如实的报导，现就学校目前的情况择文如下。

策划者的初衷

张增慧是个刚过而立之年的“闯海”者。虽然年轻却有着常人没有的阅历：烧锅炉、开饭馆、做汽车房产生意样样都干过，总之是个吃过苦赚了钱的成功者。在他的朋友中有围棋名家罗建文之子罗襄屏，也许就是围棋的缘故他们这一圈子人才有意结好。在改革开放的商海中，潮起潮落使人难以驾驭。他们尽管得利于这难以驾驭的大潮，但也泛起对从商的厌倦之心。有了钱也总得干事情，出资办学弘扬中华民族文化是功在千秋造福万代的好事。

办个什么样的学校？能不能招来学生？这是事前必须考虑的问题。“选定围棋，把培养棋手当做最终目标。”这一指导思想初起就被从事围棋工作几十年的罗建文副总教练纠正了。他明确地说：围棋的职业棋手是不能用机械化方式生产的，办学校目的在于教育人、培养人，重点在教育。给有才能的孩子提供最好的学习条件，帮助他们尽快成材这才是我们办学的根本方针。把围棋作为专长课，吸收更多更好的孩子来围棋学校，在学好文化课的同时，把孩子集中起来进行正规的、科学的、循序渐进的围棋训练才是学校日常工作的准则。有了明确的办学指导方针，接下来是投多少资？立项能否批准？这是1996年上半年议定的事。

招生建校同步进行

由于种种情况，原来计划在市区的校址始终没能批下来。1997年4月，办围棋学校的动议得到大兴县领导的全力支持，并责成大型社办企业大兴县星光集团协助，建学校实质性的工作才得以起动。6月24日，在北京的西红门开始兴建“北京杏泽围棋学校”。

现今社会假的、骗的事情每每发生，年轻的家长对独生子女的上学问题尤为慎重。尽管学校招生办公室设在中国棋院内，家长仍千方百计打听学校的根底，查看学校校址，对不实的东西真不敢相信。短短的两个月，在普通人认为很难如期做到的事情，在这些创业人的实干下，占地9900平方米，建筑面积2400平方米的全新学校如期开学了。

建校可以日夜加班，招生是不能强拉硬拽的，没有学生即便是再好的学校也是开不了学的。招生工作从7月初开始，说老实话到8月20日时真正报名的才刚刚10个人。作为学校董事长的张增慧先生，着急的心情是用任何文字都难以表达的。几位执行董事商量后决定：通过新闻媒界对这一学校进行必要的宣传，即便是只招一个学生，学校也要配备全套的师资并按全日制寄宿正规学校进入工作。这一决定得到中国棋院领导的支持，围棋部为此还专门研究了围棋教师的人选，对围棋的教学工作提出明确要求。也许是精诚所至，开学那天竟有34个孩子之多，让为之辛劳的人们感到欣慰。

强劲的师资力量

北京杏泽围棋学校，准确的定义应该是一所具有围棋特色的全日制寄宿学校。我国的教育方针是普及九年制义务教育，每个公民必须无条件接受。从学围棋方面说，没有较高的文化素养很难达到高水平。学校将最终发展完成九个年级的文化班，让在这个学校学习的孩子不出校门便可读完初中的课程。根据学生各自的发展，完全不会耽误国家法定的文化教育。重视学生文化学习是建校的初衷，学校千方百计聘请有经验的高级教师担任学校教学的领导职务。原北京光明小学副校长、全国三八红旗手、特级教师叶多加担任校长，常务副校长由原北京皇城根小学的高级教师俞春兰担任。学校今年只开设小学一、二、三年级，仅高级职称的任教老师就有七位。学校其它的教学设备一应俱全，每天6节文化课，在确保国家教学大纲的贯彻执行的同时，还必须保证学生的文化学习和身体健康。

围棋的学习

招牌是围棋学校，入学的大部分学生应该说是冲着学围棋而来。他们之中最小的只有6岁，大的仅10岁。棋力最好的大约相当于业余3段，当然也有完全不会下的。从年龄和棋力来说也许未必适合做职业棋手的条件，不能完全定向培养。围棋老师打破年级界限将他们分成两个班因材施教。即从基本着法和基本思考方法教起，也对有一定水平的学生进行个别辅导。开学三周以来围棋课的多样化，受到学生及家长的欢迎。

中国棋院为了确保在校学生的学棋，每周定期选派国家队棋手到学校下指导棋，这对这批孩子是个很大的鼓舞。开学仅三周就有陈祖德院长、罗建文副总教练、华学明七段、罗洗河六段等来学校与孩子下了指导棋。孩子的围棋才能也得到高手们的赏识和称赞。陈祖德院长与衡阳来的6岁王迦南同学下完棋后说：这样的孩子我们要花大力来培养，这样干实事的学校我们一定全力支持。围棋是事业也是产业，事业发展了不仅会带来社会效益，也一定会带来相应的经济效益。（朱宝训）《新民围棋》1997年第11期

三国时期的名流围棋

班固《弈旨》中有一段话："孔子称有博弈，今博行于世，而弈独绝。博义既弘，弈义不述，问之论家，师不能说……"表明东汉时期，围棋在社会上不甚流行，比之"六博"要差得很远。这种情况从东汉末年开始，发生了很大变化，到三国、两晋时期，我国的围棋已呈现出日趋繁荣的朕兆。其主要特点是围棋在公卿、士大夫阶层中十分流行，出现了一些通国善弈的高手，以及区分棋手交手棋份的九品等级制度。

南北朝时的沈约在其《弈品序》中曾说："汉魏明贤，高品间出；晋宋盛士，逸思争流。"形容的即是三国、两晋，乃至南北朝时期，围棋的兴盛景况。这里的"明贤"和"盛士"，指的是公卿、士大夫阶层中的知名人士，他们的围棋活动，在历史上留下了深深的印记。

在我国历史上，三国、两晋是一个多灾多难的动乱时期。连年不断的战争、北方异族的入侵，以及频繁的改朝换代，都使这个时期社会的政治与经济状态每况愈下。然而奇怪的是这个时期的围棋活动，却比相对稳定的两汉时期更趋活跃。如何理解这一现象，这是因为围棋作为文化艺术的一个分枝，与政治、经济相比，较少受到社会动乱的影响。

三国存在的时间较短，但是围棋在魏、吴两国十分盛行，这是和曹操等人的喜爱和倡导分不开的。两晋一百五十年间，士族阶级把持社会，他们一方面纵欲享乐，一方面又寻求苟安生活中的恬静心境。正是这种矛盾的风气，使围棋普遍为统治阶级和士大夫所喜爱，成为他们生活中不可或缺的娱乐活动。

一、曹操、建安七子与围棋

曹操不仅是一位政治家、军事家、文学家，而且也是一位棋艺家。《三国志·太祖纪》载："安平崔瑗、弘农张芝并善草书，而太祖亚之。桓谭、蔡邕善音乐，冯翊山子道、王九真、郭凯等善围棋，太祖皆与埒能。"这里讲的是曹操善书法、音乐、围棋，可谓多才多艺。山子道、王九真、郭凯等都是当时的高手，曹操能与之抗衡，棋艺水平自然不差。

曹操的儿子曹丕、曹彰等也都喜欢下棋，并且经常一起下棋为乐，可知在这个家庭里是有下棋的传统。曹丕虽然很有文才，但却是个心地狭窄狠毒的人。他受汉献帝禅让，登上帝位以后，即开始迫害自己的亲兄弟。据刘义庆《世说新语》载：魏文帝曹丕忌任城王曹彰骁壮，一日两个在卞太后的房里，一边吃枣，一边下围棋。曹丕暗将毒药置诸枣蒂中，曹彰不知，吃了许多。中毒后，卞太后索水救之，但曹丕预先命令左右将瓶罐尽行毁坏。慌乱中卞太后光着脚跑到井边，却无法汲水。不大功夫曹彰即毒发而死。

曹彰死于黄初四年，这一年曹彰与陈思王曹植、白马王曹彪都去京师朝会。曹彰到京后"不明有白"地暴亡。曹植与曹彪返回封地时，又为有司所阻，不得同行。于是曹植愤而成篇，写下著名的《赠白马王彪》，其中有句云："奈何念同生，一往形不归。孤魂翔故域，灵柩寄京师。"表现了对曹彰暴亡的深切怀念。

《世说新语》中还有一则"煮豆相煎"的故事，即曹丕令曹植七步为诗，不成则行大法。从这两则故事看，曹丕对兄弟是很残酷的，但他的迫害形式却很"别致"，都与作诗、下棋有关，带有文人的特点。我们姑且称之为"风雅的残酷"吧，这种残酷，比之血淋淋的残酷，更加令人心碎。

曹操在他的一生中，曾搜罗了各种各样的人才，这也是魏比吴、蜀强盛的原因之一。“建安七子”中，除孔融之外，其余六人如应瑒、王粲等都是曹氏父子的僚属和邺下文人集团的重要作家。这些人大都喜好围棋，如应瑒著有《弈势》，结合历史上一些著名的军事家如韩信、周亚夫，一些著名的战役如昆阳、官渡之战，阐述围棋的战略战术。王粲能诗善赋，《文心雕龙》称他为“七子之冠冕”。据《魏志》载：有一次王粲观人对局，忽然有冒失鬼跑来，不小心碰坏棋局。王粲说：“没关系，我可以给你们复原。”下棋的人不信，王粲就凭记忆，将棋局从头至尾复了出来，不差一道，令众人惊奇赞叹不已。不过以今天的眼光看，“复局”也不是什么了不起的事，只要技艺达到一定水平，并不难做到，王粲死后，曹植《祭仲宣文》曰：“何道不洽，何艺不闲，棋局逞巧，博弈唯贤。”对他的才华颂扬备致。由此也可以看出，王粲的棋艺还是相当不错的。

孔融在“建安七子”中年辈最高，家中也有弈棋的传统。他的两个小儿子，年方八、九岁，平日常以下棋为乐。孔融在政治上反对曹操，被曹操加以“败伦乱理”的罪名杀害。曹操派人抓孔融的时候，他的两个儿子正在下棋，虽见乃父被抓，仍端坐不起。左右的人都说：“事已如此，还不赶快逃跑！”两个儿子说：“跑又怎样，哪有鸟窝被毁而鸟蛋不破的道理？”结果与孔融一起俱被杀害。

这与曹彰下棋被毒的事件一样，也是一幕与围棋有关的人间惨剧。

二、棋圣与九品等级制

东汉末至三国时期的围棋高手，魏有山子道、王九真、郭凯等，吴有严子卿、马绥明。其中严子卿、马绥明在两晋时期被尊为棋圣。何谓棋圣？葛洪《抱朴子》有言：“棋之无敌者，则谓之棋圣。”可知严子卿与马绥明的技艺水平，要比山子道等人高出许多。

马绥明的事迹已不可考。严子卿出身世家，据《吴录》载：“严武字子卿，卫尉严畯再从子也，围棋莫与为辈。”他的棋与皇象的书法、赵达的数学、曹不兴的画……时人谓之八绝。

三国时期，围棋兴旺，高手辈出。由于下棋的人多，棋手之间逐渐形成等级差距。“九品制”即是当时流行的区分棋手等级的标准。

据三国时期邯郸淳《艺经·棋品》记载，“九品制”的内容如下：“夫围棋之品有九，一曰入神，二曰坐照，三曰具体，四曰通幽，五曰用智，六曰小巧，七曰斗力，八曰若愚，九曰守拙。九品之外，今不复云。”

围棋九品制实来源于曹魏施行的“九品官人法”。这个官人法承认士族做官的特权，以换取士族的支持，是一种腐朽的门阀制度。受这种制度的影响，当时社会上以“九品”评论人和事，已成为时髦的风气。钟嵘《诗品》有谓：“昔九品论人，七略裁士。至若诗之为技，较而可知。以类推之，殆均博弈。”即说明了上述情况。

围棋九品制的具体内容究竟如何，现已无从揣测。后人也曾作过一些解释，如宋代张靖《棋经十三篇》、元代晏天章《玄玄棋经》中都有较为抽象的解说。明代许仲诒《石室仙机》又作了具体补充，如“一品入神”，指无敌天下者。“二品坐照”，“亚近入神，凡三局中两局先也”，即被一品饶“半先”。“三品具体”受饶一先，“四品通幽”受饶二子，五品受饶三子，六品受饶四子，余此类推。不过这只是许仲诒的看法，三国时期是否如此则有疑问。

围棋等级制度的出现，清楚地表明围棋在三国时期有了决定性发展。一方面围棋更为普及，爱好者增多；另一方面棋艺水平明显增高，棋手之间拉开了距离，需要有一种制度，判明棋手的交手“棋份”。只有在这样的情况下，围棋等级制才会应运而生。

围棋九品制在两晋、南北朝时盛行一时，成为判定棋手水平高低的唯一标准。这个制度对后世产生了很大影响，即便今天中、日、韩施行的“段位制”以及台湾施行的“品位制”，若细究根源，大约也是从三国时期的围棋九品制脱胎而来。

三、韦曜与《博弈论》

三国时期，吴国的朝廷中盛行围棋与六博。韦曜在《博弈论》中描写了当时的情景：公卿士大夫“好玩博弈，废事弃业，忘寝与食”。往往白天玩一天，晚上点上蜡烛继续玩，以致心劳体倦，耽误正事，其间有人用衣物赌博，不顾廉耻侮棋移着，甚至变脸打架的事也屡有发生。

这种情况引起吴太子孙和的注意，他常说：“士人宜讲修学术、校习射御，如果因博弈而妨碍事业，非进取之谓也。”有一次孙和宴会群僚，特意谈到博弈，他说：“人不能没有娱乐，比如饮宴、射御、琴书都是很好的娱乐方式，何必非得博弈为乐呢？”于是命侍座八人，各写一篇文章，批评这类风气。中庶子韦曜退而作《博弈论》，孙和看后大为欣赏，拿出去给众人传看。

韦曜字弘嗣，吴郡云阳人。少好学，能诗文，进入仕途后，由一个刀笔小吏，一路升至太子中庶子。《博弈论》是一篇应命文章，宣传的自然是正统的观点。

韦曜这篇文章写得十分精彩，比如他批评爱下棋的人说："然其所志不出一枰之上，所务不过方罫之间。胜敌无封爵之赏，获地无兼士之实。伎非六艺，用非经国。立身者不阶其术，征选者不由其道。求之于战阵，则非孙吴之伦也；考之于道艺，则非孔氏之门也。以变诈为务，则非忠信之事也。以劫杀为名，则非仁者之意也……"

然后，韦曜告诫人们说："当世之士，宜勉思至道，爱功惜力，以佐明时。使名书史籍，勋在盟府，乃君子之上务，当今之先急也。夫一木之枰，孰与方国之封？枯棋三百，孰与万人之将？衮龙之服，金石之乐，足以兼棋局而贸博弈矣。"

韦曜的论点，用通俗的话解释，即下棋于士大夫安身立命没有什么用处。从世俗的观点看，围棋自然难与"方国之封"、"万人之将"相提并论。人生在世应首先考虑前途事业的问题，故韦曜的观点在封建时代有很大的诱惑力。即使在今天，我们仍然可以感到韦曜论点中那种冠冕堂皇、义正辞严的力量。如果一言以蔽之，说韦曜反对和否定围棋，那是不甚公允的。笔者以为，对韦曜的观点也应一分为二。其应当肯定之处在于，对那些不以围棋为职业的广大爱好者来说，应将下棋摆在生活的正确位置上。如因下棋荒废学业，耽误工作，那就是错误的。从这个意义上说，《博弈论》恰是一篇警世之作，它从一个完全不同的角度，促进了围棋朝着健康的方向发展。（马诤）

《围棋天地》1997年第7期

《周易》新读：围棋

对《周易》的诠解研究，据1994年不完全统计，单篇论文不算在内，专著三千，学派林立。至今此热仍未"退烧"。确实，它是一座大迷宫，来此"旅游"揽胜的人，还将络绎不绝。笔者尝试一条新思路：以棋释"易"。这座"小迷宫"与之惊人相似。

一、孔子在注释《周易》时说："易道广大，无所不包。"经孔子校定，"易"成了群《经》之首。

围棋是古代博戏之一，智力游戏而已，岂能与经书相提并论？

陈毅元帅有句名言："棋虽小道，品德最尊。"列位注意"小道"二字，并非“小儿科”、“白相相”的意思，它与“易道”之“道”，其义为一：“一阴一阳之谓道”。“易”为“大道”，棋是“小道”，小则小也，但庶几也“无所不包”，它尺幅而有万里之遥。

二、“易”和棋在产生年代和内容上也有对应关系。

五千多年前，伏羲创构八卦，四千多年前，“尧造围棋，以教其子”。有人对尧是否发明围棋表示异议，但“盘庚迁殷”时期已有“手谈”，应该大致不疑，而周文王此后在麦里衍成六十四卦，成《周易》。至于春秋时期典籍记载的围棋事迹，更为明证，此时，孔子也开始了校释《周易》的工作。

在上古，棋是“六艺”教育中的一种，称作“数”，盖谓思维训练也。

《周易》有四大内容：象、数、占、理。围棋似乎欠缺很多。是否真缺？非也。后文将逐次轻推迷宫之门。

三、无论是伏羲先天八卦图，还是文王后天八卦图，其“宫门”式样与围棋棋枰有几分酷似。

“太极”，犹如纹枰之“天元”。双方准备行棋，都会“屏气”而注视“天元”几眼；而每个人见到八卦图，不也首先注视“太极”一眼吗？

“太极”生“两仪”，表现于棋枰，黑白双方亦即阴阳二气，开始远远地交合，各落第一子。

“四象”由“两仪”而来，棋枰上，弈棋者展开四角定式，都选定了自己的基本方位：东南西北。

八卦，也即东南西北四方位的延伸和组合（东南、西南、东北、西北）。在棋中，如同由四角而四边的次第展开。

“六十四卦”，是阴阳二气的令人眼花缭乱的繁衍；棋枰有纵横各十九道，那是阴气（黑）或阳气（白）的“通道”，那是廓大的时空坐标，坐标上，冷热寒暑，氤氲融合，变化发展。二者都是乾坤两极在四方八面不同组合的描述图，都是阴阳二气此消彼长、彼长此消的“大气循环图”，二者都是最简单而又最复杂的至尊精品。强调一点：“气”，是八卦图的“要害”所在，棋枰也充溢着“气”；“气”，是一个无处不在、可意会而不可言传的“图眼”、“棋眼”，含义无比丰富。

四、让我们把《周易》三大宝藏与围棋作一类比。

《周易》取天象以治人世，即所谓象物推理。乾坤两极交合，子嗣不绝，生生息息，囊括了上天入地的一切东西，我们对先哲的创构惊叹之余，常常会问：它主要“象”什么？近读台湾《易学研究》237 期王惠民文《其实〈易经〉容易读》，如拨迷雾。该文把六十四卦一一解读，剖析了与人生的一一联系。窃以为，围棋主要效用也是“象”人生。“人生一局棋”，一局棋自序盘开始，象征着少年——青壮年——晚年的人生三部曲。而期间，死活、轻重、缓急、劳逸、大小等一对对阴阳矛盾，都可由黑白棋的一组组“图象”展示出。棋之“劫”（也有图象）犹如人生的“劫难”，始终陪伴着，不到末了，不见分晓。白居易有诗：“世途倚伏都无定……不信君看弈棋者”。棋枰象征人生，“易”义象征人生，大致不会错。此其一。

其二，“易”和棋都有预测学内含。

“刚柔相摩，八卦相荡，鼓之以雷霆，润之以风雨，日月运行，一寒一暑，乾道成男，坤道成女。……男女构精，万物化成。”《周易》里的这些话告诉我们：“雷霆”、“风雨”造成的“天象”和大气的变化，是万物动态化的前提，是人的吉凶命运变化的前提，所以而可以“推天则以测命运休咎”，所以而有了“占”学。“气”，是中医对病人望诊的根据，是算命先生预测寿夭的根据，是风水先生选择阴宅、阳宅的根据，是“易”之“占”的具体化。列位，围棋棋枰也有“气”的流动、变化，也可据此而推测棋局的吉凶前途。

确实，因“雷霆”、“风雨”而产生的新的排列组合，是可以有所感知的，诸葛亮的“借东风”，名医扁鹊、孙思邈的望诊，都是对“易”之“占”的成功运用。棋枰上，也有一次又一次的雷霆撞击、风雨洗礼，初段以上的选手，也要一次又一次地彼此“点目”（计算实空，预测前途），从而确定新的战略战术。有趣的是，棋手预测前途不佳时，可以制造棋枰混乱，即制造“雷霆”、“风雨”，让对方面临新的预测难题，这是棋与“易”的不同之处。

但是，对水平相当的围棋比赛，任何棋枰高手谁都不会贸然于事先作出输赢结论，因为，“翻盘”现象实在太多太多。棋枰中常有“鬼使神差”般的“撞气”现象，弈者丢了好局，旁观者的预测也随之失灵。同样，“易”之“占”也非绝对灵验，诸葛亮所谓“谋事在人，成事在天”，天上，有一股股主宰万物的“气”，任谁也无法控制。“气”是不能“占”准的，此乃理解二者预测学之关键。

至于第三点“理”的问题，毋庸赘述，二者都是“阴阳”教科书，都博大精深。盖申述两点：“阴阳”二字涵盖《周易》和棋，“阴阳”的内蕴，决非“矛盾”二字可代，东方人的含蓄睿智、礼仪规范、富有韧性，等等，均含其中；但“易”理的至高含义当为“天行健，君子以自强不息”，就是说，阴阳轮转无穷无尽，奥秘无穷无尽，自强者使命无尽，棋理棋艺亦无尽。

五、在《周易》中，我们可看到许多属于对立思维的文字，如：吉——凶、福——祸、大——小、出——入、往——来、进——退、上——下、得——丧、生——死、外——内、泰——否、益——损。

世界充满矛盾，所谓“小往大来”、“大往小来”，所谓“无平不陂、无往不复”。

这一对对矛盾，棋枰中有无？当然有。

这一对对矛盾，静态的为少，动态的为多；自然界的少，人生前途的为多。盖“易”理天动地静，人处于地上，就要处处时时注意动态，才能以静制动，动以达静，所以，弈棋也有“动静适变”、“静观其变”之说，弈棋人几乎个个温文尔雅，端坐纹枰，“静若处子”，而又“动若脱兔”。

中华文化是静的文明。缔造者即“易”，“样品”之一即棋。对动态观察得那么细，全靠“气”维系。“气”，是一篇大文章，容另文说明。

六、以棋释《易》，落到实处，二者都寓“三易”原则。

一是变易，万物无有不变，纹枰之上，“千古无同局”；二为简易，复杂中含简单，有其事必有其理，所以棋枰高手在复杂棋局中，多弈“本手”、“只此一手”棋；三是不易，即能变出万象来的那个东西是不变的，那是一种冥冥中的主宰，八卦图中的“太极”就是，施之于棋枰，如前所述，纹枰之“气”，驾驭一切，而“太极”和此“气”，实为一个最高哲学概念：本体。

但是，《周易》，智者经典；围棋，智者之术。一个以思想哲理为底蕴，一个运斤成风展现底蕴；一个是《经》，一个是“小道”，巨柯和藤蔓相连，交相缠绕，交相呼应，相得益彰，相映成辉。辩证思维三昧，何其相似乃尔！

小迷宫与大迷宫的简单类比，就此打住。如能成立并能赓续之，笔者会喜出“望”外。（徐泽）

人类最高智慧的新芽——电脑围棋

围棋，人工智能面临的挑战者

人类，智慧无边。人类发明了电脑，这好比让人类增添了一个脑子作为辅助。电脑技术发展神速，使电脑爱好者不得不每隔一两年就设法更新他们的电脑。电脑软件的发展也使电脑的本事迅速增加。尽管如此电脑目前还远不能顶得人脑。这里存在一个根本的问题，就是研究使电脑像人脑那样去思考问题，从而得以用电脑为工具去模仿人类的智能。这就是一门尖端科学——人工智能。尽管人工智能科学还处于初级阶段，它在一些局部问题上已很顶用。较早的成功例子是在质谱分析（一种分析化学成分的方法）上，使电脑的分析能力常常超过专家。棋类是智力竞赛，人工智能正好在这里有其用武之地。国际象棋电脑“深蓝”能够向人类世界冠军挑战，这使人工智能科学大放光彩。

然而，围棋向人工智能科学发出了最强烈的挑战。学者们20多年的辛勤研究、应昌期先生的百余万美元的悬赏及十多年的国际电脑围棋赛，所得的成果电脑围棋只能达到业余初级棋手的水平。围棋，是中华民族的骄傲，是人类智慧的最高象征。它经历了数千年，久盛不衰，且至今还在不断发展。现代的人工智能科学在它面前显得十分幼稚无能。因而值得以它为重要的研究对象。它将会在今后相当长的时期内哺育着人工智能科学的成长。

说围棋是最高水平的智力竞赛，这不免会使其他棋类的爱好者不服气。但事实终究是事实。围棋中棋子之间的关系比其他棋复杂得多，因此要用到的思维也高深得多。其他棋类大多数主要靠逐步算：我走这一着，对方有多少种应法；对方的每种应法我又有多少种着法，等等。这样的思考属于逻辑思维，电脑不难模仿。工人智能中的搜索法正好符合这种思考方法。围棋中的局部死活问题也要这样细算。但围棋高手比赛时脑子中的活动决非主要靠这种细算。在限时较多的大赛中，棋盘上棋子寥寥无几且还没有接触战的迹象时，一两小时的长考不是司空见惯吗？棋手的脑子里泛起了种种构图，思索着种种策略。其中固然有逻辑思维，但会有更多的形象思维。优美的棋形、雄浑的模样、广阔深远的大局观、行云流水般的行棋步调，这些都远不是细算能够解决的问题。人工智能科学要想达到这种境界，则远非目前这样的初级阶段所能实现。围棋程序即使达到业余好手的水平，恐怕已经使人工智能科学飞跃到现在难以想象的高度。

围棋易学难精。其实世上许多东西都是这样，电脑围棋也不例外。不过它也有所不同：要精（达到高水平）甚难，入门也不十分容易。什么因素使人们闯进这个难关？我想首先是靠兴趣，但更重要的是强烈的探索欲。冒着生命危险到高峰深渊去探险的人，难道就是为着扬名后世吗？几年前一位曾参加电脑围棋赛的人曾提出过这样的问题：搞这个为的是什么？这问题确实使大多数爱好者无以回答。但他今年又来参赛了，而且表达了很大的决心。我是个围棋迷又是电脑迷，更是一个钻研迷，就是凭兴趣和探索欲钻了进来。我不敢想自己会对人工智能作出什么贡献。但深信广大爱好者的活动要给这门科学增添沃土，使它产生更丰硕的花果。

电脑围棋的兴衰史似乎只能算写了一个序章，但已有点波涛起伏。早期它只是高等学府中少数研究者的对象。1985年应昌期在一位说客的“电脑围棋终有打败人脑的一天”的鼓励下办起了国际电脑围棋赛，次年还许诺了巨额奖金。这使电脑围棋在短短几年间火热起来。日本、台湾、欧美等地都涌现了高手。1988年不得不举行分区预选赛以限制决赛的人数。那时候人们会认为打败人脑并不遥远，应昌期所许诺的奖金也只以2000年为限。但很快就使人们认识到它并非易事。尽管1988年冠军为日本人所得，其后日本的电脑围棋却日趋下坡，以至现在日本市场上最好的围棋程序都是舶来品。

“手谈”成长的崎岖路

我国大陆的围棋程序起步较晚。1990年国际电脑围棋赛在北京举行时仅有两个程序参加。当时我也编出了“手谈”，但因信息不灵而失去参赛机会。我下决心搞电脑围棋是在1989年，春节时写下了这春联：

黑白分明，何堪玩物徒伤志

鸿蒙高迴，不断求知更创新

在作了一些准备工作后，1990年初买了一台XT，用了半个寒假初步编出了程序。90年冠军为荷兰人所得。这个冠军程序向人脑作受17子的挑战失败。我颇有感慨，便定下了夺取世界冠军和打破受子纪录的初步目标。1991年我满60岁，即申请退休以便集中精力搞电脑围棋。

1991年国际电脑围棋赛在新加坡举行。因经费问题无法前往，幸好还可以委托朋友拿我的程序参赛。“手谈”初出茅庐，虽实力不足以与当时的一流高手匹敌，却仍战胜了日本和台湾的强手，名列第六。然而进不了前三名就没有奖金。那台XT实在太慢。要花4000元买一台286还得向别人借钱。次年国际电脑围棋赛在东京举行，主办单位特意为我解决旅费的困难而得以成行。这次得了第二名，初步摆脱窘境，获得冠军的是美籍华人陈克训的“棋慧”，而连获89—91三届冠军且在1991年在受17子向人脑挑战成功的荷兰人Mark Boon的程序Goliath发挥失常，仅列第三。这次“手谈”虽胜了“棋慧”，却不敌Goliath，要拿冠军仍须努力。

再过一年，“手谈”的棋力已开始超过上届的Goliath。1993年国际电脑围棋赛在成都举行时Mark Boon没有参赛。结果“手谈”以全胜获得冠军，达到我的第一个目标。但是在受15子向人脑的挑战中以1比2输了，未能突破。

1994年，尽管“手谈”的棋力又增长，却在比赛中负于美国Fotland的程序“多面围棋”(MFGO)，而在三人同分的情况下凑巧小分最少而屈居第三，使打破让子纪录的目标推迟到1995年才得以实现。这一年不但连获FOST杯和应氏杯冠军，且在受15子和13子两个级别向人脑挑战中均以2比1获胜，打破了Mark Boon的Goliath保持了4年的纪录（它在1991年受17子战胜了人脑）。

“手谈”的进步起初是很快的。1992年比1991年增长4—5子，93、94两年每年长约两子。但此后就困难了。“手谈”起初的设计思想是注重形势判断。搜索法限于判断棋子串的歼逃问题，而在着点选择时没有用到搜索法，只是哪里大就走哪里。这种只看一步的做法毕竟过于局限。1995年在着点选择中加进了多步搜索，但问题甚多，棋力似乎没有增长。1995年比赛中还遇到了克星——英国Reiss的GO4＋＋，这个程序的棋风就象打太极拳那样，回避复杂的战斗而善于围空，正好使较为善战而不善围空的“手谈”难以应付。1996年9月FOST杯赛前的备战中既要研究着点选择的搜索法中的困难，又要设法对付克星GO4＋＋。一心二用，效果不佳。程序的棋力有时显得好些，有时又似乎不好。加之去年连夺两魁，成为众矢之的，卫冕之难可以想见。当然我还是自信“手谈”比起国外的强手仍有优势。比赛中“手谈”因一个漏洞在优势情况下负于GO4＋＋。还算万幸，其后战况的发展凑好使“手谈”得以卫冕。当时日本棋院中负责大盘讲解的冈崎正博直率地说“手谈”的攻击力比去年弱了，漏洞显得多了。回国后我拿这参赛程序与去年底的版本对弈20局，竟多负2局。似乎这两年的功夫未能使程序水平明显提高。

其实也未尽然。这两年新增的内容不少，程序的智能应有所增长。只是有许多关系未能协调，使得有些棋走得好些而另一些却反而差了。在备战11月中旬应氏杯国际电脑围棋赛的两个月中，程序中的各种关系作了一些调整，战绩有所好转。应氏杯赛中顺利战胜了所有对手，蝉联冠军。

更求新秀贯长虹

现在的围棋程序水平还很低。不少人希望高水平的程序早日问世。但严峻的事实是：应氏杯的受15子向人脑挑战失败了4年才获成功；“手谈”近两年的进步显得停滞，又未有新的强程序出现。我曾希望自己的程序能进步到我让9子的水平。现在看来，只凭我自己的精力尽此余生也恐怕做不到了。今年春节我换上了新的春联：

电照手谈，喜见围棋扬四海

脑枯柯烂，更求瑜宝贯长虹

只有在新一代的爱好者气贯长虹地继续研究下去，才能使程序不断进步而终于可与人脑的最高水平匹敌。使程序达到被我让 9 子的水平的目标也只有在集体研究中才能达到。我从去年开始就着意培养接班人，构成集体研究的班子。在我的指导下，陈国宝、雷秀瑜、范俊超三个青年编出围棋程序“乌鹭”。它在去年底的全国电脑围棋赛中，在“手谈”未参赛的情况下以较大的优势战胜了所有的对手获得冠军。(陈志行)《围棋天地》1997 年第 5 期

电脑·人脑对弈

“手谈”连续三届夺得 FOST 杯世界电脑赛冠军和应氏杯世界电脑赛冠军。主办单位每次都让这位姓石原的小姑娘和“手谈”下一盘。她两年前第一次和“手谈”下棋的时候是 6 岁，现在 8 岁了。

两年前她还远远不是“手谈”的对手，输了差不多一百目。去年还是输了。今年她又有了进步，主办单位的人认为她准能赢。

石原执黑先走。双方布局平稳。走到白 38，布局完成，进入中盘。这时轮到黑走。棋迷朋友，如果是您，您会怎样走呢？(“手谈”被日本棋院评为 3 级，据“手谈”作者陈志行教授介绍，目前“手谈”的水平定为 10 级较为合适。)

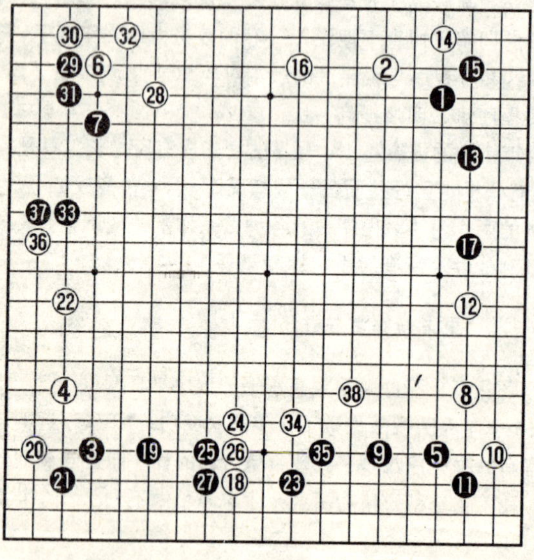

黑方：石原

白方：“手谈”

38 手后略

白胜 6 目半

1997 年 8 月 28 日弈于日本名古屋

人名录

中国围棋协会领导成员（按姓氏笔画为序）

名誉主席： 方　毅

名誉顾问： 张劲夫　钱伟长

顾　　问： 乌力吉　王　铭　肖　秧　宋汝棼　宋季文　何郝矩　胡立教　金　明　唐　克　徐乐义　廖井丹

主　　席： 陈祖德

副 主 席： 马挺贵　王　军　王汝南（专职）　王国平　朱小丹　华以刚　陈丹淮　季桂明　张承义　罗建文　练改凤　周时华　聂卫平　黄进先　龚锦华　谢炳元

司　　库： 王汝南（兼）

秘 书 长： 华以刚（兼）

副秘书长： 武　力　蒋洪启

技术委员会主任： 聂卫平

技术委员会副主任： 邱　鑫　罗建文　黄德勋

裁判委员会主任： 华以刚

裁判委员会副主任： 朱宝训　吴玉林　陈锡明

中国国家段位棋手简历

九段：

陈祖德　上海人，1944年2月19日生。中国棋院院长，中国围棋协会主席，《中国围棋年鉴》编委会主任，我国建国以来杰出教练员。获1964年、1966年、1974年全国个人赛冠军。在中日围棋比赛中，是我国第一位战胜日本九段的棋手。进入第4届名人战循环圈，进入第14届新体育杯循环圈。进入第2届“大国手”赛四强。获1997年“海天杯”元老赛冠军，进入第9届“CCTV杯”赛前四名。1982年被授予九段。著有《超越自我》、《当湖十局细解》、《无极谱》等书。“中国流”布局的创始人。

聂卫平　河北深县人，1952年8月17日生。中国围棋协会副主席兼技术委员会主任，中国围棋队总教练，我国建国以来杰出教练员。10岁开始学棋。获6次全国个人赛冠军，8次“新体育杯”冠军，第2届“棋王”，第5届、第6届“天元”，首届“国手战”冠军，6次全国“十强赛”冠军，首届“应氏杯”赛亚军，1990年“富士通杯”亚军。第5届中日围棋天元战优胜。进入第4届、第5届东洋证券杯四强，第6届亚军，1993年“CCTV”杯冠军。获《新民围棋》特别棋战——聂马七番棋优胜（4比3胜马晓春九段）。获第9届天元战挑战权，1995年宝胜电缆杯冠军。获第9届CCTV杯赛冠军。1982年被授予九段，1988年被中国围棋协会授予围棋“棋圣”称号。著有《我的围棋之路》、《聂卫平自战百局》等书。

马晓春　浙江嵊县人，1964年8月26日生。9岁开始学棋，10岁进体校，12岁进集训队。获第6届东洋证券杯赛冠军，第8届富士通杯赛冠军。获第5届、第7届中日围棋名人战优胜，第7届、第8届、第9届中日天元战优胜，第2届霸王战“霸王”，第2届“友情杯”赛冠军，5次全国个人赛冠军，2次新体育杯”赛冠军，2次“国手战”冠军，第1、8、9、10届“天元”，9次（含1997年）中国名人战“名人”，2次全国“十强赛”冠军，获1991年、1992年、1994年、1995年“CCTV杯”冠军，第3届、第5届、第6届“棋王”，第1届、第2届“大国手赛”冠军。获第7届东洋证券杯亚军，第9届富士通杯亚军，第10届第三名。获'95龙山和和杯双龙争霸赛优胜，'95荣冠杯赛冠军。获第2届中国男女双人赛冠军，'97“德隆农业杯”冠军。1997年进入第2届世界公开赛半决赛、第2届世界棋王赛八强、第8届“东洋证券杯”八强。1982年定为七段，1983年升为九段。著有《三十六计与围棋》。

刘小光 山东郓城人，1960年3月20日生。13岁学棋，14岁进集训队。获第1届友情杯冠军，第8届、第9届名人战挑战权。获2次全国个人赛冠军，1986年“国手战”冠军，首届中国名人战“名人”，4次“天元”，第10届“天元”挑战权，获第5届富士通杯赛第三名，第3届棋王赛第二名，首届中国王位赛冠军。获第6届中日天元战优胜，“安舒宝杯”快棋赛冠军，第7届“十强赛”第三名。获首届中国男女双人赛冠军，1997年“交通杯”国手邀请赛冠军。1982年定为六段，1985年升为八段，1988年被中国围棋协会授予九段。著有“天煞星”——《刘小光自战百局》。

曹大元 上海人，1962年1月26日生。11岁学棋，13岁进体校，17岁进集训队。获1994年全国个人赛冠军，1995年第三名。获一次“新体育杯”赛冠军，三次第二名。获一次“国手战”亚军，首届天元赛第二名，1990年“新体育杯”挑战权，1991年“亚洲杯”亚军，获第6届名人战挑战权，第5届棋王赛挑战权，第7届天元战本赛决赛权。获首届“霸王战“冠军，第1届NEC杯冠军，第1届五牛杯王位赛亚军，进入第8届名人战循环圈，第8届富士通杯八强，第8届“十强战”亚军。获第8届“CCTV杯”冠军，第6届“宝胜电缆杯”冠军，'96“邮政储蓄杯”冠军。1982年定为六段，1986年升为九段。

俞　斌 浙江人，1967年4月16日生。7岁学棋，11岁进体校，12岁进集训队。获1993年、1994年、1995年、1996年全国围棋个人赛亚军，第9届“新体育杯”冠军，首届“名人战”第二名，第3届挑战者，进入首届“棋王赛”决赛，第2届“五牛杯”全国精英赛冠军，进入第14届新体育杯循环圈，进入首届“大国手赛”四强。获首届“霸王战”亚军。进入第8届富士通杯八强，进入第1届友情杯循环圈。获’96“大国杯”名人邀请赛冠军。获第9届“亚洲杯”赛冠军。1982年定为三段，1991年升为九段。

张文东 北京人，1969年5月5日。6岁学棋，8岁进体校，13岁进集训队。获1993年全国个人赛冠军，1990年、1992年、1995年第五名、第二名、第四名，1990年、1991年、1992年全国十强赛第四名、第二名，1989年“健力宝”杯赛冠军，进入第9届、第13届“新体育杯”循环圈。获第5届名人战挑战权，第6届本赛第三名，第3届中国棋王赛第三名。获第6届棋王赛挑战权。获第1届“五牛杯”王位赛冠军。进入第8届名人战循环圈。1982年定为初段，1993年升为九段。

陈临新 浙江人，1963年3月生。10岁学棋，11岁进体校，13岁进集训队，获1983年全国个人赛第六名，1986年、1988年第三名，1992年第五名。获2次“国手战”冠军，第5届亚军，获第13届新体育杯赛冠军，进入第5届名人战循环圈。获1993年“宝胜电缆杯”冠军，第7届“十强赛”第四名，进入1993年“CCTV杯”前四名。在第4届真露杯世界最强赛中三连胜。1982年定为四段，1993年升为九段。

钱宇平 上海人，1966年10月6日生。6岁学棋，11岁进体校，13岁进集训队。获第4届富士通杯亚军（决赛因病弃权），1988年、1990年全国个人赛冠军、亚军，首届中国棋王赛“棋王”，1988年中日快棋赛冠军，1990年天元赛挑战权，第5届“CCTV杯”赛冠军，进入首届“大国手赛”决赛。获第6届“亚洲杯”亚军，第6届“CCTV杯”亚军，1994年全国个人赛第三名。1982年定为四段，1987年升为九段。著有“钝刀”——《钱宇平自战百局》。

江铸久 山东济宁人，1962年2月17日生，6岁学棋，12岁进体校，14岁进集训队，获1983年、1987年全国个人赛第四名，1988年第五名，1989年第二名，1986年“新体育杯”第二名，第3届天元赛挑战权。进入首届“应氏杯”赛前八名。1982年定为五段，1987年升为九段。现在美国留学。

芮乃伟（女）　上海人，1963年12月28日生。11岁学棋，14岁进体校，15岁进集训队。获4次全国个人赛女子冠军，1982年、1984年、1986年“新体育杯”赛第四、第二、第五名。1984年、1985年、1986年“国手战”第五、第四、第三名，1989年“湖塘杯”赛冠军，第3届全国围棋“十强赛”第三名，进入第2届“应氏杯”前四名。获1993年世界女子围棋锦标赛冠军，“宝海杯”第1届、第3届、第4届世界女子职业赛冠军。1982年定为四段，1988年升为九段。现在美国留学。

邵震中　江苏人，1958年10月生。1974年进集训队。获3次全国个人赛亚军，1986年“新体育杯”本赛第二名，1983年“国手战”冠军，进入第4届中国棋王赛前四名。获第5届宝胜电缆杯赛亚军。1982年定为六段，1995年升为九段。现任江苏棋院院长。

廖桂永　广东人，1962年12月29日生。11岁学棋，12岁进体校，17岁进集训队。获1984年全国个人赛第六名，1986年、1989年第四名。进入第5届棋王赛前四名。第8届天元战四强。进入第2届友情杯循环圈。1982年定为四段，1995年升为九段。

汪见虹　河南人，1963年9月12日生。11岁学棋，13岁进体校，14岁进集训队。获1989年全国个人赛冠军，1986年、1988年、1994年、1995年第五名、第六名、第五名、第六名。获第5届全国十强赛第六名，进入第13届新体育杯循环圈，第6届天元赛前八名，首届“大国手赛”前四名，获第8届天元战本赛亚军。进入第1届友情杯循环圈。1982年定为四段，1996年升为九段。1997年出资在京创办“汪见虹围棋俱乐部”。

吴肇毅　广东人，1965年4月22日生，11岁学棋，13岁进体校，15岁进集训队。获1987年“新秀菊花杯”冠军，1989年“牟铜杯”邀请赛冠军，第4届棋王赛本赛亚军。进入第4届、第6届名人战循环圈，第2届“大国手”赛本战二强，获1994年、1995年全国个人赛第五名。获第3届“永大杯”冠军，1995年全国国手邀请赛冠军、第7届宝胜电缆杯冠军。1982年定为三段，1996年升为九段。1997年在大连创办“吴肇毅围棋俱乐部”。

郑　弘　四川成都人，1968年2月19日生。8岁学棋，11岁进体校，16岁进集训队。获1990年全国个人赛第三名，1988年首届“棋王赛”第五名，被选为第5届、第6届中国围棋“十强”，进入第6届中国围棋天元赛前八名，第7届本赛前四名，1993年“CCTV杯”赛前四名，进入第7届、第8届、第9届名人战循环圈。获第1届NEC杯赛亚军。1984年定为初段，1996年升为九段。

丰　云（女）　辽宁人，1966年10月2日生。9岁学棋，12岁进体校，13岁进集训队。获1983年全国个人赛女子冠军，1990年、1991年亚军，1993年第三名。获“宝海杯”第1届、第2届、第3届世界女子职业赛亚军、冠军、亚军，第3届“中环杯”赛亚军。1982年定为四段，1997年升为九段。

八段：

王汝南　安徽人，1946年9月生。14岁学棋并进体校、集训队。中国围棋协会专职副主席、中国棋院副院长、中日友好围棋会馆馆长、《中国围棋年鉴》编委会副主任。获1964全国个人赛第五名，1966年、1973年第四名，获1975年全运会个人赛亚军，1979年第三名。获第1届“新体育杯”第四名，进入第5届名人战前八名。1982年被授予八段。著有《弈坛争霸三十年》。

华以刚　江苏常州人，1949年4月2日生。11岁学棋，14岁进体校，16岁进集训队。中国围棋协会副主席、秘书长兼裁判委员会主任、中国棋院围棋部主任、中国围棋队领队、《中国围棋年鉴》编委会副主任。获1979年全运会个人赛亚军，1978年、1980年、1981年、1982年、1984年第三、第六、第五、第三、第四名。获第4届“新体育杯”赛第五名。获第3届、第7届“国手战”第六名、第四名。获首届中国“无老杯”围棋赛冠军，进入第13届新体育杯循环圈。获1996年“超越杯”元老围棋赛冠军。1982年被授予八段。

王　群　江苏人，1957年5月3日生。1973年进集训队。获1978年、1990年全国个人赛第六名，1980年、1981年“新体育杯”第六、第五名，1986年、1987年“国手战”第四、第六名、第1、2、3、5届全国“十强赛”第四、第六、第八名，进入第5届名人战循环圈。1982年定为五段，1986年升为八段。

方天丰　山西人，1962年7月28日生。11岁学棋，12岁进体校，14岁进集训队。获1985年全国个人赛冠军，1986年“翔远杯”快棋赛冠军。进入第6届棋王赛四强。1982年定为四段，1989年升为八段。

宋雪林　四川成都人，1962年3月8日生。12岁学棋，13岁进体校，17岁进省集训队后进国家队。获1985年、1987年全国个人赛第六、第五名，获1980年、1981年、1986年“新体育杯”第二、第六、第四名，1987年、1988年、1989年第四、第五、第六名。获1982年、1984年、1986年“国手战”第四、第六、第二名。1982年定为四段，1990年升为八段。著有《围棋序盘攻防百例》、《马晓春自战百局》等书。现任“成都五牛围棋俱乐部”主教练。

王冠军　河南人，1963年4月生。11岁学棋，13岁进体校，14岁进集训队。获第2届全国围棋名手赛冠军，进入第4届棋王赛前四名。1982年定为四段，1993年升为八段。现任河南围棋队教练。

梁伟棠　广东人，1963年10月2日生。10岁学棋，12岁进体校，16岁进集训队。获1986年、1987年、1989年全国个人赛第六、第二、第六名，第2届“五牛杯”全国精英赛第三名。进入1990年名人战循环圈。获第3届棋王赛第五名，第4届挑战权。进入第14届新体育杯循环圈。获首届“新人王”赛冠军，1995年全国国手邀请赛亚军。进入第2届友情杯循环圈。1982年定为四段，1994年升为八段。

杨　晖（女）　上海人，1963年5月12日生。10岁学棋，12

岁进体校，15 岁进集训队。获 6 次全国个人赛女子冠军，1997 年第四名。获 1983 年“新体育杯”第三名，1987 年“国手战”第五名，首届中国“王位战”亚军。1982 年定为五段，1991 年升为八段。

王　元　四川成都人，1960 年 4 月 27 日生。14 岁学棋，16 岁进体校，19 岁进集训队。《中国围棋年鉴》编委。获第 2 届江铃杯名人赛冠军，第 2 届“五牛杯”全国赛第二名，第 6 届天元赛本赛第二名，第 3 届棋王赛第三名。1982 年定为四段，1995 年升为八段。现任《围棋天地》编辑。

孔祥明（女）　四川成都人，1955 年 9 月 10 日生。8 岁学棋，10 岁进棋校，19 岁进集训队。获 3 次全国个人赛女子冠军，获 1981 年、1984 年“国手战”第五、第六名。1982 年定为六段，1985 年升为八段。现在日本留学。

张　璇（女）　福建人，1968 年 6 月 22 日生。8 岁学棋，10 岁进体校，12 岁进集训队。获 1990 年全国个人赛女子冠军，1996 年第四名，1997 年第二名，1986 年“国手战”第七名，1986 年“海峡杯”女子冠军，1989 年“五牛杯”赛冠军。1987 年、1988 年进入“新体育杯”循环圈。1982 年定为四段，1997 年升为八段。

常　昊　上海人，1976 年 11 月 7 日生。6 岁学棋，8 岁进上海棋队，10 岁被选入国家少年集训队。获第 1、3 届全国棋童杯赛冠军、第 1、2 届全国神童杯赛冠军，第 5 届世界青少年赛冠军，第 12 届世界业余赛冠军，进入第 5 届名人战循环圈。获第 2 届“大国手”赛挑战权，第 8 届“十强战”第五名。进入第 6 届“棋王赛”四强，首届“霸王战”八强，第 6 届“CCTV”杯赛四强。获第 10 届世界青少年赛“超级青年组”冠军，1993 年、1994 年全国个人赛第六名、第四名，1995 年冠军。进入第 10 届天元战四强。获第 3 届“新人王”冠军。在第 10 届、第 11 届中日围棋擂台赛中，连胜日本五员、六员大将，为中国队取胜立下战功。获第 11 届“天元战”冠军，第 3 届“NEC 杯”冠军，第 10 届中日天元战优胜，1997 年“大富豪酒业杯”冠军，进入第 2 届世界围棋公开赛八强、第 10 届“富士通杯”八强。1986年定为初段，1997年升为八段。

邵炜刚　上海人，1973年2月21日生。8岁学棋，11岁进集训队。获1992年全国个人赛冠军，第6届、第7届十强战第四名、第九名，进入第14届新体育杯赛循环圈。获1989年“海峡杯”全国邀请赛冠军。进入第6届“富士通杯”前八名，第5届棋王赛本赛第二名，获1994年“霜花杯”全国青少年赛亚军。获第2届“新人王”赛冠军，进入第7届CCTV杯半决赛，进入第1届友情杯循环圈。获第2届NEC杯赛冠军、第3届友情杯赛冠军、1997年全国个人赛亚军。1986年定为初段，1997年升为八段。

杨士海　浙江人，1971年1月14日生。获1988年“新秀杯”冠军，1985年全国少年赛第三名，1994年“霜花杯”全国青少年赛冠军，1996年全国个人赛第四名。1986年定为初段，1997年升为八段。

七段：

罗建文　福建人，1943年5月18日生。中国围棋协会副主席兼技术委员会副主任，中国围棋队副总教练、《中国围棋年鉴》编委。13岁学棋，14岁进集训队。获1964年、1966年、1974年全国个人赛第六、第三、第五名和1975年全运会个人赛第五名。获1992年百乐杯元老赛冠军。1982年被授予七段。

沈果孙　江苏人，1942年11月19日生。获1962年、1964年全国个人赛第五、第三名。1982年被授予七段。著有《棋理与要诀》、《围棋的正着与俗手》、《围棋定式以后》等书。

黄德勋　四川成都人，1950年2月17日生。中国围棋协会技术委员会副主任。13岁学棋并进体校，16岁进国家集训队。获1974年、1977年、1983年全国个人赛第六、第四、第五名。获第1届、第2届“国手战”第二、第五名。1982年被授予七段。现任成都棋院副院长。

谭炎午　湖北人，1951年7月31日生。12岁学棋，27岁进集训队。获1977年、1991年全国个人赛第六名、第四名，1984年“新体育杯”第四名，1981年、1982年“国手战”第四名、第六名。

1982年定为五段，1986年升为七段。

华伟荣 浙江人，1959年12月11日生。14岁学棋，16岁进体校，18岁进上海围棋队。1982年定为四段，1990年升为七段。现任中国棋院围棋部干部。著有《围棋腾挪技巧》。

王剑坤 天津人，1963年5月生。10岁学棋并进体校，13岁进集训队。获1985年全国个人赛第五名。1989年“吕沟乌金杯”全国青年赛冠军。进入第6届名人战循环圈。1982年定为四段，1986年升为七段。现效力于“中信”公司。

江鸣久 山东济宁人，1957年7月15日生。6岁学棋，18岁进集训队。获1978年、1982年全国个人赛第五、第六名，第1届“新体育杯”第六名，第3届本赛第三名。1982年定为五段，1987年升为七段。著有《围棋入门之后》、《围棋技巧大全》等书。现任成都棋校围棋教练。

金渭斌 上海人，1962年11月27日生。12岁学棋，16岁进集训队。获1989年“湖塘杯”赛第三名，1989年“牟铜杯”邀请赛第四名。1982年定为四段，1987年升为七段。现任江苏队教练。

徐荣新 江苏人，1951年12月1日生。11岁学棋，23岁进集训队。获1979年全国个人赛第五名，进入1990年名人战循环圈。获第3届棋王赛第五名。1982年定为五段，1988年升为七段。现效力于“中信”公司。

阮云生 湖北人，1955年6月16日生。9岁学棋，24岁进集训队。获1991年、1993年全国个人赛第三名、第四名。进入1990年、1994年名人战循环圈，首届霸王战八强。进入第2届友情杯循环圈。1982年定为四段，1988年升为七段。现任湖北围棋队教练。

李青海 浙江人，1959年11月28日生。14岁学棋。获1980年全国个人赛第五名。1982年定为五段，1988年升为七段。现在日本留学。

陈明川 四川人，1965年5月21日生。9岁学棋，12岁进体校，13岁进省集训队，15岁进国家队。获1986年“新体育杯”赛第八名。1982年定为四段，1986年升为七段。1990年毕业于云南大学经济系。

王洪军　河南人，1965年6月3日生。11岁学棋，12岁进体校，14岁进集训队。获1987年全国个人赛第六名，进入1990年名人战循环圈。1982年定为四段，1988年升为七段。现任广西围棋教练。

阎　安　湖北人，1962年6月生。11岁学棋，16岁进集训队。获1985年“新秀杯”第三名。1982年定为四段，1989年升为七段。

车泽武　安徽人，1963年6月18日生。12岁学棋并进体校，15岁进集训队。进入第4届名人战循环圈，在第5届富士通杯赛中战胜韩国李昌镐和日本小林光一，进入四分之一决赛，被选入第6届中国围棋“十强”。进入第1届友情杯循环圈。1982年定为四段，1989年升为七段。

倪林强　浙江人，1965年10月19日生。16岁进集训队。获第7届新体育杯第五名，第2届“新秀杯”冠军，1988年“振动杯”冠军。1982年定为四段，1990年升为七段。著有《围棋官子指要》。

王海钧　河南人，1965年1月9日生。10岁学棋，12岁进体校，14岁进集训队。获首届“迎春杯”围棋赛冠军，1982年定为四段，1990年升为七段。现任《围棋报》副社长。

马　石　辽宁人，1966年7月25日生。7岁学棋，13岁进体校，14岁进河南省集训队。获1992年全国个人赛第四名，第2届全国青少年赛亚军，进入第5届名人战前八名。1982年定为四段，1991年升为七段。

王亦民　浙江人，1969年3月生。7岁学棋，12岁进集训队。获1987年“龙城杯”冠军。进入首届“霸王战”八强。1984年定为初段，1992年升为七段。

李亚春　河南人，1961年12月1日生。13岁学棋，15岁进体校，16岁进集训队。1982年定为四段，1993年升为七段。现任天津围棋队教练。

华学明（女）　浙江人，1962年11月17日生。11岁学棋，16

岁进集训队。获1993年、1995年全国个人赛女子冠军，1989年、1992年、1996年亚军、1997年第三名。获1985年“新秀杯”冠军、1987年第五名。1987年进入“新体育杯”赛循环圈。与刘小光九段配对，获1996年首届中国男女双人赛冠军。1982年定为四段，1993年升为七段。著有《围棋腾挪技巧》。

刘　菁　贵州人，1975年4月23日生。8岁学棋，12岁进国家少年队。获1989年全国少年赛冠军，1992年全国个人赛第八名，第3届“霜花杯”赛第二名，进入1991年新体育杯赛循环圈，第6届棋王赛本战亚军。进入第9届名人战循环圈。1986年定为初段，1996年升为七段。

方　捷　浙江宁海人，1970年7月14日生。7岁学棋，10岁进体校，15岁进集训队。获1989年“吕沟乌金杯”全国青年赛冠军，进入第7届名人战循环圈，第2届友情杯循环圈。1986年定为初段，1996年升为七段。

周鹤洋　河南洛阳人，1976年6月18日生。8岁学棋，11岁进国家少年队。获1992年“霜花杯”全国青少年赛冠军，1995年亚军。获1996年全国个人赛冠军，1992年、1993年第三名。进入第2届大国手赛四强、首届霸王战八强。在第10届富士通杯赛中，先后战胜韩国崔明勋五段、李昌镐九段和日本武宫正树九段获第四名。在第12届中日新秀对抗赛中以2∶1胜日本杨嘉源八段，获得优胜。1988年定为初段，1997年升为七段。

六段：

黄进先　广西人，1943年8月20日生。10岁学棋，20岁进集训队。中国围棋协会副主席，《中国围棋年鉴》编委。获第3届全运会个人赛第八名。1982年定为五段，1983年升为六段。著有《劫争知识》。现任河南省棋队总教练。

吴玉林　北京人，1946年8月9日生。15岁学棋并进体校，18岁进集训队。获第1届“海峡杯”冠军。1982年定为四段，1988年升为六段。现任中国少年围棋队教练。

陈志刚 广东人，1950年12月24日生。12岁学棋，15岁进体校，23岁进集训队。《中国围棋年鉴》编委。获1977年全国个人赛第三名，1973年郑州十省市邀请赛亚军。1982年定为六段。著有《死活知识》。现任广东省棋队领队、围棋队主教练。

黄良玉 福建人，1944年10月生。15岁学棋，17岁进集训队。获1965年全国个人赛第五名。1982年定为六段。现任山西省围棋队教练。

程晓流 福建人，1949年1月26日生。13岁学棋并进体校，27岁进集训队。获1977年、1981年全国个人赛第五名、第三名，第4届“新体育杯”挑战权、首届名人战第四名。1982年定为六段。著有《围棋发阳论》新解、《藤泽秀行争霸集》等书。现任《围棋天地》高级编辑。

陆　军 湖南人，1956年3月21日生。9岁学棋，23岁进集训队。获1992年“建行杯”全国邀请赛冠军。1982年定为四段，1986年升为六段。现任云南省围棋队主教练。

杨晋华 天津人，1952年6月19日生。11岁学棋，24岁进集训队。获1979年全运会个人赛第六名，第1届“名人战”第三名，1986年“海峡杯”全国邀请赛第二名。1982年定为五段，1986年升为六段。

梁鹤年 湖南人，1952年8月18日生。12岁学棋，27岁进集训队。获1991年“海峡杯”全国赛冠军，1991年“恒通杯”全国赛冠军。1982年定为四段，1986年升为六段。

曾炳权 广东人，1962年1月5日生。11岁学棋，12岁进体校，16岁进集训队。1982年定为四段，1986年升为六段。

李　钢 山东人，1954年1月生。8岁学棋，11岁进体校，20岁进集训队。《中国围棋年鉴》编委。1982年定为四段，1986年升为六段。著有《中盘战术》、《刽子手—加藤正夫对局集》、《宇宙流—武宫正树对局集》等书。现任江苏省围棋队教练。

李　星 安徽铜陵人，1962年8月26日生。12岁学棋，16岁进省集训队。获1989年“吕沟乌金杯”全国青年赛高段组第三名。1982年定为四段，1987年升为六段。现任陕西省围棋协会总教练。

栾　斌　江苏人，1962年6月生。12岁学棋，13岁进体校，15岁进集训队。获1986年“新秀杯”第五名。1982年定为四段，1988年升为六段。现在日本留学。

翁子瑜　四川成都人，1961年3月28日生。12岁学棋并进体校，15岁进集训队。1982年定为四段，1985年升为六段。现在日本留学。

康占斌　河北人，1963年1月4日生。12岁学棋，13岁进体校，14岁进集训队。1982年定为四段，1984年升为六段。现在新加坡工作。

雷贞偶　四川成都人，1953年9月5日生。11岁学棋，12岁进体校，20岁进集训队。1982年定为四段，1989年升为六段。著有《围棋战术技巧与思路》、《围棋序盘攻防百例》。现任四川省围棋队教练。

陈安齐　四川成都人，1948年9月生。12岁学棋，14岁进体校，16岁进集训队。1982年定为五段，1988年升为六段。现任四川省围棋队教练。

黄希文　黑龙江人，1963年4月20日生。10岁学棋，14岁进集训队。1982年定为四段，1990年升为六段。现任北京天鑫棋牌活动馆馆长。

王　辉　浙江宁波人，1969年5月25日生。8岁学棋。11岁进体校，15岁进集训队。获1984年全国少年赛冠军，1989年“海峡杯”第二名。1986年定为初段，1991年升为六段。

王　磊　黑龙江人，1977年12月26日生。9岁学棋，同年底进省棋院，1989年底进国家少年围棋队。获1991年世界青少年赛青年组冠军，1993年棋王赛第四名，1993年、1996年、1997年全国个人赛第五名、第三名、第四名，1994年、1995年“新人王”围棋赛亚军。获第8届“CCTV杯”赛亚军，进入第9届名人战循环圈。

获 1997 年新老对抗赛优胜，进入第 8 届东洋证券杯赛八强。1989 年定为初段，1996 年升为六段。

罗洗河　湖南衡阳人，1977 年 11 月 23 日生。6 岁学棋，10 岁进国家少年队。获第 7 届名人战挑战权，1994 年“新秀杯”赛冠军。进入第 6 届“CCTV 杯”赛四强。获第 5 届霜花杯全国青少年赛冠军。进入第 10 届天元战四强。获第 10 届名人战挑战权、1997 年全国个人赛第五名。1989 年定为初段，1996 年升为六段。

段　嵘　云南人，1972 年 9 月 29 日生。8 岁学棋，10 岁进体校，14 岁进集训队。获 1986 年全国少年赛冠军，1987 年“新秀杯”赛第四名，1988 年“北染杯”全国少年精英赛第二名。进入第 8 届名人战循环圈。1985 年定为初段，1996 年升为六段。

王煜辉　1976 年 6 月 14 日生。10 岁学棋。获第 2 届、第 3 届“新人王”赛亚军，“牡丹卡杯”全国名手赛冠军。1990 年定为初段，1997 年升为六段。

五段：

容坚行　广东人，1951 年 7 月 24 日生。11 岁学棋，13 岁进体校，21 岁进集训队。1982 年定为四段，同年底升为五段。

陈慧芳（女）　上海人，1954 年 4 月生。11 岁学棋并进体校，19 岁进集训队。获 1978 年全国个人赛女子第二名、1995 年第四名。1982 年定为四段，1988 年升为五段。现任山西省棋队领队兼围棋队主教练。

赵余宏　河南人，1963 年 2 月 12 日生。10 岁学棋，12 岁进体校，14 岁进集训队。《中国围棋年鉴》编委。1982 年定为四段，1985 年升为五段。著有《吴清源对局精选》、《务实棋士—小林光一对局集》、《胜负师—赵治勋对局集》、《美学棋士—大竹英雄对局集》等书。现任河北省围棋队主教练。

陈兆峰　黑龙江人，1957 年 6 月 8 日生。13 岁学棋，20 岁进集训队。《中国围棋年鉴》编委。1983 年定为三段，1985 年升为五段。著有“韩国四大天王”——《李昌镐对局集》、《曹薰铉对局集》等书。现任黑龙江省围棋队主教练、黑龙江省围棋协会副秘书长。

刘乾利 湖北人，1950年9月9日生。14岁学棋，28岁进集训队。1982年定为四段，1985年升为五段。现任湖北省围棋队教练。

王业辉 安徽人，1951年12月生。12岁学棋并进集训队。1982年定为四段，同年底升为五段。现任安徽省围棋队教练。

王　谊 北京人，1960年10月18日生。16岁学棋，20岁进集训队。1982年定为四段，1987年升为五段。现任中国棋院外事部干部。

何晓任（女） 四川成都人，1954年4月7日生。7岁学棋，9岁进体校，19岁进集训队。获1979年、1980年、1981年、1983年全国个人赛女子第四、第三、第二、第五名。1982年被授予五段。现旅居加拿大。

郭　鹃（女） 湖南人，1960年5月6日生。13岁学棋并进体校，17岁进四川省集训队。获1981年、1982年全国个人赛女子第六名。1982年定为四段，1985年升为五段。现旅居荷兰。

姚　征 北京人，1963年5月27日生。11岁学棋并进体校，15岁进集训队。1982年定为四段，1985年升为五段。

罗建元 福建人，5岁学棋。1982年定为四段，同年底升为五段。

田小侬 安徽人，1965年生。9岁学棋，12岁进集训队。1982年定为四段，同年底升为五段。

金茜倩（女） 浙江人，1963年11月17日生。10岁学棋。获1979年、1980年、1988年全国个人赛女子第三、第五、第五名。1982年定为四段，同年底升为五段。现在日本留学。

牛力力（女） 河南人，1961年9月26日生。14岁学棋，15岁进体校并进集训队。获1982年全国个人赛女子第四名。1983年定为三段，1985年升为五段。现在日本留学。

施　敏 江苏人，1969年9月生。5岁学棋，14岁进集训队。获第2届“霜花杯”全国青少年赛第三名。1984年定为初段，1992年升为五段。

季荣强 山东人，1960年2月生。13岁学棋，14岁进体校，18岁进集训队。1982年定为四段，1985年升为五段。

丁 波 江苏人，1971年1月24日生。7岁学棋，13岁进集训队。获1985年全国少年比赛第六名，1988年“海峡杯”全国邀请赛第四名，1992年“建行杯”全国邀请赛第五名。1984年定为初段，1992年升为五段。现任江苏省围棋队教练。

陶坚海 安徽人，1961年9月1日生。12岁学棋，16岁进集训队。1982年定为四段，1984年升为五段。

程征宇 浙江人，1963年2月28日生。10岁学棋，11岁进体校，13岁进集训队。1982年定为四段，1984年升为五段。

姚军远 辽宁人，1962年11月23日生。12岁学棋，16岁进集训队。1982年定为四段，1986年升为五段。

刘 力 湖北人，1954年3月25日生。10岁学棋，24岁进集训队。获1982年“避暑山庄杯”全国赛第三名。1982年定为四段，1986年升为五段。著有《实用收官》、《现代布局构思》等书。现任《围棋报》主编。

黄 焰（女） 四川人，1965年9月20日生。9岁学棋，11岁进体校，14岁进集训队。获首届女子名人赛冠军。1982年定为三段，1985年升为五段。现在韩国留学。

鲁 健 浙江人，1961年8月13日生。12岁学棋，15岁进体校，18岁进集训队。1982年定为四段，1987年升为五段。现在日本留学。

朱菊菲（女） 浙江人，1961年10月生。12岁学棋并进体校，14岁进集训队。获1979年、1980年全国个人赛女子第五名、第六名。1982年定为四段，1987年升为五段。

裘瑜民 浙江人，1953年11月生。11岁学棋，25岁进集训队。1982年定为四段，1988年升为五段。

唐锦潮 辽宁人，1949年7月7日生。16岁学棋，25岁进集训队。1982 年定为四段，1988 年升为五段。

李　海　山西人，1961 年 5 月 31 日生。13 岁学棋并进体校，19 岁进集训队。1982 年定为四段，1988 年升为五段。

吴新宇　[illegible]南人，1973 年生。获 1988 年全国少年赛冠军，1993 年“新秀杯”第三名，第 4 届“霜花杯”第六名。1986 年定为初段，1994 年升为五段。

赵　栋　上海人，1971 年 5 月 5 日生。8 岁学棋，11 岁进体校，18 岁进专业队。获 1989 年“吕沟乌金杯”全国青年赛亚军。1988 年定为初段，1994 年升为五段。

邱继红　云南人，1969 年 11 月 1 日生。9 岁学棋。获 1984 年全国少年赛第三名，1992 年首届新秀杯赛第三名。进入第 9 届名人战循环圈。1986 年定为初段，1995 年升为五段。

余　平　四川成都人，1974 年 8 月 22 日生。8 岁学棋，13 岁进国家少年队。获 1986 年“神童杯”亚军，1987 年世界青少年赛冠军，1994 年全国个人赛第七名。进入第 7 届“CCTV 杯”半决赛。1987 年定为初段，1995 年升为五段。

董　彦　陕西西安人，1977 年 8 月 8 日生。6 岁学棋，11 岁进集训队，13 岁进国家少年集训队。获 1989 年“棋童杯”冠军，1990 年全国少年赛亚军。获 1997 年全国个人赛第三名。1990 年定为初段，1995 年升为五段。

叶　桂（女）　湖北人，1974 年 8 月 5 日生。10 岁学棋，14 岁进省围棋队集训。获 1991 年女子“名人战”冠军，1991 年、1992 年全国个人赛女子第三名，1989 年、1993 年、1994 年、1995 年、1996 年均进入前六名。1996 年“牡丹卡”杯赛第六名。获第 1 届“俊英杯”赛冠军。1989 年定为初段，1995 年升为五段。

李豫川　河南人，1970 年 6 月 5 日生。6 岁学棋，9 岁进体校，14 岁进省围棋队，19 岁进国家围棋队。获 1991 年海峡杯赛第二名，进入第 4 届名人战循环圈。1986 年定为初段，1996 年升为五段。

许书祥　广东人，1973 年 5 月 14 日生。8 岁学棋，13 岁进省集训队。获1988年全国少年赛第三名，1995年全国个人赛第八名，首届王位赛八强。1988年定为初段，1996年升为五段。

丁　伟　云南人，1979年5月16日生。6岁学棋，7岁进云南省队，11岁进国家少年围棋队。获1995年“中环杯”冠军，1997年全国围棋个人赛冠军。1992年定为初段，1997年升为五段。

张　欣　湖北武汉人，1972年12月17日生。12岁学棋，13岁进集训队，14岁进国家少年围棋队。获第1届“霜花杯”全国青少年赛第六名。1986年定为初段，1997年升为五段。

林朝华　广东人，1977年1月24日生。10岁学棋，12岁进集训队。1992年定为初段，1997年升为五段。

四段：

朱宝训　谢裕国　穆晓红　唐　毅　敖立婷　黄丽萍　刘　波
袁　曦　洪　艳　于梅玲　蒋　峰　宋　丽　李　扬　马亚兰
沈曼蓉　姚小敏　中晨光　朱燕铭　王伯刚　庞　延　谢　峰
李　亮　杭天鹏　王一飞　李君凯　吴　祺　张文耀　金生煜
朱松力　刘世振　胡耀宇　龚世运　孔　杰　施　洲　韩　晔

三段：

黄妙玲　庄玫瑛　张成华　姜志强　胡晓苓　徐　莹　余仲华
牛娴娴　方天刚　廖勇夫　黄忠英　马　巍　刘　帆　祝励立
刘　涛　黎春华　彭小峰　梁志敏　高　峰　葛凡帆　朱　毅
孙志刚　叶锦锦　李　凡　何旭光　章文华　刘青琳　陈　为
邹俊杰　张英挺　韩　刚　李永刚　黄奕中　林　锋　闵　娜
邱　峻　杜宇峰　古　力　周　波　周俊勋　刘　星　汪　洋

二段：

陈晓昕　王　智　宁　军　杨　戎　刘雅洁　梅　艳　朱文馨
宋德海　回敬辰　刘鲲鹏　王　慧　郝明霞　任宏宇　余晓丹
沈　静　周　杰　梁雅娣　杨　爽　李　莹　沈　颖　马嫒嫒
苏琪伟　许　鑫　管一昕　张　雷　简　莹（香港）　梁雪东
帅迎春　付斌芳　李云生　荆　上　王　蕊　唐　兢　朱阿逸
袁卫红　王　尧　褚　飞　王治国　张　森　谢　赫　刘　熙
杨　一　王　昊　郭北雅　陈倩薇　李　魁　彭　荃　王　隽
李华嵩　牛雨田

初段：

徐东华　姜国严　张晏秋　郭田农　熊雨沛　李晨硕　高又彤
牛　歌　张　启　代颖辉　任　康　顾　平　王　程　许　莽
钱春雷　黄明磊　黎　剑　夏衔誉（台湾）　林雪芬　沈学文
仇丹云　孙　丹　王　凡　丁　明　许　顿　李　昂　冯　伟
韩　恂　樊　麿　苏　甦　史金帛　陈　佳　尹　廓　王　檄
郑　岩　李　劼　王　斌　孙　远　岳　亮　刘禹欢　张学斌
曹恒梃

（以上段位棋手截止至 1998 年 4 月底）

五段以下棋手在国际、国内比赛中取得成绩的有：

徐　莹三段　获 1997 年全国围棋个人赛女子第三名
第 2 届中国围棋男女双人赛冠军

刘　熙二段　获第 14 届世界青少年围棋赛青年组冠军

沈　静二段　获 1997 年全国围棋个人赛女子第五名

黎春华三段　获 1997 年全国围棋个人赛女子第六名
中日新秀女子对抗赛 2 比 0 胜日本中泽彩子四段

张成华三段　获 1997 年全国女子围棋元老赛冠军

祝励立三段　获 1997 年全国大学生围棋赛男子个人冠军

陈倩薇二段　获 1997 年全国大学生围棋赛女子个人冠军
胡耀宇四段　获 1997 年全国少儿集训赛 A 组冠军
牛雨田二段　获 1997 年全国少儿集训赛 B 组冠军

业余棋手在国际、国内比赛中取得成绩的有：

刘　钧 7 段　获 1997 年第 4 届中国围棋新人王赛冠军
1997 年第 10 届全国晚报杯业余赛冠军
1997 年第 19 届世界业余围棋锦标赛冠军
孙宜国 7 段　获 1997 年第 11 届黄河杯全国城市业余赛冠军
王　存 7 段　获 1997 年第 3 届天鑫杯全国业余棋王赛冠军
陈志行　获 1997 年第 3 届 FOST 杯世界电脑围棋赛冠军
1997 年第 13 届应氏杯世界电脑围棋赛冠军
海雅楠 6 段　获第 1 届世界业余女子围棋锦标赛亚军
李　康 5 段　获 1997 年全国少儿集训赛 C 组冠军

海外棋坛

1997 年日本围棋扫描

如果说 1996 年日本棋坛的“七大头衔”被赵治勋、依田纪基、柳时薰三人瓜分而进入“三强时代”的话，那么 1997 年日本棋坛则相对动荡，老将加新秀相继出马，通力合作将十段、天元、王座三个头衔夺去。“两冠王”柳时薰无冠一身轻，只有依田遇到比他还年轻，而且缺乏番棋经验的结城聪的挑战才勉强过关，保住一冠。但我们都看得到“三大冠”还是由赵治勋一人把持，任凭三位久经沙场的挑战者百般冲击，巍然不动而蝉联“三大冠”，赵在日本棋界第一人的位置无可置疑。

纵观 1997 年日本棋坛现状，不禁发现老、中、青三股力量都相当活跃。首先老将中小林光一虽在名人战中挑战失利，但他在其它比赛中收获不菲，不仅获富士通杯世界冠军，而且还拿了三个快棋赛的冠军。另外 50 岁的加藤和 57 岁的工藤相继挑战成功，为老将们的再一次崛起作了榜样。由依田纪基带头，王立诚、小林觉等实力派中坚棋士，瞄着赵的“大三冠”已久，早有“策反”之心，虽仅仅在小棋战中砍了赵“几刀”，但在“七大头衔”中毫无建树。随着依田在 1997 年年末首先获得 1998 年度棋圣战的挑战权，他们再一次吹响了反击的号角；新一代棋士中毫无疑问山田规三生成了领头羊，结城聪、杨嘉源等也逐步登上了大棋战的舞台，向先辈们发出了“战书”。

去年日本棋坛虽呈现出老将发威、新秀辈出，中坚棋士不甘寂寞的一派景象，但“大三冠”赵治勋依然是谈笑风生地“孤独求败”。看来要打破赵的坚实壁垒，只有期待今年日本棋坛老、中、青三股力量齐心合力，再接再励了。

（孙志刚）

1997 年韩国围棋“李曹专政”令人忧

韩国《朝鲜日报》不久前在一篇评述 1997 年的韩国围棋现状时认为，韩国棋坛自九十年代以来一直被李昌镐和曹薰铉把持着，几乎没有什么变化，1997

年的情况又是如此。这家报纸问道："李、曹'长期专政'究竟要到什么时候为止？"

1997年的韩国棋坛被戏称为"李昌镐任主角，曹薰铉任配角，刘昌赫、崔明勋等140多名棋手跑龙套"。这一戏称反映了韩国围棋界的现实。李昌镐作为当今世界围棋第一高手，在韩国棋坛上横扫千军。至1997年11月中旬，在韩国举行的12项王位战、挑战赛中，李昌镐独得7项冠军，他的师傅曹薰铉获得4项冠军，只有一项快棋赛的冠军由刘昌赫夺得。而所有这些比赛，李昌镐和曹薰铉几乎都进入了决赛，师徒两人几乎"霸占"了韩国的整个棋坛。

这一局面当然不能怪罪于李、曹两人。其原因主要是其他棋手状况不佳，实力提高不快。从1997年的比赛情况看，韩国棋坛除了李、曹以及刘昌赫"三大天王"外，其余的棋手，特别是年轻棋手在比赛中还难以同他们抗衡。《朝鲜日报》说，韩国棋坛的这种局面同中国、日本的情况形成鲜明的对照，尤其是中国，后起之秀不断涌现，表现出了巨大的潜力。

该报认为，李、曹两人独霸棋坛的局面已经将近10年，这种"老面孔"就像一份"没有变化的菜单"，让围棋爱好者们"倒胃口"。这种10年不变的局面表明韩国围棋"到了非常危险的阶段，令人忧虑"。

为了打破这种停滞局面，报纸呼吁采取必要的措施。这些措施包括：调整顶尖高手参加国内棋赛的次数，使他们侧重于参加国际比赛；举办少年、女性及中青年棋赛，以便让更多的人参赛；通过举办具有比赛性质的娱乐活动，培养不拘泥于成绩的明星棋手。（高浩荣）

欧洲围棋面面观

如今在欧洲，如果你看到蓝眼睛、黄头发、白皮肤的西方人捏着黑白子在静思默想，不必奇怪，因为绝大多数欧洲国家都设有全国性的围棋协会，而且各大城市也均有为数众多的业余围棋俱乐部。特别是一些大学，许多教师和大学生都十分喜欢围棋。

实际上，欧洲的围棋活动早在三十年代就得以开展，二战后迅速恢复，已有将近六十年的历史。英国、法国、荷兰、德国、奥地利等国家在六十年代都组建了各自的围棋协会，负责筹划赛事，并定期编辑出版相关的围棋杂志。

近年来，欧洲各国经常组织一些邀请赛，像"快棋比赛"、"让子棋赛"、"周末棋赛"等等，允许爱好者自由报名。一年一度的欧洲围棋锦标赛是全欧最重要的比赛，业余3段以上的棋手方可参加。欧洲各国围棋协会一般选派两名选手参加比赛，通过9轮积分循环赛产生前4名，然后再进行半决赛和决赛决出冠军来。此外，为了促进围棋向大众普及，比赛的同时还举行友谊赛，任何人都可报名，然后按水平高低分组比赛。几乎所有的欧洲国家都派出选手参赛，往往报名的达到数千名之众。

欧洲围棋目前取得的进步是有目共睹的。从业余级别上看，许多欧洲棋手在世界业余围棋锦标赛上表现不俗，名次大大前移。多次在欧洲锦标赛上摘金掠银的俄罗斯棋手拉兹列也夫在去年的世界业余锦标赛上战胜了韩国业余棋界的顶尖选手李鹤容，成为一匹强劲的“黑马”。

以往欧洲从未有过专业选手，近年来，一些把围棋作为终生职业的棋手脱颖而出。其中的佼佼者首推德国选手汉斯，他持有日本围棋的职业初段证书。在第二届LG杯世界围棋棋王本赛中，汉斯执黑以半目优势把超一流棋手、日本的“十段”依田纪基挑落下马，让行家们大跌眼镜。

欧洲围棋的进步固然有棋手自身的努力原因，但也和日、中、韩等国的帮助息息相关。八十年代初，欧洲的大比赛都邀请中日韩的棋手参加。日本在这方面做得较好，通常派出专业棋士和业余棋手与会，专业棋手免费下指导棋，大力进行围棋的推广工作。

日本的棋院院生中也有好几位欧洲人的身影。日本院生在18岁之前如未入段，则清除出门，而这些洋学生可以活到老学到老，直至入段，只要他们愿意。前面提到的汉斯入段时已经接近而立之年而且并没有参加残酷的入段比赛，而是经特别推荐直接获得专业初段称号的。入段升段相当严格的日本对洋学生如此处理，算是大大的优待了，当然这也和其老师、大名鼎鼎的小林觉的情面不无关系。不过，小伙子显然不是水货，能通过欧洲的选拔赛击败中国旅欧女棋手郭鹃五段即是证明，世界大赛战胜依田纪基更是其实力的表现。

与亚洲围棋相比，欧洲的确还有不小的差距，但其迅速发展让人看好欧洲围棋的明天。从围棋项目本身的发展来说，不同种族、不同国家的参与无疑会加速围棋运动的推广普及。从实用角度上看，这对围棋走向世界步入奥运也有极大的促进作用。（张强）

李昌镐奖金收入创新纪录

韩国围棋顶尖高手李昌镐1997年的奖金收入达到9.3亿韩元（目前约1200韩元合1美元），打破了他1996年创造的奖金收入6.4亿韩元的纪录。

据韩国报纸报道，李昌镐的奖金收入主要来自他夺得世界比赛、国内比赛的冠军以及参加比赛的出场费，其中包括获得LG杯赛冠军（2亿韩元）、三星火灾杯赛冠军（3亿韩元）等。如果在今年的东洋证券杯赛中夺得冠军，李昌镐的奖金收入将超过10亿韩元，从而成为韩国围棋史上第一个奖金收入超过10亿韩元的棋手。

在1997年12月，李昌镐参加了韩国培达王、国手、大王战等三项比赛。但是这三次比赛的授奖仪式将在今年举行，因此其奖金也不被计入1997年的收入。

奖金收入排在第二至第五位的是曹薰铉（3.4亿韩元）、徐奉洙（1.9亿韩元）、刘昌赫（1.6亿韩元），崔明勋（7500万韩元）。

在当前韩国经济不景气的情况下，李昌镐的奖金收入之多确实令人结舌。但是，韩国报纸说，李昌镐的收入比起其他世界著名运动员来是小巫见大巫。美国篮球明星乔丹包括广告在内的收入折合成韩元超过900亿元。但是，李昌镐至今谢绝做任何广告。

世界围棋界的棋手年奖金收入的最高纪录是日本的赵治勋，前年他的奖金收入1.33亿日元，按现在的汇率折合成韩元为11.6亿多元。据估计，赵治勋1997年的奖金收入仍将保持前年的水平。（高浩荣）

1997年日本围棋冠军头衔一览表

棋　　圣：赵治勋九段	**名　　人**：赵治勋九段
本 因 坊：赵治勋九段	**十　　段**：加藤正夫九段
天　　元：工藤纪夫九段	**王　　座**：山田规三生七段
碁　　圣：依田纪基九段	**富士通杯**：小林光一九段
龙 星 杯：小林光一九段	**阿国姆杯**：依田纪基九段
NHK **杯**：王立诚九段	**快 棋 赛**：小林光一九段
NEC **杯**：加藤正夫九段	NEC **俊英赛**：杨嘉源八段
鹤　　圣：小林光一九段	**新 人 王**：山田规三生七段
女流本因坊：知念三段	**女流名人**：西田荣美五段
女流鹤圣：小林千寿五段	

日本第21期棋圣战

决赛第1局

黑	白
赵治勋	小林觉
棋圣	挑战者

白32应在63位拆，被黑37位逼，白苦。

白42打入有疑问，这是白棋陷入苦战的原因。

白72应于73位拐出，这是白最后的机会。白72扳，黑73以下定型，至黑79接，白完全封在里面，至此白已无胜机。

黑出5目半

共145手

黑中盘胜

1997年1月15、16日

于夏威夷

第1谱 1—100

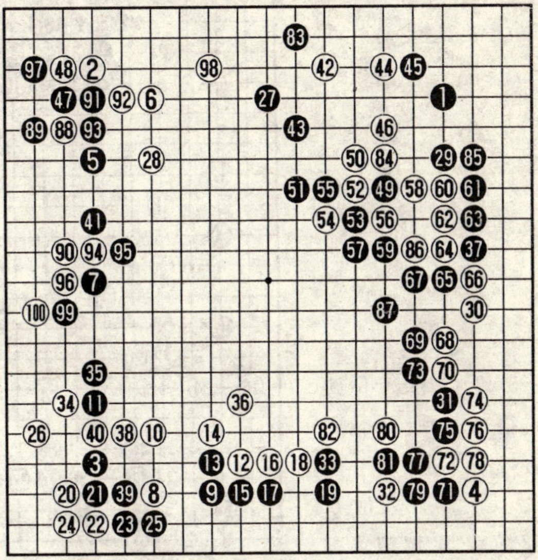

第2谱 101—145

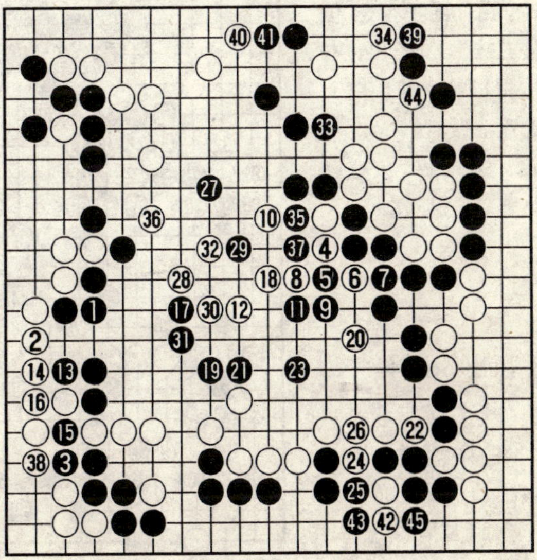

日本第21期棋圣战

决赛第2局

黑　白

小林觉　赵治勋

挑战者　棋圣

黑17在A位跳已很充分。白18恰到好处。

黑25打入应于92位或52位构筑右边阵势。

第2谱黑49靠时，白如随手在54位接，被黑50长出，右边白棋被切断，白大龙无法做活。

白50提，安全联络，确定胜势。

黑出5目半

共190手

白中盘胜

1997年1月29，30日

于岐阜

第1谱　1—100

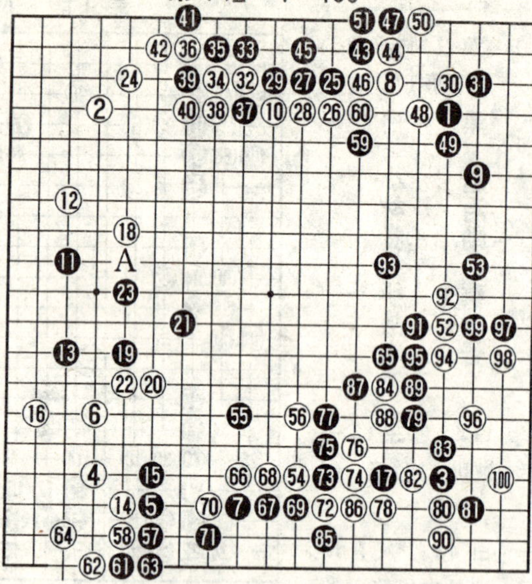

第2谱　101—190

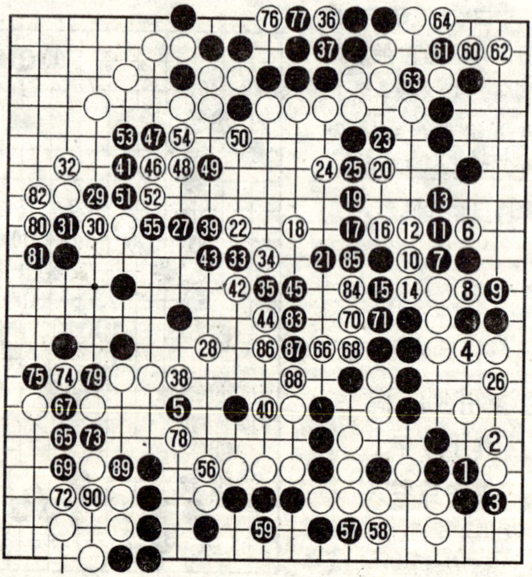

日本第21期棋圣战
决赛第3局

黑	白
赵治勋	小林觉
棋圣	挑战者

白32打入必然，黑35应于A位飞。

至黑97飞，呈细棋模样。

第2谱黑5扳时，白应于36位刺，黑不能在37位接，否则黑中腹大龙有危险。

白28尖时，黑29是致命的败着。

白36破眼至白58点，黑败局已定。

黑出5目半
共158手
白中盘胜
1997年2月5、6日
于宫城

第1谱　1—100

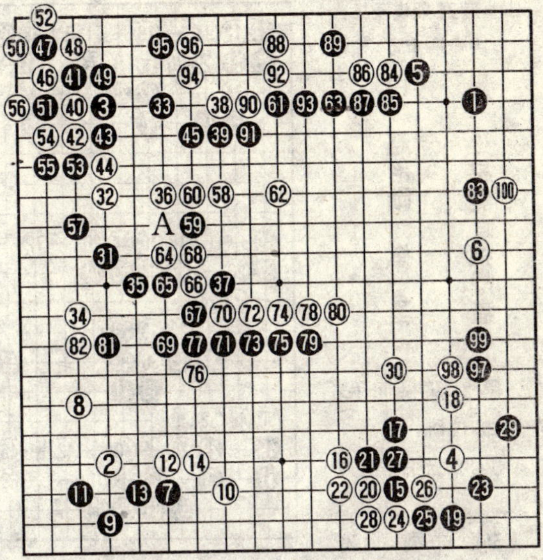

第2谱　101—158

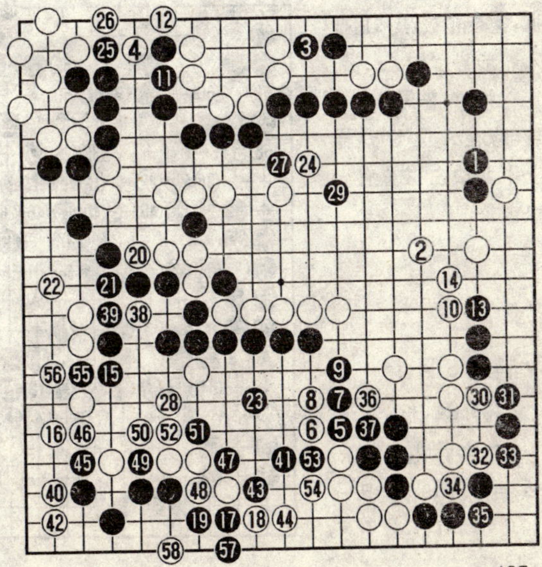

日本第21期棋圣战

决赛第4局

黑	白
小林觉	赵治勋
挑战者	棋圣

黑21尖疑问手，应于22位跳。

黑35强手，迫力极大。

至白50挡，白稍稍领先。

白86应于A位拆，如谱被黑91打入，形势严竣。

第2谱黑17败着，应在A位飞，这样上下两块白棋总有一块被杀。

黑出5目半

共184手

白中盘胜

1997年2月19、20日

于山口

第1谱 1—100

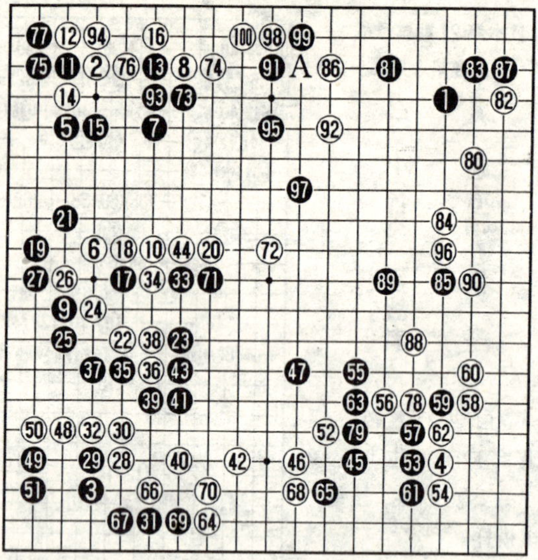

第2谱 101—184

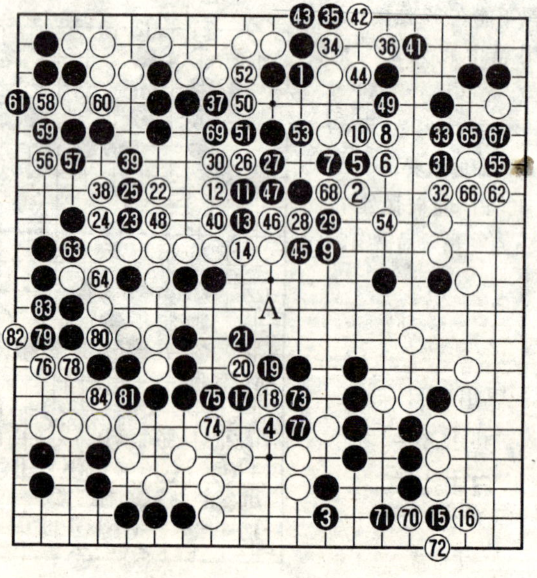

日本第21期棋圣战

决赛第5局

黑	白
赵治勋	小林觉
棋圣	挑战者

❼❶＝⑥④

黑35于A位夹更为严厉。

黑43应在50位镇。

第2谱黑9是胜负手。白24大失着。白56接是败着，应于B位接，以后黑C挖成为先手。

赵治勋终以4比1卫冕成功。

⑪❸⑫⑥＝⑩❶

⑪⑥＝⑩⑧　⑫❸＝⑧④

⑬⓪＝❻❼　⑬❸＝⑧⑧

黑出5目半

共233手

黑胜1目半

1997年2月26、27日

于北海道

第1谱 1—100

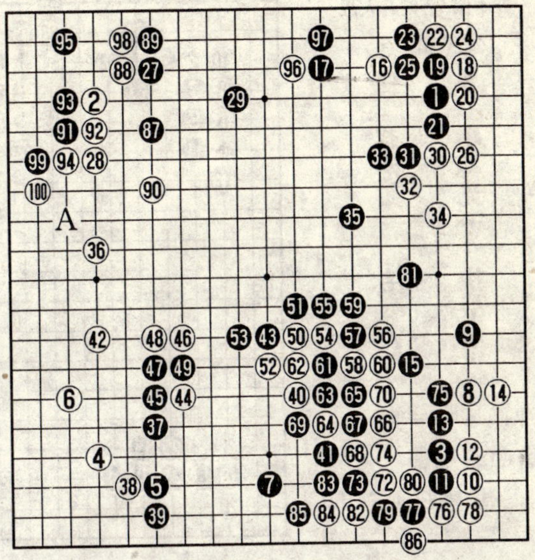

第2谱 101—233

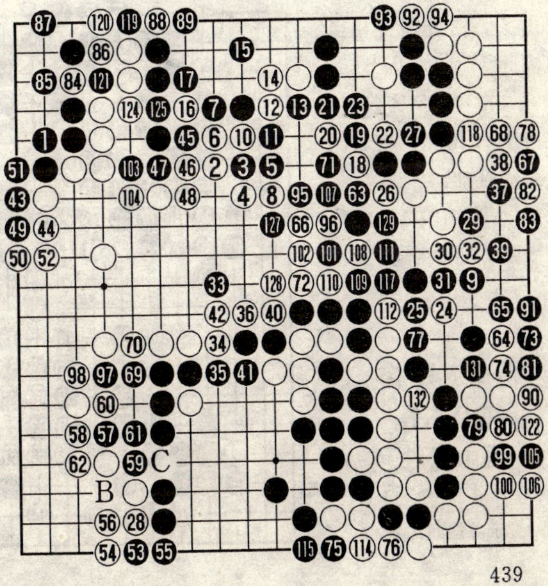

日本第22期名人战

决赛第1局

黑	白
小林光一	赵治勋
挑战者	名人

76 82 88 94 ＝ 66

79 85 91 ＝ 73

黑57应于74位长。白62强手。

第2谱黑31打入，白32打至白54出头，白处理得相当漂亮。

白64接是败着，应于A位虎，右边以后成打劫。

黑87跳入，白角被吃。白认输。

黑出5目半

共197手

黑中盘胜

1997年9月10、11日

于美国纽约

第1谱 1—100

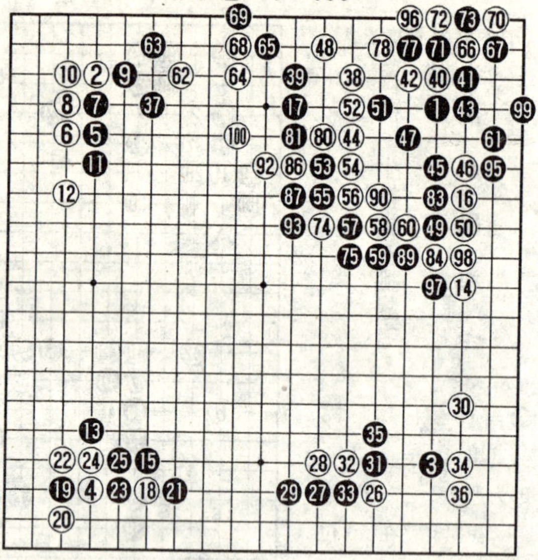

第2谱 101—197

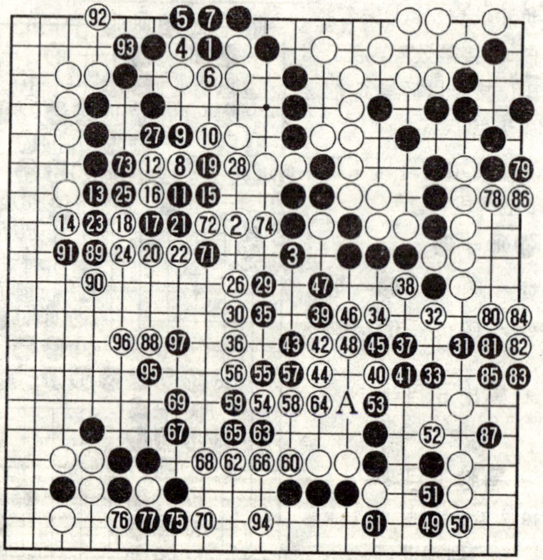

日本第22期名人战

决赛第2局

黑	白
赵治勋	小林光一
名人	挑战者

第1谱　1—100

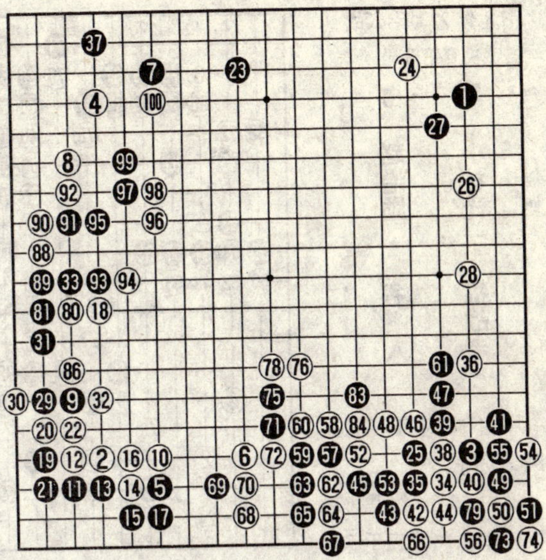

77＝73　　85＝79

82 87＝50

白46断严厉。白62断，好手。

第2谱黑55至61断，形势对黑有利。白96缓手应在100位尖联络。

白104败着，应于112位立，可净吃黑角。

50＝△　　51＝○

80＝31　　177＝2

第2谱　101—277

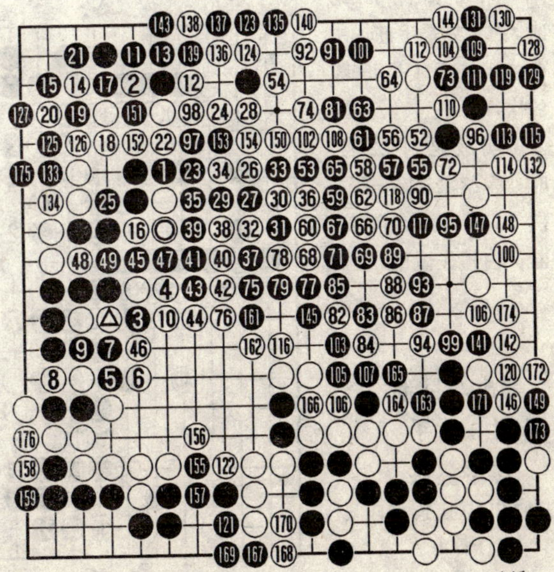

黑出5目半

共277手

黑胜3目半

1997年9月24、25日

于甲府

日本第22期名人战
决赛第3局

黑	白
小林光一	赵治勋
挑战者	名人

第1谱 1—100

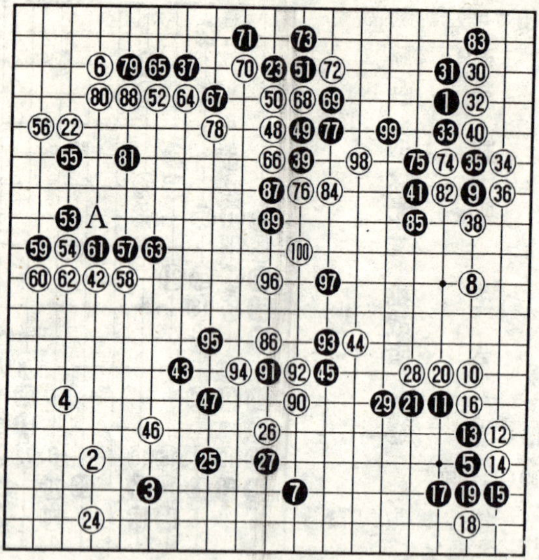

白52应于A位跳，防守。

白66压时，黑67扳轻率！此着应于76位长。

第2谱 101—149

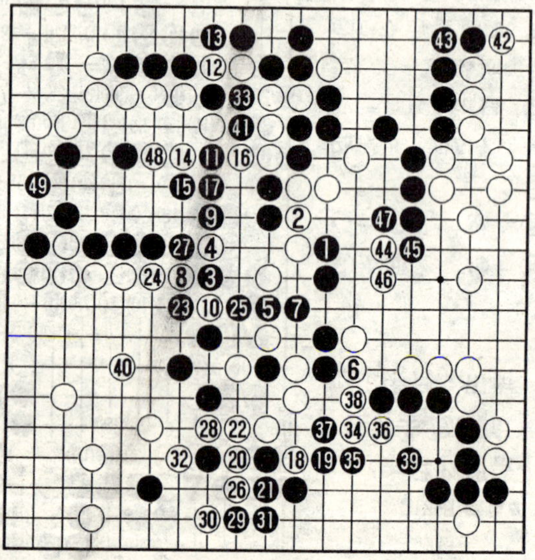

第2谱黑3跳时，白4靠是手筋。白6在8位扳才是正确的次序。

实战至白22接时，黑23、25提一子，白26只得冲，黑27断，白损失惨重。

黑出5目半

共149手

黑中盘胜

1997年10月1、2日

于郡山

日本第22期名人战

决赛第4局

黑	白
赵治勋	**小林光一**
名人	**挑战者**

右下角的转换尽管有些损，但白50、54能在左边连走二手已足以弥补损失。

白56应在71位长。实战黑71断，严厉。

第2谱白2败着，应在18位跳。

至黑55挖，白无法两全，投子认输。

黑出5目半

共155手

黑中盘胜

1997年10月15、16日

于神户

第1谱　1—100

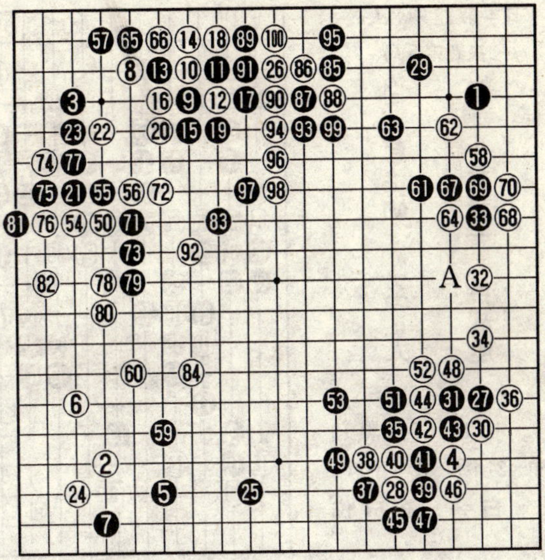

第2谱　101—155

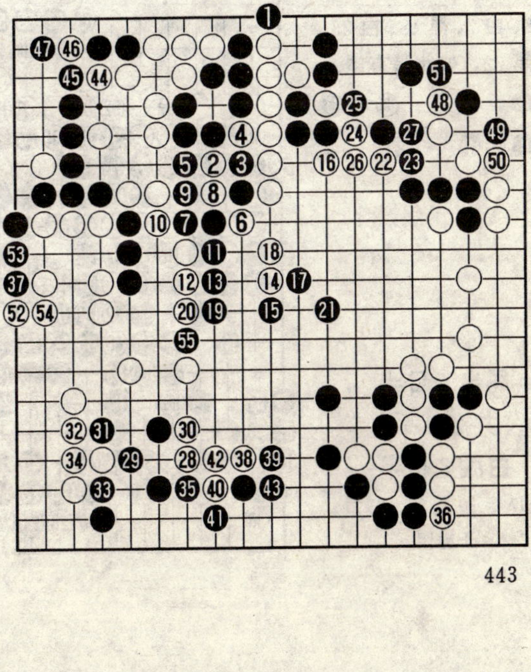

日本第 22 期名人战

决赛第 5 局

黑	白
小林光一	赵治勋
挑战者	名人

白 18 飞时，黑 19 冲、21 断，毫不手软。

白 46 应在 61 位拆。

第 2 谱黑 7 应在 11 位冲，以下白 9、黑 8、白 7、黑 18、白 23、黑 22，如此黑有望。

117＝△　　126＝93

147＝◎

黑出 5 目半

共 250 手

白胜 3 目半

1997 年 10 月 22、23 日

于静冈

第 1 谱　1—100

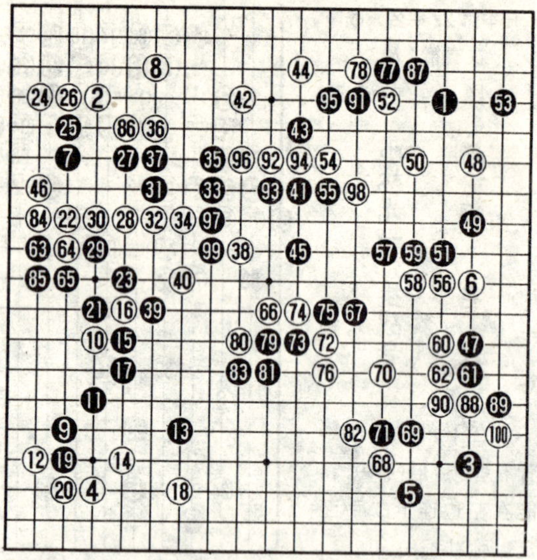

第 2 谱　101—250

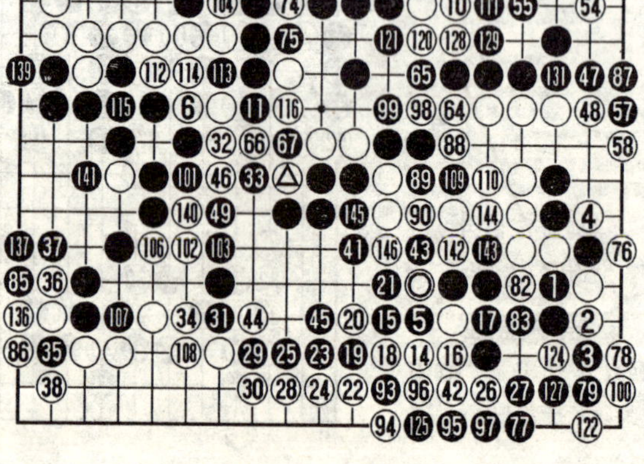

日本第22期名人战

决赛第6局

黑	白
赵治勋	小林光一
名人	挑战者

白38并是好手，对中腹的影响更大一些。

黑81问题手。

第2谱白12败着，应单于14位长。

最后赵治勋以3目半获胜，从而以4比2的战绩卫冕“名人”成功。

⑫②＝△　⑬②＝⑫③

黑出5目半

共232手

黑胜3目半

1997年11月5、6日

于伊东

第1谱　1—100

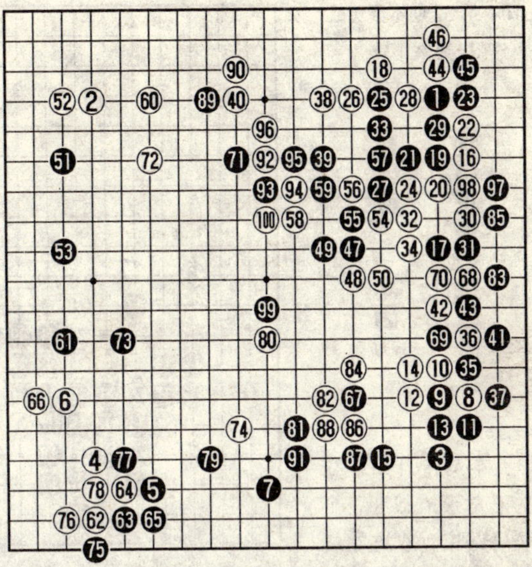

第2谱　101—232

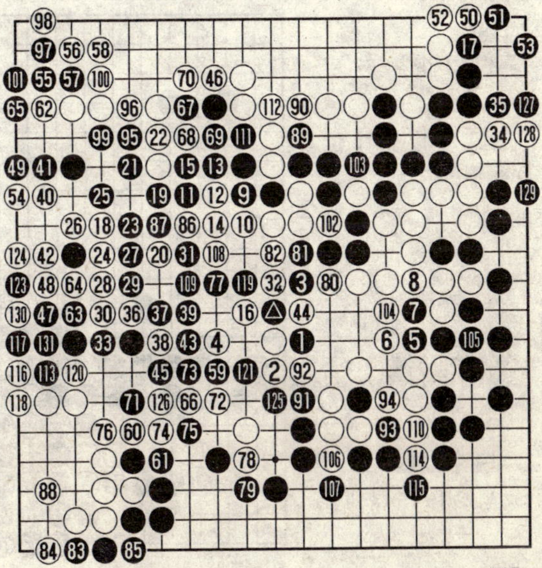

日本第 52 期本因坊战

决赛第 1 局

黑　　白

加藤正夫　赵治勋

挑战者　本因坊

第 1 谱　1—50

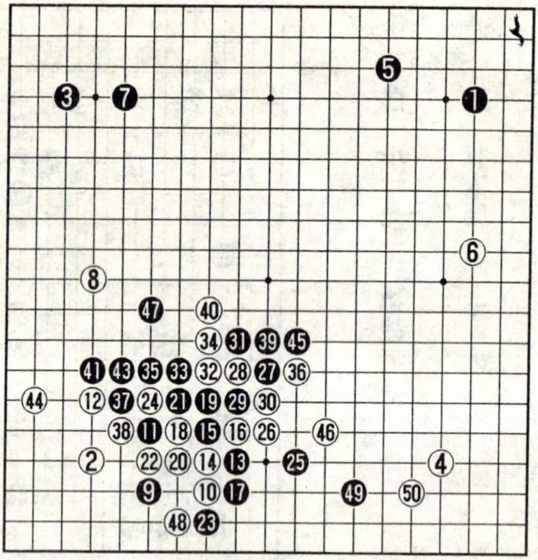

㊷＝㉔

本局一开始即在左下角形成战斗，至棋局结束，双方始终咬得很紧。

黑 47 跳后，白陷入苦战。

第 2 谱　51—82

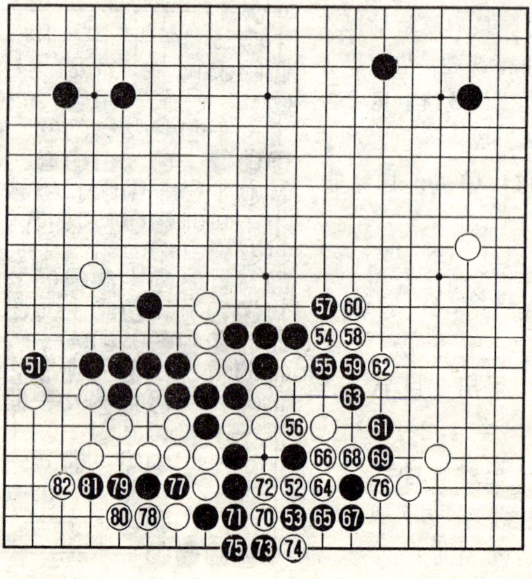

第 2 谱黑 67 应在 76 位顶。

黑 73 应于 79 位长弃子。但由于加藤在此大误算，失去奠定优势机会。

黑出 5 目半

共 82 手

白中盘胜

1997 年 5 月 12、13 日

于广岛

日本第 52 期本因坊战

决赛第 2 局

黑　　白

赵治勋　　**加藤正夫**

本因坊　　**挑战者**

⑤⑧＝⑳

黑 35 打入引发一场战斗。白 40 也不甘示弱。

黑 93 应在 A 位动出。

第 2 谱白 6 冲有问题，是败着。此着应于 7 位飞，待黑 6 位挡时，再在 16 位飞，黑 18 接，白 12 位断，这样胜负难以预料。

黑出 5 目半

共 181 手

黑中盘胜

1997 年 5 月 26、27 日

于长野

第 1 谱　1—100

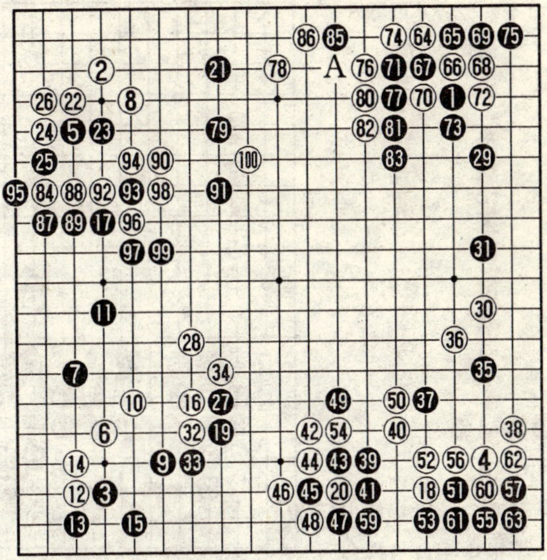

第 2 谱　101—181

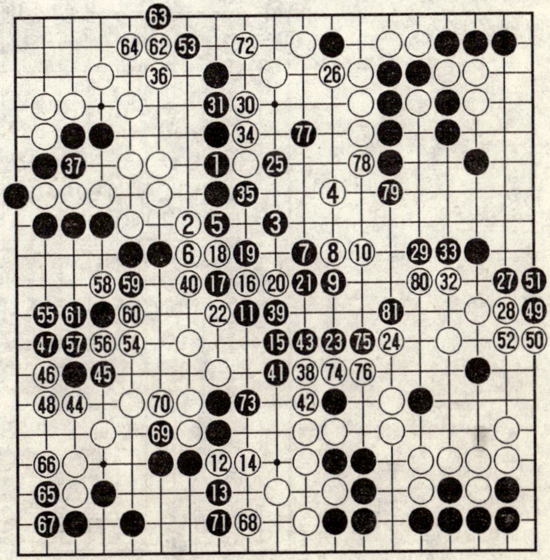

日本第52期本因坊战

决赛第3局

黑　　白

加藤正夫　　**赵治勋**

挑战者　　**本因坊**

83 86＝69

84＝75

黑31、33提掉白一子很厚实，结果白不好。

黑51败着，应保留A位打的手段。

白54急所，黑的缺陷显露出来。

第2谱右边产生打劫，最后白棋劫胜，白胜势已定。

8＝2　　10＝△

121＝94

黑出5目半

共226手

白胜16目半

1997年6月2、3日

于长崎

第1谱　1—100

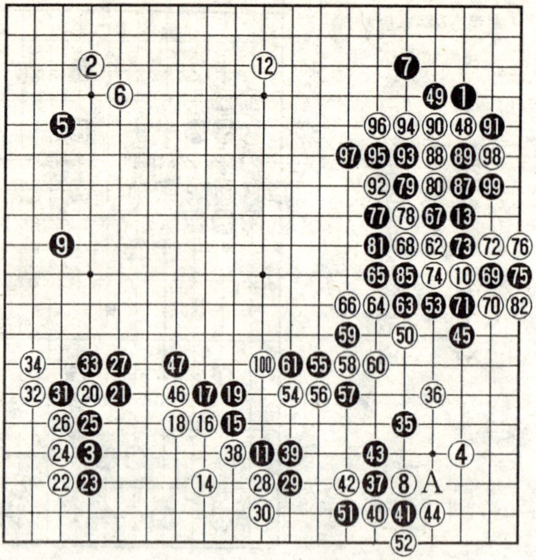

第2谱　101—226

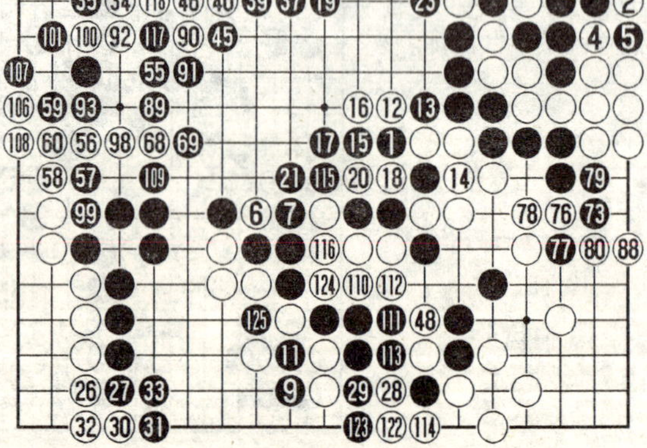

日本第52期本因坊战

决赛第4局

黑	白
赵治勋	**加藤正夫**
本因坊	**挑战者**

白28疑问手，被黑29轻灵一跳，再于31位拆占据最后大场，黑布局领先。

黑85是胜着，接着黑91打入也很顽强。因为黑95是先手，白98如在A位断，黑99立后于B位扳，白穷于应付。

赵治勋本局获胜后，终以4比0蝉联“本因坊”。

黑出5目半

共205手

黑中盘胜

1997年6月16、17日

于爱媛

第1谱　1—100

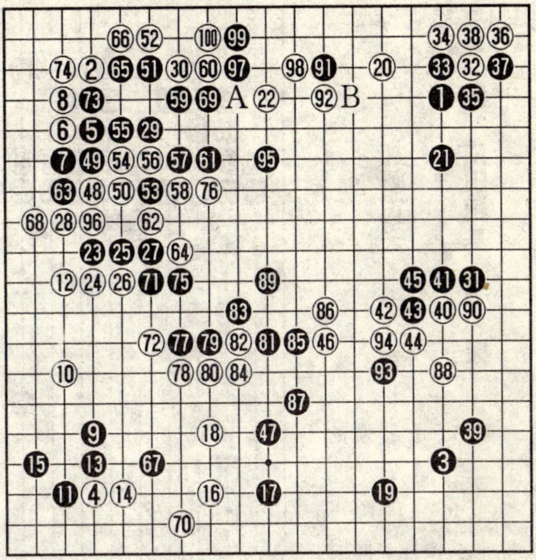

第2谱　101—205

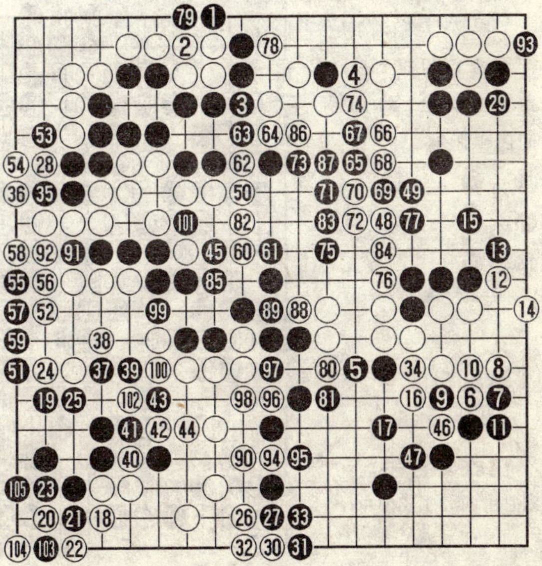

日本第35期十段战

决赛第1局

黑	白
依田纪基	加藤正夫
十段	挑战者

黑33是最强的应手。

白66二间跳不仅扩张了模样，同时也防守住上下边的两个断点。

黑71是败着，应先于A位与白交换一手。白72至82，局势向白棋倾斜。

112＝7　127＝△

129＝18　134＝◎

136＝93

黑出5目半

共238手

白胜3目半

1997年3月6日

于札幌

第1谱　1—100

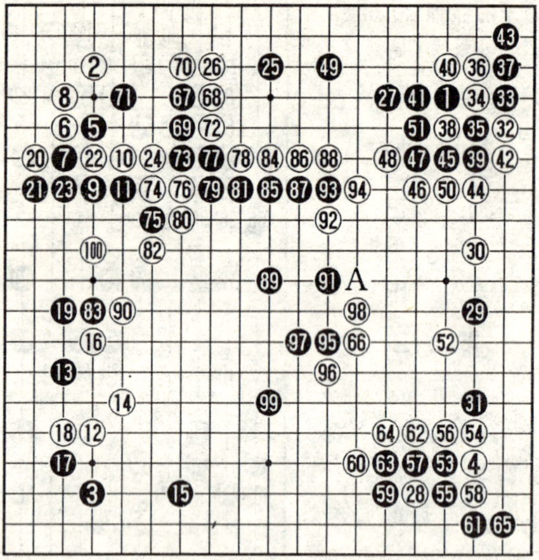

第2谱　101—238

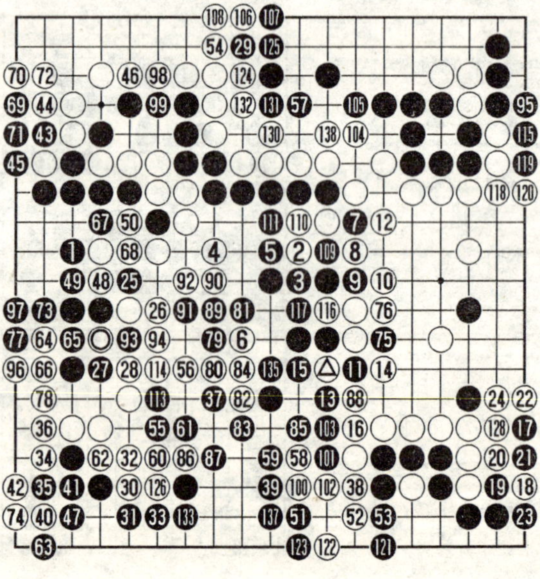

日本第 35 期十段战

决赛第 2 局

黑	白
加藤正夫	依田纪基
挑战者	十段

㉘＝⑱

黑 15 靠，棋局由此发生了变化。

黑 47 顶是恶手，应单在 51 位扳。实战至黑 51 渡过，使白 66 尖成为绝对先手。

黑 87 失着，白 92 以下巧妙地围住了左边，白胜势已定。黑 87 如在 A 位尖，差距将会更小。

黑出 5 目半

共 182 手

白胜 10 目半

1997 年 3 月 19 日

于爱知

第 1 谱　1—100

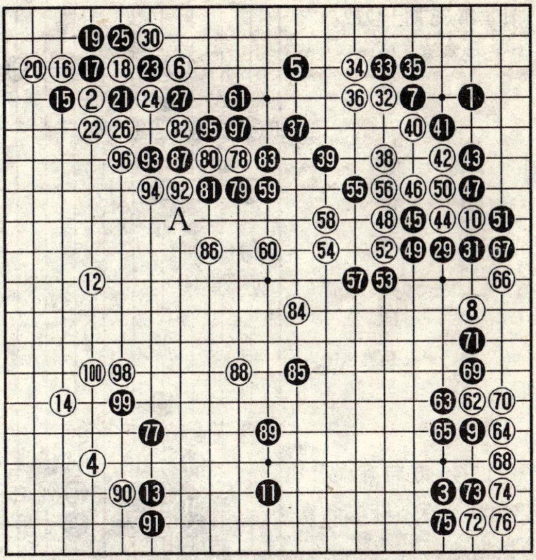

第 2 谱　101—182

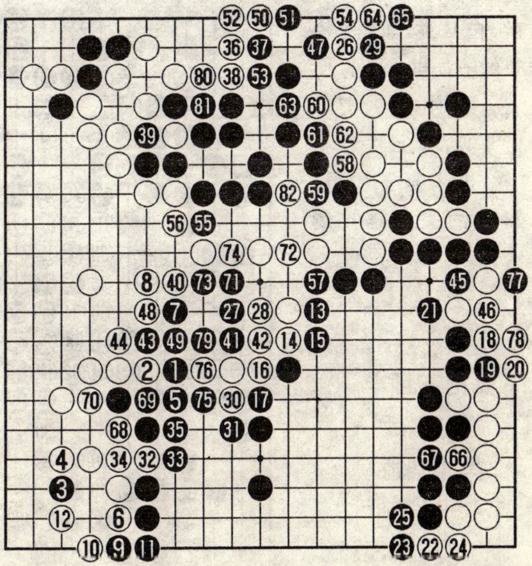

日本第35期十段战

决赛第3局

黑　白

依田纪基　加藤正夫

十段　挑战者

第1谱　1—100

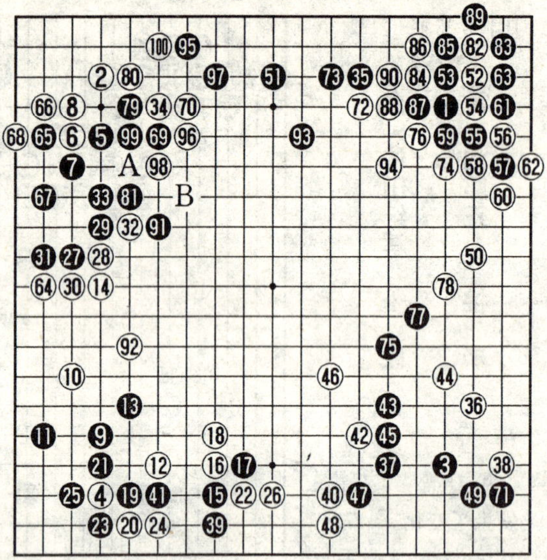

白46方向有误，应在49位尖，夺取黑的根据地。

白76是败着，应在81位压，待黑A虎后，白B跳，如此是漫长的一局棋。

黑81拐、91打非常厚实，黑已优势。

进入官子阶段，双方的差距越拉越大。

第2谱　101—213

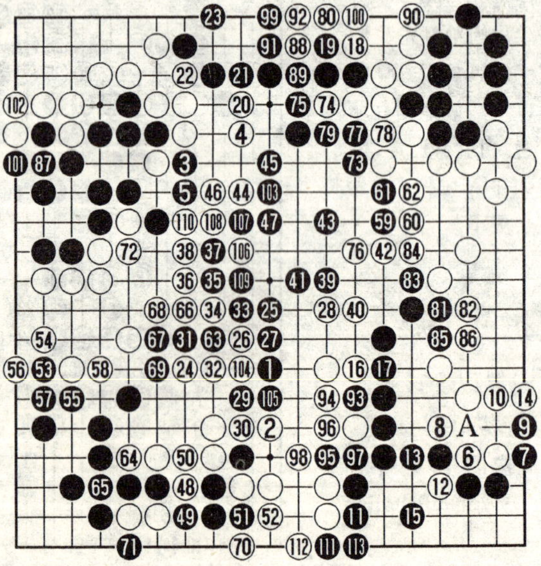

黑出5目半

共213手

黑中盘胜

1997年4月3日

于东京

第1谱 1—100

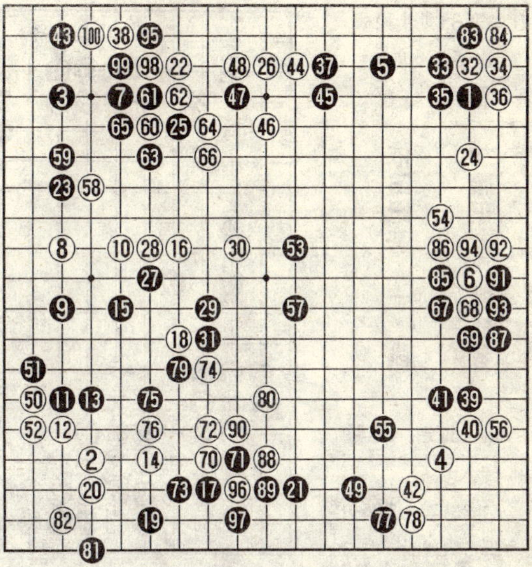

日本第35期十段战

决赛第4局

黑	白
加藤正夫	依田纪基
挑战者	十段

至白80飞，白优势历然。

第2谱白6断应在13位飞消空，这样黑贴目有困难。

实战白中腹五子被吃，局势终于要被逆转了。但白112如走113位长的话，仍将是白棋取胜。

㊱＝△　　⑨⓪＝⑧④

⑩⑥＝❽❺

第2谱 101—213

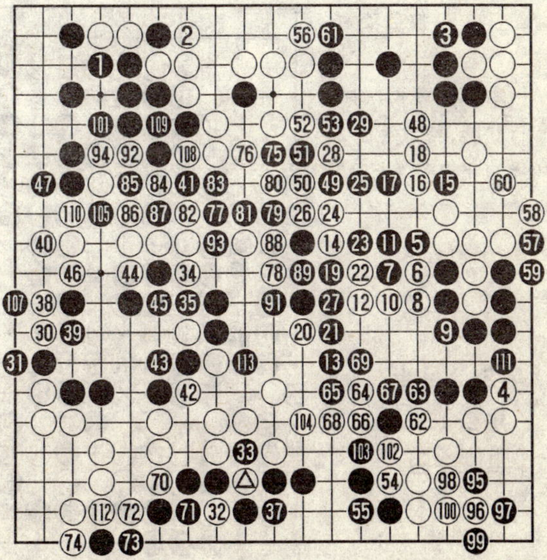

黑出5目半

213手后略

黑胜半目

1997年4月10日

于东京

日本第35期十段战

决赛第5局

黑	白
加藤正夫	依田纪基
挑战者	十段

黑23飞、25跳，黑棋转入攻势。

白26刺，轻率！

黑55刺时，白56长针锋相对。

第2谱白56败着，应在59位挡较为厚实。

本局加藤再次以半目获胜，终以3比2的战绩获得了“十段”桂冠。

黑出5目半

共231手

黑胜半目

1997年4月17日

于东京

第1谱 1—100

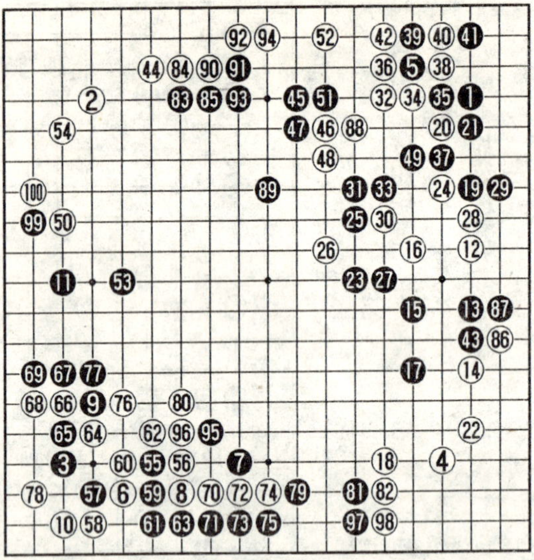

第2谱 101—231

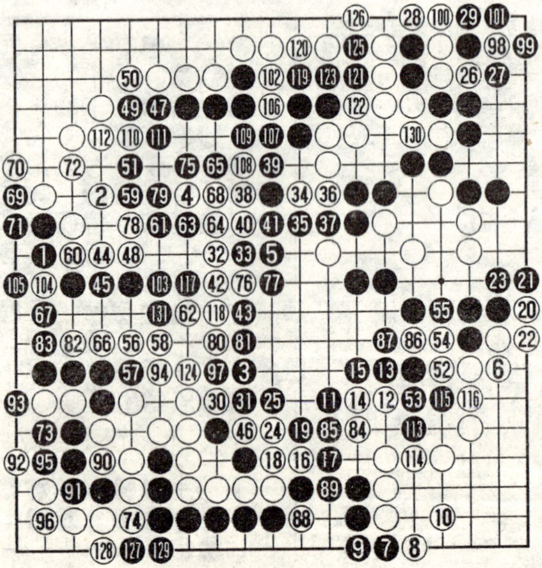

日本第23期天元战

决赛第1局

黑 白

柳时熏 工藤纪夫

天元 挑战者

黑23跳，白24打，以下的每一手都松懈不得。

黑89误算，白90吃住左边黑七子，黑损失很大。

67 73 79 85＝21

70 76 82＝64

101＝20

111 125 131＝105

122 128＝106

143＝140

163＝44

158＝△

172＝93

黑出5目半

共275手

白胜4目半

1997年11月6日

于金泽

第1谱 1—100

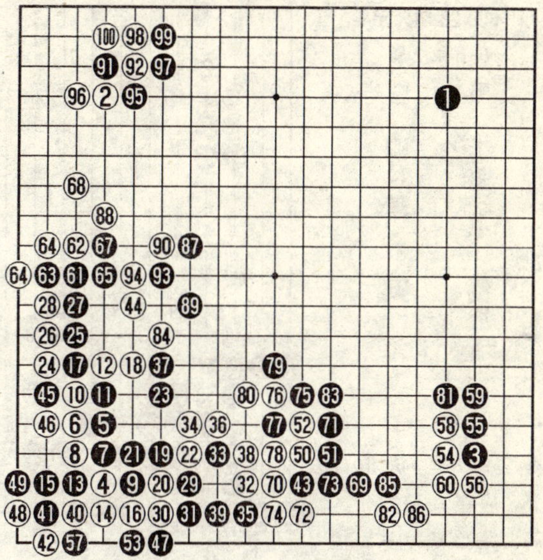

第2谱 101—275

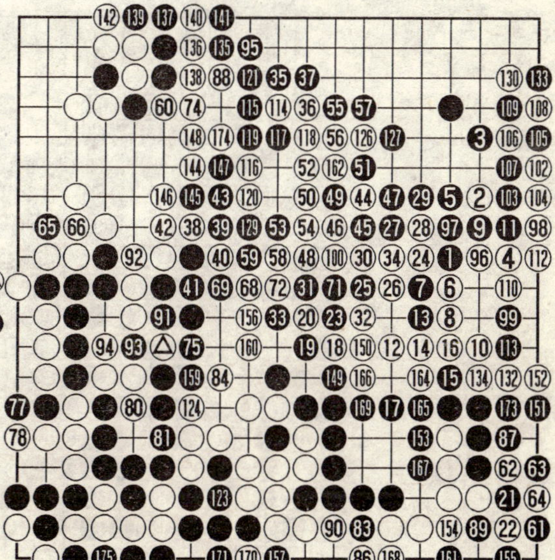

日本第23期天元战
决赛第2局

黑	白
工藤纪夫	柳时熏
挑战者	天元

白76、78切断黑棋联络的下法稍过分，应在A位拆一。

第2谱白72错着，失去最后机会。此着应单在74位扳，黑73位跳，白A位托，如此局势细微。

④144＝△

55＝13　　60＝23

93 146＝1

112＝105　　113＝109

黑出5目半

共246手

黑胜3目半

1997年11月13日

于北海道

第1谱　1—100

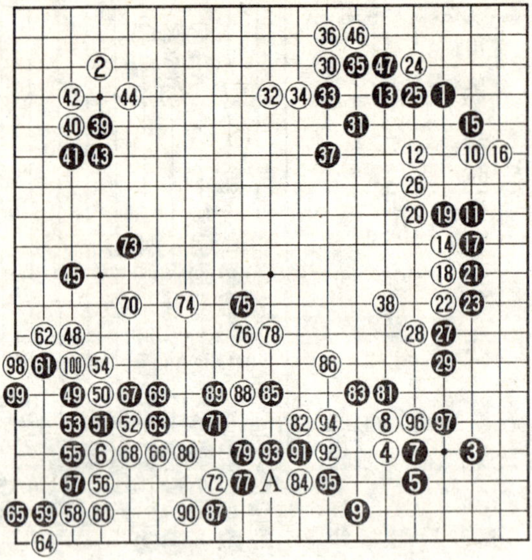

第2谱　101—246

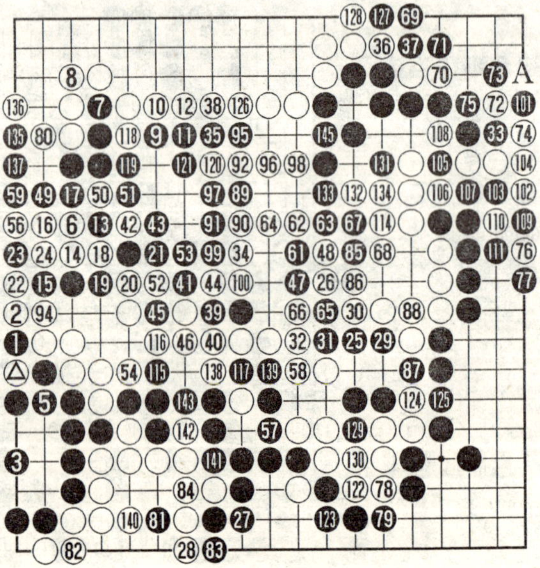

日本第23期天元战

决赛第3局

黑	白
柳时熏	工藤纪夫
天元	挑战者

黑63补，冷静。

白68应在70位长。

黑97刺时，白98只能在A位接忍耐。

第2谱黑37是胜利的宣言，盘面黑多十目以上。

白102未找劫材即提劫，犯规判负。

60＝26　　61＝50

101＝89　　102＝96

黑出5目半

共202手

白犯规判负

1997年12月4日

于东京

第1谱　1—100

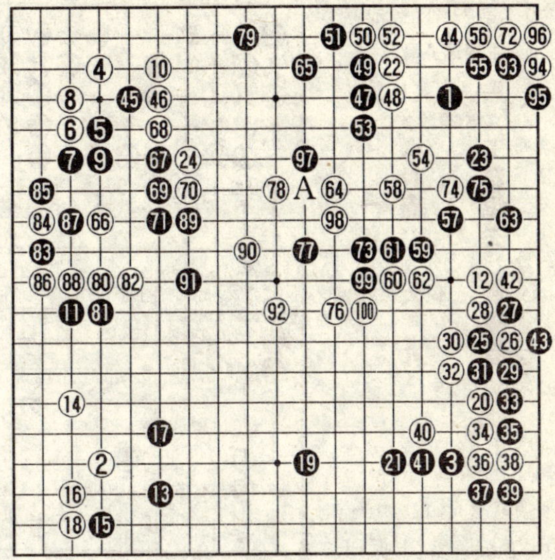

第2谱　101—202

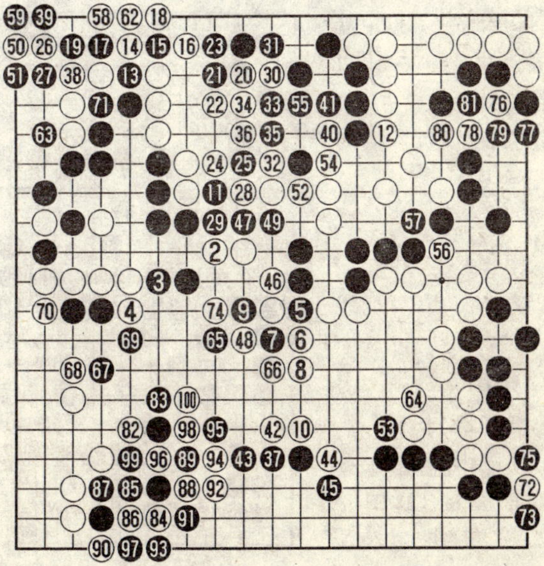

日本第23期天元战
决赛第4局

黑	白
工藤纪夫	柳时熏
挑战者	天元

白54好手，局面白易下。

第2谱白30应在31长。黑31扳如愿以偿，一瞬间，白的优势化为乌有。

本局工藤以中盘获胜并最终以3比1的战绩挑战成功，首次荣获“天元”头衔。

❺❾＝❺❺

黑出5目半
183手
黑中盘胜
1997年12月15日
于神户

第1谱 1—100

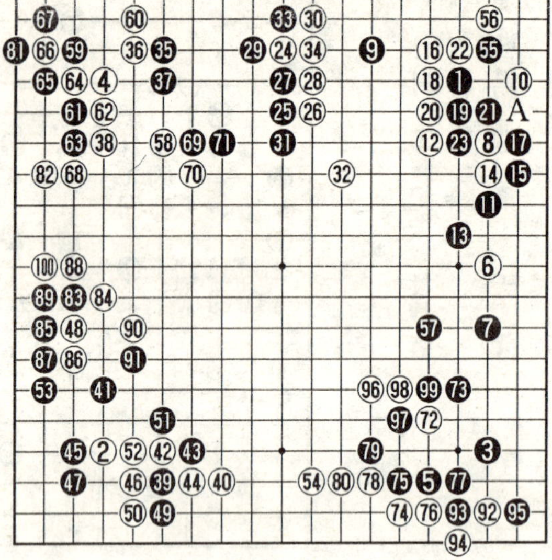

第2谱 101—183

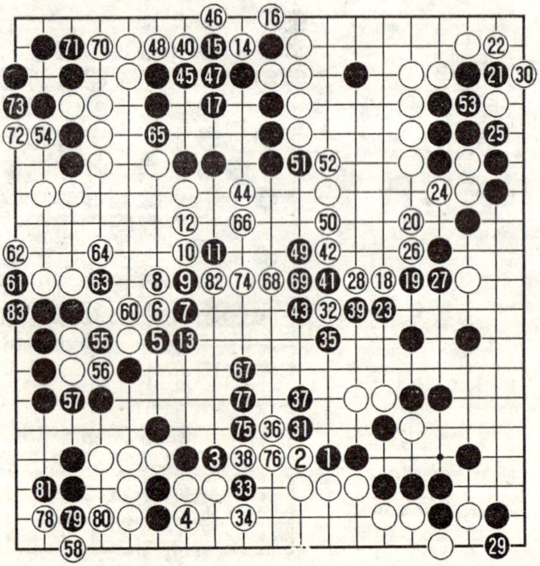

日本第 45 期王座战

决赛第 1 局

黑	白
柳时熏	山田规三生
王座	挑战者

黑 37 打入是好手，但黑 39 应在 A 位跳。

白 64 问题手，应在 65 位扳出作战。

白 70 缓手，应于 84 位跳。

黑 75 靠，坏棋。

第 2 谱白 2 是胜负手。黑 3 败着，应在 4 位挡，右边对杀黑胜。

51＝△

黑出 5 目半

共 200 手

白胜 4 目半

1997 年 10 月 28 日

于东京

第 1 谱　1—100

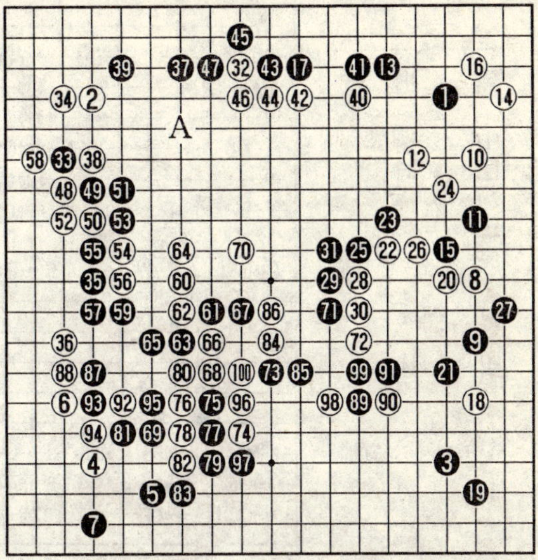

第 2 谱　101—200

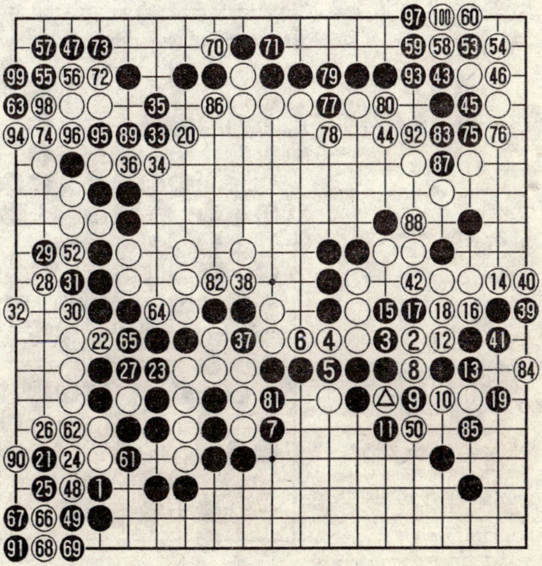

日本第45期王座战

决赛第2局

黑	白
山田规三生	柳时熏
挑战者	王座

至白44补，白形势不错。

白50好点。白56为时尚早，应走66位跳或77位镇。

黑65失去机会，应在A位镇。

实战被白66舒畅地一跳，白优势明显。

黑95胜负手，但白98、100冷静。

第1谱 1—100

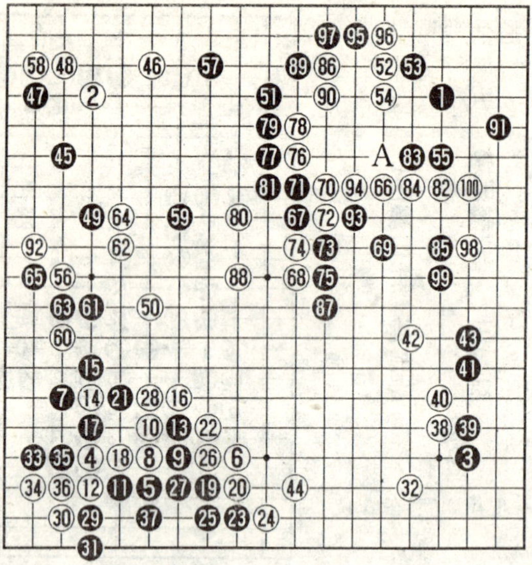

第2谱 101—182

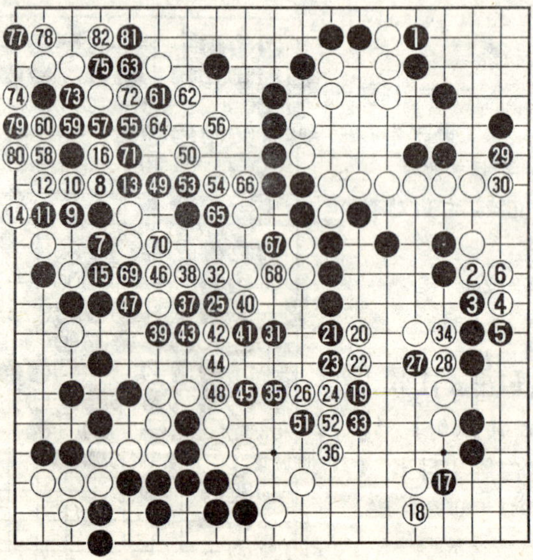

⑯＝㊀61

黑出5目半

共182手

白中盘胜

1997年11月10日

于神奈川

日本第 45 期王座战

决赛第 3 局

黑	白
柳时熏	山田规三生
王座	挑战者

第 1 谱 1—100

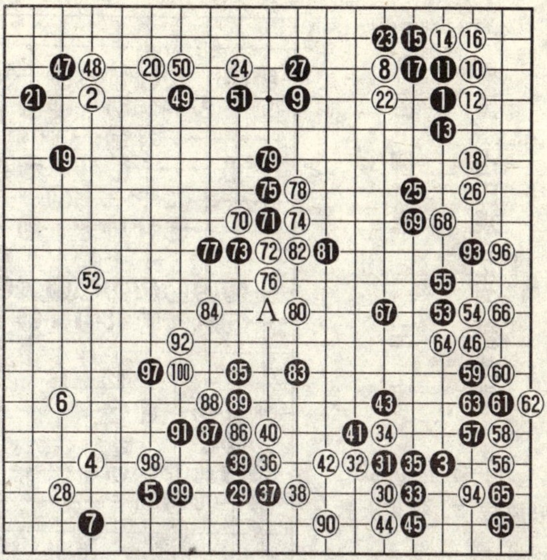

第 2 谱 101—277

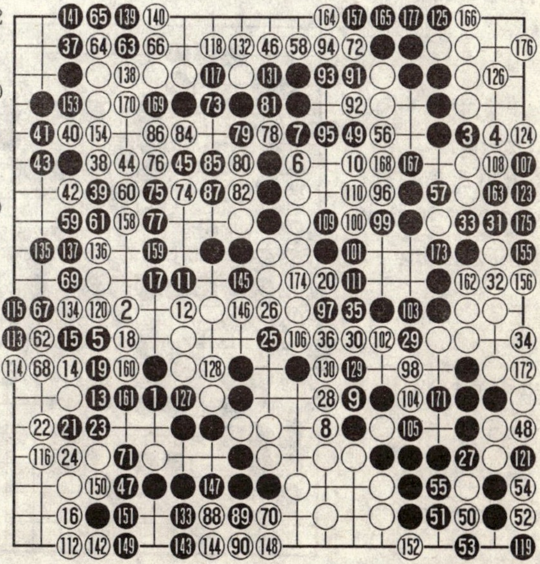

白 52 是大场。

至黑 55，局面黑易下。

黑 67 应在 A 位虚张。

黑 71 靠时，白 72 如在 73 位退则稍缓。

第 2 谱白 28、30 吃住中腹黑四子，白已确立胜势。

❽❸=⑦⑧　　⑫②=⑤④

黑出 5 目半

共 277 手

白胜 1 目半

1997 年 11 月 20 日

于东京

日本第45期王座战

决赛第4局

黑	白
山田规三生	柳时熏
挑战者	王座

白54至58双方形成转换，得失大致相当。

白98随手一飞成为败着。此着应在A位虎，这样成为细棋局面。

第2谱黑5罩，白已无法做活。

山田此局获胜，终以3比1挑战成功，新王座由此诞生。

黑出5目半

共141手

黑中盘胜

1997年11月27日

于东京

第1谱 1—100

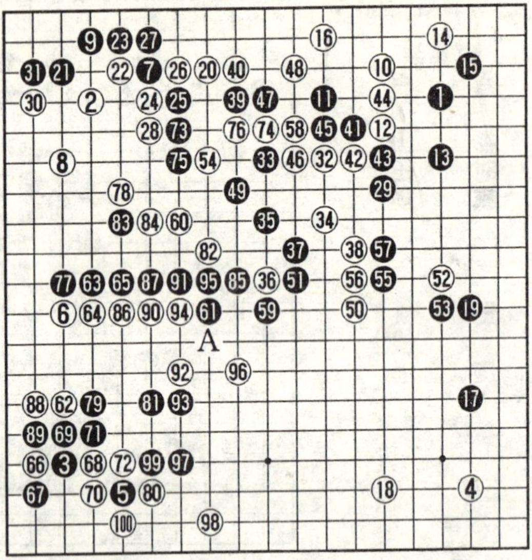

第2谱 101—141

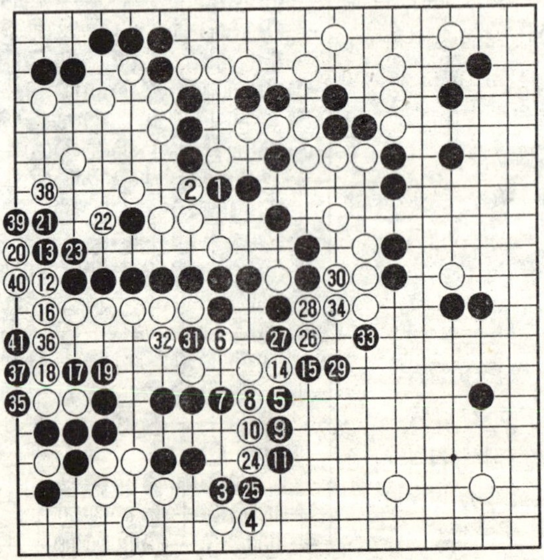

日本第22期碁圣战

决赛第1局

黑	白
结城聪	依田纪基
挑战者	碁圣

黑51应在A位压，这样厚实。

黑57也应在60位压。

黑79不好，应于B位尖。

白80好棋，黑81挡，白82靠出以下至白88打，白不错。

第2谱黑11是败着，白12、14冲断，对杀黑失败。

黑出5目半

共130手

白中盘胜

1997年7月10日

于仙台

第1谱 1—100

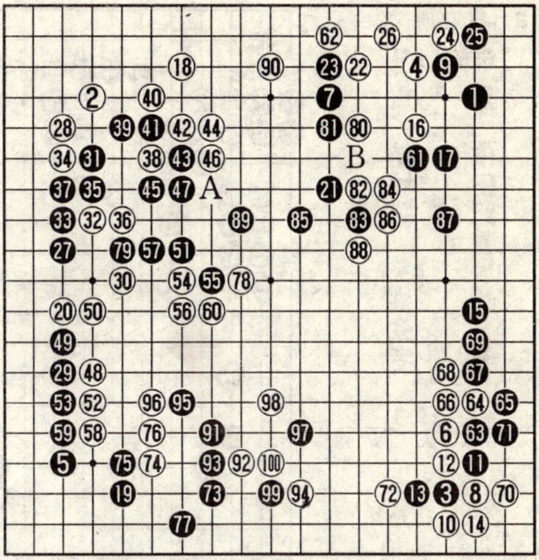

第2谱 101—130

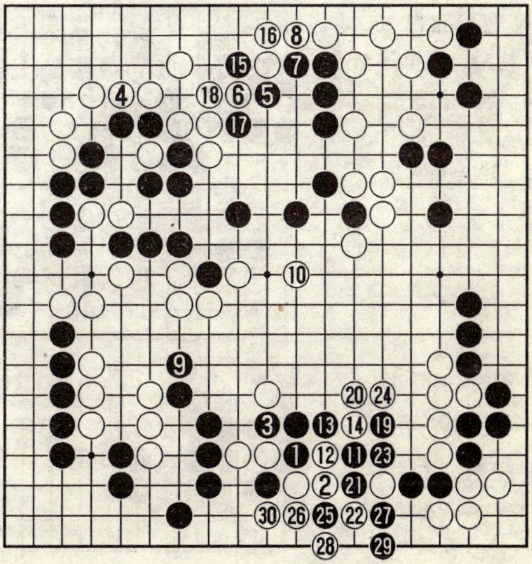

日本第22期碁圣战

决赛第2局

黑	白
依田纪基	结城聪
碁圣	挑战者

黑13尖顶是新手。

黑55提是败因之一，应于57位打。

黑67坏棋，应在68位侵入。

第2谱白22、24扳粘后，白棋逐渐看到了胜利的署光。

黑27至白52转换，得失相当。

⑬④＝❶②⑤

黑出5目半

共237手

白胜1目半

1997年7月18日

于京都

第1谱　1—100

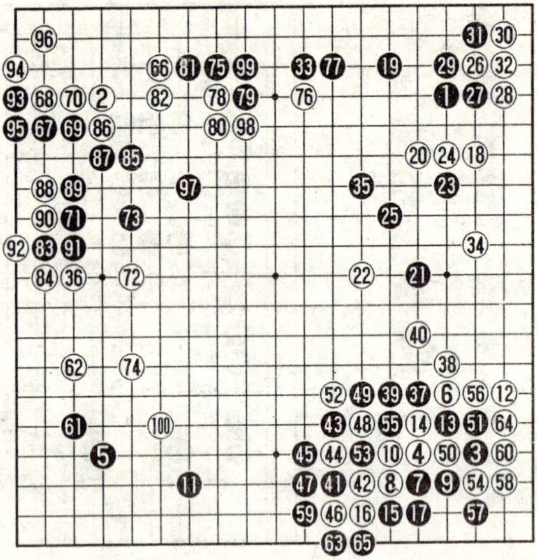

第2谱　101—237

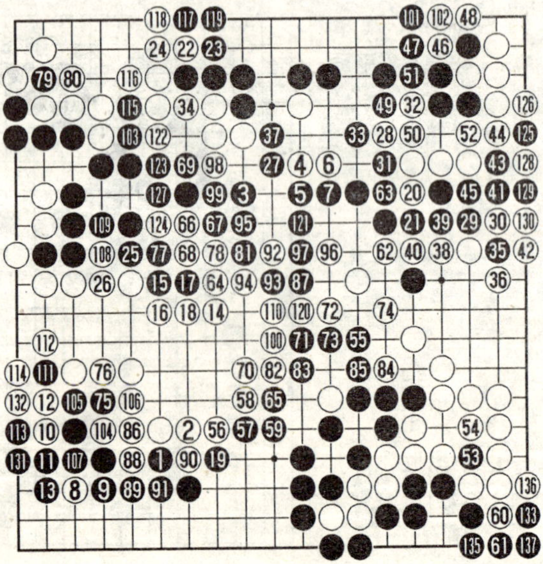

日本第22期碁圣战

决赛第3局

黑	白
结城聪	依田纪基
挑战者	碁圣

84＝68　　85＝66

黑43是问题手，应直接在45、47冲断。白44镇成为绝好点。

黑59败着，应在78位扳。

第2谱白2碰是手筋。白26跳后，白胜势确立。

77＝27　　81＝18

101＝5

黑出5目半

共224手

白中盘胜

1997年7月30日

于东京

第1谱　1—100

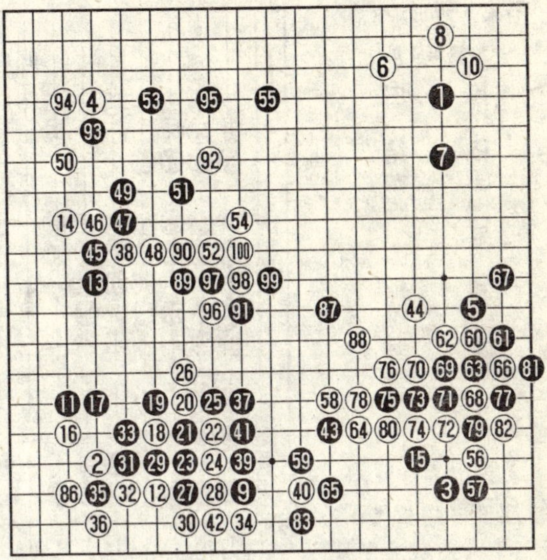

第2谱　101—224

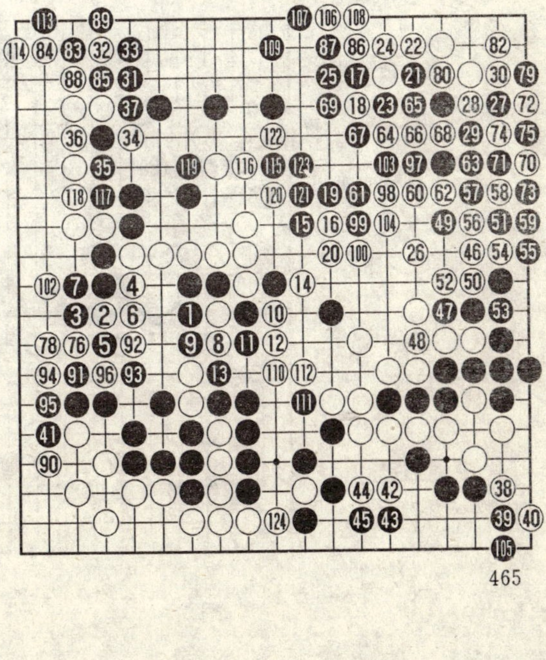

日本第22期碁圣战

决赛第4局

黑　白

依田纪基　结城聪

碁圣　挑战者

⑲=⑫

黑27靠好棋。白34应单在40位飞。

黑45、47靠断是巧妙的先手利用。

第2谱白4是败着。

以下中腹被黑棋轻松做活，白已无胜机。

依田中盘拿下此局，最终以3比1的战绩再次获得"碁圣"桂冠。

黑出5目半

共133手

黑中盘胜

1997年8月21日

于广岛

第1谱　1—100

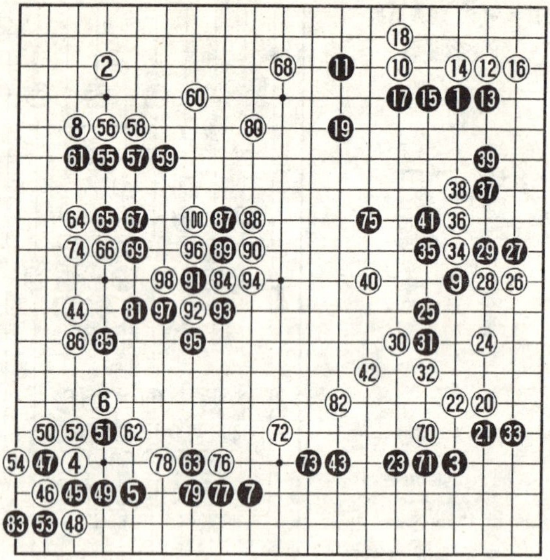

第2谱　101—133

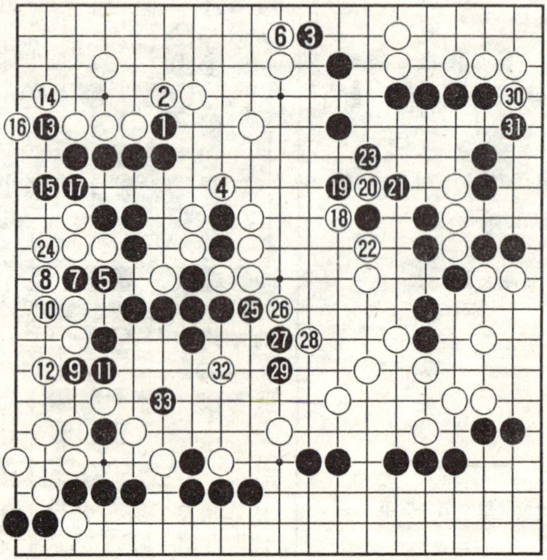

韩国第36期最高位战

决赛第1局

黑	白
李昌镐	曹薰铉
最高位	挑战者

第1谱 1—100

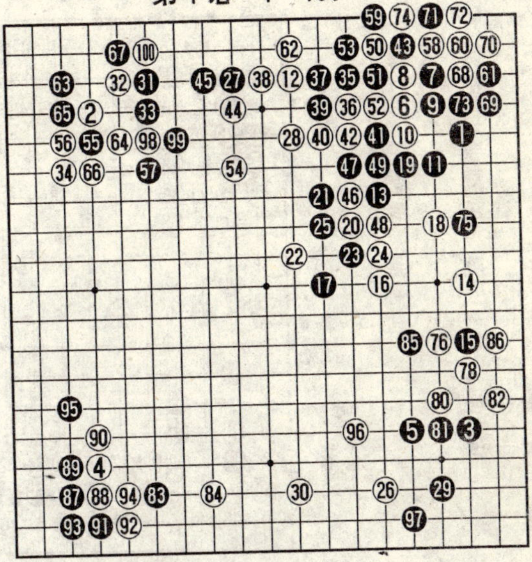

77＝71

79＝74

第2谱 101—158

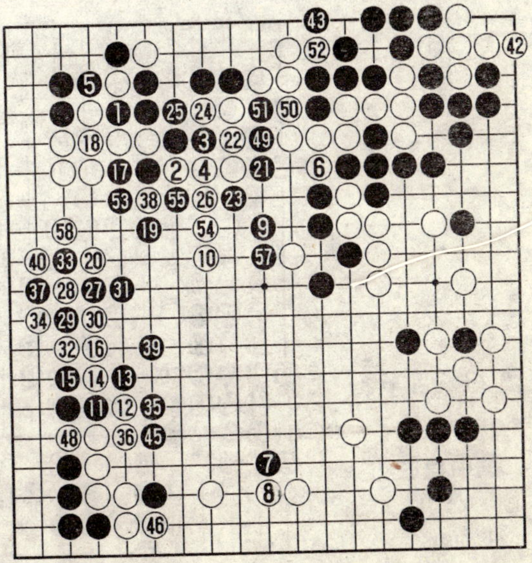

41 47＝29

44 56＝28

黑出5目半

共158手

白中盘胜

1997年1月17日

于韩国棋院

韩国第36期最高位战
决赛第2局

黑 白

曹薰铉 李昌镐

挑战者 最高位

33＝26

85＝76

第1谱 1—100

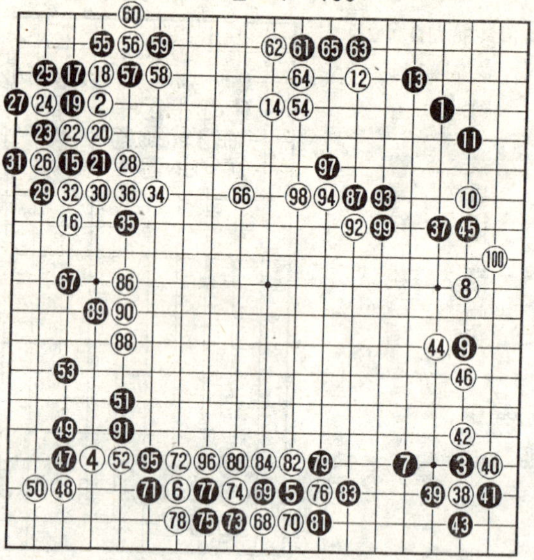

第2谱 101—181

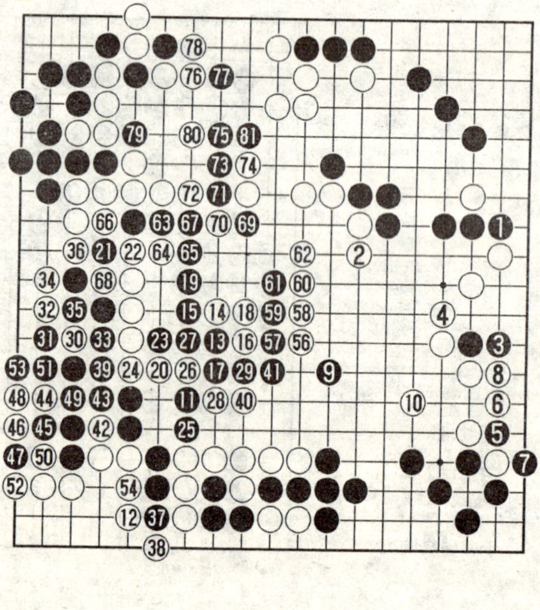

55＝47

黑出5目半

共181手

黑中盘胜

1997年2月3日

于韩国棋院

韩国第36期最高位战

决赛第3局

黑	白
李昌镐	曹薰铉
最高位	挑战者

第1谱　1—100

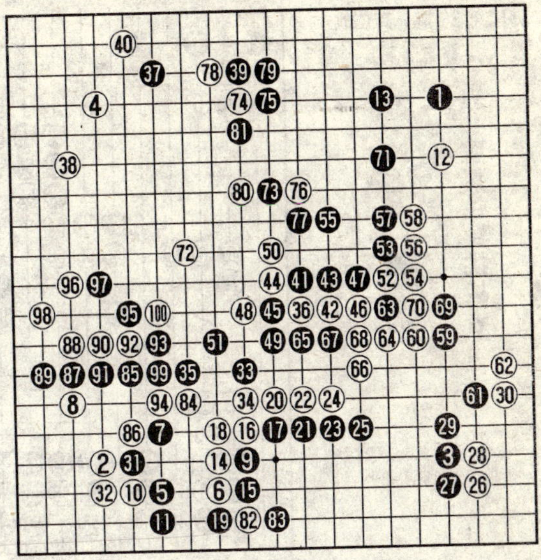

第2谱　101—139

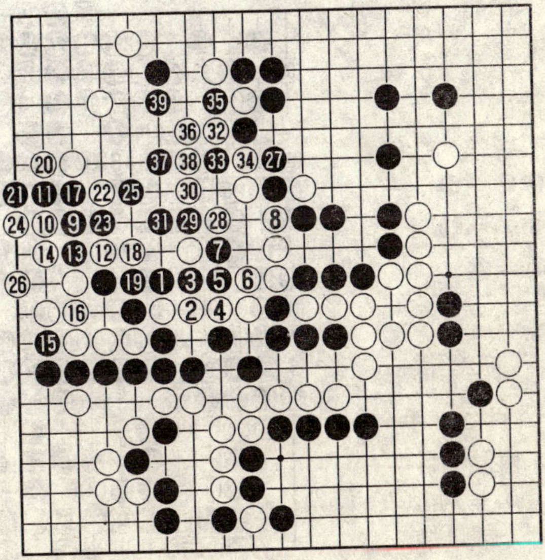

黑出5目半

共139手

黑中盘胜

1997年2月15日

于韩国釜山

韩国第36期最高位战

决赛第4局

黑	白
曹薰铉	李昌镐
挑战者	最高位

第1谱 1—100

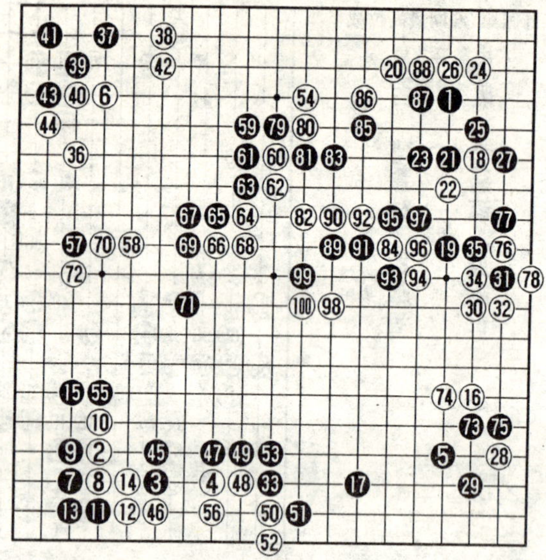

第2谱 101—252

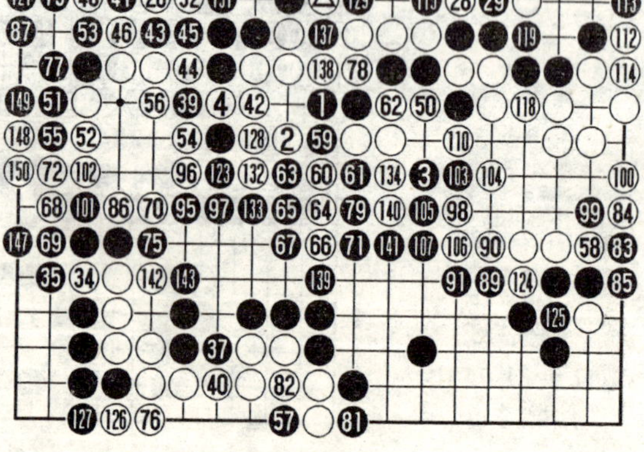

㉗㉝＝⑬

㉚㊱＝㉔

144＝△

黑出5目半

共252手

白胜2目半

1997年2月20日

于韩国棋院

韩国第36期最高位战

决赛第5局

黑	白
曹薰铉	李昌镐
挑战者	最高位

韩国“最高位战”决赛为五局三胜制。

结果，李昌镐最高位以3比2获胜。

第1谱　1—100

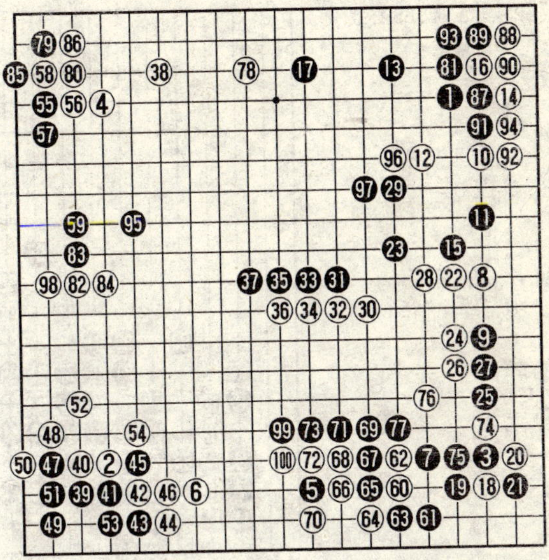

第2谱　101—134

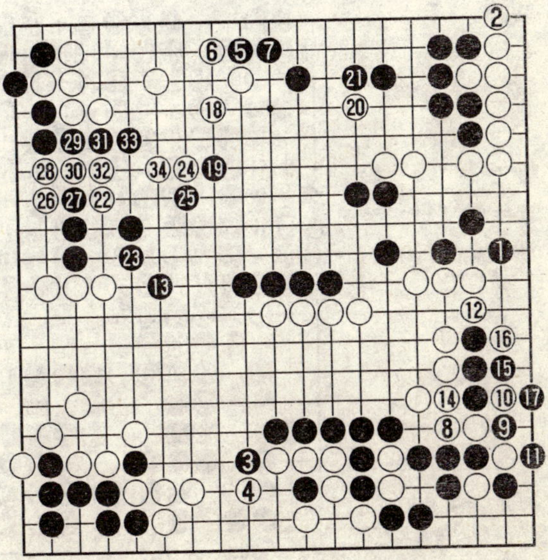

黑出5目半

共134手

白中盘胜

1997年3月3日

于韩国棋院

韩国第5期SBS杯战

决赛第1局

黑　　白

李昌镐　刘昌赫

九段 · 九段

85＝26

88＝71

第1谱　1—100

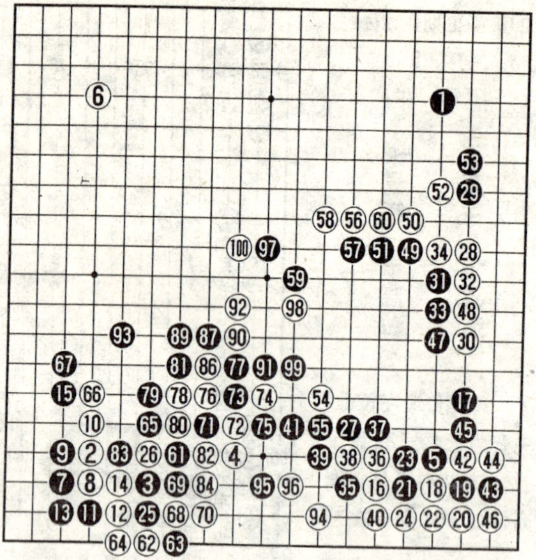

第2谱　101—268

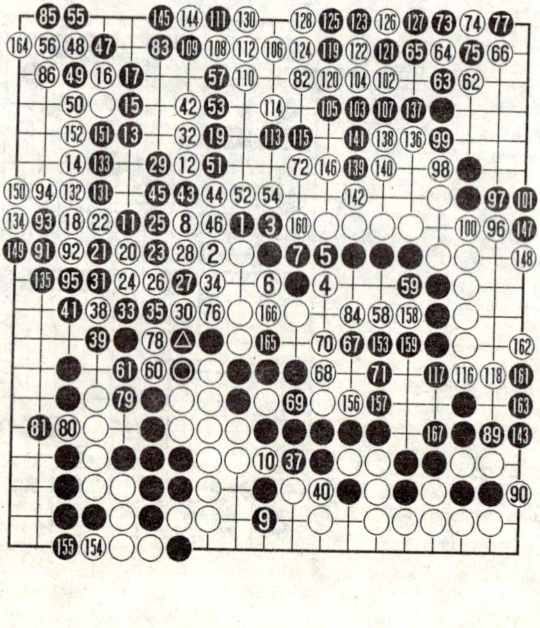

36＝27　87＝△

88＝◉　129＝126

168＝111

黑出5目半

共268手

白胜2目半

1997年3月4日

于SBS电视台

韩国第5期SBS杯战

决赛第2局

黑	白
刘昌赫	李昌镐
九段	九段

第1谱　1—100

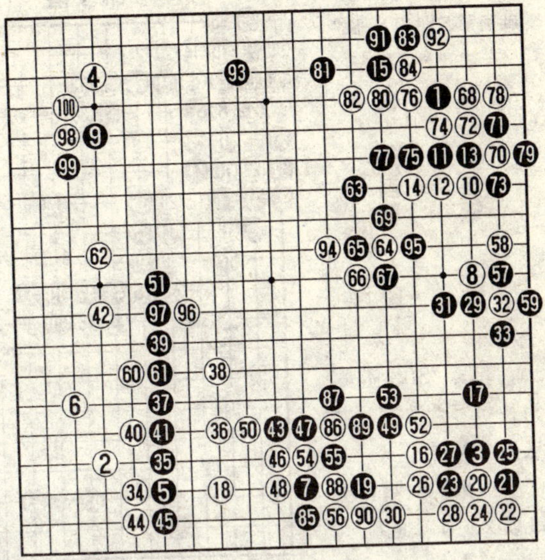

第2谱　101—252

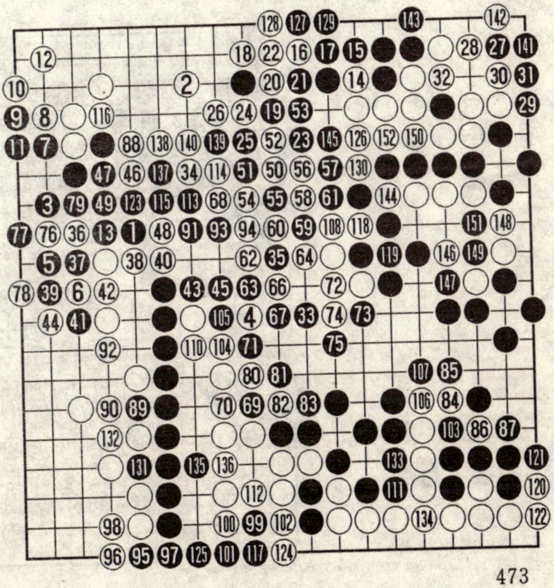

65＝55

109＝58

黑出5目半

共252手

白中盘胜

1997年3月5日

于SBS电视台

韩国第5期SBS杯战

决赛第3局

黑　白

李昌镐　刘昌赫

九段　九段

韩国“SBS杯战”为快棋赛，决赛采用三局二胜制。

结果，刘昌赫九段以2比1获胜。

第1谱　1—100

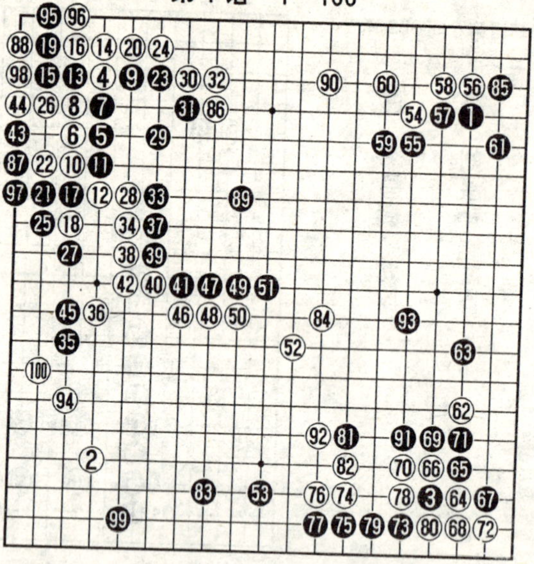

第2谱　101—261

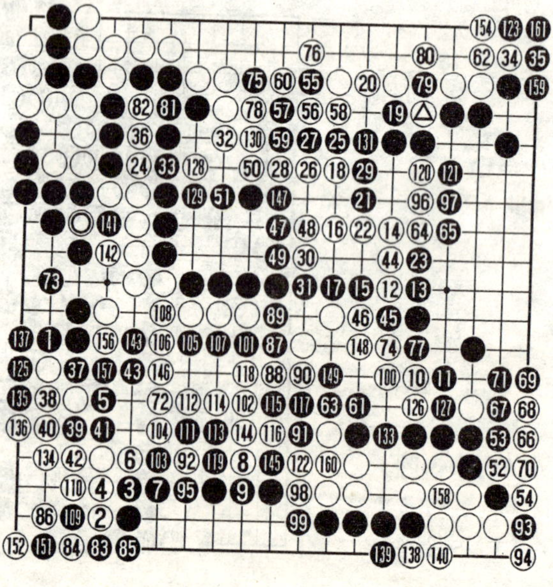

124＝△　132＝79

150 155＝◎

153＝141

黑出5目半

共261手

白胜1目半

1997年3月25日

于SBS电视台

书　　名/中国围棋年鉴（1998年版）
主　　编/中国围棋协会
责任编辑·杜维新
封面设计·陈　晴
版面设计·杜维新
责任校对·龙　霖　三　叶

出　版　蜀蓉棋艺出版社
　　　　成都市二道桥街72号　邮编610072
发　行　新华书店
印　刷　四川省邮电印制厂
版　次　1998年6月　　第1版
　　　　1998年6月　　第1次印刷
规　格　850×1168mm　1/32
　　　　印张15　字数400千字　插页4
印　数　1—2,000册
精装定价　28.00元
ISBN 7—80548—581—X/G·582